Ulrich Baer

666 Spiele
für jede Gruppe für alle Situationen

Klett | Kallmeyer

Ulrich Baer

666 Spiele

für jede Gruppe
für alle Situationen

Klett | Kallmeyer

Bibliografische Information der Deutschen Nationalbibliothek
Die Deutsche Nationalbibliothek verzeichnet diese Publikation in der Deutschen Nationalbibliografie; detaillierte bibliografische Daten sind im Internet über http://dnb.d-nb.de abrufbar.

Impressum

Ulrich Baer
666 Spiele
Für jede Gruppe. Für alle Situationen.

24. Auflage 2011

Druck: CPI books GmbH, Leck
Printed in Germany

ISBN: 978-3-7800-6100-3

Inhalt

666 Spiele aus Remscheid

Wie finden Sie schnell die passenden Spiele?
Drei Hilfen stellen wir Ihnen zu Verfügung, damit Sie aus der riesigen Fülle von 666 Spielbeschreibungen die richtigen herausfinden:

1. **Stichwörter** zu jedem Spiel.
2. **Empfehlungslisten** für viele Spielsituationen.
3. **Kurztexte** zu jedem Spiel, damit Sie nicht immer die ganze Beschreibung lesen müssen.

Beschreibende Stichwörter zu jedem Spiel: Die Deskriptoren

Diese Schlagwörter nennen Eigenschaften und Anwendungsmöglichkeiten der Spiele.

Sie erfahren zu jedem Spiel, wie sich die Gruppe formieren muß, ob als Kreis, zu Paaren oder ob vielleicht Kleingruppen gebildet werden müssen.
Gruppierung: Alle im Raum verteilt
Gruppierung: Paare
Gruppierung: Kreis
Gruppierung: Halbgruppen
Gruppierung: Kleingruppe mit 3 Personen
Gruppierung: Kleingruppe mit 3-8 Personen
Gruppierung: Kleingruppe mit 4-6 Personen
Gruppierung: Kleingruppe mit ca. 4 Personen
Gruppierung: Einzelne gegenüber Gruppe
Gruppierung: Gruppe(n) vor Zuschauern
Gruppierung: Spielleitung und Kleingruppe
Gruppierung ergibt sich / Offenes Angebot

Wir sagen Ihnen etwas zur Spieldauer (hängt natürlich stark von der Gruppe ab) und wie das Tempo des Spiels zu charakterisieren ist: „action", „lebhaft" oder eher „ruhig".

Das ist ein ganz wichtiges Merkmal, denn in einem guten Spielprogramm sollte man das Tempo öfter wechseln.

Spielcharakter

Spieltempo: action	Spieltempo: lebhaft
Spieltempo: ruhig	Dauer: unter 10 Min.
Dauer: ca. 10-30 Min.	Dauer: ca. 30-120 Min.
Dauer: über 2 Stunden	universell verwendbar
besonders spannend	einfach, leicht
schwierig	eher ernst
witzig, besonders lustig	anleitungsintensiv
Selbstläufer, keine Anleitung	produktorientiert
ohne große Vorbereitung spielbar	
Vorführung üblich oder möglich	
gut als Überleitung zw. Spiele	

Sodann werden die Hauptaktivitäten der Spieler und Spielerinnen genannt: Raten oder „blind" (mit geschlossenen Augen) orientieren, geht es um Gestalten oder geschicktes Handeln, um improvisieren oder um das Trainieren von Körperkräften?

Aktivität

wahrnehmen (allg.)	blind wahrnehmen
erinnern	raten, erforschen
fühlen, ertasten	beurteilen, einschätzen
denken (allg.)	kombinieren, planen
konzentrieren	kreativ sein, improvisieren
Phantasie entwickeln	darstellen (allg.)
pantomimisch darstellen	
handeln (allg.)	empathisch handeln
geschickt verhalten	schnell reagieren
spontan handeln	Körperkräfte trainieren
präzise sprechen oder beschreiben	
Kulturtechniken: Lesen, Schreiben	
Material erproben oder gestalten	
medial darst: malen, singen, bauen	

Wenn es Ihnen in der Gruppe auch um Soziales Lernen geht, dann erfahren Sie in der Deskriptorenliste zu jedem Spiel, welche gruppenpädagogischen Ziele mit ihm gefördert werden können.

Soziales Lernen im Spiel

Kennenlernen (allg.)
Thema kennenlernen
Aktivierung bei Lustlosigkeit
Aufteilung in Untergruppen
Körperkontakt
Vertrauen entwickeln
motorische Sensibilisierung
Harmonisierung, Abschluß
Unterhaltung, Geselliges Treffen
Spielerischer Meinungsaustausch
Produkt gemeinsam erstellen
Namen lernen
Umgebung kennenlernen
Warming up
Interesse aneinander
Kooperation üben
Wettkampf, Durchsetzung
Entspannung, Ruhe
Auswertung

Zahlreiche Spiele können helfen, einen leichten Einstieg für die Behandlung eines Themas mit der Gruppe zu finden. Einige in der Arbeit mit Kindern, Jugendlichen und jungen Erwachsenen aktuell wichtige Themen haben wir mit vielen Spielen erprobt. Diesen Spielen wurden dann Themen-Stichwörter zugeordnet. Das Schlagwort „multithematisch" bedeutet, daß diese Spielform für sehr viele verschiedenen Thematiken genutzt werden kann.

Zu bearbeitendes Thema

multithematisch
Angst
Ausländer
Biografie
Gefühle
Literatur, Märchen, Lyrik
Politik, Frieden, Geschichte
Schule
Sexualität
Umwelt, Natur, Ökologie
Wissen erweitern
Aggression, Konflikt
Arbeitsplatz, Beruf
Beziehungen
Familie
Körpersprache
Massenmedien
Normen, Rollen, Werte
Selbsterfahrung
Technik
Vorurteile, Außenseiter
Zukunft

Schließlich haben wir noch jedem Spiel mindestens eine der folgenden Spielformen zugeordnet:

Spielform

Bewegungsspiel
Darstellendes Spiel, Theaterspiel
Kim-(Wahrnehmungs-)spiel
Materialspiel, Werken
Methode für die Gruppenarbeit
Pantomimisches Spiel
Spielaktion, Spielfest
Tanzspiel
Puppen-, Masken-, Schattenspiel
Rollen-, Entscheidungs-, Planspiel
Sprach-, Schreib-, Diskussionsspiel
Gruppendynamisches Experiment
Sonstige Spielform
Brettspiel
Interaktionsspiel
Malspiel
Meditatives Spiel
Musikspiel
Ratespiel, Quiz
Sportspiel
Ulk-, Theken-, Partyspiel

Wir nennen die besten Spiele für typische Situationen: Die Empfehlungslisten

Damit Sie nicht alle 666 Spiele mühevoll daraufhin durchsuchen, ob ein von Ihnen gewünschtes Schlagwort vorhanden ist, veröffentlichen wir unsere „TOP 10" - Listen.
Für häufige Gruppensituationen habe ich die besten 10 oder 20 Spiele herausgesucht - ganz nach meiner subjektiven Wertung und Erfahrung:

- Die 10 wirkungsvollsten **Kennenlernspiele**
- Die 10 wildesten **Action-Spiele**
- Die 10 schönsten **Tanzspiele**
- Die 10 besten **kooperativen Spiele**
- Die 10 anregendsten **Darstellspiele**
- Die 10 stärksten **pantomimischen Spiele**
- Die 10 ausdrucksvollsten **Rollenspielformen**
- Die 10 nützlichsten Spiele für die **Bearbeitung von Themen**
- Die 10 erholsamsten Spiele zur **Entspannung**
- Die 20 unterhaltsamsten Spiele für **Feten**
- Die 20 tollsten Spiele für **Draußen**
- Die 20 interessantesten Spiele für die **Selbsterfahrung**
- Die 20 Spiele, die mir am besten gefallen

Bei allen Empfehlungslisten wurden übrigens nicht nur die Spielnamen (zum schnellen Nachschlagen), sondern auch die einzeiligen Kurzbeschreibungen der Spiele für Ihre erste Orientierung abgedruckt. Ein kleiner Tip: Wenn Sie die Listen kopieren (oder ausschneiden) und dann neben das Taschenbuch legen, können Sie die Spielbeschreibungen schneller aufblättern.
In das **Spiele-Register** (hinten im Buch) haben wir nun nicht einfach alle Spiele nochmal aufgelistet, sondern alle Spiele für bestimmte Gelegenheiten, die in der Praxis der Gruppenarbeit häufig gesucht werden.
Jemand will seine Gruppe spielerisch in Kleingruppen aufteilen, damit sich nicht immer dieselben Cliquen zusammentun. Dazu haben wir alle Aufteilspiele dieses Buches aufgelistet (mit Kurzbeschreibung natürlich!).
Oder ein anderer häufiger Fall: Für einen geselligen Abend im Ferienlager werden ein paar Blödelspiele gebraucht. Wir haben alle aus diesem Buch in einer Liste aufgeführt.

Komplette Listen bringt der Anhang für folgende Spielarten

- Alle Aufteilungsspiele zum Bilden von Kleingruppen.
- Alls Auswertungsspiele (mit sehr vielen Diskussionsspielen).
- Alle Bewegungs-, Sport- und Actionspiele.
- Alle schnellen Einstiegs- und Warming up - Spiele.
- Alle Interaktionsspiele (Spiele mit gruppenpädagogischen Zielen, zum sozialen Lernen).
- Alle Spiele, die sich gut für Kindergruppen im Vorschulalter eignen.
- Alle Spiele mit Alltagsmaterial, bei denen es ums Bauen und Basteln geht.
- Die Ratespiele.
- Alle Spielformen und -aufgaben für Spielaktionen und Feste. Alles zum Feste feiern!
- Alle Spiele, bei denen es um Sprache und Sprechen geht.
- Die „multithematischen" Spiele, mit denen also verschiedene Themen bearbeitet werden können.
- Alle Ulk-, Blödel- und Unsinns-Spiele.
- Die Wahrnehmungsspiele („Kim-Spiele").

In unseren Empfehlungslisten tauchen übrigens einige Spiele mehrfach auf - empfohlen mal in dieser Kategorie und mal auch in jener. Daran und an den vielfältigen Deskriptoren erkennen Sie, daß sehr viele Spiele in mehrerer Hinsicht einsetzbar sind und vielen Zielen dienen können.
Deshalb haben wir uns für die Auflistung in alphabetischer Reihenfolge und für die Erschließung der Spiele über unsere Empfehlungslisten entschieden.

Jedes Spiel wird zusätzlich mit einem Kurztext beschrieben

Da diese Sammlung viele selbst entwickelte Spiele enthält, die praktisch unbekannt sind, haben wir zu jedem Spiel einen Kurztext verfaßt, der in einer Zeile das Spiel im Telegrammstil erklärt - oder wenigstens den zentralen Spielhergang benennt. So müssen Sie nicht erst ellenlange Beschreibungen lesen, um am Schluß verärgert festzustellen, daß es vielleicht ein ganz interessantes Spiel wäre, aber für Ihren Zweck ganz und gar nicht paßt. Durch unseren Kurztext kann man in etwa schon abschätzen, worum es bei einem Spiel im großen Ganzen geht. Der Kurztext erfaßt allerdings nicht die oftmals sehr interessanten Varianten!

Wie ist diese Spielesammlung zustande gekommen?

20 Jahre lang habe ich an der Akademie Remscheid, dem bundeszentralen Fortbildungsinstitut für kulturelle Jugendbildung, Spielpädagogik-Kurse für weibliche und männliche Erzieher, Sozialpädagogen, Sozialarbeiter und Lehrer geleitet. Im Laufe dieser Zeit ist eine stattliche Sammlung mit Spielideen zusammengetragen und selbst entwickelt worden. Einiges wurde bereits in der Broschürenreihe „RAT - Remscheider Arbeitshilfen und Texte" veröffentlicht. Dann habe ich zusammen mit anderen Spielpädagogen die „Remscheider

Spielkartei" (200 kooperative Spiele zum sozialen Lernen) herausgebracht und an dem rororo-Taschenbuch „Schulspaß-Schulspiele" mitgeschrieben. Mir war wichtig, daß die Spiele nicht bloß in einem kleinen Kreis von Kursteilnehmern verbleiben. Deshalb gibt es dieses Taschenbuch für alle, die die Spiele haben möchten, mit denen wir in Remscheid seit Jahren erfolgreich arbeiten und soviel Spaß haben!
Es sind überwiegend kooperative Regelspiele und Gruppenmethoden für alle Spielsituationen in Kinder-, Jugend- und Erwachsenengruppen.
Einige Spiele haben wir in diese Sammlung nicht aufgenommen:

- Die sogenannten Solitärspiele, die nur von einer Person gespielt werden, wurden nicht berücksichtigt, weil es uns vor allem um die spielpädagogische Gruppenarbeit geht.
- Die bekannten Würfel-, Karten- und Sportspiele werden Sie auch vergebens suchen, weil die in jedem klassischen Spielebuch sowieso schon enthalten sind.
- Eine ganze Spielkategorie fehlt außerdem, die „Ätsch-Spiele". Das sind Spiele, bei denen einzelne hereingelegt werden und sich der Spaßam Spiel nur durch die Schadenfreude der anderen einstellt.

Alle 666 Spiele haben nützliche pädagogische Nebenwirkungen, auch wenn sie „nur" aus Jux und zur Geselligkeit gespielt werden. Deshalb finden Sie beispielsweise - im Gegensatz zu den meisten anderen Spielesammlungen - vorwiegend kooperative Spiele. Zum Spielpädagogik-Konzept der Akademie Remscheid gehört denn auch eine Förderung gerade dieser Spiele, die in Gruppen Zusammenarbeit und prosoziales Verhalten fördern.
Möglicherweise wird Ihnen die eine oder andere Spielvariante bekannt vorkommen: diese Sammlung enthält eben viele beliebte kooperative Spiele, die inzwischen schon fast Klassiker mancher Gruppenstunden geworden sind. Aber gerade bei diesen Spielen habe ich oft neue Varianten entwickelt, erprobt und beschrieben.
Probieren Sie aber bitte auch die völlig neu erfundenen Spiele aus, die in Erfinderwerkstätten der Akademie, auf anderen Tagungen oder bei Spielaktionen mit Jugendlichen entstanden sind.

Alles in allem: Ich habe hier die Spiele gesammelt, die mir selbst Freude machen - und die ich in Gruppen mit großem Spaßund Erfolg eingesetzt habe. Natürlich ist das keine Erfolgsgarantie, denn ein gelungenes Gruppentreffen mit Spielen aus diesem Taschenbuch hängt entscheidend von der richtigen Auswahl, einer animativen Spieleingabe und der Gruppenzusammensetzung ab.

Kurze Anmerkungen zum Abdruck der Spielbeschreibungen

Damit die Spielbeschreibungen leicht lesbar und übersichtlich bleiben, wurde eine monogeschlechtliche Sprachform, und zwar die männliche, verwendet. Natürlich sind immer männliche und weibliche Spielpersonen gemeint, wenn beispielsweise von „Spielern" die Rede ist. Und ebenso kann „der Spielleiter" eine Frau oder ein Mann oder auch ein männliches oder weibliches Gruppenmitglied sein, gemeint ist immer der Mensch, der ein Spiel eingibt und vorschlägt.
Manche Spielregeln werden erst verständlich, wenn Sie vorher einen Blick auf das Stichwort (Deskriptor) „Gruppierung" werfen: Wenn dort „Paare", „Halbgruppen" oder vielleicht „Kleingruppe mit 3 Spielern" steht, so muß die Gruppe zunächst so aufgeteilt werden, damit das Spiel gelingt.
Bei den Materialangaben werden Sie oft einiges vermissen: Was normalerweise in einem Gruppen- oder Klassenraum vorhanden ist, wird nicht extra aufgeführt, z.B. Stühle oder Schreibstifte. Es ist sowieso zu empfehlen, sich einen Spielekoffer mit den Grundmaterialien für jegliche Gruppenarbeit einzurichten.
Beachten Sie bitte besonders die Varianten bei den Spielbeschreibungen. Sehr oft sind das die viel spannenderen und interessanteren Spielversionen. Hier finden Sie auch ganz besonders viele neue Impulse für Ihre Gruppenarbeit.
Darunter finden sich oft auch Ideen, wie man ein Spiel für die eigene spezielle Gruppe und Situation anpassen kann.
Das ist ja eine altbekannte Erfahrung: oft gelingen Spiele erst dann, wenn man sie flexibel handhabt und variiert.
Nun zu den Schlagworten, die jedem Spiel zur Charakterisierung zugeordnet wurden. Ich glaube zwar, daß stets die we-

sentlichsten Stichworte erfaßt wurden, die das Spiel bestimmen; aber natürlich sind diese Zuordnungen meine individuellen Entscheidungen aufgrund der persönlichen Erfahrungen mit dem Spiel. Bitte berücksichtigen Sie das, wenn Sie mitunter andere Zuordnungen treffen würden.
Ergänzen Sie doch die Schlagwörter, so wie es für Ihre Arbeit nutzbringend ist!
Die einzelnen Schlagworte betreffen das Spiel übrigens auch nicht gleichgewichtig. Erwähnt wurden alle m.M.n. zutreffenden Schlagworte, manche sind besonders wichtig, manche gelten vielleicht nur für eine bestimmte Variante des Spiels.
Am schwierigsten ist übrigens die Zuordnung einer Altersangabe: da praktisch alle Spiele für Kinder auch mit Erwachsenen spielbar sind (das ist meist nur eine Frage der passenden Animation zum Spiel), habe ich mich für eine Mindestaltersempfehlung entschieden, die aber natürlich ebenso eine subjektive Einschätzung darstellt.
Noch ein Wort zu den unter „Deskriptoren" erwähnten Themen, die mit dem Spiel angesprochen werden: Ein Spiel kann oft nur ein Gesprächseinstieg oder eine Motivationshilfe zu einem Thema und kein Ersatz für andere Gruppenarbeits- oder Unterrichtsmethoden sein. Wenn Sie übrigens andere als die aufgeführten Themen mit einem Spiel einleiten möchten, so helfen unter Umständen die „multithematischen" Spielmethoden - die besten wurden auch extra in einer Empfehlungsliste zusammengestellt.

Wenn Sie weitere Informationen zur Spielpädagogik brauchen

• Von der Akademie Remscheid können Sie sich das jährliche Programm der Fortbildungskurse und Veranstaltungen kostenlos zuschicken lassen: *Akademie Remscheid, Küppelstein 34, 42857 Remscheid, Tel.: 02191/794-0.* Sie können gern auch beim alljährlich in der Akademie veranstalteten *Spielmarkt* unverbindlich vorbeischauen - er wird immer am Donnerstag und Freitag nach Karneval mit vielen Ausstellungen, Spieltischen und Kurzworkshops veranstaltet. Der Spielmarkt hat sich zum jährlichen Treffpunkt aller Pädagogen entwickelt, die das Neueste in Sachen Spiel mitbekommen wollen.

• Viele Spielmaterialien und spezielle Karteien, Spiele und Bücher sind oft am Ort nicht vorrätig. Dann können Spezialversande helfen. Aus diesem Grund wurde der Robin-Hood-Versand aufgebaut, der Ihnen kostenlos seinen aktuellen Katalog schickt: *Robin-Hood-Versand, Küppelstein 36, 42857 Remscheid, Tel.: 02191 / 794-242 und Fax: 02191 / 794-243.*
• Laufend neue Anregungen und Spielideen für eine kreative Gruppenarbeit veröffentlichen wir in der viermal im Jahr erscheinenden Fachzeitschrift "*gruppe & spiel*". Jedes Heft enthält ein *Spiel zum Sofortspielen*, das Sie ohne größere Vorbereitungen gleich in der Gruppenarbeit einsetzen können.

Ich wünsche Ihnen viel Freude und Erfolg mit unseren Spielen aus Remscheid!

Ulrich Baer

Die 10 wirkungsvollsten Kennenlernspiele

ALLE IN EINE REIHE
Gruppe stellt sich nach unterschiedlichen Kriterien auf

FAMILIENWAPPEN
Wappen für Identifikation/Kennenlernen malen

GEGENSTÄNDE FÜHLEN
Typisches Kimspiel im Kreis

GRUPPE SCHÄTZEN
Kleingruppen raten Daten der Gesamtgruppe

KENNENLERNINTERVIEW
Nach einem Partnerinterview stellt jeder seinen Partner in lustig gestalteten Text vor

KINDERFOTOS ERZÄHLEN
Kinderfotos in der Gruppe zuordnen, dann von Kindheit erzählen

KÖRPERUMRISSE MALEN
Partner malt den Umriß von Liegendem auf großen Papierbogen

LÜGEN-PORTRAIT
Partner mit 3 wahren und 1 erfundenen Information vorstellen

SCHUBLADENSPIEL
Raumecken sind als Unterbegriffe definiert, jeder geht in die Ecke, in die er gehört

WER HAT DIE MEISTEN KNÖPFE?
Alle in der Gruppe genau beobachten beim Herumgehen

Die 10 wildesten Action-Spiele

ATOME MIT VERSTECKEN
In bestimmter Gruppengröße verstecken

BALLON UND SANDSÄCKE
Innenkreis und Außenkreis bilden Korb und Sandsäcke eines Heißluftballons

DRACHENSCHWANZJAGEN
Die Erste von Gruppe A soll Letzten von B fangen

EBBE UND FLUT
Spielleiter erzählt sofort mitzuspielende Geschichte

HÄNDE SCHÜTTELN UND NOCH MEHR
Bei Musikstop Partner Hand schütteln und kleine Bewegungen ausführen

OZEANWELLE
Alle setzen sich im Kreis nach rechts oder links, einer muß freien Stuhl erwischen

PFERDERENNEN
Pferderennen wird in eng sitzender Gruppe nachgemacht

PLÄTZE TAUSCHEN
Spieler mit gleichem Merkmal tauschen Plätze

REISE NACH GRUPPENHAUF
Gruppe muß auf immer weniger Stühle klettern

SPOTS IN MOVEMENT
Nach Musik tanzen, kleine Aufgabe bei Musikstop

Die 10 schönsten Tanzspiele

DISKO AUF DEM PLANET PLUTO
Partnertanz mit vorgestellten Raumänderungen und Bodenbeschaffenheiten

ELLENBOGEN ANS KNIE-TANZ
Tanz, bei Stop sollen sich bestimmte Körperteile berühren

GUMMITANZ
Tanzen mit Gummibändern

LUFTBALLONTANZ
Mit Luftballons allein, zu zweit und als Karawane tanzen

SCHATTENTANZ
Präzise dem Partner hinterhertanzen

STUHLTANZ
Zu zweit auf Stuhl tanzen, bei Stop Stuhl wechseln

TANZ DER BLINDEN
„Blinder" führt Sehenden beim Tanzen und umgekehrt

TANZ-LOTTERIE
Jeder zieht eine kleine als Los gerollte Tanzaufgabe, erklärt sie als „Tanzlehrer"

UHU-TANZ
Zwei Körperteile kleben beim Partnertanz zusammen

VIER FLÄCHEN
Auf vier Flächen verschiedenartig tanzen oder darstellen

Die 10 besten kooperativen Spiele

AUFSTAND ZU ZWEIT
Rücken an Rücken, hinsetzen, aufstehen

DREI LEUTE MIT DREI FÜSSEN
Drei sollen mit maximal 3 Füßen laufen

FUMMELKISTE
Von zwei Seiten her in einem Karton Gegenstände ertasten

HAUS-BAUM-HUND
Zusammen malen zwei blind ein kleines Bild

JURTENKREIS
Geschickte Handhaltung in Großgruppenkreis

KATZ UND MAUS
Wenn 2 Mäuse sich umarmen, sind sie vor der abschlagenden Katze sicher

KOOP-TIERPUZZLE
Kooperation, Gruppenrollen, Leistungsverhalten im Experiment bewußtmachen

KÜCHENGERÄTE DARSTELLEN

LOTTOGEWINN
Wer setzt seine Wünsche bei weniger Geld als Wunsch-Summe durch?

SCHUHE ZUBINDEN
Partner schnürt sich – jeder mit einer Hand – einen Schuh zu

Die 10 anregendsten Darstellspiele

BEGEGNUNGEN
Verschiedene Arten der Begegnung zweier Menschen darstellen

EINER FEHLT
Pantomimisch dargestellte Situation erwarten, bei der die Hauptfigur fehlt

ERFINDERMESSE
Partner zu einer Maschine formen und vorführen

GERÄUSCHKULISSE
Gruppenweise Geräusche von bestimmten Orten machen, raten

GESTEN LEIHEN
Jeder Spieler hat beim Spielen einer Szene jemand hinter sich, der die Gesten macht

HEIMATFILM
Ein Standfoto wird Stück um Stück mit allen aufgebaut

PERSONENERFINDUNG
Personenbeschreibung zu Fotos erfinden, Personen in Szene bringen

SCHAUFENSTERDEKORATION
Halbgruppe gestaltet mit den anderen als Puppen ein Schaufenster

TUCHSPIEL
Szenen-Improvisation mit kleinem Tuch

WARTEZIMMER
Kleingruppe stellt pantomimisch Wartezimmer-Situation dar, andere raten gespielte Typen

Die 10 stärksten pantomimischen Spiele

BEWEGUNG FORTSETZEN (PANTOMIMISCH)
Einer macht stumm kurze Handlung, zweiter setzt fort

DEN AFFEN MACHEN
Körpertraining durch Darstellung von Affen

EIGENSCHAFTEN MODELLIEREN
Bestimmten Ausdruck beim Partner modellieren

GESICHTER WEITERGEBEN
Mimiken werden im Kreis herumgegeben

HÖR-PANTOMIME
Einer macht Pantomime, Partner macht Geräusch dazu

KÜCHENGERÄTE DARSTELLEN

STATUENSPIEL
Einer baut 1 – 4 Spieler zu einem thematischen Denkmal hin

ÜBER STOCK UND STEIN
Verschiedenen Boden vorstellen und entsprechend gehen

WIND UND WETTER
Spieler spielen simultan vom Spielleiter angesagtes Wetter

WÖRTER PANTOMIMISCH SPIELEN
Gruppe stellt die Buchstaben eines Wortes als Pantomime gemeinsam dar, andere raten

Die 10 ausdrucksvollsten Rollenspielformen

ABC-ROLLENSPIEL
Alle spielen gleichzeitig Konflikt in 3 Abschnitten durch

ROLLENSPIEL
Konflikte zwischen Menschen im Spiel darstellen

FAMILIE EINMAL ANDERS
Familienszenen mit verkehrten Rollen spielen

HALLO
Jungen versuchen Mädchen kennenzulernen und umgekehrt

LOTTOGEWINN
Wer setzt seine Wünsche bei weniger Geld als Wunsch-Summe durch?

MANN MACHT FRAU IM ZUG AN
Szenisches Partnerspiel

SEHNSUCHT
Illustriertenbilder mit Wünschen aussuchen und spielen

SIMULTAN-ROLLENSPIEL
Alle spielen große Situation zusammen, z. B. Kaufhaus

VERTAUSCHTE ROLLEN
Szenen mit vertauschten Rollenklischees spielen

VIELE BEKÄMPFEN WENIGE
Große Gruppe mit kleinen Instrumenten soll ihren Rhythmus durch Kooperation gegen andere durchsetzen

Die 10 nützlichsten Spiele für die Bearbeitung von Themen

BILDMEDITATION
Paare notieren Einfälle zum gleichen Bild, dann vergleichen

COMIC ERFINDEN
Vorgegebene Comicbilder neu aneinanderreihen und texten

DER MENSCH
Auf große Pappfigur Bemerkungen schreiben

KÖRPERUMRISS-COLLAGE
Körperumrisse bemalen und beschriften

MEINUNGSSPEKTRUM
Einstellung mit Kärtchen zu Meinungen sagen und Gruppenmehrheiten erraten

PERSONENRATEN
Auf den Rücken geklebte Personennamen erraten

PRO- UND CONTRA-SPIEL
Kontroverses Thema mit Pro- und Contra-Anwälten diskutieren

ÜBERRASCHUNGSSITUATIONEN
Wie reagierst du, wenn ...? (Situation im Briefumschlag)

WERBEKAMPAGNE
Kleingruppen entwerfen Werbespot für bestimmtes Thema

WÜNSCHE NENNEN
Aus einer Wunschliste drei ankreuzen

Die 10 erholsamsten Spiele

BALL-MASSAGE
Partner rollt 2 Softbälle (oder anderes Material) auf Liegendem

GERÄUSCH-MEDITATION
Konzentriert Geräuschplatte hören, dann Eindrücke malen

GERÜCHE MALEN
Verschiedene Geruchsstoffe riechen, Geruch in Bild umsetzen

GROSSER KREIS – KLEINER KREIS
Blind im Kreis langsam Arme über die Schultern legen

HÄNDE AUFLEGEN
Zwei „Blinden" legen die anderen Hände auf den Körper

ICH BIN IN DEINEN HÄNDEN
Jeder legt seinen Kopf in die Hände des Partners

MUMIEN AUFWECKEN
Jemanden massieren, der in Decke gewickelt ist

MUSIKALISCHE WELTREISE
In einer Musik-Meditation sich verschiedene Landschaften vorstellen

SOFA
Einer liegt auf dem Bauch, der andere auf dessen Rücken und wird geschaukelt

WETTER-MASSAGE
Gruppe massiert einen in verschiedener Weise und symbolisiert dabei Regen, Sturm usw.

Die 20 unterhaltsamsten Spiele für Feten

BEGRIFFE DARSTELLEN – SPONTAN
Bei Musikstop in 4 Untergruppen Begriffe stellen

BILDER RATEN
Aus Bild-Teilen auf die ganze Abbildung schließen

BLINDES ZETTELABSCHNEIDEN
2 dirigieren „Blinden", Gruppenaufgabenzettel abzuschneiden

BODY-MUSIC
Musiktheater: Musik mit Körperteilen; dazu kleine Szenen

DIAS BEMALEN
Glas von Diarähmchen bemalen

EIERLAUFEN MIT SOFTBÄLLEN

GRUPPE SCHÄTZEN
Kleingruppen raten Daten der Gesamtgruppe

HEIMATFILM
Ein Standfoto wird Stück um Stück mit allen aufgebaut

MIT LÖFFELN BELEGEN
Person mit Material (Löffel, Bierdeckel, ...) belegen, der sich damit fortbewegen soll

MONTAGSMALER
Einer malt Begriff, andere raten. Einer spielt den Begriff pantomimisch, die anderen raten

MUSIK RATEN
Mit falscher Geschwindigkeit gespielte Schallplatten erraten

NUMMERNSPIEL
Jeder hat eine Nummer, einer in der Kreismitte nennt zwei, die unbemerkt Plätze tauschen

SCHATZ HÜTEN
Einer hütet Tuch, darf alle, die er erreicht abschlagen, die sofort erstarren

SEKTKORKENDECKEL-PUSTE-SLALOM
Sektkorkendeckel eine Slalomstrecke entlangpusten.

SPIONE IN DER NACHT
Zwei Spieler versuchen blind konkurrierend Leute zu erfühlen

STILLE POST GEMALT
Einem etwas auf den Rücken malen, der es einem weiteren auf den Rücken malen muß, usw

STREICHHOLZNEST
Auf Flaschenhals ein Streichholznest auflegen

TANZ-LOTTERIE
Jeder zieht eine kleine als Los gerollte Tanzaufgabe, erklärt sie als „Tanzlehrer"

VERFOLGUNGSJAGD
Beim Gehen jemand verfolgen, bei Musikstop ihn erwischen

VERRÜCKTE KLEINE SZENEN
Kurz beschriebene witzige Szenen in Kleingruppen spielen

Die 20 tollsten Spiele für Draußen

BALLTRANSPORT
Hindernislaufen mit Ball auf Löffel (wie EIERLAUFEN)

BLECHBÜCHSEN-LAUFEN
Auf Blech- oder Plastikdosen über Hindernis-Parcour laufen

DRACHENSCHWANZJAGEN
Der Erste von Gruppe A soll Letzten von B fangen

ERDBALLSPIELE
Mehrere Spielvorschläge für den Erdball/Riesenluftballon

FUSSPILZ-SPIEL MIT SEKTKORKEN
Sektkorkenkappen mit nackten Zehen weiterreichen

HANDTUCHBALL
Ball mit Handtuch schleudern

JURTENKREIS
Geschickte Handhaltung in Großgruppenkreis

KAMEL REITEN
Auf kniendem Partner „reiten"; zu mehreren in einer Reihe reiten

KATZ UND MAUS MIT FALLSCHIRM
Maus unterm Fallschirm, Katze drüber und soll Maus fangen

LEUTE EINSAMMELN IM HULA-HUPP-REIFEN
Wer im Reifen steckt, legt den Reifen noch um andere Person und sammelt so Personen ein

LÖFFEL-BOULE
Wie das Original-Boule, nur mit anderen Alltagsgegenständen

PFÜTZENSPRINGEN
Seilspringen über Seil des Partners

PYRAMIDE
Sich zu einer hohen Pyramide auftürmen

REISSVERSCHLUSS
Sitzenden Mannschaften wird Ball unter Beine hindurchgerollt

ROHRPOST
Spiele mit Kriechtunnel

SOFT-FLYER-SPIELE
Verschiede Spielmöglichkeiten mit Schaumstoff-Wurfscheiben

TUNNELBALL
Bälle werden durch gegrätschte Beine rückwärts hindurchgespielt

UNTERM FALLSCHIRM DURCHLAUFEN

WALZWERK
Über alle anderen drüberollen oder einem durch Rollen weitertransportieren

ZWILLINGSFUSSBALL
Luftballon muß von Paar (mit 2 zusammengebundenen Beinen) geschossen werden

Die 20 interessantesten Spiele für die Selbsterfahrung

BLICK AUS DER ZUKUNFT
Größeres Spielprogramm, um Lebensperspektiven zu bearbeiten

EIGENSCHAFTEN ZUWÜRFELN
Mit Würfel Eigenschaften zuweisen

ELTERN RATEN IHRE KINDER
Autoren von Produktionen erraten

FAHRRADSPIEL
Jeder wird symbolisch als Fahrradteil eingeordnet

GEGEN DIE DECKE ANRENNEN
Gegen Decke (stellvertretend für Problem) anrennen

GEPÄCK MITGEBEN
Wünsche sich gegenseitig in gemalte Koffer schreiben

GRUPPENBAUSTELLE
Die Beziehungsstruktur der Gruppe mit Bausteinen nachbauen

GRUPPENLEITER – GRUPPENMITGLIED GESUCHT
Inserat aufsetzen mit Leiter/Mitglied-Beschreibung

HOROSKOP-EIGENSCHAFTEN ZUORDNEN
Eigenschaften (aus Horoskopen) jemanden zuordnen

ICH BIN DER PRINZ
Ein Märchen erfinden mit sich selbst als Hauptrolle

ICH MÜSSTE EIGENTLICH
Verhaltensweisen nach „Sollte ich etwas mehr ... mehr ... viel mehr ..." sortieren und in übersichtlicher Matrix auslegen

JEDE MÜNZE HAT ZWEI SEITEN
Widersprüche bei sich selbst auf zwei Bierdeckelseiten notieren

KAFFEEKRÄNZCHEN-STAMMTISCH
In der Rolle ihrer Eltern unterhalten sich die Spieler über sich selbst

NATUR-FEEDBACK
Jeder bringt für einige Naturmaterial als symbolisches Feedback oder Geschenk mit

SEHNSUCHT
Illustriertenbilder mit Wünschen aussuchen und spielen

SPIEL MIR DAS LIED VOM TOD
Zwei „Streithähne“ gehen langsam und sich anblickend aufeinander zu

STOLPERSTEINE
Erfahrungsaustausch über persönliche Hindernisse und soziale Behinderungen

TIERMATRIX
Sich und die anderen als Tiere charakterisieren

WUNSCHZETTEL
Wünsche aus Liste auswählen; raten, wer was gewünscht hat

ZEHN SCHRITTE
Mit Positionen im Raum sich Sympathien bewußtmachen

Die 20 Spiele, die Ulrich Baer am besten gefallen

ABC-ROLLENSPIEL
Alle spielen gleichzeitig Konflikt in 3 Abschnitten nach

ATOME MIT VERSTECKEN
In bestimmter Gruppengröße verstecken

BLEIBAND-FIGUREN LEGEN
Figuren oder Buchstaben mit Band legen und ertasten

BLINDE SCHLANGE
Der Erste führt sehend eine Schlange Blinder über Hindernisse

DENKMALKOPIE
B ertastet blind die Haltung von A und kopiert sie

EISLOCH, PINGUIN UND FISCHE
Systemspiel, bei dem die Würfelaugen gedeutet werden müssen

KATZ UND MAUS
Wenn 2 Mäuse sich umarmen, sind sie vor der abschlagenden Katze sicher

KNOTENSPIEL
Die ganze Gruppe steht händehaltend im Kreis,
ver- und entknotet sich

KÜCHENGERÄTE DARSTELLEN

LANDSCHAFT – KÜCHENGERÄT
Mit welchem Möbel, Klima, Getränk o. ä. kann man die zu ratende Person charakterisieren?

LEBENSLINIE
Eine malerische oder grafische Darstellung wichtiger Lebensereignisse erstellen und besprechen

MARTIN UND LUISE
Geschichte wird erzählt, jeder entscheidet dann wie angemessen sich die Personen in der Geschichte verhalten haben

PERSONENRATEN
Auf den Rücken geklebte Personennamen erraten

RING WANDERT
Ring oder Münze wird von Faust zu Faust weitergegeben, in Kreismitte Stehender muß erkennen, wo Ring ist

SCHAUFENSTERDEKORATION
Halbgruppe gestaltet mit den anderen als Puppen ein Schaufenster

SCHORNSTEINSPIEL
Zu viert einen Schornstein bilden, Luftballons hochschaffen

SYMPATHIE
Fotos in Sympathie-Rangfolgen bringen, Rangfolge vermuten lassen

UHU-TANZ
Zwei Körperteile kleben beim Partnertanz zusammen

WETTER-MASSAGE
Gruppe massiert einen in verschiedener Weise und symbolisiert dabei Regen, Sturm, usw.

WOLKENBETT
Einer legt sich über die Rücken Kniender

Alle Spiele von A

bis Z

ABC-ROLLENSPIEL

Ein Konflikt wird gleichzeitig von Dreiergruppen in drei Abschnitten gespielt

Material: Konfliktfall
Empfohlenes Mindestalter: 12 Jahre

Die ganze Gruppe wird in Dreier-Gruppen aufgeteilt. In jeder Kleingruppe ist ein Spieler A, einer B und ein Spieler C. Es handelt sich um drei kurze Dialoge (1., 2. und 3. Spielabschnitt), die immer von allen Dreier-Gruppen simultan gespielt werden. Alle drei zu spielenden Dialoge sind Ausschnitte aus einer Geschichte, die von der Spielleitung erzählt wird. Für jeden Dialog und in jeder Gruppe gibt es immer einen Schüler, der die beiden anderen beobachtet und den Verlauf des gespielten Dialogs in Stichworten notiert. Der Rollenwechsel (Spielverlauf) steht in tabellarischer Form an der Tafel. Jeder Spielabschnitt wird für alle Gruppen zur gleichen Zeit beendet (abgebrochen), damit die Einstiegssituation für den nächsten Abschnitt allen mitgeteilt werden kann. Nach dem parallelen Durchspielen der Geschichte in allen Kleingruppen setzt man sich in einer großen Runde zusammen.
Anmerkung: Hervorragend zum Einstieg in ein kontroverses Thema geeignet. Darauf achten, daß der Fall einen offenen Schluß besitzt, sonst finden die Gruppen nicht verschiedene Lösungen.

Stichwörter
Gruppierung: Kleingruppe mit 3 Personen – Spieltempo: ruhig – Dauer: ca. 30-120 Min. – universell verwendbar – einfach, leicht – eher ernst – ohne große Vorbereitung spielbar – anleitungsintensiv – Phantasie entwickeln – darstellen (allg.) – empathisch handeln – Thema kennenlernen – Wettkampf, Durchsetzung – spielerischer Meinungsaustausch – Arbeitsplatz, Beruf – Familie – Normen, Rollen, Werte – multithematisch – Rollen-, Entscheidungs-, Planspiel

ABSCHIEDSMUSIK

Im Kreis nach außen gewandt sitzen und Abschlußmusik blind anhören

Material: Passendes Musikstück
Empfohlenes Mindestalter: 6 Jahre

Alle setzen sich mit dem Gesicht nach außen in einen Kreis. Die Schultern berühren sich. Mit geschlossenen Augen ein Musikstück anhören. Bei langsamer Musik kann auch mit dem Oberkörper der Ryhtmus aufgenommen werden. Evtl. anschließend darüber reden, was einem durch den Kopf gegangen ist.

Stichwörter
Gruppierung: Kreis – Spieltempo: ruhig – Dauer: ca. 10 Min. – universell verwendbar – eher ernst – konzentrieren – Harmonisierung, Abschluß

ABZÄHLVERS – AUSZÄHLREIM
Technik zur zufälligen Auswahl einer Person

Material: evtl. Bücher mit Abzählversen
Empfohlenes Mindestalter: 4 Jahre

Um in Gruppen aufzuteilen oder um jemanden zu bestimmen, der anfängt, kann ein Abzählvers aufgesagt werden. Die Gruppe steht im Kreis, bei jeder Silbe wird auf eine Person gedeutet. Die Person, bei der die letzte Silbe ankommt, beginnt mit dem Spiel oder ist der erste, der zur Kleingruppe A gehört. Dann wird weitergezählt.
Genutzt werden können (neben Abzählreimen, an die man sich aus der eigenen Kindheit erinnert oder die die Gruppe kennt) Verse aus folgenden Büchern: H. M. Enzensberger: Allerlei rauh. Viele schöne Kinderreime. Frankfurt 1979; P. Rühmkorf: Über das Volksvermögen. Reinbek (rororo-Tb) 1975; Hansjörg Martin u.a. (Hrsg.): Kommt ein Bär von Konstanz her. Reinbek (rororo-Tb) 1986.

Stichwörter
Gruppierung: Kreis – Spieltempo: ruhig – Dauer: unter 10 Min. – universell verwendbar – einfach, leicht – Selbstläufer, keine Anleitung – ohne große Vorbereitung spielbar – gut als Überleitung zw. Spielen – Aufteilung in Untergruppen – Unterhaltung, geselliges Treffen – Sonstige Spielform

ACHTERBAHN – WILDE ACHT
Als ganze Gruppe eine ununterbrochene Acht laufen

Material: –
Empfohlenes Mindestalter: 4 Jahre

Dieses Bewegungsspiel braucht einen großen Raum und mindestens 15 Mitspieler. Es beginnt damit, daß die Gruppe (vielleicht der Spielleitung hinterher) im Kreis langsam geht, dann schneller geht, läuft und (falls möglich) rennt, dann wieder langsam wird und mit einem möglichst gleichmäßigen Abstand zueinander geht. Dann geht die Spielleitung zur Kreismitte, bittet alle zu folgen, und setzt mit einer liegenden Acht fort. Am Kreuzungspunkt müssen alle gut aufpassen. Ein etwa gleicher Abstand soll beibehalten werden, d.h. es soll eine ununterbrochene Acht gelaufen werden. Mit möglichst hohem Tempo und mit ruhigem Gehenausklingen lassen.

Stichwörter
Gruppierung: Kreis – Spieltempo: lebhaft – Dauer: unter 10 Min. – einfach, leicht – eher ernst – ohne große Vorbereitung spielbar – gut als Überleitung zw. Spielen – konzentrieren – empathisch handeln – geschickt verhalten – schnell reagieren – Körperkräfte trainieren – Warming up – Kooperation üben – motorische Sensibilisierung – Bewegungsspiel – Geschicklichkeitsspiel

ALASKA
Brettspiel zum Thema Abenteuer im Eismeer

Material: Brettspiel (Ravensburger Spielverlag)
Empfohlenes Mindestalter: 10 Jahre. Für 2-4 Spieler

Ein gefährliches Abenteuer auf schwankenden Eisschollen. Da heißt es einen kühlen Kopf bewahren, vorausplanen und dem Glück vertrauen. Die Bergung wertvoller Container von einer Insel im Hohen Norden – ein gefährliches Abenteuer. Noch trägt das Eis die schweren Transporter. Aber der nächste Frühling kommt bestimmt. Die befahrbaren Eisschollen werden rar.

Stichwörter:
Gruppierung: Kleingruppe mit ca. 4 Personen – Brett-, Kartenspiel

ALLE BEWEGEN SICH WIE
Kleine Stegreifrollen übernehmen

Material: Musik
Empfohlenes Mindestalter: 4 Jahre

Während die Musik läuft, tanzen alle nach der Musik durch den Raum oder gehen ganz „normal". Bei einem Musikstop sagt der Spielleiter oder ein Mitspieler an, wie sich jetzt sofort alle bewegen sollen, bis die Musik wieder einsetzt. Dabei können auch spontan kleine Stegreifszenen entstehen.
Beispiele: Alle bewegen sich wie ...Elefanten, ...vornehme Party-Gäste, ...Kunden kurz vor Ladenschluß, ...Betrunkene, ...Roboter, ...Gespenster, ...Flugzeuge.
Anmerkung: Das Spiel ist eine gute Methode in einem Ausdruckstraining, z.B. wenn der Spielleiter/Trainer ruft: „Alle STOP, nur Franz!" – dann sollen alle stillstehen und sich ansehen, wie Franz weitermacht.

Stichwörter
Gruppierung: Alle im Raum verteilt – Spieltempo: lebhaft – Dauer: unter 10 Min. – universell verwendbar – einfach, leicht – ohne große Vorbereitung spielbar – Phantasie entwickeln – darstellen (allg.) – spontan handeln – Warming up – Aktivierung bei Lustlosigkeit – Unterhaltung, geselliges Treffen – Bewegungsspiel

ALLE IN EINE REIHE
Gruppe stellt sich nach unterschiedlichen Kriterien auf

Material: –
Empfohlenes Mindestalter: 4 Jahre

Die Gruppe bildet eine Reihe nach einem von der Spielleitung angesagten Kriterium. Beispiel: Alle in eine Reihe nach dem Anfangsbuchstaben der Vornamen – dann beginnt die Reihe mit Anna und endet z.B. mit Wolfgang. Dann nach einem neuen Kriterium umbilden: Geburtstag im Januar bis Geburtstag im Dezember usw.. Weitere Zuordnungsmerkmale z.B. Schuhgröße, Alter, Gewicht, Anzahl Kinder, Urlaubsziel-Entfernung...

Anmerkung: Wenn man sich nach Unterbegriffen aufteilen soll, dann ist dazu auch das SCHUBLADEN-SPIEL gut geeignet. Für den Austausch und die Darstellung von Meinungen siehe Spiel STANDOGRAMM. Das Spiel ist ebenfalls gut geeignet für große Gruppen (über 30).

Stichwörter
Gruppierung: Alle im Raum verteilt – Spieltempo: lebhaft – Dauer: ca. 10-30 Min. – universell verwendbar – einfach, leicht – ohne große Vorbereitung spielbar – wahrnehmen (allg.) – schnell reagieren – spontan handeln – kennenlernen (allg.) – Namen lernen – Aktivierung bei Lustlosigkeit – Aufteilung in Untergruppen – Bewegungsspiel

ALTERNATIV-SPIEL
Würfel-Spiel um Lebensperspektiven

Material: Brettspiel
Empfohlenes Mindestalter: 12 Jahre. Für 4-8 Spieler

Gespräche und Aktionen zum alternativen Lebensstil. Schönes farbiges Poster als Spielplan. AGB, Linz (Spieleerfinder).
Bezug: Robin-Hood-Versand, Küppelstein 36, 42857 Remscheid

Stichwörter
Gruppierung: Kleingruppe mit ca. 4 Personen – Brett-, Kartenspiel – Vorurteile, Außenseiter – Normen, Rollen, Werte – Unterhaltung, geselliges Treffen – Selbsterfahrung – Familie – Beziehungen – multithematisch – Spielerischer Meinungsaustausch – Dauer: ca. 30-120 Min. – Spieltempo: ruhig

AM PRANGER
Lehrreiches Brettspiel zum Thema Menschenrechte

Material: Brettspiel (Franz-Josef Scholles in Zusammenarbeit mit amnesty international, Sektion der Bundesrepublik Deutschland)
Empfohlenes Mindestalter: 14 Jahre. Für 3 –10 Spieler

Wem gelingt es am besten, mit Kenntnissen, Argumenten, Aktionen und Glück, Menschensrechtsverstöße anzuprangern? Ziel der Spieler ist es, Menschenrechtsverstöße aufzudecken und zu verhindern. Mit Hilfe von Aktionen, Frage- und Argumentationsrunden soll die Öffentlichkeit aktiviert werden. Spielentscheidend sind die Argumentationsrunden, in denen nur begründete Aussagen zählen. Die Ziele der Spieler werden immer wieder durch Gegenaktionen der Machthaber behindert. Die Herrschenden im Spiel orientieren sich an den Lehren Machiavellis, für den der Zweck jedes Mittel heiligte. Für Familie, Schule, außerschulische Jugend- und Erwachsenenbildung.

Stichwörter
Brett-, Kartenspiel – Sprach-, Schreib-, Diskussionsspiel – Rollen-, Entscheidungs-, Planspiel – Vorurteile, Außenseiter – Normen, Rollen, Werte – Politik, Frieden, Geschichte – Aggression, Konflikt – Wettkampf, Durchsetzung – beurteilen, einschätzen – Gruppierung: Kleingruppe mit 3-8 Personen – Wissen erweitern – Spielerischer Meinungsaustausch – Kooperation üben – Thema kennenlernen – denken (allg.) – eher ernst – besonders spannend – Dauer: ca. 30-120 Min. – Spieltempo: ruhig

AMPELSPIEL
Meinungsbekundung mit farbigen Kärtchen

Material: Kärtchen in rot, grün und gelb für jeden.
Empfohlenes Mindestalter: 10 Jahre

Jeder erhält 3 Karteikärtchen (1 rotes, 1 gelbes, 1 grünes). Vorher hat sich die Gruppe oder der Einzelne Behauptungen überlegt, zu denen jetzt die Meinung aller gefragt ist. Eine Behauptung wird aufgestellt, und jeder hebt eine Karteikarte: Zustimmung - grün; Ablehnung - rot; Nichtbetroffenheit, Unentschieden - gelb.
Anmerkung: Das Spiel ist auch gut geeignet für große Gruppen (> 30).

Stichwörter
Gruppierung: Alle im Raum verteilt – Gruppierung: Kreis – Spieltempo: ruhig – Dauer: ca. 10-30 Min. – einfach, leicht – eher ernst – beurteilen, einschätzen – denken (allg.) – schnell reagieren – Aktivierung bei Lustlosigkeit – Interesse aneinander – Auswertung – Spielerischer Meinungsaustausch – multithematisch – Methode für die Gruppenarbeit

AN DEN HAAREN ERKENNEN
Blind durch Haare fühlend jemanden erkennen

Material: –
Empfohlenes Mindestalter: 8 Jahre

Zwei Halbgruppen stellen sich (in 2 Reihen) gegenüber. Jeder hat ein Gegenüber, seinen Partner. Die Partner sehen einander genau an.. Dann macht Gruppe A die Augen zu, Gruppe B stellt sich um (andere Reihenfolge). Jeder aus Gruppe A soll an den Haaren seinen Partner wiedererkennen.
VARIANTE: ...am Hosenstoff, an den Schuhen, an den Händen wiedererkennen.

Stichwörter
Gruppierung: Halbgruppen – Spieltempo: ruhig – Dauer: unter 10 Min. – einfach, leicht – eher ernst – ohne große Vorbereitung spielbar – wahrnehmen (allg.) – blind wahrnehmen – konzentrieren – Warming up – Körperkontakt – Kim-(Wahrnehmungs) spiel

AN DER LAUFENDEN SCHNUR – AM FADEN ENTLANG
Weg für Spielaktion

Material: lange Schnur, Seil, Wollfaden...
Empfohlenes Mindestalter: 6 Jahre

Alle – evtl. zu zweit – gehen mit geschlossenen Augen an einer Schnur entlang, die durch mehrere Räume gespannt wurde.
An einigen Stellen werden zu ertastende Gegenstände angehängt oder Korken (o.ä.) eingeknotet sein als Zeichen, daß etwas in unmittelbarer Nähe zu erraten ist.
Anmerkung: Könnte im Rahmen einer Spielaktion zu einzelnen Spielstationen führen. Kennenlernen einer Bildungsstätte.

Stichwörter
Gruppierung: Paare – Spieltempo: ruhig – Dauer: ca. 10-30 Min. – eher ernst – Selbstläufer, keine Anleitung – blind wahrnehmen – raten, erforschen – fühlen, ertasten – konzentrieren – Umgebung kennenlernen – Vertrauen entwickeln – Spielaktion, Spielfest

ANONYMEN BRIEF ABSCHICKEN – AUSWERTUNGSCOLLAGE
Aus Zeitungstexten Aussagen über eine Veranstaltung zusammenkleben

Material: Illustrierte, Scheren, Klebstoff
Empfohlenes Mindestalter: 10 Jahre

Jeder bekommt eine Illustrierte oder Tageszeitung und soll nur aus Textschnipseln ein oder zwei Sätze über die abgelaufene Veranstaltung zusammenkleben. Das sieht dann aus wie ein „anonymer Erpresserbrief". Jeder darf bis zu 5 Wörter handschriftlich hinzufügen. Es werden alle Briefe aufgehängt und gelesen, evtl. noch raten, welcher Brief von wem gestaltet wurde.

Stichwörter
Gruppierung: Alle im Raum verteilt – Spieltempo: ruhig – Dauer: ca. 10-30 Min. – universell verwendbar – einfach, leicht – ohne große Vorbereitung spielbar – produktorientiert – Vorführung üblich oder möglich – beurteilen, einschätzen – kombinieren, planen – kreativ sein, improvisieren – medial darst.: malen, singen, bauen – Kulturtechniken: Lesen, Schreiben – Auswertung – multithematisch – Methode für die Gruppenarbeit – Sprach-, Schreib-, Diskussionsspiel

ANSICHTSKARTEN
Skizzen von Mitspielern zum Kennenlernen

Material: große Papierbögen, (Wachs-)Malstifte
Empfohlenes Mindestalter: 12 Jahre

Jeder malt eine Skizze von Arbeitsplatz oder Familie oder Wohnort, die „Ansichtskarten" werden aufgehängt, Nachfragen gestellt oder einzelne Bilder erklärt. Bei mehr als 12 Teilnehmern dauert die Auswertung zu lange! Läßt sich auch gut als Abschlußspiel verwenden, wenn eine „Ansichtskarte" vom Fortbildungsort verschickt wird – mit wichtigen Szenen aus dem Gruppentreffen. Evtl. auch noch Kommentare auf der Anschriftenseite der Ansichtskarte, dann nach 14 Tagen real zur Erinnerung oder Nachbesinnung zuschicken oder im Raum an Bindfaden aufhängen (wie Wäscheleine) und in der Gruppe betrachten, evtl. kurz erläutern.

Stichwörter
Gruppierung: Alle im Raum verteilt – Spieltempo: ruhig – Dauer: ca. 30-120 Min. – einfach, leicht – eher ernst – ohne große Vorbereitung spielbar – produktorientiert – kreativ sein, improvisieren – medial darst.: malen, singen, bauen – kennenlernen (allg.) – Auswertung – Arbeitsplatz, Beruf – Familie – Malspiel

ANTWORT OHNE JA UND NEIN
Interviewspiel mit Erschwernis

Material: Je Person 5-6 Murmeln, Pfennige, Büroklammern o.ä.
Empfohlenes Mindestalter: 10 Jahre

Zwei Spieler interviewen sich gegenseitig. Im Wechsel darf einer dem anderen 4 Fragen stellen, die der andere keinesfalls mit Ja oder Nein beantworten darf. Beide sind mit je drei Murmeln o.ä. versehen und geben bei jedem Fehler eine an den Partner ab.
VARIANTE: Man kann auch in einer großen Gruppe irgendwelche anderen fragen, die natürlich auch nicht mit „Ja" und „Nein" antworten dürfen. Jeder soll seine Murmeln möglichst behalten.

Stichwörter
Gruppierung: Paare – Spieltempo: ruhig – Dauer: ca. 10-30 Min. – universell verwendbar – einfach, leicht – eher ernst – konzentrieren – kennenlernen (allg.) – Warming up – Sonstige Spielform

ASTRONAUT – ERDBALL-MASSAGE

Einer legt sich bäuchlings auf einen Erdball und wird von zwei anderen gehalten

Material: Erdball (1 m-Durchmesser) oder großer Physioball
Empfohlenes Mindestalter: 8 Jahre

Einer legt sich bäuchlings auf den inzwischen festgehaltenen Ball. Zwei andere halten ihn an den Armen und Beinen fest. Sie rollen ihn gradlinig (um die Körperlängsachse) über den Ball vor und zurück. In einem zweiten Schritt kann der Liegende kreisförmig bewegt werden: dabei aufpassen, daß der Ball nicht wegkullert. Das gleiche kann auf dem Rücken ausprobiert werden. – Man kann auch allein mit dem Unterkörper auf dem Ball hüpfen und sich dabei mit den Armen am Boden aufstützen. Kinder müssen von Erwachsenen gehalten werden, weil es viel Kraft und Aufmerksamkeit erfordert.

Stichwörter
Gruppierung: Kleingruppe mit 3 Personen – Spieltempo: ruhig – Dauer: unter 10 Min. – eher ernst – anleitungsintensiv – Körperkräfte trainieren – Kooperation üben – Bewegungsspiel – Sportspiel

ATLANTIS

Ein Phantasieland in einem Reisespiel vorstellen

Material: Schilderungen von Phantasieländern (z.B. A.Manguel / G.Guadalupi: Von Atlantis bis Utopia. Frankfurt (Ullstein), 3 Bde.)
Empfohlenes Mindestalter: 12 Jahre

Kleingruppen erhalten ca. 3 Schilderungen eines literarischen Phantasielands, z.B. kurze Beschreibungen aus der obigen Buchreihe. Sie sollen sich für ein Land entscheiden und dieses den anderen in einem Spiel vorstellen, z.B. in Form einer Fernsehreportage (Vorführung), einer Besichtigung / Reise oder einem Besuch (Mitspiel). Zu der vorgegebenen Schilderung kann beliebig viel dazu erfunden werden. Zur Darstellung des Landes sollte das Material phantasievoll genutzt werden.
Anmerkung: Besonders gute Vorausetzungen sind gegeben,wenn sich die Gruppen gut kennen,ein wenig Übung im darstellenden Spiel und Lust an ihrer Phantasie haben.

Stichwörter
Gruppierung: Kleingruppe mit ca. 4 Personen – Spieltempo: lebhaft – Dauer: ca. 30-120 Min. – schwierig – Vorführung üblich oder möglich – beurteilen, einschätzen – Phantasie entwickeln – darstellen (allg.) – medial darst.: malen, singen, bauen – Kooperation üben – Normen, Rollen, Werte – Literatur, Märchen, Lyrik – Darstellendes Spiel, Theaterspiel – Materialspiel, Werken – Spielaktion, Spielfest

ATOME – MOLEKÜLE
In bestimmter Gruppengröße zusammenfinden

Material: Musik, Zollstock
Empfohlenes Mindestalter: 8 Jahre

Alle gehen oder tanzen als einzelne „Atome“ nach der Musik durch den Raum. Bei Musikstop ruft der Spielleiter eine Zahl, zu der sich sofort Kleingruppen („Moleküle“) finden sollen (an den Schultern umfassen).
VARIANTE: Bei ruhiger Musik mit geschlossenen Augen!
VARIANTE: In der Mitte liegen mehrere Zollstöcke. Jede Gruppe soll ein Vieleck mit dem Zollstock bilden; z.B. wenn „5“ gerufen wird, den Zollstock zu einem Fünfeck knicken und dann entweder im Zollstockeck oder außen herum stehen.
Anmerkung: Siehe auch Spiele ATOME MIT VERSTECKEN.
Das Spiel ist auch gut geeignet für große Gruppen (über 30).

Stichwörter
Gruppierung: Alle im Raum verteilt – Spieltempo: action – Dauer: unter 10 Min. – einfach, leicht – ohne große Vorbereitung spielbar – blind wahrnehmen – schnell reagieren – Aufteilung in Untergruppen – Körperkontakt – Unterhaltung, Geselliges Treffen – Bewegungsspiel

ATOME MIT VERSTECKEN
In bestimmter Gruppengröße verstecken

Material: Musik; Verstecke: Decken, Fallschirm, Vorhang, Tücher, Schränke, Riesenkartons
Empfohlenes Mindestalter: 8 Jahre

Alle bewegen sich nach Musik durch den Raum. Bei Musikstop wird vom Spielleiter eine Zahl und ein Versteck gerufen: in Größe der gerufenen Zahl-sollen sich schnell Kleingruppen bilden und verstecken, z.B. unterm Stuhl, hinterm Vorhang, vor der Tür, unter einer Decke, in einem Sessel...
Anmerkung: Größerer Raum erforderlich! Das Spiel ist auch gut geeignet für große Gruppen (über 30). Das Spiel ist sehr viel reizvoller als das bekannte Atom-Spiel, weil man sich hier nicht nur in einer bestimmten Zahl finden, sondern so auch noch verstecken muß.
Es ist besonders günstig, wenn dieses Spiel in eine Geschichte eingebaut ist, in der das Verstecken müssen logisch begründet wird.

Stichwörter
Gruppierung: Alle im Raum verteilt – Spieltempo: action – Dauer: unter 10 Min. – einfach, leicht – wahrnehmen (allg.) – geschickt verhalten – schnell reagieren – Warming up – Aktivierung bei Lustlosigkeit – Aufteilung in Untergruppen – Körperkontakt – Kooperation üben – Unterhaltung, geselliges Treffen – Bewegungsspiel

AUFPUMPEN – LUFTBALLON AUFBLASEN

Einer spielt einen größer werdenden Luftballon, den sein Partner pantomimisch aufpumpt

Material: –
Empfohlenes Mindestalter: 6 Jahre

Ein Mitspieler tut so, als ob er einen Luftballon aufpustet, während sein Partner aus einer zusammengekauerten Haltung heraus immer größer wird und sich bis kurz vor dem Platzen „aufbläht". Dann hört der Erste auf zu pusten. Wenn er nun keinen Knoten in den Ballon macht, „entweicht" aus dem anderen schnell die Luft, und er fällt in sich zusammen. Partnerwechsel.
VARIANTE: Statt eines Luftballons wird mit einem angedeuteten Blasebalg eine Luftmatratze, ein Gummiboot oder ein Aufblastier aufgepumpt. Zum Schluß Stöpsel rausziehen.
Anmerkung: Eine gute Dehn- und Streckübung für den morgendlichen Beginn der Gruppenarbeit.

Stichwörter
einfach, leicht – Gruppierung: Paare – sonstige Spielform – Aktivierung bei Lustlosigkeit – Warming up – empathisch handeln – pantomimisch darstellen – ohne große Vorbereitung spielbar – universell verwendbar – Dauer: unter 10 Min. – Spieltempo: action

AUFSTAND ZU ZWEIT

Rücken an Rücken hinsetzen, aufstehen

Material: –
Empfohlenes Mindestalter: 6 Jahre, Paare

Mit dem Rücken zueinander hinstellen, Oberkörper, Arme und Kopf hängen locker vorn herüber. Langsam, Wirbel für Wirbel, aufrichten. Wenn beide aneinanderstehen, hinsetzen, ohne die Arme zu verschränken. Dann wieder zu zweit aufstehen. Alles langsam in Zeitlupe wiederholen.
Anmerkungen: Gute Übung für morgendliche Körperarbeit.

Stichwörter
Gruppierung: Paare – Spieltempo: action – Dauer: unter 10 Min. – einfach, leicht – ohne große Vorbereitung spielbar – fühlen, ertasten – konzentrieren – geschickt verhalten – Körperkräfte trainieren – Warming up – Aktivierung bei Lustlosigkeit – Körperkontakt – Kooperation üben – Bewegungsspiel – Geschicklichkeitsspiel

AUFSTEHEN LASSEN
Partner wie Marionette an Fäden hochziehen

Material: evtl. Decken
Empfohlenes Mindestalter: 12 Jahre

Ein Spieler legt sich mit dem Rücken auf den Boden. Sein Partner zieht so an vorgestellten Fäden (die an den Gelenken des Liegenden befestigt sind), daß der Liegende aufstehen kann.
Der Liegende bleibt passiv, hilft also nicht, und mißachtet auch nicht die Gesetze der Schwerkraft.
VARIANTE: Als Fortsetzung: Den Partner auf einen Stuhl setzen.
Anmerkung: Tip bei Problemen: Sich daneben legen und nachdenken, wie man aufsteht!

Stichwörter
Gruppierung: Paare – Spieltempo: ruhig – Dauer: unter 10 Min. – schwierig – eher ernst – ohne große Vorbereitung spielbar – wahrnehmen (allg.) – konzentrieren – empathisch handeln – Interesse aneinander – Vertrauen entwickeln – motorische Sensibilisierung – Harmonisierung, Abschluß – Entspannung, Ruhe – Selbsterfahrung – Interaktionsspiel

AUFTAUEN – VERSTEINERN – ISOLATIONSTANZ
Mit einzelnen Körperteilen tanzen

Material: Rhythmisch klare, einfache Musik.
Empfohlenes Mindestalter: 4 Jahre

Jeder steht irgendwo verteilt im Raum. Eine stark rhythmisierende Musik (Beat) wird gespielt. Allmählich wachen die einzelnen Körperteile auf: Ruft der Spielleiter „Kleine Finger“, so bewegen sich nur die beiden kleinen Finger; dann: „ganze Hand“, „Arme“, „Kopf“ – jetzt dürfen sich Hände, Arme und Kopf bewegen; ... „Ganzer Körper“. Danach muß jeder angesagte Körperteil versteinern: „Rumpf“, „linkes Bein“, usw., bis jeder wieder still dasteht.
Anmerkung: Kein leichtes Tanzspiel. Nicht am Beginn einer Gruppenentwicklung möglich. – Das Spiel ist eine gute Methode in einem Ausdruckstraining.

Stichwörter
Gruppierung: Alle im Raum verteilt – Spieltempo: lebhaft – Dauer: unter 10 Min. – schwierig – eher ernst – anleitungsintensiv – konzentrieren – Körperkräfte trainieren – Warming up – motorische Sensibilisierung – Entspannung, Ruhe – Tanzspiel

AUGEN AUF FLECKI!
Ein kooperatives Verkehrsspiel

Material: Brettspiel (Isolde Schmitt-Menzel, Herder Verlag)
Empfohlenes Mindestalter: 3 Jahre. Für 2-6 Spieler

„Augen auf!“ Das gilt im Straßenverkehr nicht nur für den klugen Hund Flecki, sondern auch die kleinen Verkehrsteilnehmer, Jungen und Mädchen, die täglich zum Kindergarten oder zur Schule gehen. In diesem Spiel haben die Spieler viele Gelegenheiten, einander zu helfen. Die Kinder begleiten Flecki durch die Stadt. Gut ankommen ist das Ziel!

Stichwörter
beurteilen, einschätzen – einfach, leicht – Wissen erweitern – Technik – Umgebung kennenlernen – ohne große Vorbereitung spielbar – Dauer: ca. 10-30 Min. – Spieltempo: ruhig – Gruppierung: Kleingruppe mit ca. 4 Personen – Brett-, Kartenspiel

AUSLÄNDERRECHT – START u.ä.
Brettspiel zum Thema: Ausländerrecht

Material: Brettspiel (Dorothea Driever-Fehl, Arbeitskreis Soziale Minderheiten, Bergisch Gladbach)
Empfohlenes Mindestalter: 12 . Für 2 – 8 Spieler

Ein Spiel für alle Menschen, die sich mit der Situation von Ausländern hier in der Bundesrepublik beschäftigen und deren ausländerrechtliche Lebensbedingungen kennenlernen möchten. Vorkenntnisse sind nicht nötig. Für Interessierte liegt eine Übersichtstafel zum Ausländerrecht bei. Das Spiel vermittelt Information über die wichtigsten ausländerrechtlichen Bestimmungen (Stand Ende der 80er Jahre) in Nordrhein-Westfalen für Arbeitnehmer und ihre Familienangehörigen aus den ehemaligen Anwerbestaaten (Türkei, Tunesien, Marokko).
Anmerkung: Z.Zt. ist das Spiel vergriffen, aber es gibt ähnliche Spiele zum Thema Ausländer, Asylbewerber u.dgl. z.B. das Spiel START.

Stichwörter
Gruppierung: Kleingruppe mit ca. 4 Personen – Brett-, Kartenspiel – Spieltempo: ruhig – Dauer: ca. 30-120 Min. – kennenlernen (allg.) – Umgebung kennenlernen – Interesse aneinander – spielerischer Meinungsaustausch – Ausländer – Wissen erweitern – beurteilen, einschätzen – Politik, Frieden, Geschichte – Normen, Rollen, Werte

AUSSCHNITTE SUCHEN

Kleine Einzelheiten aus dem Haus anhand von Polaroid-Fotos finden: Unbekanntes Haus wahrnehmen!

Material: Polaroid-Fotos o.ä., evtl. Fotokopien von (Polaroid-)Fotos
Empfohlenes Mindestalter: 6 Jahre

Von Kleinigkeiten der Bildungsstätte werden Fotos gemacht, möglichst Nahaufnahmen! Beispielsweise von einer Türklinke, Ausschnitt eines Wandbildes, Bodenfliese, Schalter, eine Wandstruktur usw. Es muß sich um Dinge handeln und um Perspektiven von Sachen, die nicht sofort aus der normalen Blickrichtung zu erspähen sind.
Jede Kleingruppe erhält ca. 5 Fotos (oder s/w-Fotokopien: das macht es noch etwas schwieriger) und soll die Ausschnitte finden und den Ort kurz bezeichnen (zum Nachweis, daß sie dort waren) oder eine Frage beantworten, die nur zu lösen ist, wenn man auch dort war. Das können z.B. zusätzliche Raum- und Haus-Erkundungsfragen sein. Hauserkundungsspiel für Schullandheimaufenthalte u.ä.. Auch gut als museumspädagogische Aktion geeignet. Statt Fotokopien könnten es auch Papierabzüge von Fotos sein, ausgedruckte Still-Video-Aufnahmen oder Sofortbilder.

Stichwörter
einfach, leicht – Gruppierung: Kleingruppe mit 3 Personen – Kim-(Wahrnehmungs-)spiel – multithematisch – Warming up – Umgebung kennenlernen – wahrnehmen (allg.) – gut als Überleitung zw. Spielen – besonders spannend – Dauer: ca. 10-30 Min. – Spieltempo: lebhaft

AUSWERTUNGS-PIKTOGRAMME
Verschiedene Bildzeichen auf einen Zeitplan verteilen

Material: Vorbereitete Piktogramme (für jeden zum Ausschneiden fotokopiert), Schere, Klebstoff
Empfohlenes Mindestalter: 14 Jahre

Jeder bekommt ein Blatt mit vorbereiteten Piktogrammen, die die Antwort auf eine Auswertungsfrage symbolisieren, z.B ein kleines Bild mit einem Trichter für die Frage „Wann habe ich am meisten gelernt?“. Auf ein Wandplakat wird der Zeitplan der auszuwertenden Veranstaltung gemalt. Dann klebt jeder seine mit seinem Namen gekennzeichneten Piktogramme an die entsprechende Stelle des Zeitplans. Diskussion über das Wandposter.
Folgende Fragen könnten durch Piktogramme symboliert werden:
- In welcher Situation habe ich am meisten gelernt? (Trichter)
- Wann trat für mich eine Störung auf? (Blitz)
- Wann konnte ich mich am besten entspannen/erholen? (Bett)
- Wann war der Kursleiter ein Verhaltensmodell für mich?
- Wann hatte ich den besten Kontakt zu anderen?
- Welche Situation würde ich am liebsten auf meine berufliche Praxis übertragen?

Stichwörter
Methode für die Gruppenarbeit – Auswertung – beurteilen, einschätzen – erinnern – einfach, leicht – Dauer: ca. 10-30 Min. – Spieltempo: ruhig – Gruppierung: Kreis

AUSWERTUNGSZIELSCHEIBE
Durch Punkte auf Zielscheibe Arbeitsabschnitte bewerten

Material: Papierbogen/Stift, verschiedenfarbige Klebepunkte
Empfohlenes Mindestalter: 12 Jahre

Der Spielleiter malt eine große Zielscheibe auf einen Papierbogen. Der äußerste Ring erhält z. B. 10 Punkte, der innerste 100.
Die Scheibe kann jetzt noch durch horizontale, vertikale und diagonale Linien aufgeteilt werden, so daß mehrere Teilstücke entstehen, in die z. B. Begriffe wie: Spielleiter-Verhalten, Gruppenzusammenarbeit, Stimmung, Lernerfolg etc. hineingeschrieben werden können. Jeder Spieler kann mit seinen Klebepunkten nun seine Bewertung der jeweiligen Bereiche in die Scheibe kleben und sie so zum Ausdruck bringen. Man kann auf die Punkte auch die eigenen Initialen schreiben.
Anmerkung: Die Punktbewertung kann anonym vollzogen werden, wenn die Scheibe an einem nicht einsehbaren Ort aufgehängt wird und dort einige Zeit hängen bleibt.

Stichwörter
Gruppierung: Alle im Raum verteilt – Spieltempo: ruhig – Dauer: ca. 10-30 Min. – einfach, leicht – eher ernst – erinnern – beurteilen, einschätzen – denken (allg.) – Harmonisierung, Abschluß – Auswertung – spielerischer Meinungsaustausch – Methode für die Gruppenarbeit

AUTO-SCOOTER – ROLLBRETT-SPIELE

Auf Rollbrett Hockenden durch den Raum (evtl. über markierte Bahn) schieben

Material: Rollbrett (auch Flitzibrett oder Möbelhund genannt)
Empfohlenes Mindestalter: 10 Jahre

Einer hockt, setzt oder legt sich bäuchlings auf ein Rollbrett, wird angeschoben und gleitet durch den Raum. Zum Schutz stehen an der gegenüberliegenden Wand Gruppenmitglieder zum Auffangen bereit. Das Spiel kann gut (z.B. in einem zweiten Durchgang) mit geschlossenen Augen probiert werden.
VARIANTE: Mit Hindernissen oder mit aufgemalter Linie (Kreide; Tesakreppstreifen) wird eine möglichst kurvenreiche Bahn gebildet, entlang der geschoben wird.
VARIANTE: Mit mehreren Rollbrettern kann Auto-Scooter (Kirmes-Spielaktion!) gespielt werden, wobei auch – vorsichtig – gerammt wird. Hierzu sind Rollbretter besonders gut geeignet, die mit einem Gummituch überzogen sind. Mehrere Rollbretter müssen hierzu gleich hoch sein, sonst ist es gefährlich.
Aufpassen, daß Kleidung sich nicht in den Rollen verfangen kann und daß sich beim Auto-Scooter-Spiel niemand am Brettrand festhält (Gefahr: Finger quetschen!).

Stichwörter
Gruppierung: Paare – Spieltempo: action – Dauer: ca. 10-30 Min. – besonders spannend – gut als Überleitung zw. Spielen – blind wahrnehmen – Vertrauen entwickeln – motorische Sensibilisierung – Bewegungsspiel – Selbstläufer, keine Anleitung – Unterhaltung, geselliges Treffen – Entspannung, Ruhe – Spielaktion, Spielfest

AUTOFAHREN

Spielzeugauto im Kreis zu Mitspieler schieben

Material: Spielzeugauto
Empfohlenes Mindestalter: 6 Jahre

Gruppe im Kreis. 1 kleines Auto, das möglichst nicht gut geradeaus fährt. Ein Teilnehmer schiebt das Auto zu jemand anderem im Kreis und sagt „Ich fahre heute zu Maria“. Wenn das Auto aber nicht genau zu Maria rollt, sagt der Empfänger „Ich bin aber nicht Maria, sondern Andreas“. usw.

Stichwörter
Gruppierung: Kreis – Spieltempo: ruhig – Dauer: unter 10 Min. – einfach, leicht – ohne große Vorbereitung spielbar – Namen lernen – sonstige Spielform

B

„B“ BESCHREIBT BLINDEM „C“ WIE „A“ SITZT
Präzise sprechen, beschreiben, zuhören

Material: –
Empfohlenes Mindestalter: 12 Jahre

In jeder Dreiergruppe ist jemand A, jemand B und jemand C.
Es gibt zwei Sitzgelegenheiten. C schließt die Augen, A setzt sich in einer bestimmten Haltung hin. Nun soll B dem C beschreiben, wie er sich hinsetzen muß, um genauso zu sitzen wie A. Rückfragen von C sind nicht erlaubt, er soll es nur genau nach B's Anweisung machen. Rollenwechsel, so daß jeder Mitspieler einmal A, B und C war.

Stichwörter
Gruppierung: Kleingruppe mit 3 Personen – Spieltempo: ruhig – Dauer: ca. 10-30 Min. – eher ernst – ohne große Vorbereitung – spielbar – wahrnehmen (allg.) – blind wahrnehmen – konzentrieren – empathisch handeln – präzise sprechen oder beschreiben – Interesse aneinander – Körpersprache – Interaktionsspiel – Sprach-, Schreib-, Diskussionsspiel

BALL-MASSAGE
Partner rollt Softbälle (oder anderes Material) auf Liegendem

Material: Softbälle (2 je Paar), Decken
Empfohlenes Mindestalter: 6 Jahre

A liegt in Bauchlage auf einer Decke. B rollt 1 oder 2 Softbälle über denKörper von A. A rät ab und an, wo die beiden Bälle gerade sind. Mit 1 Ball sind auch kreisende Bewegungen möglich.
VARIANTE: Neben Bällen können auch andere Materialien auf dem Rücken des Liegenden bewegt werden (z.B. Stäbe rollen, Tasse umgedreht, Plastiklineal vorsichtig aufklatschen lassen, Erbsen auf den nackten Rücken kullern lassen...) Liegender soll raten und bewußt spüren. Wenn etwas unangenehm ist, soll er es sagen. Es kann natürlich auch mit einem Liegenden und mehreren Massierenden gespielt werden. Sehr gut für Behinderte.
Anmerkung: Das Spiel benötigt eine ungestörte, ernste Gruppensituation. Bei einer Reihe von Materialien ist es nötig, daß die Massierenden sich auf einen gemeinsamen Rhythmus einigen!

Stichwörter
Gruppierung: Paare – Gruppierung: Kleingruppe mit ca. 4 Personen – Gruppierung: Einzelne gegenüber Gruppe – Spieltempo: ruhig – Dauer: unter 10 Min. – einfach, leicht – eher ernst – ohne große Vorbereitung spielbar – raten, erforschen – fühlen, ertasten – empathisch handeln – Interesse aneinander – Körperkontakt – motorische Sensibilisierung – Harmonisierung, Abschluß – Entspannung, Ruhe – Interaktionsspiel

BALLON UND SANDSÄCKE

Innenkreis und Außenkreis bilden Korb und Sandsäcke eines Heißluftballons

Material: –
Empfohlenes Mindestalter: 8 Jahre

Ein schönes Großgruppenspiel: Man bildet einen Innenkreis und einen Außenkreis gleicher Größe. Der Innenkreis faßt sich an die Hände – das ist der Korb eines Heißluftballons. Wenn der Innenkreis die Arme hochnimmt, steigt der Ballon auf. Aber da gibt es die Sandsäcke: das ist der Außenkreis. Die Sandsäcke versuchen durch Niederdrücken der Oberarme des vor ihnen stehenden Spielers den Ballon am Aufsteigen zu hindern. –
Unbedingt: Rollenwechsel!
Anmerkung: Kann gut in Spielketten mit dem Titel „Reise“ eingebaut werden. Das Spiel ist auch für große Gruppen (über 30) gut geeignet.

Stichwörter
Gruppierung: Kreis – Spieltempo: action – Dauer: unter 10 Min. – einfach, leicht – witzig, besonders lustig – gut als Überleitung zw. Spielen – konzentrieren – geschickt verhalten – Körperkräfte trainieren – Aktivierung bei Lustlosigkeit – Körperkontakt – Wettkampf, Durchsetzung – Harmonisierung, Abschluß – Aggression, Konflikt – Unterhaltung, geselliges Treffen – Bewegungsspiel

BALLTRANSPORT

Hindernislaufen mit Ball auf Löffel (wie EIERLAUFEN)

Material: Transportmittel: Löffel, Suppenkellen, Flaschen, Gabel, Teller, ...
Empfohlenes Mindestalter: 4 Jahre

Jeder Mitspieler erhält einen Tischtennisball und ein Transportmittel, mit dem er versuchen soll, den Tischtennisball zu transportieren. Fällt der Ball herunter, wird weiter versucht.
VARIANTE: In einer Kette weitertransportieren. –

Stichwörter
Gruppierung: Kreis – Spieltempo: lebhaft – Dauer: unter 10 Min. – konzentrieren – geschickt verhalten – schnell reagieren – motorische Sensibilisierung – Unterhaltung, geselliges Treffen – Materialspiel, Werken – Geschicklichkeitsspiel

BAUM IM WIND – VERWURZELT
Sich vorstellen, wie ein Baum zu stehen, „im Wind" zu schwanken

Material: Entspannungsmusik kann hinzugenommen werden
Empfohlenes Mindestalter: 6 Jahre

Jeder stellt sich mit Platz um sich herum im Raum hin, Füße ganz leicht auseinander. Der Spielleiter bittet alle, den Boden unterden Füßen zu spüren, die Füße in den Boden zu drücken, bis alle das Gefühl haben, fest verwurzelt zu stehen. Dann die Augen schließen und leicht wie ein Baum im Wind hin- und herschwanken, ohne die „Verwurzelung" aufzugeben (die Füße sollen also immer ganz auf dem Boden bleiben!
Anmerkung: Das Spiel benötigt eine ungestörte, ernste Gruppensituation.
Siehe auch BÄUME IM WIND.

Stichwörter
Gruppierung: Alle im Raum verteilt – Spieltempo: ruhig – Dauer: unter 10 Min. – eher ernst – blind wahrnehmen – konzentrieren – Warming up – motorische Sensibilisierung – Gefühle – Meditatives Spiel – einfach, leicht – fühlen, ertasten – Harmonisierung, Abschluß – Entspannung, Ruhe – Umwelt, Natur, Ökologie

BÄRENSPIEL
Kooperationsspiel mit Würfel und Karten
Material: Brettspiel (Hajo Bücken, Verlag Herder)
Empfohlenes Mindestalter: 4 Jahre, Für 2 und mehr Spieler

Ansprechend von Idee und Aufmachung, beweist das „Bärenspiel", wie vielseitig und spannend konkurrenzfreie Spiele sind.
Indem es auf einen festen Spielplan verzichtet, stellt es eine reizvolle Abwechslung zu den anderen Spielen dar. 100 Kärtchen müssen die Spieler – mit Würfelglück und gegenseitiger Hilfe – richtig aufdecken, damit sie den im Wald verirrten kleinen Bären finden und sicher zurückgeleiten können.

Stichwörter
Gruppierung: Kleingruppe mit ca. 4 Personen – Brett-, Kartenspiel

BÄUME IM WIND

Meditative paarweise Darstellung von Bäumen zu Entspannungsmusik

Material: Musik (Entspannung); Wind-, Wald-Geräusche
Empfohlenes Mindestalter: 4 Jahre

Zur Entspannungsmusik oder Geräusche-Cassette (Wald/Wind/Vögel) liegen alle mit geschlossenen Augen auf dem Boden (evtl. auf einer Decke). Nach 2 – 5 Min. wird die Musik abgeblendet. Dann sagt der Spielleiter: „Ihr seid auf einer großen Wiese, geht hinüber zum Waldrand. Steht jetzt langsam mit geschlossenen Augen auf. Stellt euch vor, ihr seid einer der Bäume, ihr wachst hoch empor – aufstehen, recken – und geht etwas rückwärts, trefft einen zweiten Baum, stellt euch Rücken an Rücken und bewegt euch auf der Stelle zur Musik, wiegt euch im sanften Wind, stützt euch im Sturm...
Anmerkung: Das Spiel benötigt eine ungestörte, ernste Gruppensituation.

Stichwörter
Gruppierung: Alle im Raum verteilt – Gruppierung: Paare – Spieltempo: ruhig – Dauer: ca. 10-30 Min. – eher ernst – ohne große Vorbereitung spielbar – fühlen, ertasten – konzentrieren – pantomimisch darstellen – Warming up – Körperkontakt – Kooperation üben – Harmonisierung, Abschluß – motorische Sensibilisierung – Entspannung, Ruhe – meditatives Spiel

BEANBAGS – JONGLIERBÄLLE

Schwere Bälle zum Jonglieren

Material: Griffige Bälle aus Naturlederimitat, die nicht springen.
Empfohlenes Mindestalter: 8 Jahre

Mit den gut zum Üben geeigneten Bällen werden einzeln, partnerweise oder in Gruppen unterschiedliche Formen des Jonglierens erpropt, geübt und evtl. vorgeführt

Stichwörter
Geschicklichkeitsspiel – Spielaktion, Spielfest – Entspannung, Ruhe – Unterhaltung, Geselliges Treffen – Gruppierung: Einzelne gegenüber Gruppe – geschickt verhalten – konzentrieren – Vorführung üblich oder möglich – schwierig – Dauer: ca. 10-30 Min. – Spieltempo: lebhaft

BEGEGNUNGEN
Verschiedene Arten der Begegnung zweier Menschen darstellen

Material: –
Empfohlenes Mindestalter: 12 Jahre

Ein Partner stellt sich in eine Raumecke, der andere diagonal gegenüber. Dann gehen sie zugleich in die gegenüberliegende Ecke. Sie sollen sich in der Mitte auf eine bestimmte Art und Weise kurz begegnen, wieder verabschieden und weitergehen. Begegnungsarten: böse aufeinander; alte Schulfreunde; betrunken; „scheißfreundlich"; sehr guter Laune; Chef und Angestellter; Lehrer und Vater eines Schülers...
Anmerkung: Das Spiel ist eine gute Methode in einem Ausdruckstraining.

Stichwörter
Gruppierung: Paare – Spieltempo: lebhaft – Dauer: unter 10 Min. – schwierig – eher ernst – ohne große Vorbereitung spielbar – Vorführung üblich oder möglich – wahrnehmen (allg.) – darstellen (allg.) – pantomimisch darstellen – empathisch handeln – spontan handeln – Darstellendes Spiel, Theaterspiel

BEGRIFFE DARSTELLEN – SPONTAN

Bei Musikstop in vier Untergruppen Begriffe darstellen

Material: Sehr rhythmisch betonte Tanzmusik, die schnellen Einstieg (bei allen Unterbrechungen) gestattet
Empfohlenes Mindestalter: 8 Jahre

Die Spielfläche wird durch Tesakrepp-Kreuz oder Kreidestrich-Kreuz in der Raummitte in vier Felder geteilt. Alle tanzen nach der Musik quer durch den Raum. Der Spielleiter stoppt die Musik, alle sollen sofort auf dem Platz stehenbleiben. Wer im gleichen Feld steht, bildet eine Untergruppe. Wer von jeder Untergruppe am nächsten zum Kreuz steht, holt sich für seine Gruppe vom Spielleiter ein Wort-Kärtchen ab.
Dieser Begriff soll spontan von der Untergruppe dargestellt werden. Kurzes Üben: Wie können wir das bauen? Dann stellt eine Gruppe nach der anderen ihren Begriff vor, es wird geraten. Dann gibt es wieder eine kurze Tanzphase für alle.
Anmerkung: Begriffsbeispiele (immer 4 aus einer Kategorie): Flugzeug, Fahrrad, Roller, Skateboard – Kaffeemaschine, Hähnchengrill, Waschmaschine, Toaster – Hundehütte, Gespensterschloß, Drachenhöhle, Affenkäfig – Obstschale, Geburtstagstorte, Weihnachtsbaum, Brezel.
Das Spiel ist auch für große Gruppen (über 30) gut geeignet.

Stichwörter
Gruppierung: Alle im Raum verteilt – Spieltempo: action – Dauer: ca. 10-30 Min. – witzig, besonders lustig – ohne große Vorbereitung spielbar – Vorführung üblich oder möglich – raten, erforschen – kreativ sein, improvisieren – Phantasie entwickeln – pantomimisch darstellen – schnell reagieren – spontan handeln – Warming up – Aktivierung bei Lustlosigkeit – Körperkontakt – Kooperation üben – Unterhaltung, geselliges Treffen – Darstellendes Spiel, Theaterspiel – Tanzspiel

BEGRÜSSUNGSRITUALE
Sich in einer bestimmten Rolle bei Musikstop begrüßen

Material: Musik
Empfohlenes Mindestalter: 8 Jahre

Ähnlich wie SPOTS IN MOVEMENT: Musik spielt, die Spieler tanzen einzeln durch den Raum. Beim Musikstop wird Begrüßungsform angesagt: immer zwei begrüßen sich dann auf diese Art bzw. in dieser Rolle, Musik setzt wieder ein, usw. Begrüßen als... Dame und Herr auf feiner Party, ...Roboter, ...Chinesen, ...zwei kleine Kinder, ...Chef und Chefsekretärin, ...Eskimos, ...alte Schulfreunde/innen, ...Kohl und Jelzin, ...Vertreter und guter Kunde, ...Quizmaster und Publikum, ...
Anmerkung: Ähnlich wie das Spiel ALLE BEWEGEN SICH WIE

Stichwörter
Gruppierung: Alle im Raum verteilt – Spieltempo: action – Dauer: unter 10 Min. – einfach, leicht – witzig, besonders lustig – ohne große Vorbereitung spielbar – Phantasie entwickeln – darstellen (allg.) – spontan handeln – Warming up – Aktivierung bei Lustlosigkeit – Unterhaltung, geselliges Treffen – Bewegungsspiel

BEKANNTSCHAFTSANZEIGE – HEIRATSANNONCE
Heiratsanzeige für Mitspieler erfinden

Material: Papier, Stifte, Namenszettel
Empfohlenes Mindestalter: 16 Jahre

Durch Verlosen von Namenszetteln erhält jeder Mitspieler den Namen eines anderen Gruppenmitgliedes, für das er eine treffende Bekanntschaftsanzeige formulieren soll, ohne dessen Namen zu nennen. Die Anzeigen werden vorgelesen. Die Namen der „Inserenten“ sollen geraten werden. Wenn man die Anzeige verdeckt einsammelt, sie aus dem Haufen zieht und vorliest, kann man die Gruppe auch den Namen des Schreibers raten lassen.
VARIANTE: Anzeige für sich selbst aufsetzen und nach dem gleichen Prinzip die Gruppe raten lassen.

Stichwörter
Gruppierung: Kreis – Spieltempo: ruhig – Dauer: ca. 30-120 Min. – besonders spannend – schwierig – eher ernst – ohne große Vorbereitung spielbar – produktorientiert – beurteilen, einschätzen – kreativ sein, improvisieren – medial darst.: malen, singen, bauen – empathisch handeln – präzise sprechen oder beschreiben – Kulturtechniken: Lesen, Schreiben – Interesse aneinander – Vertrauen entwickeln – Harmonisierung, Abschluß – Auswertung – spielerischer Meinungsaustausch – Beziehungen – Biografie – Gefühle – Normen, Rollen, Werte – Sexualität – Sprach-, Schreib-, Diskussionsspiel

BERÜHMTE LEUTE

Jeder denkt sich eine von der Gruppe zu erratende Person aus

Material: –
Empfohlenes Mindestalter: 14 Jahre

Zwei ungefähr gleich große Gruppen bilden. Jeder Spieler denkt sich eine Person oder Figur aus, die er besonders mag oder nicht mag. Die Personen oder Figuren müssen allen anderen bekannt sein (z. B. Musiker, Politiker, Lehrer, Comicfiguren, Dichter usw.). Jede Gruppe schreibt ihre Personen durcheinander auf eine Liste, die der anderen Gruppe übergeben wird.
Eine Gruppe kann sich jetzt aus der anderen Gruppe einen Spieler aussuchen und ihn fragen, beispielsweise: „Bist Du Lucky Luke?“ Ist er es, so wechselt er zu den Fragern und begründet kurz, warum er zu dieser Person eine besondere Beziehung hat. Dann darf dieselbe Gruppe weiterfragen. Ist der Gefragte nicht die Person, fragt dessen Gruppe weiter.
Wenn alle Spieler erkannt sind, ist das Spiel beendet.

Stichwörter

Gruppierung: Kreis – Spieltempo: ruhig – Dauer: ca. 10-30 Min. – universell verwendbar – besonders spannend – einfach, leicht – eher ernst – ohne große Vorbereitung spielbar – anleitungsintensiv – raten, erforschen – beurteilen, einschätzen – empathisch handeln – kennenlernen (allg.) – Interesse aneinander – multithematisch – Wissen erweitern – Interaktionsspiel

BERUFE ZUSCHREIBEN

Jeder stellt pantomimisch einen Beruf vor, den sein Nachbarspieler auch gut ausüben könnte

Material: –
Empfohlenes Mindestalter: 14 Jahre

Jeder denkt sich einen Beruf aus, den sein linker Nachbar eigentlich auch gut ausüben könnte. Nach fünf Minuten Überlegungszeit stellt jeder den Beruf pantomimisch dar. Nach der Darstellung dürfen alle raten. Der Nachbar soll überlegen, warum für ihn wohl gerade dieser Beruf ausgewählt wurde. Diese Gedanken kann der Berufeerfinder bestätigen, korrigieren oder ergänzen. Es müssen übrigens nicht nur existierende Berufe sein. Es können auch welche erfunden werden, nur sollten sie möglichst viel mit der Einschätzung zu tun haben, die man von seinem linken Nachbarn hat.
Anmerkung: Nur ein Spiel für Gruppen, deren Mitglieder entweder bereits im Berufsleben oder in der Berufsausbildung stehen oder bereits einen präzisen Berufswunsch haben.

Stichwörter
Gruppierung: Kreis – Spieltempo: ruhig – Dauer: ca. 10-30 Min. – eher ernst – ohne große Vorbereitung spielbar – Vorführung üblich oder möglich – raten, erforschen – beurteilen, einschätzen – kreativ sein, improvisieren – pantomimisch darstellen – empathisch handeln – kennenlernen (allg.) – Interesse aneinander – Harmonisierung, Abschluß – spielerischer Meinungsaustausch – Arbeitsplatz, Beruf – Biografie – pantomimisches Spiel

BERUFE RATEN – HEITERES BERUFE RATEN

Person oder Beruf raten

Material: –
Empfohlenes Mindestalter: 8 Jahre

Ein Mitspieler vertritt ein Wesen, eine Persönlichkeit oder einen Beruf. Er nennt den ersten Buchstaben seiner Bezeichnung, dann stellt jeder in der Runde eine Frage, die knapp beantwortet wird.
(VARIANTE: Der Spieler darf nur mit Ja und Nein antworten). Führt eine erste Raterunde nicht zum Ziel, erfahren die Mitspieler den zweiten Buchstaben: „R", usw. – „DRACULA"
Anmerkung: Siehe auch WER FRAGT GEWINNT; PERSONENRATEN.

Stichwörter
Gruppierung: Einzelne gegenüber Gruppe – Spieltempo: ruhig – Dauer: ca. 10-30 Min. – besonders spannend – einfach, leicht – eher ernst – Vorführung üblich oder möglich – raten, erforschen – kombinieren, planen – Arbeitsplatz, Beruf – Wissen erweitern – Ratespiel, Quiz

BESCHREIBEN UND ERKENNEN - NATURRÄTSEL

Einer beschreibt seinem Partner einen natürlichen Gegenstand, der aus ähnlichen herausgefunden werden muß

Material: Jeder Mitspieler sucht 10 ähnliche Naturdinge
(10 Blätter, 10 Steine o.ä.)
Empfohlenes Mindestalter: 4 Jahre

Die Partner setzen sich gegenüber, jeder legt seine Naturgegenstände vor sich in eine Reihe hin. Dann beschreibt einer dem anderen eine Minute lang ein bestimmtes Exemplar seiner Reihe. Der Partner soll nun raten, welches gemeint ist. Rollenwechsel.
Falls das zu leicht ist (je nach Alter und Fähigkeit der Spieler zum präzisen Beschreiben): Während der Beschreibung macht der Partner die Augen zu.
Falls das auch noch zu leicht ist: Als Beschreibung sind nur drei nicht verschachtelte Sätze erlaubt.
VARIANTE: Spieler B schließt die Augen. Spieler A nimmt einen seiner Gegenstände auf und beschreibt, was er fühlen kann (Oberfläche, Gewicht usw.). Dann soll Spieler B den richtigen Gegenstand erfühlen. Das Ratespiel kann durch Wechsel der Partner (dadurch immer wieder neue Gegenstände) öfter wiederholt werden.
Anmerkung: Das Spiel vermittelt einen sehr guten Eindruck von der ungeheuren Formenvielfalt der Natur

Stichwörter
Ratespiel, Quiz – Umwelt, Natur, Ökologie – fühlen, ertasten – raten, erforschen – Gruppierung: Paare – Kim-(Wahrnehmungs-) spiel – motorische Sensibilisierung – präzise sprechen oder beschreiben – konzentrieren – blind wahrnehmen – wahrnehmen (allg.) – besonders spannend – Dauer: ca. 10-30 Min. – Spieltempo: ruhig

BEWEGUNG FORTSETZEN (PANTOMIMISCH) – PANTOMIMISCHER KURZROMAN

Einer macht stumm eine kurze Handlung vor, ein anderer setzt sie fort

Material: –
Empfohlenes Mindestalter: 10 Jahre

Paare sitzen gegenüber, einer macht eine Handlung vor, der andere setzt diese fort, z.B. : ein Glas aufmachen, der andere steckt sich ein Bonbon in den Mund. Dann macht der Zweite eine Handlung vor und der Erste setzt sie fort.
VARIANTE: Einer beginnt eine alltägliche Handlung, der andere macht mit einer völlig unerwarteten Bewegung weiter. Daraus können sehr widersprüchliche, absurde Geschichten entstehen, die zum Erfinden verrückter Geschichten beitragen.
Anmerkung: Das Spiel ist eine gute Methode in einem Ausdruckstraining. Spiel kann gut Teil eines Kreativitätstrainings sein.

Stichwörter
Gruppierung: Paare – Spieltempo: lebhaft – Dauer: ca. 10-30 Min. – schwierig – ohne große Vorbereitung spielbar – Vorführung üblich oder möglich – wahrnehmen (allg.) – Phantasie entwickeln – pantomimisch darstellen – schnell reagieren – spontan handeln – pantomimisches Spiel

BEWEGUNGSIMPROVISATIONEN NACH REIZWÖRTERN

Teilnehmer reagieren spontan auf Reizwörter

Material: ggf. Geräusche- oder Musikkassette
Empfohlenes Mindestalter: 6 Jahre

Alle gehen kreuz und quer durch den Raum. Der Spielleiter gibt Reizwörter ein, auf die die Teilnehmer mit improvisierten Bewegungen, Szenen oder Äußerungen reagieren sollen. Mit Eigenschaftswörtern zu beginnen, ist relativ einfach, schwierig sind abstrakte Begriffe. Auch Eigennamen, Jahreszahlen, Ländernamen lassen sich – je nach Alter – verwenden. Zu Musikstückchen oder Geräuschen kann auch leicht improvisiert werden, einzeln und zu zweit.
Anmerkung: Spiel kann gut Teil eines Kreativitätstrainings sein.

Stichwörter
Harmonisierung, Abschluß – kreativ sein, improvisieren – Gruppierung: Alle im Raum verteilt – Tanzspiel – Musikspiel – motorische Sensibilisierung – Kooperation üben – Warming up – Phantasie entwickeln – ohne große Vorbereitung spielbar – Dauer: ca. 10-30 Min. – Spieltempo: lebhaft

BEWEGUNGSIMPULS

Jemand probiert Bewegungen aus, die Gruppe teilt durch Summen mit, ob es die zu erratende Bewegung ist

Material: –
Empfohlenes Mindestalter: 8 Jahre

Ein Spieler (oder auch ein Spielerpaar) wird hinausgeschickt. Die Gruppe denkt sich eine Bewegung aus, die dieser Spieler machen soll (z. B. ans Ohrläppchen fassen; den Vorhang zuziehen; ...). Der Spieler kommt wieder herein und probiert ständig Bewegungen aus. Durch lautes oder leises Summen bedeutet ihm die Gruppe, ob es die ausgedachte Bewegung ist oder nicht. Während man sich am Anfang einfache Bewegungen ausdenken sollte, dürfen es später komplizierte Bewegungen sein.
Als Hilfe sollte lauter bzw. leiser gesummt werden, je nachdem wie nahe der Ratende an der darzustellenden Bewegung ist.

Stichwörter
Gruppierung: Alle im Raum verteilt – Spieltempo: lebhaft – Dauer: unter 10 Min. – ohne große Vorbereitung spielbar – wahrnehmen (allg.) – raten, erforschen – konzentrieren – kreativ sein, improvisieren – handeln (allg.) – Unterhaltung, geselliges Treffen – Ratespiel, Quiz

BEZIEHUNGSSITZOGRAMM

Alle setzen sich je nach Beziehung zu einer Person nah oder fern hin

Material: –
Empfohlenes Mindestalter: 14 Jahre

Alle setzen sich verteilt in den Raum, dabei ordnet sich die Gruppe nach dem Stand ihrer momentanen Beziehungen zu der betroffenen Person zu. Anschließend ordnet sich der Betroffene die Teilnehmer nach seinem Bedürfnis von Nähe und Distanz zu. Danach Aussprache.
Anmerkung: Der Spielleiter muß auf das Aufbrechen gruppendynamischer Probleme gefaßt sein und Lösungsmethoden (z.B. bei Außenseiterproblemen) bereithalten.

Stichwörter
Gruppierung: Alle im Raum verteilt – Spieltempo: ruhig – Dauer: ca. 30-120 Min. – besonders spannend – schwierig – eher ernst – anleitungsintensiv – empathisch handeln – Interesse aneinander – Beziehungen – Gefühle – Selbsterfahrung – Interaktionsspiel – gruppendynamisches Experiment

BIERDECKEL-DENKMAL

Aus vielen Bierdeckeln ein Denkmal zu einem Thema bauen

Material: viele Bierdeckel, Scheren
Empfohlenes Mindestalter: 4 Jahre

Die Bierdeckel werden bis zur Mitte eingeschnitten und nach Lust und Laune zu einem „Denkmal" zusammengesteckt. Die entstehende Figur kann eine bestimmte Bedeutung haben. Die Figur kann angemalt und mit Papierröhren verstärkt oder verlängert werden.
Anmerkung: Gut für offene Situationen geeignet!

Stichwörter
Gruppierung ergibt sich; offenes Angebot – Spieltempo: lebhaft – Dauer: ca. 10-30 Min. – einfach, leicht – Selbstläufer, keine Anleitung – produktorientiert – Vorführung üblich oder möglich – kombinieren, planen – Phantasie entwickeln – medial darst.: malen, singen, bauen – Material erproben oder gestalten – Kooperation üben – Unterhaltung, geselliges Treffen – Materialspiel, Werken – Spielaktion, Spielfest

BIERDECKELJAGD

Alle laufen im Kreis über Bierdeckel, einer muß einen freien Deckel erwischen

Material: Bierdeckel, Musik
Empfohlenes Mindestalter: 8 Jahre

Die Spieler bilden einen großen Kreis. Vor jeden Spieler wird ein Bierdeckel auf den Boden gelegt. Einer geht in die Mitte des Kreises. Dann laufen alle in die gleiche Richtung, immer von Bierdeckel zu Bierdeckel. Der Mittelspieler versucht auf einen freien Deckel zu treten. Hat er es geschafft, muß derjenige Spieler in die Mitte, der hinter dem vom Mittelspieler betretenen Bierdeckel stand.
Anmerkung: Um es etwas leichter für den Mittelspieler zu machen, kann man zwei leere Bierdeckel in den Kreis einfügen. Der Mittelspieler muß immer wieder zur Kreismitte zurück (nach jedem vergeblichen Versuch).

Stichwörter
Gruppierung: Kreis – Spieltempo: lebhaft – Dauer: unter 10 Min. – einfach, leicht – ohne große Vorbereitung spielbar – wahrnehmen (allg.) – konzentrieren – geschickt verhalten – schnell reagieren – Aktivierung bei Lustlosigkeit – Unterhaltung, geselliges Treffen – Bewegungsspiel – Geschicklichkeitsspiel

BILDANNÄHERUNG - BILDBETRACHTUNG

Konzentriert ein groß projiziertes Dia durch langsames Heranfahren wahrnehmen

Material: Abdunkelbarer Raum, Dia und Diaprojektor oder großes Plakat, Rollwagen o.ä., Pappröhre, evtl. Walkman, Musik
Empfohlenes Mindestalter: 10 Jahre

Ein Meditationsbild oder Bild eines Malers wird als Diapositiv in einem abgedunkelten Raum projiziert. Ein einzelner Betrachter wählt sich eins von mehreren Musikstücken aus, bekommt einen Walkman mit Kopfhörer und wird dann in den Raum geführt.
Er setzt sich in einen Sessel, der auf einem Rollwagen montiert ist, bekommt eine etwas flachgedrückte Pappröhre zum Durchschauen (wie eine Art Fernglas, als Sichtbegrenzer) und wird ganz langsam an die Leinwand herangeschoben. Dort verbleibt er eine halbe Minute und wird dann wieder ganz langsam zurückgezogen. Das vermittelt eine sehr konzentrierte, beeindruckende Begegnung mit dem Bild und seinem Thema.
Für mehrere Betrachter kann ein großes Brett auf zwei Rollwagen gelegt werden, auf das sich die Betrachter setzen können. Der Aufwand für diese Aktion erscheint sehr groß, aber der Effekt ist sehr nachhaltig und erlebnisreich. Die Aktion kann z.B. Teil eines Ausstellungsprojekts in einem Museum sein.
Verschiedene technische VARIANTEN sind denkbar.

Stichwörter
Entspannung, Ruhe – Gruppierung: Einzelne gegenüber Gruppe – meditatives Spiel – multithematisch – konzentrieren – wahrnehmen (allg.) – Vorführung üblich oder möglich – anleitungsintensiv – eher ernst – Dauer: unter 10 Min. – Spieltempo: ruhig – Kim-(Wahrnehmungs-)spiel

BILDER AUS DER GESCHICHTE – GESCHICHTSBILDER

Persönliche Einfälle zu zeitgeschichtlichen Bildern austauschen oder Bilder nachstellen

Material: Zeitgeschichtliche Fotos, Dokumente, Personenbilder. (z. B. aus Taschenbüchern über bestimmte Epochen)
Empfohlenes Mindestalter: 16 Jahre

Ältere Jugendliche oder Erwachsene kommen durch das Betrachten zeitgeschichtlicher Fotos ins Gespräch über ihre Vergangenheit, ihre persönliche und die gesellschaftliche Geschichte: Mehrere Fotos/Zeitungsartikel/Werbeseiten o.ä. aus einer bestimmten Epoche (mit Ereignissen, Personen, Produkten) liegen aus. Jeder merkt sich 3-5 Fotos, zu denen ihm etwas einfällt (evtl. notieren!). Dann sammelt der Spielleiter alle Fotos ein und legt sie (evtl. gruppiert) nacheinander in die Kreismitte. Jeder, der sich das aufgedeckte Foto gemerkt hat, erzählt seine Einfälle.
VARIANTE: Historische Bilder, Denkmäler in der Gruppe nachstellen und evtl. spielen, wie es zu diesem Bild kam oder was danach passierte.
Anmerkung: Vor allem für kleinere Gruppen geeignet. Gut als museumspädagogische Aktion geeignet.

Stichwörter
Gruppierung: Kreis – Spieltempo: ruhig – Dauer: ca. 30-120 Min. – einfach, leicht – eher ernst – erinnern – Thema kennenlernen – Interesse aneinander – spielerischer Meinungsaustausch – Biografie – Familie – Politik, Frieden, Geschichte – Wissen erweitern – Methode für die Gruppenarbeit

BILDER DER LIEBE

Illustriertenbilder mit Liebespaaren in Sympathie-Rangfolge bringen

Material: Illustriertenbilder mit Zärtlichkeits-, Paar- oder Sexszenen
Empfohlenes Mindestalter: 14 Jahre

Jeder bekommt einen fotokopierten Bilder-Satz und soll diesen in eine Sympathie-Rangreihe bringen (persönlich sympathischstes Bild links hinlegen, das zweitliebste rechts daneben, usw., bis zum Bild, das man am wenigsten mag).
Mit dieser Rangreihe geht jeder in eine Kleingruppe, stellt den anderen seine Reihe vor, begründet und vergleicht.
Es kann eine Diskussion anschließen, woher unsere Sympathie-Meinungen zu solchen Bildinhalten kommen und was sie mit der eigenen Realität zu tun haben.
Anmerkung: In großen Gruppen kann der durchschnittliche Rangplatz ausgerechnet werden (während der Kleingruppenphase): Jeder notiert seine Rangplätze (1 bedeutet: Top-sympathisch) für die Bilder A bis .... Dann werden die Punkte addiert, die alle für Bild A gegeben haben, addiert. Dann die Punkte für B usw. Das Bild mit dem niedrigsten Punktwert ist das durchschnittlich sympathischste in der Gesamtgruppe. Dieses Ergebnis zum Schluß vorstellen und mit persönlicher Rangfolge vergleichen.
VARIANTE: Statt Sympathie-Skala: Realistisch – Illusionär.
Siehe auch Spiel SEHNSUCHT.

Stichwörter
Gruppierung: Kleingruppe mit ca. 4 Personen – Gruppierung: Alle im Raum verteilt – Spieltempo: ruhig – Dauer: ca. 30-120 Min. – besonders spannend – beurteilen, einschätzen – spielerischer Meinungsaustausch – Sexualität – Normen, Rollen, Werte – Massenmedien – multithematisch – Beziehungen – Gefühle – Methode für die Gruppenarbeit – Rollen-, Entscheidungs-, Planspiel

BILDER RATEN – DALLI-KLICK
Aus Bild-Teilen auf die ganze Abbildung schließen

Material: vorbereitete Lochschablonen und Illustriertenfotos
Empfohlenes Mindestalter: 4 Jahre

Eine Lochschablone (schwarzer Karton mit ausgeschnittenem runden oder auch eckigem Loch) wird über ein Illustriertenfoto gelegt. Einzelne Spieler oder eine Kleingruppe soll raten, was da insgesamt abgebildet ist.
VARIANTE: Mehrere Lochschablonen mit immer größer werdenden Löchern könnten über einem Bild liegen. Die Schablone mit dem kleinsten Loch wird weggenommen, wenn es beim ersten Mal nicht geraten wurde, dann die mit dem zweitkleinsten Loch usw. Jedesmal gibt es einen Punktabzug.
Anmerkung: Gut geeignet als Spielstation auf einem Spielfest, oder als Aktion im Kunstmuseum.

Stichwörter
Gruppierung: Kleingruppe mit ca. 4 Personen – Gruppierung: Einzelne gegenüber Gruppe – Spieltempo: ruhig – Dauer: unter 10 Min. – wahrnehmen (allg.) – raten, erforschen – beurteilen, einschätzen – denken (allg.) – konzentrieren – Phantasie entwickeln – Wettkampf, Durchsetzung – Unterhaltung, geselliges Treffen – Ratespiel, Quiz

BILDMEDITATION
Paare notieren Einfälle zum gleichen Bild, die verglichen werden

Material: Bild/Dia/Plakat; Papier und Stifte
Empfohlenes Mindestalter: 15 Jahre

Ein Dia (aussagekräftig; evtl. selbstgemalt), Plakat oder eine Collage wird gezeigt. Alle sitzen im Halbkreis davor. Daneben wird an der Wand ein großes Stück Papier befestigt. Es wird nicht gesprochen, evtl. kann im Hintergrund Musik laufen. Jeder kann seine Reaktion oder Idee auf das Blatt malen oder schreiben, sich danach wieder ruhig hinsetzen.
VARIANTE: Paare, jeder schreibt Assoziationen auf getrennten Zettel, später vergleichen! Siehe auch Spiel FOTO-ASSOZIATION.
Anmerkung: Das Spiel benötigt eine ungestörte, ernste Gruppensituation. Gut als museumspädagogische Aktion geeignet.

Stichwörter
Gruppierung: Alle im Raum verteilt – Gruppierung: Paare – Spieltempo: ruhig – Dauer: ca. 10-30 Min. – eher ernst – Selbstläufer, keine Anleitung – wahrnehmen (allg.) – konzentrieren – Harmonisierung, Abschluß – Entspannung, Ruhe – spielerischer Meinungsaustausch – multithematisch – Wissen erweitern – meditatives Spiel – Kim-(Wahrnehmungs-)spiel

BITS RENNEN DURCH DEN COMPUTER
Auf gedachten Rechenkästchen schnell durch den Raum rennen

Material: –
Empfohlenes Mindestalter: 8 Jahre

Alle bewegen sich ganz schnell und mit „piep, piep" auf den Linien imaginärer Rechenkästchen über die Spielfläche, bei drohender Kollision ist nur eine 90°-Drehung möglich. Jedes Bit erhält dann einen Programmierer, der vom Spielfeldrand (Tastatur) sein Bit dirigiert (das Bit läuft jetzt blind durch den Computer).
Anmerkung: Ähnlich wie das ROBOTER-SPIEL.

Stichwörter
Gruppierung: Alle im Raum verteilt – Gruppierung: Paare – Spieltempo: action – Dauer: unter 10 Min. – witzig, besonders lustig – ohne große Vorbereitung spielbar – konzentrieren – pantomimisch darstellen – geschickt verhalten – schnell reagieren – Warming up – Aktivierung bei Lustlosigkeit – Unterhaltung, geselliges Treffen – Technik – Bewegungsspiel – Geschicklichkeitsspiel

BLECHBÜCHSENLAUFEN – DOSENLAUFEN
Auf Dosen über Hindernis-Parcour laufen

Material: Konservendosen, Schnüre
Empfohlenes Mindestalter: 6 Jahre

In eine Konservendose werden zwei Löcher am Deckelrand gebohrt, durch die dann eine feste Schnur gezogen wird. Auf zwei Dosen kann man laufen, wenn man die Schnur straff in der Hand hält. Über Gelände, Hindernisse, Treppen laufen! Schwierigkeiten in einen Parcour einbauen ist besser, als Zeit-Wettbewerbe zu veranstalten.
Anmerkung: Kann eine Spielstation auf einem Fest sein.

Stichwörter
Gruppierung: Gruppe(n) vor Zuschauern – Spieltempo: action – Dauer: unter 10 Min. – Selbstläufer, keine Anleitung – gut als Überleitung zw. Spielen – konzentrieren – geschickt verhalten – Unterhaltung, geselliges Treffen – Bewegungsspiel – Geschicklichkeitsspiel

BLEIBAND-FIGUREN LEGEN
Figuren oder Buchstaben mit Band legen und ertasten

Material: Bleiband (aus dem Saum alter Vorhänge oder Gardinen), evtl. Zollstock, evtl. Streichhölzer
Empfohlenes Mindestalter: 8 Jahre

Jedes Paar setzt sich Rücken an Rücken und legt mit einem Bleiband eine gegenständliche Figur (Zahl, Buchstabe, Gegenstand, Lebewesen, Stern...). Sind beide fertig, so wechseln sie mit geschlossenen Augen den Platz und versuchen, die vom Partner gelegte Figur zu ertasten.
VARIANTE: Einer legt Figur, der andere soll sie blind nachlegen.
VARIANTE: Statt mit Bleiband mit Zollstock oder mit Streichhölzern Namen oder Figuren legen.
VARIANTE: Namen mit Bleiband schreiben und ertasten.
Anmerkung: Bleiband ist als Material hervorragend geeignet, weil es einerseits flexibel, andererseits aber schwer genug ist, um in der gelegten Form zu bleiben.

Stichwörter
Gruppierung: Paare – Spieltempo: ruhig – Dauer: ca. 10-30 Min. – universell verwendbar – eher ernst – ohne große Vorbereitung spielbar – produktorientiert – blind wahrnehmen – fühlen, ertasten – konzentrieren – medial darst.: malen, singen, bauen – Material erproben oder gestalten – Namen lernen – motorische Sensibilisierung – Entspannung, Ruhe – Kim-(Wahrnehmungsspiel)

BLICK ZURÜCK AUS DER ZUKUNFT
Größeres Spielprogramm, um Lebensperspektiven zu bearbeiten

Material: viel Bau- und Malmaterial, ggf. Video, Verkleidungen, Ton,Musikinstrumente, Tücher.
Empfohlenes Mindestalter: 15 Jahre

Beginn mit einer kurzen Entspannung und anschließenden Phantasiereise, bei der die Spieler gebeten werden, Jahr um Jahr ab heute weiterzuwandern. Bilder, Fragen und Geschehnisse sollen wahrgenommen werden. Dann sollen die Gefühle und Bilder, die im Zieljahr aufgetaucht sind, in eine Materialgestaltung (mit Malen, Modellieren, Bauen...) umgesetzt werden. Stichwörter überdie Entwicklung durch die zukünftigen Jahre für sich notieren. Auswertung in Kleingruppen. Das gesamte Material für die Präsentation eines Rückblicks nutzen: z.B. als Talkshow, Wandfries, Videofilm, Museum, Kabarett...
Anmerkung: Das Spiel benötigt eine ungestörte, ernste Gruppensituation. Gegebenenfalls beim Notieren der Stichwörter die Reizwörter eingeben, die aus dem Blickfeld geratene Ereignisse signalisieren.
Evtl. Gestaltung, Stichwörter und Auswertungsgespräch zu einem Text (1-2 Seiten) formen, der den Charakter eines Rückblicks vom Zieljahr aus trägt.

Stichwörter
Gruppierung: Kreis – Spieltempo: ruhig – Dauer: über 2 Stunden – Vorführung üblich oder möglich – erinnern – beurteilen, einschätzen – kombinieren, planen – kreativ sein, improvisieren – Phantasie entwickeln – medial darst.: malen, singen, bauen – spielerischer Meinungsaustausch – multithematisch – Biografie – Politik, Frieden, Geschichte – Selbsterfahrung – Zukunft – Methode für die Gruppenarbeit

BLIND AUF EINEM BEIN

Versuchen, möglichst lange mit geschlossenen Augen auf einem Bein zu balancieren

Material: –
Empfohlenes Mindestalter: 8 Jahre

Jeder stellt sich mit offenen Augen so hin, daß sein Körpergewicht möglichst gleichmäßig auf beide Beine verteilt ist. Dann belastet jeder den linken Fuß, ohne seinen rechten vom Boden zu heben. Dasselbe mit dem rechten Bein. Dann wieder zum linken übergehen, aber ganz langsam und im Moment der Gleichbelastung einige Sekunden anhalten. Wieder zurück zum rechten Bein. Nun bei belastetem rechten Bein das linke wenige Zentimeter anheben. Beinwechsel. Bei belastetem linken Bein (und angehobenem rechten) die Augen schließen und so möglichst lange balancieren, ohne umzufallen, dasselbe mit rechts. Das Spiel ist nicht einfach, da der Gleichgewichtssinn auch an optische Eindrücke gebunden ist.
VARIANTE: Die Übung kann fortgesetzt werden, z.B. zu zweit gegenüber auf einem Bein blind balancieren und die Handflächen aneinanderlegen und sich so stützen. Überleitung zu gemeinsamem BLIND FÜHREN.
Anmerkung: Ein kleines Körperexperiment, das Sensibilisierung und Konzentration stärkt.

Stichwörter: Geschicklichkeitsspiel – Entspannung, Ruhe – einfach, leicht – Gruppierung: Alle im Raum verteilt – meditatives Spiel – motorische Sensibilisierung – Warming-up – konzentrieren – blind wahrnehmen – ohne große Vorbereitung spielbar – eher ernst – Dauer: unter 10 Min. – Spieltempo: ruhig

BLIND DURCH DEN KREIS LAUFEN

Blind diagonal durch den Kreis laufen und den Partner finden

Material: –
Empfohlenes Mindestalter: 6 Jahre

Man soll blind seinen Diagonalpartner im Kreis finden, der Kreis darf nicht helfen. Danach läuft der Partner los und sucht die Person links vom ehemaligen Diagonalpartner, usw. VARIANTE: Der Blinde wird zweimal auf der Stelle gedreht, so daß er ein bißchen die Orientierung verliert. Der Kreis hilft, indem gepfiffen wird, wenn der Blinde links laufen sollte und gesummt wird, wenn er mehr rechts laufen sollte. – Der Kreis sollte möglichst groß sein.
Anmerkung: Besonders schön für draußen.

Stichwörter
Gruppierung: Kreis – Gruppierung: Einzelne gegenüber Gruppe – Spieltempo: lebhaft – Dauer: ca. 10-30 Min. – einfach, leicht – blind wahrnehmen – konzentrieren – Vertrauen entwickeln – Unterhaltung, geselliges Treffen

BLIND FÜHREN (MIT SPOTS)
Blindenführer vermittelt Blindem Eindrücke
Material: Für Spots: Toilettenpapierrolle als Fernrohr
Empfohlenes Mindestalter: 8 Jahre

Einer schließt die Augen und läßt sich vom anderen durch den Raum, das Haus oder Gelände (sehr erlebnisreich!) führen. Es darf nicht gesprochen werden. Kontaktmöglichkeiten bestehen über Handflächen, Finger, Signale auf die Schultern, Tesaband um je ein Bein ...
VARIANTE: 3-5 Spots (besondere Blickwinkel) oder Fühlerlebnisse soll der Blindenführer dem Blinden vermitteln. Oder den „Blinden" für 2 Minuten (Zeit stoppen) an einen Platz setzen, auf alle Geräusche hören lassen. Er soll sich alle Einfälle in dieser kleinen Meditation merken und anschließend erzählen! Danach unbedingt auswerten (in Paaren).
VARIANTE: Ein Sehender führt zwei Blinde: a) Sehender in der Mitte; b) Sehender außen.
Anmerkung: Als „Blindenführer" langsam gehen, Zeit geben und alle Vorsichtsmaßnahmen für seinen „Blinden" treffen (vorstehende Kanten, Türschwellen usw.!). Auch gut als Spiel im Wasser.

Stichwörter
Gruppierung: Paare – Spieltempo: ruhig – Dauer: ca. 10-30 Min. – universell verwendbar – einfach, leicht – eher ernst – ohne große Vorbereitung spielbar – wahrnehmen (allg.) – blind wahrnehmen – raten, erforschen – fühlen, ertasten – konzentrieren – empathisch handeln – kennenlernen (allg.) – Warming up – Interesse aneinander – Vertrauen entwickeln – Kooperation üben – motorische Sensibilisierung – Entspannung, Ruhe – Angst – Gefühle – Körpersprache – Normen, Rollen, Werte – meditatives Spiel

BLIND GEOMETRISCHE FIGUREN BILDEN

Ganze Gruppe faßt sich an den Händen, schließt die Augen und bildet einen Kreis, ein Dreieck usw.

Material: –
Empfohlenes Mindestalter: 10 Jahre

Alle stellen sich in einen Kreis, fassen sich an die Hände und schließen dann die Augen. Ohne miteinander zu sprechen, sollen dann aus der Kreisposition heraus nacheinander verschiedene geometrische Figuren gebildet werden. Der Spielleiter sagt sie an. Zwischendurch kann er auch ansagen, daß „zur Kontrolle" die Augen geöffnet werden sollen. Empfehlenswerte Reihenfolge: Kreis – Dreieck – Stern – Quadrat – Schweizer Kreuz – Halbmond...
Anmerkung: Geht eigentlich nur gut in Großgruppen!

Stichwörter
Gruppierung: Kreis – Spieltempo: ruhig – Dauer: unter 10 Min. – eher ernst – ohne große Vorbereitung spielbar – blind wahrnehmen – fühlen, ertasten – Kooperation üben – Harmonisierung, Abschluß – Entspannung, Ruhe – Interaktionsspiel

BLIND NACH DIKTAT MALEN

Sehender gibt Blindem Malanweisungen

Material: Malfläche, Stift
Empfohlenes Mindestalter: 10 Jahre

„Sehender" diktiert einem Blindem, was, wo und wie gemalt werden soll. „Jetzt links oben einen Strich etwa 10 cm lang nach rechts unten... Dann an das obere Ende des Striches einen Kreis..." Der zu malende Begriff (Lebewesen, Buchstaben, Gegenstände) darf nicht genannt werden. Nachfragen des Blinden sind nicht erlaubt, er kann nur eine Wiederholung der Anweisung verlangen. Zum Schluß soll er raten, was er malen sollte.
Anmerkung: VARIANTE: Sehender sitzt schräg rechts hinter dem Blinden, faßt dessen Stift mit an und führt ihn. Der Blinde soll raten, was er gerade malt.

Stichwörter
Gruppierung: Paare – Spieltempo: ruhig – Dauer: unter 10 Min. – einfach, leicht – blind wahrnehmen – konzentrieren – kreativ sein, improvisieren – medial darst.: malen, singen, bauen – empathisch handeln – Kooperation üben – Malspiel

BLINDE KUH
Blind Formen ertasten

Material: Brettspiel (Ravensburger Spielverlag)
Empfohlenes Mindestalter: 4 Jahre, Für 1-4 Spieler

Wer nicht sehen kann, muß fühlen! Hut, Apfel, Auto – solange man es sah, war alles klar. Denn Maske auf heißt Augen zu. Das gibt es nur selten: ein Kinderspiel zum Formen ertasten. Mit fünf kniffligen Spielregeln. Besonders geeignet für Kindergärten.

Stichwörter
Kreativ sein, improvisieren – beurteilen, einschätzen – fühlen, ertasten – konzentrieren – blind wahrnehmen – ohne große Vorbereitung spielbar – eher ernst – Dauer: ca. 10-30 Min. – Spieltempo: ruhig – Gruppierung: Kleingruppe mit ca. 4 Personen – Brett-, Kartenspiel

BLINDE SCHLANGE
Der Erste führt sehend eine Schlange Blinder über Hindernisse

Material: –
Empfohlenes Mindestalter: 12 Jahre

Alle Spieler einer Kleingruppe stellen sich hintereinander auf, schließen (bis auf den Ersten) die Augen und legen die Hände auf die Schultern des Vordermannes/der Vorderfrau. Dann geht die Gruppe durchs Haus oder Gelände. Der Erste gibt nonverbale Signale über Hindernisse o.ä. nach hinten, die auch weitergegeben werden müssen. Die Rolle des Ersten sollte wechseln. Anschließend unbedingt Auswertungsgespräch!
Anmerkung: Maximal 20 Min. laufen. Langsam gehen. Der Erste hat die volle Verantwortung. Augen nicht zukneifen, sondern nur Augenlider zuklappen. – Ein Spiel, bei dem es nicht nur auf Vertrauen und Kooperation ankommt, sondern das auch einen komplizierten Kommunikationsprozeß exemplarisch abbildet: der Sehende muß Signale so wählen und geben, wie es Menschen mit einem anderen Zeichensystem (hier Nicht-Visuell-Wahrnehmende) verstehen können.

Stichwörter
Gruppierung: Kleingruppe mit 4-6 Personen – Spieltempo: ruhig – Dauer: ca. 10-30 Min. – eher ernst – Selbstläufer, keine Anleitung – ohne große Vorbereitung spielbar – wahrnehmen (allg.) – blind wahrnehmen – fühlen, ertasten – konzentrieren – empathisch handeln – Umgebung kennenlernen – Kooperation üben – Vertrauen entwickeln – Interaktionsspiel

BLINDER MIT SCHLÜSSELBUND

Alle müssen blind ein ab und an klapperndes Schlüsselbund suchen

Material: Schlüsselbund oder Glöckchen, Trillerpfeife o.ä.
Empfohlenes Mindestalter: 4 Jahre

Alle schließen die Augen. Ein Spieler hat ein Schlüsselbund (oder ähnliches), und die anderen versuchen es zu fangen. Er muß alle 10 Sekunden mit dem Schlüsselbund klappern, es dann im Raum ablegen. Beim Wegnehmen und wieder irgendwo Hinlegen muß er es erneut klappern lassen. Wer das Schlüsselbund findet, ist der nächste Verstecker.
Anmerkung: Nicht für Großgruppen geeignet, es sei denn, man setzt mehrere Schlüsselbund-Träger ein.

Stichwörter
Gruppierung: Alle im Raum verteilt – Gruppierung: Einzelne gegenüber-Gruppe – Spieltempo: lebhaft – Dauer: unter 10 Min. – besonders spannend – einfach, leicht – ohne große Vorbereitung spielbar – blind wahrnehmen – fühlen, ertasten – schnell reagieren – Unterhaltung, geselliges Treffen – Kim-(Wahrnehmungs-)spiel

BLINDES ZETTEL ABSCHNEIDEN

Zwei dirigieren „Blinden“, Gruppenaufgabenzettel abzuschneiden

Material: Schnur, Zettel, evtl. kleine Geschenke
Empfohlenes Mindestalter: 10 Jahre

An einer Schnur hängen mehrere Zettel an kleinen Fäden: zwei Spieler weisen einen „Blinden“ an, der mit einer Nagel- oder Kinderbastelschere einen Zettel abschneiden soll. Auf dem Zettel steht eine Gruppenaufgabe für 3 Personen. Statt der Zettel können kleine Geschenke aufgehängt werden.
Anmerkung: Die zwei Spieler, die den „Blinden“ dirigieren, müssen einen vorgegebenen Abstand (mindest. 5 m) zur Zettelschnur einhalten, sonst ist es zu leicht. Der „Blinde“ darf nur die Hand mit der Schere benutzen, der andere Arm auf den Rücken!

Stichwörter
Gruppierung: Kleingruppe mit 3 Personen – Spieltempo: action – Dauer: unter 10 Min. – gut als Überleitung zw. Spielen – einfach, leicht – blind wahrnehmen – konzentrieren – empathisch handeln – geschickt verhalten – Kooperation üben – Unterhaltung, geselliges Treffen – Spielaktion, Spielfest – Ulk-, Theken-, Partyspiel – Geschicklichkeitsspiel

BLUME UND SONNE – AUFBLÜHEN
Einer kauert sich als Knospe zusammen, der andere entfaltet ihn langsam

Material: –
Empfohlenes Mindestalter: 6 Jahre

Einer kauert sich zusammen und spielt eine Blumenknospe. Der andere Spieler ist die Sonne und faltet ihn langsam auseinander.
VARIANTE: Man spielt zu viert: Einer ist die Knospe, zwei sind die Deckblätter, der vierte ist die Sonne.

Stichwörter
Gruppierung: Paare – Gruppierung: Kleingruppe mit ca. 4 Personen – Spieltempo: lebhaft – Dauer: unter 10 Min. – eher ernst – ohne große Vorbereitung spielbar – Vorführung üblich oder möglich – fühlen, ertasten – pantomimisch darstellen – Körperkontakt – Entspannung, Ruhe – Körpersprache – Sexualität – Bewegungsspiel – pantomimisches Spiel

BODY-BOGGLE
Buchstaben mit Händen und Füßen zu Wörtern verbinden

Material: Brettspiel (Parker-Spieleverlag)
Empfohlenes Mindestalter: 10 Jahre, Für 2 oder 4 Spieler

Auf einer Plane sind Buchstabenfelder. Zwei Spieler stellen Wörter dar, indem sie die Buchstaben mit Händen und Füßen berühren.

Stichwörter
Gruppierung: Kleingruppe mit ca. 4 Personen – Brett-, Kartenspiel

BODY-CHECK – DAS UNBESCHRIEBENE BLATT
Allen mitteilen, was man an Äußerlichkeiten mag und was nicht

Material: Je Spieler ein Blatt Papier, ein Filzstift, Tesakreppstreifen
Empfohlenes Mindestalter: 16 Jahre

Alle gehen (evtl. bei leiser, ruhiger Musik) durch den Raum, nachdem jedem ein Blatt Papier auf dem Rücken mit Klebestreifen befestigt wurde. Jeder überlegt sich, was er am Körper (Körperteile, Figur, Bewegungen) der anderen mag und was nicht so sehr. Dann schreibt jeder das, was er mag, dem anderen auf die obere Hälfte des Blattes. Was er nicht mag, auf die untere Hälfte. Bei mehr als 7 Spielern: jeder nur 7 Blätter beschreiben.
Sind alle fertig, wird die Musik ausgeschaltet. Alle setzen sich in einen Kreis. Dann soll jeder sagen, was er an seinem Körper mag und nicht mag. Dann soll er sein Blatt vom Rücken nehmen und laut vorlesen.
VARIANTE: Statt Körperliches: andere Eigenschaften (Feedback).
Anmerkung: Das Spiel benötigt eine ungestörte, ernste Gruppensituation. Auswertungsgespräch über die Unterschiede zwischen Selbsteinschätzung und Fremdeinschätzung sowie über die Schwierigkeiten bei den Äußerungen.

Stichwörter
Gruppierung: Alle im Raum verteilt – Spieltempo: ruhig – Dauer: ca. 30-120 Min. – schwierig – eher ernst – anleitungsintensiv – wahrnehmen (allg.) – beurteilen, einschätzen – empathisch handeln – Interesse aneinander – Beziehungen – Gefühle – Körpersprache – Selbsterfahrung – Sexualität – Interaktionsspiel

BODY-MUSIC – FILMMUSIK-FESTIVAL
Musiktheater: Musik mit Körperteilen; dazu kleine Szenen

Material: Große Wandzeitung; Filzstifte in verschiedenen Farben
Empfohlenes Mindestalter: 6 Jahre

Zunächst probt die Gesamtgruppe, wie Klänge mit dem Körper und mit den einzelnen Körperteilen erzeugt werden können: mit Finger schnipsen; klatschen; mit der flachen Hand auf die eigene Wange klopfen; auf dem Rücken des Nachbarn trommeln, der dazu summt oder brummt.
Dazu können verschiedene Szenen erfunden werden: Krimi, Bauernhof, Autobahn, Dschungel.
Zunächst wird ausprobiert, dann eine Reihenfolge abgesprochen (komponiert), die mehrmals geübt wird. Hilfreich ist das Aufmalen auf einer Wandzeitung („graphische Notation"). Filmmusik-Festival spielen! Zum Schluß ausprobieren, wie es klingt, wenn von hinten nach vorne gespielt wird.
Anmerkung: Hilfreich kann eine Aufteilung in zweiGruppen sein: die einen entwickeln kleine Szenen, die anderen dazu die Musik. Dann gemeinsame Vorführung.
Siehe auch Spiel SPAZIERGANG MIT GERÄUSCHEN.

Stichwörter
Gruppierung: Alle im Raum verteilt – Spieltempo: lebhaft – Dauer: ca. 10-30 Min. – wahrnehmen (allg.) – fühlen, ertasten, kombinieren, planen – konzentrieren – kreativ sein, improvisieren, Phantasie entwickeln – darstellen (allg.) – medial darst.: malen, singen, bauen – spontan handeln – Aktivierung bei Lustlosigkeit – Kooperation üben – motorische Sensibilisierung, Harmonisierung, Abschluß – Unterhaltung, geselliges Treffen – Massenmedien – Musikspiel

BOULE

Jeder wirft eine Kugel und versucht, so nahe wie möglich an die zuerst geworfene Kugel zu kommen

Material: Boule-Kugeln oder leicht werfbare Alltagsgegenstände (Steine, Tennisbälle, Luftballons...)
Empfohlenes Mindestalter: 6 Jahre

Von einer Grundlinie aus wird geworfen (kullern ist nicht gestattet). Zuerst wird eine besonders gekennzeichnete kleinere „Setz-Kugel“ geworfen. Sie stellt das Ziel dar.
Jeder soll nun seine Kugel möglichst nahe an diese Setzkugel werfen, dabei dürfen alle Kugeln angestoßen werden. Nach jedem Durchgang (jeder hat einmal eine Kugel geworfen) werden 3, 2 und 1 Punkt/e an die Spieler verteilt, deren Kugel am nächsten, zweitnächsten und drittnächsten zur Setzkugel lag. Sehr reizvoll ist das Werfen mit aufgeblasenen Luftballons, weil sie sehr leicht ihre Positionen ändern. – Die zu werfenden Gegenstände sollten in ihrer Beschaffenheit möglichst gleich sein.

Stichwörter
Gruppierung: Kleingruppe mit 3-8 Personen – Spieltempo: lebhaft – Dauer: ca. 10-30 Min. – universell verwendbar – besonders spannend – ohne große Vorbereitung spielbar – konzentrieren – geschickt verhalten – einfach, leicht – beurteilen, einschätzen – Unterhaltung, geselliges Treffen – Spielaktion, Spielfest – Wettkampf, Durchsetzung – Geschicklichkeitsspiel

BRIEF AN SICH SELBST

Jeder schreibt sich einen Auswertungsbrief, der Wochen später an ihn verschickt wird

Material: Papier/Stift, Briefumschlag, Briefmarke
Empfohlenes Mindestalter: 16 Jahre

Die Spieler erhalten den Auftrag, an sich selbst einen Brief zu schreiben, in dem sie alle Eindrücke, Erlebnisse, Schwierigkeiten, Lernerfolge etc., die im Zusammenhang mit der Arbeit der Gruppe stehen, zum Ausdruck bringen sollen. Die Briefe werden anschließend vom Spielleiter eingesammelt und etwa 14 Tage, nachdem der Brief geschrieben wurde, an den Schreiber geschickt.
VARIANTE: Man kann auch einem anderen Gruppenmitglied schreiben und die Empfänger per Los bestimmen, damit jeder einen Brief bekommt.
Oder: Nach einer längeren Pause die Briefe an sich selbst oder das andere Gruppenmitglied mitbringen und vorlesen.

Stichwörter
Gruppierung: Alle im Raum verteilt – Spieltempo: ruhig – Dauer: ca. 10-30 Min. – schwierig – eher ernst – erinnern – beurteilen, einschätzen – medial darst.: malen, singen, bauen – empathisch handeln – Kulturtechniken: Lesen, Schreiben – Interesse aneinander – Vertrauen entwickeln – Harmonisierung, Abschluß – Auswertung – Sprach-, Schreib- , Diskussionsspiel

BUCHSTABENRUFER

Jeder ruft zugleich mit den anderen seinen Buchstaben, die andere Gruppe muß das Wort erkennen

Material: –
Empfohlenes Mindestalter: 8 Jahre

Eine Gruppe denkt sich ein Wort aus und teilt jedem Spieler einen Buchstaben zu. Sie treten vor die andere Gruppe, wobei jeder fortlaufend seinen Buchstaben ruft (alle gleichzeitig), bis die andere Gruppe das entsprechende Wort herausgefunden hat.
Anmerkung: Siehe auch Spiel DURCHS LABYRINTH HERBEIRUFEN.

Stichwörter
Gruppierung: Halbgruppen – Spieltempo: action – Dauer: ca. 10-30 Min. – ohne große Vorbereitung spielbar – wahrnehmen (allg.) – kombinieren, planen – konzentrieren – Kooperation üben – Unterhaltung, geselliges Treffen – sonstige Spielform

BURGSPIEL
Einer ist verschlossen („zu"), der andere versucht, ihn zu „öffnen"

Material: –
Empfohlenes Mindestalter: 16 Jahre

Es finden sichr Paare. Der eine Partner setzt oder legt sich so hin, daß er sich ganz zusammenzieht, z. B. Beine an den Leib und Arme drum herumschlingen. Sein Partner versucht vorsichtig, ihn zu öffnen, ihn aufzuschließen. Es darf dabei keine Gewalt angewendet werden.
Es sollten mindestens zwei verschiedene Arten erprobt werden!
VARIANTE: Es ist auch möglich, daß der eine nur seine Faust schließt, die vom anderen zu öffnen ist. Das Spiel benötigt eine ungestörte, ernste Gruppensituation. Die Gruppe sollte darauf hingewiesen werden, daß verbale und nicht-verbale „Aufschließungsversuche" gemacht werden können. Der verschlossene Partner sollte sich erst öffnen, wenn ihm eine Handlung des Partners gefällt.
Anmerkung: Spiel kann gut Teil eines Kreativitätstrainings sein.

Stichwörter
Gruppierung: Paare – Spieltempo: ruhig – Dauer: ca. 10-30 Min. – schwierig – eher ernst – ohne große Vorbereitung spielbar – fühlen, ertasten – beurteilen, einschätzen – konzentrieren – kreativ sein, improvisieren – empathisch handeln – Interesse aneinander – Körperkontakt – motorische Sensibilisierung – Angst – Beziehungen – Körpersprache – Interaktionsspiel

BÜROKLAMMERN SUCHEN – PFEIFENPUTZER SUCHEN
Blind Büroklammern am Partner suchen

Material: Büroklammern (zwei verschiedene Farben; dreimal soviele wie Teilnehmer) oder entsprechende Pfeifenputzer.
Empfohlenes Mindestalter: 12 Jahre

Von der Hälfte der Spieler erhält jeder 3 blaue, von der anderen Hälfte erhält jeder 3 rote Büroklammern. Jeder „rote" sucht sich einen „blauen" Partner. Die „blauen" Spieler schließen die Augen. Die „roten" klemmen ihre drei Klammern irgendwo an der Kleidung, am Ohr o.ä. fest (nicht in Taschen verstecken!). Dann suchen die „blauen" Spieler bei ihrem Partner blind die Klammern. Rollenwechsel. Als Hilfe zum Finden kann dann „heiß-warm-kalt" gesagt werden.
VARIANTE: Statt Büroklammern gebogene Pfeifenputzer.

Stichwörter
Gruppierung: Paare – Spieltempo: ruhig – Dauer: unter 10 Min. – einfach, leicht – ohne große Vorbereitung spielbar – blind wahrnehmen – fühlen, ertasten – Aufteilung in Untergruppen – Körperkontakt – Vertrauen entwickeln – Gefühle – Interaktionsspiel

COLLAGE RATEN – PERSÖNLICHKEITSCOLLAGE

Jeder macht über sich eine Collage, andere raten die Autoren

Material: Alte Illustrierte, Scheren, Klebestifte, große Papierbögen
Empfohlenes Mindestalter: 12 Jahre

1. Phase: Nach einer Aufteilung in Kleingruppen (4-6 Personen je Gruppe) stellt jeder eine Collage (persönliche Daten, Hobbys, Träume, Vergangenheit,...) aus Zeitschriftenbildern, – texten und Hinzugeschriebenem über sich selbst her.
2. Phase: Innerhalb jeder Kleingruppe erklärt jeder seine Collage, beantwortet Rückfragen usw. Intensives Kennenlernen und Austausch.
3. Phase: Im Plenum kommen alle Kleingruppen zusammen. Eine Kleingruppe beginnt und stellt ihre 4-6 Collagen vor, indem zu jeder Collage noch 1-2 erläuternde Sätze (von jemand anderem aus der Kleingruppe, nicht vom Collagen-Autor!) gesagt werden.
Dann rät der Rest der Gesamtgruppe, von wem vermutlich welche Collage stammt. Sind alle 4-6 Collagen von jedem versuchsweise zugeordnet worden, wird aufgeklärt. Dann kommt die nächste Gruppe an die Reihe.

Stichwörter
Gruppierung: Kleingruppe mit 4-6 Personen – Spieltempo: ruhig – Dauer: ca. 30-120 Min. – eher ernst – produktorientiert – wahrnehmen (allg.) – raten, erforschen – beurteilen, einschätzen – kreativ sein, improvisieren – Phantasie entwickeln – medial darst.: malen, singen, bauen – Material erproben oder gestalten – kennenlernen (allg.) – Interesse aneinander – Vertrauen entwickeln – Biografie – Selbsterfahrung – Vorurteile, Außenseiter – multithematisch – Materialspiel, Werken – Methode für die Gruppenarbeit

COLLAGE ÜBER MICH – MEINE ZEITUNG

Collage zu persönlichem Thema fertigen, dann Poster umhängen und in Markt-Situation anderen zeigen

Material: Alte Illustrierte, Plakatkarton, Scheren, Klebstoff.
Empfohlenes Mindestalter: 12 Jahre

Der Gruppe wird ein Stapel alter Zeitschriften (Illustrierte) bereitgelegt. Jeder erhält einen Pappbogen (Mindestgröße DIN A3).
Mittels Schere, Kleber und Karton soll sich jeder Teilnehmer aus Überschriften, Titelzeilen, Fotos, Inseraten usw. ein Bild anfertigen, das ihn in der gegenwärtigen Verfassung darstellt.
Mögliche Gesichtspunkte:

Verschiedene Seiten von mir.
Das vergangene Schuljahr.
Meine momentanen Sorgen, meine momentanen Probleme.
Was strebe ich konkret an?
Meine Hoffnungen und Träume.

Anschließend gehen die Teilnehmer mit vorgehängtem Karton durch den Raum. Jeder erläutert seine Collage und beantwortet Fragen.
VARIANTE: Eine Zeitungsseite über sich herstellen
(Was ist mein Leitartikel?...).
Anmerkung: Siehe auch weitere Collage-Spielform bei COLLAGE RATEN und KÖRPERUMRISS-COLLAGE.

Stichwörter
Gruppierung: Alle im Raum verteilt – Gruppierung: Einzelne gegenüber Gruppe – Spieltempo: ruhig – Dauer: ca. 30-120 Min. – eher ernst – produktorientiert – Vorführung üblich oder möglich – medial darst.: malen, singen, bauen – Kulturtechniken: Lesen, Schreiben – Material erproben oder gestalten – kennenlernen (allg.) – Interesse aneinander – Biografie – Familie – Schule – Selbsterfahrung – Zukunft – Materialspiel, Werken

COMIC ERFINDEN

Vorgegebene Comicbilder neu aneinanderreihen und mit Text versehen

Material: 10 Comicbilder (mit leeren Sprechblasen!) je Gruppe.
Empfohlenes Mindestalter: 10 Jahre

Jeder Kleingruppe stehen ca. 10 verschiedene Comic-Bilder (aus einer Figurengruppe, z.B. 10 Peanutsbilder oder 10 Asterixbilder) zur Verfügung. Die Sprechblasen sind jedoch leer.
Jede Gruppe soll – evtl. zu einem gemeinsamen Thema – aus 5-10 dieser Bilder eine kleine Geschichte machen. Anschließend wird damit eine Ausstellung veranstaltet.
VARIANTE: Geschichte kann von der Erfindergruppe oder von einer Parallelgruppe dargestellt (evtl. pantomimisch) werden.
Anmerkung: Die Gruppen sollten dieselben Bilder erhalten oder sich die Figurengruppe wählen dürfen.

Stichwörter
Gruppierung: Kleingruppe mit ca. 4 Personen – Spieltempo: ruhig – Dauer: ca. 10-30 Min. – Selbstläufer, keine Anleitung – produktorientiert – Vorführung üblich oder möglich – kreativ sein, improvisieren – Phantasie entwickeln – medial darst.: malen, singen, bauen – Kulturtechniken: Lesen, Schreiben – Kooperation üben – spielerischer Meinungsaustausch – multithematisch – Literatur, Märchen, Lyrik – Sprach-, Schreib-, Diskussionsspiel

COMMUNICA

Sprechen, Darstellen, Zeichnen im Kommunikationsspiel

Material: Brettspiel (Günter Putzberg. Verlag gruppenpädagogischer Literatur Wehrheim)
Empfohlenes Mindestalter: 14 Jahre. Für beliebig viele Spieler.

Ziel ist es, neue Möglichkeiten der Kommunikation in Sprache, pantomimischer Darstellung und Zeichnung zu erschließen. Im Sprechen, Darstellen und Tun soll die persönliche Fähigkeit zur Kommunikation entwickelt werden.

Stichwörter
Sprach-, Schreib-, Diskussionsspiel – Unterhaltung, geselliges Treffen – kreativ sein, improvisieren – präzise sprechen oder beschreiben – eher ernst – schwierig – Dauer: ca. 10-30 Min. – Spieltempo: ruhig – Gruppierung: Kleingruppe mit ca. 4 Personen – Brett-, Kartenspiel

DAS BACHSPIEL
Umgang mit dem Element „Wasser"

Material: Brettspiel (Institut für ökologische Forschung und Bildung. Ökotopia-Verlag, Münster)
Empfohlenes Mindestalter: 14 Jahre. Für 1-12 Spieler

Dieses Spiel soll dazu anregen, sich mit dem Element „Wasser" und seinen Lebewesen zu beschäftigen und selbständig in der Natur Gewässeruntersuchungen durchzuführen. Lehrreiche Gewässererkundung mit einem neuartigen Angelspiel. Für Lehrgänge und Schulunterricht.

Stichwörter
Umwelt, Natur, Ökologie – raten, erforschen – spielerischer Meinungsaustausch – eher ernst – Dauer: ca. 30-120 Min. – Spieltempo: ruhig – Gruppierung: Kleingruppen mit ca. 4 Personen – Brett-, Kartenspiel

DAS BAUMHÜTTENSPIEL
In Kooperation eine Hütte bauen

Material: Brettspiel, einige Pfeifenputzer
Empfohlenes Mindestalter: 4 Jahre

Vier Kinder wollen eine Baumhütte zusammen bauen. Sie können auf drei verschiedenen Wegen Bauholz (Pfeifenputzer) auf den Baum bringen. Sie müssen sich beeilen, denn bevor die Sonne untergeht, wollen sie fertig sein. – Kooperative Strategie wird in einem einfach strukturierten Spiel schon von Vorschulkindern gut gelernt. Projektgruppe „Kooperatives Verhalten im Spiel" (Spieleerfinder).

Stichwörter
einfach, leicht – Kooperation üben – Dauer: ca. 30-120 Min. – Spieltempo: ruhig – Gruppierung: Kleingruppe mit ca. 4 Personen – Brett-, Kartenspiel

DAS CHRISTO-SPIEL

Sachen unter großem Tuch verstecken, dann raten

Material: großes Tuch (Fallschirm, Schwungtuch, Bettlaken)
Empfohlenes Mindestalter: 8 Jahre

Jede Gruppe bekommt ein großes Tuch (Fallschirm, Schwungtuch, Bettlaken) und soll darin wie der Künstler Christo 2-4 Sachen verpacken. Die anderen Gruppen raten, dürfen evtl. Fragen nach dem Material oder der Benutzungsart der Gegenstände stellen.

Stichwörter
Gruppierung: Kleingruppe mit 4-6 Personen – Spieltempo: lebhaft – Dauer: ca. 10-30 Min. – universell verwendbar – besonders spannend – einfach, leicht – witzig, besonders lustig – ohne große Vorbereitung spielbar – blind wahrnehmen – raten, erforschen – fühlen, ertasten – kreativ sein, improvisieren – Kooperation üben – Unterhaltung, geselliges Treffen – Kim (Wahrnehmungs-)spiel

DAS GIFTMÜLLSPIEL

Kooperativ die Versenkung von Giftmüll verhindern

Material: Brettspiel (Institut für ökologische Forschung und Bildung. Ökotopia-Verlag, Münster)
Empfohlenes Mindestalter: 14 Jahre. Für 3-6 Spieler

Gemeinsam werden Müllautos durch Europa verfolgt. Im Spielverlauf sollen die Autos gestoppt werden. Dann können die Spieler feststellen, ob sie Giftmüll transportieren. Ziel des Spiels ist es, gemeinsam die Versenkung des Giftmülls im Meer zu verhindern. Gelingt das nicht, so hat die Gesamtgruppe verloren.

Stichwörter
Umwelt, Natur, Ökologie – Thema kennenlernen – eher ernst – Dauer: ca. 10-30 Min. – Spieltempo: ruhig – Gruppierung: Kleingruppe mit ca. 4 Personen – Brett-, Kartenspiel

DAS GRUPPEN BURGSPIEL
Sich beim Puzzeln kennenlernen

Material: Brettspiel (Ulrich Baer. Robin-Hood-Versand, Remscheid)
Empfohlenes Mindestalter: 14 Jahre. Für 6-20 Spieler

Kennenlernspiel. Fragen beantworten, ein Burgbild zusammenpuzzeln und dann noch Bildunterschiede entdecken.

Stichwörter
Sprach-, Schreib-, Diskussionsspiel – beurteilen, einschätzen – spielerischer Meinungsaustausch – Interesse aneinander – Thema kennenlernen – kennenlernen (allg.) – Dauer: ca. 30-120 Min. – Spieltempo: ruhig – Gruppierung: Kleingruppe mit ca. 4 Personen – Brett-, Kartenspiel

DAS HELFERSPIEL
Miteinander Notsituationen meistern

Material: Brettspiel (Anne-Marie Tausch. Ravensburger Spieleverlag)
Empfohlenes Mindestalter: 4 Jahre
Für 2-6 Spieler

Was tun, wenn....? 16 Bildtafeln zeigen Notsituationen, in die jedes Kind geraten kann. Findet es unter seinen Kärtchen Hilfe? Können die anderen mit ihren Helferkärtchen einspringen?
Miteinander suchen alle den besten Ausweg aus der Situation. Jeder darf selbst entscheiden, was ihm am besten hilft.

Stichwörter
Sprach-, Schreib-, Diskussionsspiel – Normen, Rollen, Werte – Aggression, Konflikt – kreativ sein, improvisieren – beurteilen, einschätzen – einfach, leicht – Gefühle – Familie – Angst – spielerischer Meinungsaustausch – Vertrauen entwickeln – Kooperation üben – Interesse aneinander – empathisch handeln – anleitungsintensiv – eher ernst – Dauer: ca. 30-120 Min. – Spieltempo: ruhig – Gruppierung: Kleingruppe mit ca. 4 Personen – Brett-, Kartenspiel

DAS IST DIE WAHRHEIT!
Von auf dem Rücken notierten originellen Eigenschaften einschätzen, was stimmen könnte

Material: Für jeden Stift und großen Zettel, Krepp-Klebeband
Empfohlenes Mindestalter: 10 Jahre

Jeder schreibt auf ein A4-Blatt oben seinen Namen und zwei originelle Eigenschaften oder Besonderheiten, Hobbies oder Erlebnisse (jeweils in die obere und in die untere Blatthälfte) – eines davon soll stimmen und ein zweites erfunden sein. Dann heftet sich jeder das Blatt auf dem Rücken fest.
Zu leiser Musik gehen alle im Raum herum. Jeder schätzt bei allen anderen ein, welche der zwei originellen Eigenschaften wohl stimmt und macht dort ein Filzstift-Kreuz. Dann setzen sich alle in den Kreis, jeder nimmt sein Blatt vom Rücken, dann klärt jeder nacheinander die Wahrheit auf, erzählt etwas zu dieser Eigenschaft und kommentiert die Einschätzungskreuze der anderen Spieler.
Siehe auch Spiel LÜGEN-PORTRAIT.

Stichwörter
Beurteilen, einschätzen – raten, erforschen – einfach, leicht – Gruppierung: Alle im Raum verteilt – Interaktionsspiel – Interesse aneinander – kennenlernen (allg.) – besonders spannend – Dauer: ca. 10-30 Min. – Spieltempo: lebhaft

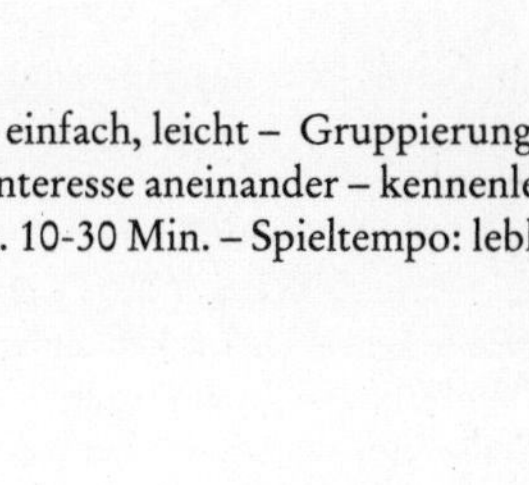

DAS KANN ICH UNTERSCHREIBEN – UNTERSCHRIFT

Jeder hat auf einem Zettel mit Behauptungen die Unterschriften von anderen, die der Behauptung zustimmen können

Material: Vorbereitetes Blatt mit Behauptungen – für jeden eine Kopie und einen Schreibstift
Empfohlenes Mindestalter: 10 Jahre

Der Spielleiter hat ein Blatt vorbereitet: Auf dem Blatt gibt es acht Behauptungen – z.B. „Ich bin z.Zt. fest befreundet" oder „Wir haben zu Hause ein Haustier". Unter jeder Behauptung ist noch soviel Platz, daß eine Unterschrift hinpaßt. Jeder bekommt eine Kopie dieses Blattes und einen Stift. Dann soll jeder zu anderen gehen und versuchen, unter jede Behauptung von demjenigen eine Unterschrift zu bekommen, auf den diese Behauptung zutrifft. Also, man fragt sich immer untereinander: „Bist Du z.Zt. fest befreundet?" Wenn derjenige, den man gefragt hat, mit „Ja" antwortet, dann soll er die entsprechende Behauptung auf dem Zettel des Fragers unterschreiben. – Ziel ist es, daß jeder möglichst alle seine Behauptungen unterschrieben bekommt. Da das Spiel eher hektisch abläuft und kaum Nachfragen gestellt werden, ist es ganz nützlich mit dem SCHUBLADENSPIEL fortzusetzen.

Stichwörter

Gruppierung: Alle im Raum verteilt – Spieltempo: lebhaft – Dauer: ca. 10-30 Min. – universell verwendbar – produktorientiert – kennenlernen (allg.) – Namen lernen – Thema kennenlernen – Aktivierung bei Lustlosigkeit – Interesse aneinander – Auswertung – spielerischer Meinungsaustausch – multithematisch – einfach, leicht – beurteilen, einschätzen – Sprach-, Schreib-, Diskussionsspiel

DAS ÖKO-SPIEL
Brettspiel um Lebensqualität

Material: Brettspiel (Franz-Josef Scholles. Bezug: Robin-Hood-Versand, Remscheid)
Empfohlenes Mindestalter: 14 Jahre. Für 2-6 Spieler

Öko ist ein Spiel, welches die Zusammenhänge zwischen Wachstum, Umweltbelastung, Energie- und Rohstoffknappheit sowie deren Auswirkungen auf die Mitspieler aufzuzeigen versucht. Spielzweck ist das Erreichen einer größtmöglichen Qualität des Lebens.
Die Lebensqualität ist abhängig von den Gesellschaftlichen Rahmenbedingungen sowie den persönlichen Lebensbedingungen des Spielers. Der Autor hat ein Begleitheft mit vielen Hintergrundinformation zum Spiel erstellt. Siehe auch ÖKOLUDO und ÖKOLOPOLY.

Stichwörter
Sprach-, Schreib-, Diskussionsspiel – Umwelt, Natur,Ökologie – beurteilen, einschätzen – spielerischer Meinungsaustausch – eher ernst – schwierig – Dauer: ca. 30-120 Min. – Spieltempo: ruhig – Gruppierung: Kleingruppe mit ca. 4 Personen – Brett-, Kartenspiel

DAS ROBIN-HOOD-SPIEL
Diskussions-Brett-Spiel zum Thema Umwelt

Material: Brettspiel (Ulrich Baer. Ökotopia-Verlag Münster)
Empfohlenes Mindestalter: 10 Jahre. Für 3-6 Spieler

Die Spieler kämpfen als Robin Hood mit seinen Gefährten gegen das Wohlstandswachstumsmonster. Kennenlern- und Diskussionspiel für jüngere Jugendliche zum Thema Umwelt.

Stichwörter
Sprach-, Schreib-, Diskussionsspiel – Umwelt, Natur, Ökologie – beurteilen, einschätzen – Technik – Kooperation üben – kennenlernen (allg.) – empathisch handeln – besonders spannend – Dauer: ca. 30-120 Min. – Spieltempo: ruhig – Gruppierung: Kleingruppe mit ca. 4 Personen – Brett-, Kartenspiel

DAS SINGLE SPIEL
Kooperationsspiel zu Mieterinteressen

Material: Brettspiel (Projektgruppe der Akademie Remscheid.
Bezug: Robin-Hood-Versand, Remscheid)
Empfohlenes Mindestalter: 9 Jahre. Für 4-6 Spieler.

Die Spieler sind Mieter in einem Haus und wollen sich mit kreativen und Action-Aufgaben besser kennenlernen, um dem Hauswirt einen Gemeinschaftsraum (für Feten, Tischtennis usw.) abzuringen. Eine gelungene Mischung aus kooperativem Brett-, Kennenlern- und Aktionsspiel!

Stichwörter
Gruppierung: Kleingruppe mit ca. 4 Personen – Brett-, Kartenspiel

DAS SPIEL
Spielmaterial für verschiedene Spielmöglichkeiten

Material: Brettspiel (Reinhold Wittig. Franckh Kosmos, Stuttgart)
Empfohlenes Mindestalter: 4 Jahre. Für 1-8 Spieler.

Auf einem schönen dreieckigen Brett werden Würfel zu einer Pyramide aufgehäuft. Das sind über 50 Spiele, weil es soviele Regeln für Auf- und Abbau gibt – und es sieht gleichzeitig sehr schön aus.

Stichwörter
Gruppierung: Kleingruppe mit ca. 4 Personen – Brett-, Kartenspiel

DAS UMWELTSPIEL
Unterhaltsames Brettspiel zum Thema Umwelterziehung

Material: Brettspiel (Gunter Strüwen, Doris Alker und Wiltrud Osterloh)
Empfohlenes Mindestalter: 12 . Für 3-6 Spieler

Die neue Ausgabe eines lehrreichen und spannenden Umweltspiels, in dem sich immer neue Spielmöglichkeiten ergeben: „Wer setzt sich durch – der skrupellose Umweltverschmutzer oder der Umweltschützer?" Das Spiel ist so angelegt, daß jeder selbst entscheiden kann, wie er sich verhält und was während des Spiels mit ihm und den Mitspielern geschieht. Für das Vorwärtskommen ist der strategische Einsatz von „Ökotalern" entscheidend. Wenn die Spieler Industriefelder betreten, erhalten sie zusätzliche Ökotaler. Gleichzeitig verschmutzen sie aber die Umwelt, wodurch es allen Spielern erschwert wird, zum Ziel zu kommen. Die verdreckte Umwelt kann teilweise wieder saniert werden, indem sich mehrere Spieler solidarisieren und auf Sanierungsfeldern einige Runden zusammen abwarten oder Naturschutzgebiete einrichten.

Stichwörter
Brett-, Kartenspiel – Umwelt, Natur, Ökologie – Wettkampf, Durchsetzung – kombinieren, planen – beurteilen, einschätzen – Gruppierung: Kleingruppe mit 3-8 Personen – Kooperation üben – eher ernst – Dauer: ca. 30-120 Min. – Spieltempo: ruhig

DAS VERRÜCKTE LABYRINTH
Strategiesspiel für Jüngere

Material: Brettspiel. (Ravensburger Spieleverlag)
Empfohlenes Mindestalter: 8 Jahre. Für 1-4 Spieler

In diesem Irrgarten ist ständig was im Gange. Nicht nur, daß sich hier Schätze, Geister und allerlei Getier verbergen. Oder daß jeder hier heimlich was zu suchen hat. Da verschiebt man Gänge, da verwandeln sich Wände. Wo eben noch ein Weg war, wird man glatt an die Wand gespielt. Und wo gerade eine Trennwand war, schiebt sich einer geschickt den Weg zum Ziel frei.

Stichwörter:
Gruppierung: Kleingruppe mit ca. 4 Personen – Brett-, Kartenspiel

DAUMEN BIEGEN

Zufällige Aufteilung durch Daumen blind nach oben/unten biegen

Material: –
Empfohlenes Mindestalter: 10 Jahre

Alle bilden einen Halbkreis, jeder streckt einen Arm vor und hält die Hand so, daß der Daumen klar nach oben zeigt. Einer macht die Augen zu und dreht die Hälfte der Hände so, daß die Daumen nach unten zeigen. Dadurch ist die Gruppe per Zufall in zwei Halbgruppen geteilt. Bei einer Aufteilung in drei Gruppen müßte der Daumen bei einem Drittel nach unten, bei einem Drittel zur Seite und bei einem Drittel nicht „verbogen" werden.
VARIANTE: Bei einer Aufteilung in vier oder fünf Gruppen könnte der „Blinde" an vorgestreckten Händen eine bestimmte Fingeranzahl zurückbiegen (ergibt dann die Gruppen-Nummer).

Stichwörter

Gruppierung: Kreis – Spieltempo: ruhig – Dauer: unter 10 Min. – universell verwendbar – einfach, leicht – eher ernst – ohne große Vorbereitung spielbar – blind wahrnehmen – fühlen, ertasten – Aufteilung in Untergruppen – sonstige Spielform

DECKE LIFTEN

Decke anheben, auf der jemand liegt

Material: Je Paar oder Dreiergruppe eine Decke.
Empfohlenes Mindestalter: 14 Jahre

Einer legt sich mit dem Rücken auf eine Decke und schließt die Augen. Der andere (oder die beiden anderen bei Dreiergruppen) hebt die Decke an einer Seite ganz langsam und vorsichtig an, so daß eine Körperseite des Liegenden damit angehoben wird. Die Decke soll dann kurze Zeit oben gehalten und danach wieder ganz langsam abgesenkt werden. An mehreren Seiten heben und evtl. die gehobenen Körperpartien leicht hin und her schwingen. Zwei können auch an zwei Seiten gleichzeitig heben. Unbedingt: Rollenwechsel.
Anmerkung: Das Spiel benötigt eine ungestörte Gruppensituation.

Stichwörter

Gruppierung: Paare – Gruppierung: Kleingruppe mit 3 Personen – Spieltempo: ruhig – Dauer: unter 10 Min. – einfach, leicht – eher ernst – ohne große Vorbereitung spielbar – blind wahrnehmen – fühlen, ertasten – konzentrieren – empathisch handeln – Vertrauen entwickeln – Harmonisierung, Abschluß – Entspannung, Ruhe – Interaktionsspiel

DECKENFAHRT STATT SCHLITTENFAHRT
Zwei ziehen Dritten auf einer Decke durch den Raum

Material: Wolldecke oder stabiles Tuch
Empfohlenes Mindestalter: 8 Jahre

Dreiergruppen bilden. Einer legt sich mit dem Rücken auf die Decke, kann die Augen schließen. Die anderen beiden ziehen ihn möglichst schnell durch einen Raum mit glattem Boden. Die Ziehenden müssen gut aufpassen, daß der Liegende nicht mit Hindernissen zusammenstößt. Damit der Liegende die Fahrt genießen kann, muß er sich voll auf die Aufmerksamkeit der Ziehenden verlassen können!

Stichwörter
Gruppierung: Kleingruppe mit 3 Personen – Spieltempo: action – Spieltempo: ruhig – Dauer: unter 10 Min. – ohne große Vorbereitung spielbar – gut als Überleitung zw. Spielen – blind wahrnehmen – Bewegungsspiel – einfach, leicht – Unterhaltung, geselliges Treffen

DEN AFFEN MACHEN – AFFENSPIEL
Körpertraining durch Darstellung von Affen

Material: Tische und Stühle zu kleinem Felsplateau zusammenstellen
Empfohlenes Mindestalter: 8 Jahre

Alle üben zunächst einmal im Kreis die Darstellung von Affen: Ein Arm hoch (an imaginärem Ast festhalten), den anderen locker vor sich baumeln lassen – Rücken durchdrücken und leicht nach vorn beugen – Kopf nach vorn. Dann Handrücken durchdrücken und Finger aber einknicken – breitbeinig hinhocken – einen Arm zum Aufstützen nutzen, den anderen Arm davor hin- und herschwingen.
Imaginäre Pflanzenteile vom Boden greifen, vor den Mund halten, schnelles Kopfnicken mit Mundbewegungen kombinieren. Aus der Hocke heraus zu einem anderen Platz springen. Sich auf den Kopf klatschen.
Dann spielen alle zusammen einen Affenfelsen: Auf Tische und Stühle springen, sich gegenseitig lausen, durch die Gegend rennen...
Anmerkung: Das Spiel trainiert viele Muskeln, spielerische Gymnastik.

Stichwörter
Gruppierung: Alle im Raum verteilt – Gruppierung: Kreis – Spieltempo: action – Dauer: ca. 10-30 Min. – witzig, besonders lustig – ohne große Vorbereitung spielbar – anleitungsintensiv – pantomimisch darstellen – geschickt verhalten – Körperkräfte trainieren – Warming up – Aktivierung bei Lustlosigkeit – motorische Sensibilisierung – Unterhaltung, geselliges Treffen – Bewegungsspiel – Darstellendes Spiel, Theaterspiel – pantomimisches Spiel – Sportspiel

DEN FEHLER FINDEN
Fehlermuseum herstellen

Material: Viele verschiedene kleine Gegenstände, Tische oder Tücher
Empfohlenes Mindestalter: 8 Jahre

Jedes Paar stellt für alle anderen Paare ein „Fehlermuseum" her. Dazu werden einige Gegenstände zusammengestellt, die alle zu einer Gruppe gehören, nur ein Gegenstand paßt nicht dazu (z. B. 6 Bücher und eine Pralinenschachtel oder 10 Streichholzschachteln und in einer statt Streichhölzer Büroklammern).
Die Sachen sollten in verschiedenen Räumen oder unter Tüchern oder hinter umgekippten Tischen aufgebaut werden. Denn nun soll jedes Paar alle Plätze besuchen und mit geschlossenen Augen die Fehler raten und sich merken (untereinander darf man sich beraten).
VARIANTE: Jeder baut einen Fehler (während er abgewendet von den anderen steht) in seine Kleidung ein: Büroklammer an den Rocksaum stecken o. ä.. Alle ertasten die „Fehler".

Stichwörter
Gruppierung: Paare – Spieltempo: ruhig – Dauer: ca. 10-30 Min. – blind wahrnehmen – erforschen – fühlen, ertasten – beurteilen, einschätzen – Kooperation üben – Kim-(Wahrnehmungs-)spiel

DEN ZOLLSTOCK GERADEBIEGEN
Auf den Gelenken eines gebogenen Zollstock liegen Gegenstände

Material: Zollstock, kleine Gegenstände
Empfohlenes Mindestalter: 8 Jahre

Ein Zollstock wird zick-zack geknickt, auf die Gelenke werden kleine Gegenstände gelegt (z.B. Dame-Spielsteine, Steinchen, Kastanien, kombinierte Lego-Steine). Dann wird der Zollstock mit den Gegenständen von der Gruppe geradegebogen.
Schwieriger: Die Gruppe hebt den geknickten Zollstock hoch und soll ihn in der Luft geradebiegen.

Stichwörter
Gruppierung: Kleingruppe mit 4-6 Personen – Spieltempo: lebhaft – Dauer: unter 10 Min. – einfach, leicht – Selbstläufer, keine Anleitung – ohne große Vorbereitung spielbar – kombinieren, planen – konzentrieren – geschickt verhalten – Kooperation üben – motorische Sensibilisierung – Materialspiel, Werken – Geschicklichkeitsspiel

DENKMALKOPIE

„B" ertastet blind die Haltung von „A" und kopiert sie

Material: –
Empfohlenes Mindestalter: 10 Jahre

Paare bilden. Spieler A stellt (setzt, legt) sich als Denkmal in einer ungewöhnlichen Körperhaltung hin, während B die Augen geschlossen hat! B soll die Haltung von A ertasten und genau nachmachen (weiterhin mit geschlossenen Augen!), dann vergleichen. Rollenwechsel.
Anmerkung: Leicht veränderbar (statt „Denkmal": Tier, Maschine...).
Zu 2 Paaren gespielt: siehe Spiel ROMEO UND JULIA.

Stichwörter
Gruppierung: Paare – Spieltempo: ruhig – Dauer: unter 10 Min. – besonders spannend – ohne große Vorbereitung spielbar – blind wahrnehmen – fühlen, ertasten – konzentrieren – empathisch handeln – Aktivierung bei Lustlosigkeit – Interesse aneinander – Körperkontakt – Unterhaltung, geselliges Treffen – Interaktionsspiel

DER BUNTE FADEN

Geschichte in Fortsetzungen reihum erzählen

Material: Vorbereitetes Wollknäuel.
Empfohlenes Mindestalter: 8 Jahre

Der Spielleiter hat Wollgarn verschiedener Farbe aneinandergeknüpft. Jetzt beginnt es der erste Spieler zu einem Knäuel zu rollen. Währenddessen beginnt er eine Geschichte zu erfinden. Sobald die nächste Garnfarbe auftaucht, fährt der nächste mit Aufwickeln fort und spinnt gleichzeitig die Geschichte weiter.
VARIANTE: Die Spieler können sich überdies auf eine Lügengeschichte einigen, in der alles Unmögliche passiert.
Anmerkung: Siehe auch Spiel GESCHICHTE ERFINDEN. *Geschichte kann anschließend auch gespielt werden oder in ein Bänkellied umgesetzt werden.*

Stichwörter
Gruppierung: Kreis – Spieltempo: ruhig – Dauer: ca. 10-30 Min. – Phantasie entwickeln – schnell reagieren – Unterhaltung, geselliges Treffen – Sprach-, Schreib, Diskussionsspiel

DER GONG

Improvisiertes Spielen auf einem Gong, dazu bewegen und evtl. Bild malen

Material: 1 Gong und verschiedene Schlegel
Empfohlenes Mindestalter: 6 Jahre

Alle wählen eine Lage, in der sie aufmerksam und konzentriert zuhören können. Lange Gongtöne werden gespielt, damit sich alle mit dem Klang und der Klangentwicklung vertraut machen können. Durch Armbewegungen soll sichtbar gemacht werden, wie lange der Gongklang zu hören ist (Klangdauer). Die Bewegung zeigt dann wie der Gongklang empfunden wird (Klangqualität).

Der Spieler beginnt auf dem Gong zu improvisieren. Die Bewegung fließt von den Armen in den ganzen Körper. Der Klang (je nach Spielweise) und die sich einstellenden Empfindungen und Assoziationen werden durch Bewegung sichtbar gemacht.

Nach der Bewegungsimprovisation wird ein Bild gemalt. Es ist günstig, zwischen das intensive Gongerlebnis und den verbalen Austausch ein weiteres Ausdrucksmedium zu setzen (z.B. Bild malen).

Stichwörter
Kreativ sein, improvisieren – Gruppierung: Alle im Raum verteilt – Musikspiel – konzentrieren – wahrnehmen (allg.) – anleitungsintensiv – ohne große Vorbereitung spielbar – eher ernst – Dauer: ca. 10-30 Min. – Spieltempo: ruhig – medial darst.: malen, singen, bauen

DER GROSSE UNBEKANNTE

Erraten typischer Merkmale von Mitspielern

Material: Brettspiel (Projektgruppe der Akademie Remscheid)
Bezug: Robin-Hood-Versand, Remscheid)
Empfohlenes Mindestalter: 15 Jahre. Für 3-6 Spieler

Zwei Spiele in einem: Der kleine Unbekannte – ein Kennenlernspiel auf der Vorderseite. Der große Unbekannte – ein Feedbackspiel auf der Rückseite! Bei beiden Spielen wählt ein Mitspieler 2 Begriffe aus, die für ihn typisch sind. Die anderen sollen diese Wörter einkreisen und schließlich erraten. Für jede Raterunde gibt der „Unbekannte“ der Gruppe einige Hilfen. Ein sehr erfolgreiches Spiel in Gruppen, in denen die Spieler aufeinander neugierig sind.

Stichwörter
Gruppierung: Kleingruppe mit ca. 4 Personen – Brett-, Kartenspiel

DER IMAGINÄRE TONKLUMPEN – KNETEN, PANTOMIMISCH

Zu entsprechender Musik sollen sich alle durch den Raum bewegen und dabei kräftig kneten

Material: Musik mit eher hartem Charakter
Empfohlenes Mindestalter: 6 Jahre

Alle stellen sich vor, daß sie einen Klumpen Ton in den Händen halten. Sie sollen diesen weichkneten. Dabei sollen sich alle nach der Musik durch den Raum bewegen, sich vorstellen, daß der Klumpen immer größer wird, man ihn kaum noch greifen kann. Zwischendurch können sich auch mal zwei oder mehr zusammentun und den vorgestellten Klumpen kräftig gemeinsam bearbeiten. Als Schluß in der Mitte alle zusammen. Darauf achten, daß mit vollem Einsatz geknetet wird und daß auch mal die Höhe verlassen wird (z.B. auffordern, den Klumpen an die Decke zu klatschen oder in den Boden zu treten).

Stichwörter
Gruppierung: Alle im Raum verteilt – Spieltempo: action – Dauer: unter 10 Min. – konzentrieren – Körperkräfte trainieren – Warming up – Bewegungsspiel – pantomimisches Spiel – Tanzspiel – einfach, leicht – Aggression, Konflikt

DER MENSCH

Auf große Pappfigur Bemerkungen schreiben

Material: Große Papierbögen, Pappe und Stifte
Empfohlenes Mindestalter: 10 Jahre

Auf große Papierbahnen oder Pappen werden Menschen mit Kopf, Körper, Armen, Händen, Beinen, Füßen aufgemalt. Wer will, kann diese Figuren auch noch ausschneiden.
Auf diese Figuren kann von Einzelnen oder in Kleingruppen, aufgezeichnet oder geschrieben werden, wie die Gruppenarbeit auf mich gewirkt hat:
– Was bewirkte das in meinem Kopf, im Bauch? – Was bedeutete das für meine Arme, Hände, Füße? – Wie würde ich darauf mit meinem Herzen reagieren, usw.. Auch als Auswertung zu gebrauchen. Zum Schluß werden alle Menschen für alle sichtbar aufgehängt, evtl. noch ergänzt.
VARIANTE: Aus Pappstreifen „Menschen“ basteln (mit Musterbeutelklammern verbinden) und diese Figuren in passende Posen bringen.

Stichwörter
Gruppierung: Paare – Gruppierung: Kleingruppe mit 3 Personen – Spieltempo: ruhig – Dauer: ca. 30-120 Min. – eher ernst – Selbstläufer, keine Anleitung – ohne große Vorbereitung spielbar – produktorientiert – kreativ sein, improvisieren – medial darst.: malen, singen, bauen – Thema kennenlernen – Kooperation üben – Auswertung – spielerischer Meinungsaustausch – multithematisch – Materialspiel, Werken

DER MOND IST RUND
Systemspiel, jeder soll es genau nachmachen

Material: –
Empfohlenes Mindestalter: 10 Jahre

Zu dem Spruch „Der Mond ist rund, der Mond ist rund. Er hat zwei Augen, Nase, Mund." beginnt ein Spieler mit einem Stift einen Mond in die Luft zu malen. Der Spieler gibt den Stift mit der Hand weiter, mit der er nicht gemalt hat und sagt: „Und das war richtig!". Er sagt immer an, ob es richtig oder falsch war, wenn es andere versuchen. Es kommt dabei auf das richtige Weitergeben und nicht auf das richtige Malen oder Sprechen an.

Stichwörter
Gruppierung: Kreis – Gruppierung: Einzelne gegenüber Gruppe – Spieltempo: lebhaft – Dauer: ca. 10-30 Min. – besonders spannend – einfach, leicht – witzig, besonders lustig – ohne große Vorbereitung spielbar – wahrnehmen (allg.) – raten, erforschen – denken (allg.) – konzentrieren – kreativ sein, improvisieren – Unterhaltung, geselliges Treffen – Ulk-, Theken-, Partyspiel

DER TAG, AN DEM DIE ELTERN VERSCHWANDEN
Spontanspiel: Eltern haben unartige Kinder alleingelassen

Material: Zettel, Stifte, Klebeband
Empfohlenes Mindestalter: 14 Jahre

Alle spielen Kinder/Jugendliche (Zettel mit Namen und ausgedachtem Alter sich anheften). Dann verliest der Spielleiter folgenden Brief:
„Liebe Kinder unserer Kleinstadt! Wir haben die Nase voll! Ihr seid in letzter Zeit so unartig gewesen, daß wir es aufgeben, euch zu erziehen! Wir haben die Stadt verlassen. Seht zu, wie ihr ohne uns zurechtkommt! Eure Eltern!"
Das Spiel beginnt, indem alle Kinder noch in ihren Betten liegen. Einige wachen auf. Keine Eltern da. Auf dem Marktplatz finden ein paar den Brief...

Stichwörter
Gruppierung: Kreis – Spieltempo: lebhaft – Dauer: ca. 10-30 Min. – schwierig – ohne große Vorbereitung spielbar – Vorführung üblich oder möglich – Phantasie entwickeln – darstellen (allg.) – Kooperation üben – Biografie – Familie – Normen, Rollen, Werte – Darstellendes Spiel, Theaterspiel

DIAS BEMALEN – ERKENNUNGSZEICHEN AUF DIAS
Glas von Diarähmchen bemalen

Material: Diawechselrähmchen (mit Gläsern!), wasserfeste Filzstifte
Empfohlenes Mindestalter: 8 Jahre

Diawechselrähmchen können mit wasserfesten Filzstiften oder leicht durchscheinenden Farben bemalt werden: Kleine Zeichnungen mit Symbolen für den eigenen Namen, den Wohnort oder ein Hobby, Lieblingstier, ein Erkennungszeichen oder auch etwas Abstraktes. Zusätzlich kann verwendet werden: Stoffteile, Gräser, Transparentpapier...
Bei der Projektion der Dias raten alle, wer welches hergestellt hat. Oder es wird als Bühnenbild für szenisches Spiel genutzt, vielleicht mit Geräuschen/ Musik untermalt. Oder am Abend im Sommer eine ganze Hauswand damit anleuchten (z.B. im Ferienlager, als Fetendekoration).
VARIANTE: 4 Spieler, jeder ein Rähmchen, nach dem Bemalen einer Glasseite: weitergeben. Kooperatives Diabemalen!
Anmerkung: Jeder Wechselrahmen hat 4 Glasseiten: Farbmischungen durch Überlagerung möglich!

Stichwörter: Gruppierung: Alle im Raum verteilt – Gruppierung: Kleingruppe mit 4-6 Personen – Gruppierung ergibt sich; offenes Angebot – Spieltempo: ruhig – Dauer: ca. 10-30 Min. – universell verwendbar, leicht – Selbstläufer, keine Anleitung – produktorientiert – Vorführung üblich oder möglich – kreativ sein, improvisieren – Phantasie entwickeln – medial darst.: malen, singen, bauen – kennenlernen (allg.) – Namen lernen – Aktivierung bei Lustlosigkeit – Unterhaltung, geselliges Treffen – Malspiel

DICHTERLESUNG
Gedicht mit Informationen von sich vortragen

Material: ggf. kleine Musikinstrumente
Empfohlenes Mindestalter: 16 Jahre

Jeder soll sich einen Achtzeiler ausdenken und darin Informationen über sich einbauen. Evtl. in Kleingruppen Musik dazu (z. B. als Rahmen) ausdenken. Dann „Dichterlesung“ veranstalten, mit Singen, Summen, Geräuschen und Musik untermalt.
Anmerkung: Guter Einstieg bei Kursen zum Darstellenden Spiel.

Stichwörter
Gruppierung: Alle im Raum verteilt – Spieltempo: ruhig – Dauer: ca. 30-120 Min. – Vorführung üblich oder möglich – kreativ sein, improvisieren – Phantasie entwickeln – medial darst.: malen, singen, bauen – Kulturtechniken: Lesen, Schreiben – kennenlernen (allg.) – Aktivierung bei Lustlosigkeit – Interesse aneinander – multithematisch – Sprach-, Schreib-, Diskussionsspiel

DICKE MIMÜRFEL

Originelles Spielmaterial für sehr viele verschiedene Spielmöglichkeiten

Material: – (Erfinder: Hajo Bücken. Arbeitsstelle Neues Spielen, Bremen)
Empfohlenes Mindestalter: 5 Jahre

Beliebig viele Spieler. Siehe: Kleine Mimürfel. Die dicken Mimürfel haben eine Kantenlänge von 25 mm.

Stichwörter
Brett-, Kartenspiel – Gruppierung ergibt sich; offenes Angebot – Ulk-, Theken-, Partyspiel – Dauer: ca. 10-30 Min. – Spieltempo: ruhig

DIE BURG EROBERN

Eine Gruppe bildet eine Burg und läßt andere nur bei bestimmter Berührung hinein

Material: –
Empfohlenes Mindestalter: 16 Jahre

Zwei Gruppen stehen als enge Kreise weit voneinander weg und denken sich eine Berührung aus, die die anderen machen müssen, um in die „Burg" eingelassen zu werden.
Eine Gruppe beginnt mit der Burgeroberung: alle stellen sich um die Burg-Gruppe herum und probieren Berührungen aus, um schließlich das Zeichen zu finden, bei dem sich die Burg (oder der Gruppenkreis) öffnet und sie eingelassen werden. Kitzeln und Wehtun ist verboten!
Nach der ersten Burgeroberung tauschen die Gruppen die Rollen. Beispiele für ausgedachte Berührungen: Kuß auf die Nasenspitze; Berühren der Innenseite des linken Oberschenkels; Haare über dem rechten Ohr kraulen ...
Anmerkung: Falls die Männlich-weiblich-Verteilung in der Gruppe fast ausgeglichen ist, sollte man eine Mädchen- und eine Jungengruppe bilden.

Stichwörter
Gruppierung: Halbgruppen – Spieltempo: lebhaft – Dauer: ca. 10-30 Min. – besonders spannend – ohne große Vorbereitung spielbar – fühlen, ertasten – konzentrieren – kreativ sein, improvisieren – empathisch handeln – geschickt verhalten – Aktivierung bei Lustlosigkeit – Interesse aneinander – Körperkontakt – Kooperation üben – Vertrauen entwickeln – motorische Sensibilisierung – Angst – Gefühle – Körpersprache – Normen, Rollen, Werte – Sexualität – Interaktionsspiel – Geschicklichkeitsspiel

DIE IDEALEN ELTERN

Ideale Eltern-Eigenschaften zusammenstellen

Material: viele postkartengroße Zettel, Stifte und Tesakreppstreifen
Empfohlenes Mindestalter: 14 Jahre

In jeder Kleingruppe werden ein Vater und eine Mutter gewählt, die sich dem Rest der Kleingruppe gegenübersetzen. Die anderen schreiben Verhaltensweisen und Tätigkeiten auf die Zettel, die sie sich von ihren Eltern gewünscht hätten oder die ideale Väter und Mütter machen sollten.
Diese Zettel werden an dem Elternpaar angeklebt und zwar jeweils dort, wo sie sinnvoll hingehören (der „viel-loben"-Zettel z. B. am Mund; der „soll-mir-Autofahren beibringen"-Zettel am Gaspedal-Fuß). Sind die Wunscheltern fertig, veranstaltet die ganze Gruppe einen Besuch in einem Wachsfigurenkabinett „Die idealen Eltern".
Anmerkung: Möglichst konkrete Wünsche formulieren, ggf. nachfragen.

Stichwörter
Gruppierung: Kreis – Spieltempo: ruhig – Dauer: ca. 30-120 Min. – eher ernst – ohne große Vorbereitung spielbar – Vorführung üblich oder möglich – erinnern – beurteilen, einschätzen – medial darst.: malen, singen, bauen – Biografie – Familie – Normen, Rollen, Werte – Selbsterfahrung – Sexualität – sonstige Spielform

DIE MAGISCHE VERBINDUNG

Spielkarten mit Wörtern und Grafiken, die aneinandergelegt und zu Aussagen über Mitspieler kombiniert werden

Material: Spielkarten (Bezug: Spielwarenhandel)
Empfohlenes Mindestalter: 14 Jahre. Für 2-8 Spieler

Ein intelligentes Kartenlegespiel. Die Grafiken auf den Karten kann man puzzle-artig zueinanderlegen. Damit kombiniert man auch die Stichworte auf den Karten zu Aussagen über sich und andere, über den eigenen Charakter oder über Wünsche und Hoffnungen.
Es geht um das Kennenlernen oder auch Feedback, wenn man möchte, kann man sogar ein Wahrsagespiel daraus machen.

Stichwörter
Normen, Rollen, Werte – kombinieren, planen – einfach, leicht – Gruppierung: Kleingruppe mit 3-8 Personen – Meditatives Spiel – Brett-, Kartenspiel – Zukunft – Selbsterfahrung – Beziehungen – Interesse aneinander – kennenlernen (allg.) – empathisch handeln – Phantasie entwickeln – eher ernst – Dauer: ca. 10-30 Min. – Spieltempo: ruhig

DIKTATOR
Strategisches Brettspiel

Material: Brettspiel (Hajo Bücken. Arbeitsstelle Neues Spielen)
Empfohlenes Mindestalter: 10 Jahre. Für 3-5 Spieler

Bei diesem Spiel ziehen der „Diktator" oder seine acht Lakaien mit dem Würfel, weil seine Entscheidungen oft undurchsichtig und planlos scheinen. Die anderen vier Spieler, die das Volk repräsentieren, spielen zusammen, planen gemeinsam, müssen jeden ihrer Züge diskutieren und abwägen.
Ein Spiel, bei dem nur taktisch kluge Zusammenarbeit Vorteile verschafft und zum Sturz des Diktators führt.

Stichwörter
Gruppierung: Kleingruppe mit ca. 4 Personen – Brett-, Kartenspiel

DINGSDA-SPIEL – BEGRIFFE RATEN
Einen Begriff beschreiben, ohne ihn zu nennen: raten

Material: Vorbereitete Zettel mit Begriffen
Empfohlenes Mindestalter: 8 Jahre

Jemand denkt sich einen Begriff, notiert ihn (oder zieht einen Wortzettel aus einem Stapel) und umschreibt ihn dann witzig, ohne zu viel zu verraten. Die anderen dürfen nach jeder Umschreibung raten.
Anmerkung: Spiel kann gut Teil eines Kreativitätstrainings sein.

Stichwörter
Gruppierung: Einzelne gegenüber Gruppe – Spieltempo: lebhaft – Dauer: ca. 10-30 Min. – besonders spannend – witzig, besonders lustig – ohne große Vorbereitung spielbar – raten, erforschen – denken (allg.) – Phantasie entwickeln – empathisch handeln – präzise sprechen oder beschreiben – Unterhaltung, geselliges Treffen – Sprach-, Schreib-, Diskussionsspiel – Ulk-, Theken-, Partyspiel

DISCO AUF DEM PLANET PLUTO

Partnertanz mit vorgestellten Raumänderungen und Bodenbeschaffenheiten

Material: Musik, evtl. Tuch
Empfohlenes Mindestalter: 10 Jahre

Die Gruppe startet zum Planet Pluto: Alle untergehakt im Kreis hockend mit dem Gesicht nach außen. Alle kommen langsam zugleich mit dem Raketenstartgeräusch hoch und drehen sich dann ganz schnell im Kreis.
Paarbildung und dann zusammen tanzen.
Beim Musikstop gibt der Spielleiter ein neues Problem in dieser Disco auf Pluto bekannt: Vulkan unter dem Boden – also Boden sehr heiß. Decke senkt sich. Raum schrumpft. Schwerkraft nimmt zu, nimmt ab. Meteoritenhagel (evtl. schützen durch gemeinsamen Tanz unter einem Tuch).

Stichwörter
Gruppierung: Paare – Spieltempo: action – Dauer: unter 10 Min. – einfach, leicht – Phantasie entwickeln – schnell reagieren – Warming up – Kooperation üben – Tanzspiel

DOKTOR ADENAUERS GROSSGRUPPEN-BOCCIA – KREISKLICKERN

Abwandlung von Boule im Kreis in der Großgruppe

Material: Murmeln, Soft-, Tennisbälle
Empfohlenes Mindestalter: 6 Jahre

Alle sitzen im Kreis (ca. 10m Durchmesser), eine Kugel (sogenannte Setzkugel) liegt in der Mitte. Einer nach dem anderen wirft seine Kugel aus dem Handgelenk (Handrücken nach vorn) in die Kreismitte, möglichst nahe an die „Setzkugel". Jeder muß sich seine Kugel merken und die drei, deren Kugel am nächsten zur Setzkugel zu liegen kommen, erhalten je einen Punkt. Der Boden sollte möglichst eben sein.

Stichwörter
Gruppierung: Kreis – Spieltempo: lebhaft – Dauer: ca. 10-30 Min. – universell verwendbar – ohne große Vorbereitung spielbar – wahrnehmen (allg.) – geschickt verhalten – einfach, leicht – Unterhaltung, geselliges Treffen – Geschicklichkeitsspiel

DOSEN-SPIEL – SCHACHTEL-SPIEL

In Dosen stecken Symbole für Spielaufgaben

Material: Dosen, Schachteln, Kistchen
Empfohlenes Mindestalter: 4 Jahre

In schön gestalteten Dosen (angemalte Kräutergläser, marrokkanische Silberdöschen, verzierte Spanschachteln o.ä.) werden kleine Gegenstände als Symbole für Spielaufgaben gelegt. Die Dosen werden vom Spielleiter auf einem Tablett feierlich hereingetragen. Ein Besonderer aus der Gruppe (Geburtstagskind, Jüngster,...) wählt eine Dose und öffnet sie. Der Spielleiter erklärt das zugehörige Spiel für Kleingruppen oder alle.
Anmerkung: Kann auch in eine Geschichte eingebettet sein: Orientalischer Märchenerzähler, Museumsführer, Schatz-Ausstellung...
Siehe auch Spiel STREICHHOLZSCHACHTEL – GESCHENKSPIEL.

Stichwörter
sonstige Spielform – Spielaktion, Spielfest – multithematisch – Phantasie entwickeln – anleitungsintensiv – Dauer: ca. 10-30 Min. – Spieltempo: lebhaft – Gruppierung: Spielleitung und Kleingruppe – Gruppierung: Kreis – gut als Überleitung zwischen Spielen

DR. SOMMER – FRAGEN AN DR. SOMMER

Beratungsbriefe auf Jugendprobleme verfassen

Material: ca. fünf Leseranfragen (z.B. zu sexuellen Problemen, Beziehungsschwierigkeiten) an Dr. Sommer in „Bravo"
Empfohlenes Mindestalter: 14 Jahre

Jede Dreiergruppe bekommt 4-6 vorbereitete Leserbriefe. Jede Gruppe sucht nun aus diesen Briefen einen aus, dem sie ihrer Partnergruppe „schickt".
Bei mehr als 2 Dreiergruppen wählt A einen Brief für B, B einen für C, C einen für D, D einen für E usw. Die letzte Gruppe wieder wählt einen Brief aus, dem sie dann der Gruppe A schickt! Jede Gruppe soll nun ein beratendes, einfühlsames Antwortschreiben verfassen. Die Schreiben werden dann zurückgeschickt. Schließlich wird über die getroffene Briefauswahl gesprochen, die Antworten werden verlesen und es wird darüber diskutiert.

Stichwörter
Gruppierung: Kleingruppe mit 3 Personen – Spieltempo: ruhig – Dauer: ca. 30-120 Min. – besonders spannend – eher ernst – beurteilen, einschätzen – denken (allg.) – kreativ sein, improvisieren – empathisch handeln – Thema-kennenlernen – Interesse aneinander – spielerischer Meinungsaustausch – Beziehungen – Sexualität – multithematisch – Sprach-, Schreib-, Diskussionsspiel

DRACHENSCHWANZJAGEN

Der Erste von Gruppe A soll Letzten von B fangen. Variante: Der Erste soll das Tuch vom Letzten der eigenen Gruppe schnappen.

Material: Je Gruppe 1 Taschentuch, Bindfaden o.ä.
Empfohlenes Mindestalter: 8 Jahre

Je Gruppe ca. 6-8 Teilnehmer, als Kette hintereinander, Hände und Hüften des Vordermannes umfassen! Der Letzte steckt ein Taschentuch in seinen Gürtel oder so in die Hose, daß es hinten wie ein Schwanz heraushängt. Der Erste (Kopf) soll den Schwanz der anderen Gruppe kriegen. Verloren hat die Gruppe, die auseinanderreißt, oder die, der Schwanz abgerissen wird.
VARIANTE: Der „Kopf" der Gruppe soll das Tuch vom Letzten der eigenen Gruppe erreichen. Die Variante klappt relativ gut und oft, während die Originalversion des Spiels (den Drachenschwanz der anderen Gruppe zu schnappen versuchen) meist deshalb nicht gelingt, weil die eigene Gruppe auseinanderreißt.
Anmerkung: Äußerst hektisches Spiel. Exemplarisch für eine Reihe ähnlich körperlich anstrengender, sehr viel Vergnügen bereitender sogenannter „New Games", bei denen nicht so sehr der Wettkampf, sondern Spaß und Einsatz im Vordergrund stehen. Besonders gut für draußen. Gut als Spiel im Wasser!

Stichwörter
Gruppierung: Halbgruppen – Spieltempo: action – Dauer: unter 10 Min. – universell verwendbar – einfach, leicht – witzig, besonders lustig – Selbstläufer, keine Anleitung – ohne große Vorbereitung spielbar – geschickt verhalten – schnell reagieren – Körperkräfte trainieren – Körperkontakt – Kooperation üben – Unterhaltung, geselliges Treffen – Bewegungsspiel

DREI LEUTE MIT DREI FÜSSEN

Drei sollen mit maximal 3 Füßen laufen

Material: –
Empfohlenes Mindestalter: 8 Jahre

Dreiergruppen sollen sich über eine bestimmte Strecke gemeinsam bewegen – allerdings unter der Bedingung, zugleich nie mehr als drei Füße auf dem Boden zu haben.
VARIANTE: 4 Leute mit höchstens 2 Händen und 3 Füßen auf dem Boden.

Stichwörter
Gruppierung: Kleingruppe mit 3 Personen – Spieltempo: lebhaft – Dauer: unter 10 Min. – universell verwendbar – einfach, leicht – ohne große Vorbereitung spielbar – kombinieren, planen – kreativ sein, improvisieren – Körperkräfte trainieren – Aktivierung bei Lustlosigkeit – Körperkontakt – Kooperation üben – Unterhaltung, geselliges Treffen – Bewegungsspiel

DREIECKFANGEN
Vierter versucht, einen aus einem Dreieck zu berühren

Material: –
Empfohlenes Mindestalter: 12 Jahre

Vierer-Gruppen werden gebildet. Einer wird zum Fänger bestimmt. Die anderen nehmen sich an die Hände und bilden ein Dreieck. Einer des Trios wird zum Abschlagen ausersehen. Der Fänger schlägt dadurch ab, daß er dessen Rücken berührt. Die beiden übrigen Triomitglieder müssen ihn daran hindern. Der Fänger darf nicht in das Dreieck einbrechen.
VARIANTE: Es genügt, wenn der Fänger den zu Fangenden berührt.

Stichwörter
Gruppierung: Kleingruppe mit 4-6 Personen – Spieltempo: action – Dauer: unter 10 Min. – einfach, leicht – ohne große Vorbereitung spielbar – wahrnehmen (allg.) – geschickt verhalten – schnell reagieren – Aktivierung bei Lustlosigkeit – Kooperation üben – Wettkampf, Durchsetzung – Unterhaltung, geselliges Treffen – Bewegungsspiel – Geschicklichkeitsspiel

DU BRAUCHST – 23 PINGUINE – ALLES RELATIV...
Absurde Argumente erfinden

Material: vorbereitete Namenszettel und Antwortzettel
Empfohlenes Mindestalter: 12 Jahre

Zwei Zettelstapel: Ein Stapel mit den Namen aller Gruppenmitglieder, auf dem anderen Zettel lauter verrückte Gegenstände und Fähigkeiten, z. B.: „23 Pinguine" – „1 Tube Vertrauen" – „eine verwelkte Rose" – „die ersten drei Zeilen eines Beatles-Songs" – „die Rotorblätter eines Hubschraubers" – „2 Pfd. Traurigkeit" ... Bei fünf Spielern werden 5 x 5 solche Antwortzettel benötigt, bei 8 Spielern 64 Zettel usw.
Alle Zettel liegen verdeckt in der Mitte der Gruppe. Dann wird ein Namenszettel aufgedeckt und vorgelesen. Und jeder nimmt einen Antwortzettel und soll nun den Spieler, dessen Name aufgedeckt wurde, überzeugen, daß er das braucht. Wer ihn am meisten überzeugt hat, dem gibt er seinen Namenszettel.
Anmerkung: Ziel ist es, sich phantasievoll durchzusetzen. Formen der Durchsetzung (marktschreierisch, schüchtern, sachlich usw.) sind das Thema der Auswertung.

Stichwörter
Gruppierung: Kreis – Spieltempo: lebhaft – Dauer: ca. 10-30 Min. – schwierig – witzig, besonders lustig – konzentrieren – kreativ sein, improvisieren – Phantasie entwickeln – Wettkampf, Durchsetzung – Aggression, Konflikt – Sprach- , Schreib-, Diskussionsspiel

DURCH DIE LÜCKE IN DEN KREIS – KREIS-SACK

Gruppe bildet sich drehenden Kreis mit Lücke, durch die die Sackhüpfer in den Kreis gelangen sollen

Material: Jute-, Papier- oder Stoffsäcke
Empfohlenes Mindestalter: 6 Jahre

Bis auf etwa 5 Spieler bildet die Gruppe einen Kreis (mit Handhaltung) und läßt an einer Stelle eine Lücke. Außerhalb stehen etwa 5 Spieler in Säcken und sollen sackhüpfend durch die Lücke in den Kreis gelangen. Der Kreis soll sich drehen, evtl. auch in verschiedene Richtungen.
VARIANTE: Bei sehr großen Gruppen könnten zwei konzentrische Kreise gebildet werden. Kein Familienspiel, es sollte eine möglichst altersähnliche Gruppe sein. Statt Sackhüpfen geht auch Hüpfen mit zusammengebundenen Beinen (Tesakrepp!) oder Einbeinhüpfen.

Stichwörter
Gruppierung: Kreis – Spieltempo: action – Dauer: unter 10 Min. – ohne große Vorbereitung spielbar – geschickt verhalten – schnell reagieren – Körperkräfte trainieren – Kooperation üben – Bewegungsspiel – witzig, besonders lustig – Unterhaltung, geselliges Treffen

DURCHS GARTENJAHR

Würfelspiel durchs Gartenjahr

Material: Brettspiel (Ravensburger Spielverlag)
Empfohlenes Mindestalter: 8 Jahre. Für 2-4 Spieler

Wann werden Erdbeeren gepflanzt, wann Äpfel geerntet? So mancher Hobbygärtner lernt noch was dazu, wenn er sich durchs Gartenjahr würfelt.
Mit jeder neuen Karte wächst, blüht und gedeiht es. Und mit jeder wächst die Chance, reichlich Erntepunkte zu sammeln. Wenn da nicht ab und zu Wühlmäuse, Raupen, Hagel und Schnecken wären...

Stichwörter
Gruppierung: Kleingruppe mit ca. 4 Personen – Brett-, Kartenspiel

DURCHDRÜCKEN
Rücken an Rücken kräftig nach hinten drücken

Material: –
Empfohlenes Mindestalter: 10 Jahre

Ein körperliches Durchsetzungsspiel mit Spaß: Zwei Spieler (ähnlich stark bzw. rutschfest) stellen sich Rücken an Rücken auf und bemühen sich, sich gegenseitig über eine imaginäre oder festgelegte Linie zu drücken. Nach einiger Zeit Partner wechseln.
VARIANTE: Evtl. reichen beide ihre Hände durch die gegrätschten Beine hindurch! Zwei Reihen bilden, die sich an die Hand nehmen und gegen die andere Reihe drücken. Bei der Variation Vorsicht beim Umfallen – man bekommt die Hände nicht schnell genug nach vorne.

Stichwörter
Gruppierung: Paare – Spieltempo: action – Dauer: unter 10 Min. – besonders spannend – einfach, leicht – ohne große Vorbereitung spielbar – konzentrieren – geschickt verhalten – schnell reagieren – Körperkräfte trainieren – Aktivierung bei Lustlosigkeit – Körperkontakt – Wettkampf, Durchsetzung – Unterhaltung, geselliges Treffen – Bewegungsspiel – Geschicklichkeitsspiel

DURCHS LABYRINTH HERBEIRUFEN
Partner leiten sich trotz Geschrei von allen durchs Labyrinth

Material: Hindernisse
Empfohlenes Mindestalter: 6 Jahre

Paare trennen sich: Alle A auf einer Raumseite, alle B gegenüber. Dazwischen Hindernisse (Stühle, Büsche, andere Teilnehmer ...). Kurze Stimmprobe (A rufen nacheinander B-Namen, wobei die B-Leute blind sind). Dann dirigieren alle A gleichzeitig die blinden B zu sich durch das Labyrinth.
VARIANTE: Statt Namen und Richtungen zu rufen, nur Laute für Richtung und Stop.

Stichwörter
Gruppierung: Halbgruppen – Spieltempo: lebhaft – Dauer: unter 10 Min. – einfach, leicht – anleitungsintensiv – wahrnehmen (allg.) – blind wahrnehmen – konzentrieren – empathisch handeln – schnell reagieren – Interesse aneinander – Kooperation üben – Vertrauen entwickeln – motorische Sensibilisierung – Bewegungsspiel

EBBE UND FLUT
Spielleiter erzählt sofort mitzuspielende Geschichte

Material: –
Empfohlenes Mindestalter: 6 Jahre

Der Spielleiter erzählt die Geschichte von einem Urlaubstag an der See. Die Gruppe spielt immer sofort das, was er erzählt. Aber wenn das Wort Flut fällt, muß jeder sofort auf einen Stuhl oder Tisch steigen, bei Ebbe sich flach auf den Bauch legen. Eventuell können auch noch weitere Signalwörter eingebaut werden: Sonne (mit den Armen großen Kreis machen); Strand (auf den Rücken legen).
Anmerkung: Siehe auch Spiel WIND UND WETTER.

Stichwörter
Gruppierung: Alle im Raum verteilt – Spieltempo: lebhaft – Spieltempo: action – Dauer: unter 10 Min. – einfach, leicht witzig, besonders lustig – ohne große Vorbereitung, spielbar – anleitungsintensiv – wahrnehmen (allg.) – konzentrieren, pantomimisch darstellen – schnell reagieren – Warming up, Aktivierung bei Lustlosigkeit – Unterhaltung, geselliges Treffen, Bewegungsspiel – Darstellendes Spiel, Theaterspiel

EGO-TRIP
Werbekampagnen für sich selbst entwickeln

Material: Zeichenmaterial, Bekleidung
Empfohlenes Mindestalter: 15 Jahre

Die einzelnen Spieler sollen Werbekampagnen für sich selbst entwickeln, entweder fürs Fernsehen (ohne Material) oder auf Werbemitteln (Plakate, Aufkleber ...). Der Anlaß kann offen bleiben oder festgelegt werden. Es kann auch in Kleingruppen gespielt werden (also mit Manager, Leibwächter, Assistenten).

Stichwörter
Gruppierung: Kleingruppe mit 3 Personen – Gruppierung: Gruppe(n) vor Zuschauern – Spieltempo: lebhaft – Dauer: ca. 10-30 Min. – schwierig – witzig, besonders lustig – ohne große Vorbereitung spielbar – Vorführung üblich oder möglich – beurteilen, einschätzen kreativ sein, improvisieren – Phantasie entwickeln – medial darst.: malen, singen, bauen – Kooperation üben – Selbsterfahrung – Darstellendes Spiel, Theaterspiel – gruppendynamisches Experiment

EHE-INSTITUT
Mit Fotos Paare zusammenstellen

Material: Sets mit je 10 Männer-, 10 Frauenfotos (soviel Sets wie Kleingruppen gebildet werden) – gleiche Sets!
Empfohlenes Mindestalter: 15 Jahre

Jede Kleingruppe bildet ein Eheanbahnungsinstitut (Partnervermittlungsagentur). Jede Agentur erhält 10 Fotos mit Männern und 10 mit Frauen (jede Gruppe dieselbe Auswahl). Dann soll man für jedes Foto schätzen: Alter, Beruf, 2 Eigenschaften. Danach werden aus den 20 Bildern von jeder Agentur mindestens 3 Paare gebildet, für die man sich eine erfolgreiche Partnerschaft verspricht. Zum Abschluß vergleichen und Begründungen austauschen.
Anmerkung: Auswertungsaspekte: Partnerschaftskriterien; Einschätzung von Menschen; Vergleich mit eigenen Partnern und Partnerwünschen.
Ähnlich dem Spiel PERSONENERFINDUNG.

Stichwörter
Gruppierung: Kleingruppe mit ca. 4 Personen – Gruppierung: Spielleitung und Kleingruppe – Spieltempo: ruhig – Dauer: ca. 30-120 Min. – besonders spannend – schwierig – eher ernst – produktorientiert – Vorführung üblich oder möglich – wahrnehmen (allg.) – beurteilen, einschätzen – kombinieren, planen – Phantasie entwickeln – Kooperation üben – spielerischer Meinungsaustausch, Beziehungen – Körpersprache – Normen, Rollen, Werte – Sexualität – Vorurteile, Außenseiter – Rollen-, Entscheidungs-, Planspiel

EICHHÖRNCHEN UND PAPAGEI
Albernes Kreisspiel mit ständiger Wiederholung von Fragen

Material: 2 kleine Gegenstände (beliebig)
Empfohlenes Mindestalter: 8 Jahre

Ein Gegenstand wird vom Spielleiter links im Kreis herumgegeben, ein anderer rechts herum. Bevor der Gegensstand weitergegeben werden kann, muß die Frage „Was ist das?“ erstmal bis zum Spielleiter zurückgegeben und die Antwort zum Gebenden weitergesagt worden sein. Spieler, die durcheinander geraten, soll der Spielleiter stützen!

Stichwörter
Gruppierung: Kreis – Spieltempo: lebhaft – Dauer: unter 10 Min. – witzig, besonders lustig – ohne große Vorbereitung spielbar – anleitungsintensiv – konzentrieren – geschickt verhalten – Aktivierung bei Lustlosigkeit – Unterhaltung, geselliges Treffen, Ulk-, Theken-, Partyspiel

EIERLAUFEN MIT SOFTBÄLLEN
Softbälle auf Teelöffeln transportieren

Material: Softbälle, Löffel, Zuckerstückchen, Münze o.ä.
Empfohlenes Mindestalter: 8 Jahre

Entweder eine bestimmte Strecke oder im Kreis herum werden Softbälle (Tennisballgröße) mit Teelöffeln transportiert oder weitergegeben.
VARIANTE: Teelöffel in den Mund, Zuckerstückchen drauf und weitergeben! Pfeifenputzer in den Mund und Pfeifenputzerringe weitergeben.
Anmerkung: Gut geeignet als Station für Spielfeste.

Stichwörter
Gruppierung: Kreis – Spieltempo: action – Dauer: unter 10 Min. – universell verwendbar – einfach, leicht – Selbstläufer, keine Anleitung – ohne große Vorbereitung spielbar – konzentrierengeschickt verhalten – schnell reagieren – Aktivierung bei Lustlosigkeit – Kooperation üben – Wettkampf, Durchsetzung, Unterhaltung, geselliges Treffen – Materialspiel, Werken – Geschicklichkeitsspiel

EIGENSCHAFTEN MODELLIEREN
Bestimmten Ausdruck beim Partner modellieren

Material: evtl. Stellwände
Empfohlenes Mindestalter: 12 Jahre

Paare stehen im Raum verteilt (falls möglich: Stellwände als Sichtschutz zwischen ihnen). Simultan modellieren alle A ihre B-Spieler zu einem vom Spielleiter genannten Eigenschaftswort. Denkmäler vergleichen. Rollenwechsel.
VARIANTE: Paare denken selbst Wörter aus, alle anderen raten.
VARIANTE: Einer stellt zugeflüstertes Wort in Sitzhaltung dar, alle raten.
Anmerkung: Das Spiel ist eine gute Methode für ein Ausdruckstraining.

Stichwörter
Gruppierung: Paare – Spieltempo: ruhig – Dauer: ca. 10-30 Min. – schwierig – eher ernst – ohne große Vorbereitung spielbar – anleitungsintensiv – Vorführung üblich oder möglich – wahrnehmen (allg.) – kreativ sein, improvisieren – darstellen (allg.) – pantomimisch darstellen – Körperkontakt – Körpersprache – pantomimisches Spiel

EIGENSCHAFTEN ZUWÜRFELN – TYPISCH MÄNNLICH – TYPISCH WEIBLICH

Mit Würfel Eigenschaften zuweisen

Material: 2 große Schaumstoffwürfel, Klebeetiketten, Musik
Empfohlenes Mindestalter: 12 Jahre

Auf einen großen Schaumstoffwürfel werden typisch männliche und auf einen anderen typisch weibliche Eigenschaften mit Klebezetteln angebracht. Bei Musik werden beide Würfel kreuz und quer gleichzeitig im Kreis herumgewürfelt. Bei Musikstop sagen die beiden Würfelempfänger, ob die gerade oben liegende Eigenschaft auf sie zutrifft (Warum? Warum nicht? Beispiele?). Die Gruppe kann Stellung beziehen. Evtl. sogar reihum sagen, wie weit die Einschätzung richtig ist.
VARIANTE: Kann mit anderen Wörtern zur Diskussion sozialer Verhaltensweisen (z.B. Arten der Konfliktlösung) genutzt werden.
Anmerkung: Die Wörter können vorher in getrennt-geschlechtlicher Gruppenarbeit ausgedacht werden (jeweils über das andere Geschlecht).

Stichwörter

Gruppierung: Kreis – Spieltempo: ruhig – Dauer: ca. 10-30 Min. – besonders spannend – eher ernst – beurteilen, einschätzen – empathisch handeln – Interesse aneinander – Vertrauen entwickeln – spielerischer Meinungsaustausch – Aggression, Konflikt – Beziehungen – Gefühle – Normen, Rollen, Werte – Selbsterfahrung – Sexualität – Vorurteile, Außenseiter – Interaktionsspiel – gruppendynamisches Experiment

EIN KLAVIER STÖRT

Paarweise durch den Raum gehen, auf Signal einfrieren

Material: Klavier oder anderes Melodieinstrument
Empfohlenes Mindestalter: 6 Jahre

Zu Paaren durch den Raum gehen und eine Unterhaltung führen.
Ein Klavierton ist das Signal zum Anhalten in Wort und Bewegung. Ist der Ton verklungen, gehen und sprechen die Paare weiter bis ein neues Signal ertönt. Die zeitlichen Abstände zwischen den akustischen Signalen können verändert werden, ebenso die Tondauer. Auf diese Weise erhält diese Übung eine ganz unterschiedliche Dynamik.
Anmerkung: Diese Übung kann besonders in Richtung Darstellendes Spiel weiterentwickelt werden.

Stichwörter

Einfach, leicht – Gruppierung: Paare – Kim-(Wahrnehmungs-)spiel – schnell reagieren – konzentrieren – wahrnehmen (allg.) – ohne große Vorbereitung spielbar – Dauer: unter 10 Min. – Spieltempo: lebhaft

EIN SOLCHES DING
Ein verrücktes Phantasiespiel um Begriffe

Material: Vorbereitete Zettel
Empfohlenes Mindestalter: 14 Jahre

Sehr viele Zettel, auf denen jeweils eine Eigenschaft steht,werden vorbereitet und gemischt auf einen Stapel gelegt. Vier werden gezogen und in der Runde soll ein Ding genannt werden, das diese Eigenschaften besitzt

Stichwörter
Brett-, Kartenspiel – Sprach-, Schreib-, Diskussionsspiel – kreativ sein, improvisieren – Gruppierung: Kleingruppe mit 4-6 Personen – präzise sprechen oder beschreiben – Phantasie entwickeln – Dauer: ca. 10-30 Min. – Spieltempo: ruhig

EIN RAUM ZEIGT SEIN GESICHT – RAUMWAHRNEHMUNG
Raum „erlaufen" und Geh-Tempi finden und wahrnehmen

Material: –
Empfohlenes Mindestalter: 12 Jahre

Die Teilnehmer wandern durch den Raum und schauen sich alles genau an. Wie durch einen Photoapparat werden Einzelheiten aus verschiedenen Perspektiven betrachtet (im Sitzen, Stehen , Liegen etc.). Nachdem alle Einzelheiten erfaßt sind, werden die Augen geschlossen. Der Raum entsteht noch einmal vor dem geistigen Auge. Erinnert werden soll sich an Temperatur, Lichtverhältnisse, angenehme und weniger angenehme Stellen im Raum.
Fortführung: DEN RAUM DURCHSCHREITEN
a) im eigenen Tempo;
b) Tempi der anderen wahrnehmen, ohne das eigene Tempo zu verändern;
c) über die „Füße" hinaus die gesamte Erscheinung der Personen wahrnehmen, so wie sie mir entgegenkommen;
d) neben der Gruppe wieder den Raum bewußt wahrnehmen und so eine optimale Raumausnutzung und Raumaufteilung erreichen.
Jeder sollte sich genügend Bewegungsraum schaffen und den Raum anderer wahrnehmen und respektieren.

Stichwörter
Entspannung, Ruhe – beurteilen, einschätzen – Gruppierung: Alle im Raum verteilt – Kim-(Wahrnehmungs-)spiel – Bewegungsspiel – motorische Sensibilisierung – Interesse aneinander – Umgebung kennenlernen – empathisch handeln – wahrnehmen (allg.) – ohne große Vorbereitung spielbar – Dauer: ca. 10-30 Min. – Spieltempo: lebhaft

EINE-WELT-SPIEL
Brettspiel um Nord-Süd-Konflikt in unserer Welt

Material: Brettspiel (Franz-Josef Scholles. Bezug: Robin-Hood-Versand Remscheid)
Empfohlenes Mindestalter: 14 Jahre. Für 4 Spieler oder Gruppen

Das Spiel stellt vereinfacht das Weltgeschehen dar. Es geht vor allem um die Konflikte zwischen den reichen Industrieländern im Norden und den armen Ländern im Süden. Ein Spiel, das Vergnügen bereitet, aber auch Anstoß gibt, sich über ein Thema auszutauschen, das uns alle angeht.

Stichwörter
Gruppierung: Kleingruppe mit ca. 4 Personen – Brett-, Kartenspiel

EINER FEHLT
Pantomimisch dargestellte Situation erraten, bei der die Hauptfigur fehlt

Material: –
Empfohlenes Mindestalter: 6 Jahre

Einer geht hinaus, die Gruppe denkt sich eine Szene aus, die sie spielen will und die der Hinausgeschickte erraten soll. Der Spieler kommt wieder herein, die Gruppe stellt die Szene simultan dar, läßt aber eine wichtige Rolle aus. Diese muß der einzelne Spieler erkennen und spontan übernehmen: z.. B. Patient bei einer Operation, Reiseleiter bei einer Reisegruppe...

Stichwörter
Gruppierung: Alle im Raum verteilt – Gruppierung: Einzelne gegenüber Gruppe – Spieltempo: lebhaft – Dauer: unter 10 Min. – einfach, leicht – witzig, besonders lustig – ohne große Vorbereitung spielbar – Vorführung üblich oder möglich – wahrnehmen (allg.) – raten, erforschen – beurteilen, einschätzen, Phantasie entwickeln – pantomimisch darstellen – spontan handeln – Aktivierung bei Lustlosigkeit – Kooperation üben – Unterhaltung, Geselliges Treffen – Darstellendes Spiel, Theaterspiel

EINSCHÄTZUNGSFRAGEN – QUIZ

Ergebnis von Meinungsumfragen sollen von Kleingruppen geschätzt werden

Material: Vorbereitete Fragen und Ergebnisse (Meinungsforschungsunterlagen)
Empfohlenes Mindestalter: 10 Jahre

Kleingruppen bilden, dann für alle Kleingruppen sichtbar (z.B. über Tageslichtprojektor) Fragen stellen (am besten mit Auswahlantworten). Jede Kleingruppe bespricht für sich, welche gemeinsame Antwort sie geben will. Für richtige Antworten gibt es einen Punkt, die Gruppe mit den meisten richtigen Antworten sollte einen kleinen, auf das Thema bezogenen Preis erhalten. Gutes Verfahren zum Einstieg.

Stichwörter
Ratespiel, Quiz – beurteilen, einschätzen – raten, erforschen – Gruppierung: Kleingruppe mit 3 Personen – multithematisch – spielerischer Meinungsaustausch – Thema kennenlernen – anleitungsintensiv – eher ernst – universell verwendbar – Dauer: ca. 10-30 Min. – Spieltempo: ruhig

EINSEITIGER TAUSENDFÜSSLER

Als Kette vorwärts bewegen

Material: –
Empfohlenes Mindestalter: 6 Jahre

Alle stellen sich hintereinander. Dann umfaßt jeder mit seiner linken Hand den linken Fuß des Vordermenschen. Mit der rechten Hand hält man sich an dessen Schulter fest. So bewegt man sich dann vorwärts.

Stichwörter
Gruppierung: Alle im Raum verteilt – Spieltempo: action – Dauer: unter 10 Min. – einfach, leicht – ohne große Vorbereitung spielbar, gut als Überleitung zw. Spielen – geschickt verhalten, Aktivierung bei Lustlosigkeit – Körperkontakt – Kooperation üben – Unterhaltung, geselliges Treffen – Bewegungsspiel, Geschicklichkeitsspiel

EINZELZIMMER
Wettkampf Einzelner und Paare um etwas, das alle wollen

Material: Rollenbeschreibungen
Empfohlenes Mindestalter: 15 Jahre

Eine Gruppe von 6 Fortbildungsteilnehmern, derzeit in 3 Doppelzimmern untergebracht, erhält noch ein zusätzliches Einzelzimmer. Jeder hat mindestens zwei gute Gründe für seinen Anspruch auf das Einzelzimmer und soll versuchen, seinen Anspruch durchzusetzen.
Anmerkung: Entscheidungsspiel LOTTOGEWINN nach gleichem Muster für Kinder/Familien.

Stichwörter
Gruppierung: Kleingruppe mit 4-6 Personen – Spieltempo: lebhaft – Dauer: ca. 30-120 Min. – witzig, besonders lustig – Vorführung üblich oder möglich – beurteilen, einschätzen – kombinieren, planen, konzentrieren – geschickt verhalten – Wettkampf, Durchsetzung, Aggression, Konflikt – Normen, Rollen, Werte – Rollen-, Entscheidungs-, Planspiel

EISENBAHNFAHRT
Als Eisenbahn-Kette fortbewegen

Material: –
Empfohlenes Mindestalter: 4 Jahre

Das Spiel kann als „roter Faden" für eine Spielaktion genutzt werden: Zwischen den Spielen sammelt man sich immer wieder als Eisenbahn und fährt (Hände an den Hüften des Vordermenschen) zur nächsten Spielstation (nächster Bahnhof). Fahrtvarianten: Hindernisse, an Knien anfassen, Tunnel, Berg- und Talfahrt, scharfe Kurven, ... Kann auch Reise im Flugzeug, Schiff, Bus, Floß, ... sein. Von Insel zu Insel reisen oder von Planet zu Planet mit einem Raumschiff ist ein günstiger Spielrahmen.

Stichwörter
Gruppierung: Spielleitung und Kleingruppe – Spieltempo: lebhaft – Dauer: ca. 30-120 Min. – universell verwendbar – einfach, leicht – ohne große Vorbereitung spielbar – gut als Überleitung zw. Spielen – Körperkontakt – Unterhaltung, geselliges Treffen – Bewegungsspiel – Spielaktion, Spielfest

EISLOCH, PINGUIN UND FISCHE

Systemspiel, bei dem die Würfelaugen gedeutet werden müssen

Material: 3 Würfel
Empfohlenes Mindestalter: 10 Jahre

Jemand in der Spielrunde würfelt mit 3 Würfeln. Einer, der das Spielsystem kennt, erklärt, was er auf den Würfeln sieht. Er interpretiert das Würfelbild, und die anderen sollen mit jedem neuen Wurf und immer neuen Erklärungen herausfinden, wann denn nun „was" zu sehen ist. Er sagt z.B. *„Ich sehe 2 Eislöcher, 6 Pinguine und 9 Fische"*. Die Erklärung: Ein Eisloch ist zu sehen, wenn es ein Würfelauge in der Mitte des Würfels zu sehen gibt (bei einer 1, 3 und 5. Pinguine stehen nur um Eislöcher herum, d.h. bei einer 3 gibt es zwei Pinguine, bei einer 5 vier Pinuine), Fische schwimmen unter dem Eis: Alle Würfelaugen auf der Unterseite der erwürfelten Augen. Zusätzlich kann man noch „am Horizont" Eisbären auftauchen lassen (Anzahl der Finger auf dem Tisch).
Anmerkung: Ähnlich wie andere Systemspiele (GEKREUZT ODER PARALLEL; OTTO; DER MOND IST RUND; IRRENHAUS...).

Stichwörter
Gruppierung: Kreis – Spieltempo: lebhaft – raten, erforschen – Dauer: ca. 10-30 Min. – besonders spannend – witzig, besonders lustig – ohne große Vorbereitung spielbar – kombinieren, planen – Unterhaltung, geselliges Treffen – Ulk-, Theken-, Partyspiel

EISSCHOLLE – PINGUINE AUF EISSCHOLLE
Papier schrumpft, und alle müssen immer enger zusammenstehen

Material: viele Zeitungspapierbögen aneinandergeklebt
Empfohlenes Mindestalter: 8 Jahre

Alle sind Pinguine (darstellen!) und stehen dicht gedrängt auf einer Eisscholle (aus Zeitungspapier). Der Spielleiter steht außen und erzählt von der Treibfahrt der Scholle. Je mehr sie in wärmeres Gebiet kommt, um so mehr schmilzt sie, d. h. der Spielleiter verkleinert die Eisscholle, indem er Zeitungspapierstreifen abreißt. So treibt die Scholle weiter und wird kleiner und kleiner. Die Spieler müssen sich immer mehr gegenseitig halten und helfen. Das Spiel ist beendet, wenn die Gruppe droht ‚unterzugehen'.
Anmerkung: Zur Erleichterung kann auch Musik mit eingebaut werden; die Gruppenmitglieder bewegen sich gemeinsam zur Musik, bis die Fahrt weitergeht (Pinguintanz – Eismeer-Rock).
Evtl. in Kombination mit EISSCHOLLEN-TRANSPORT spielen.

Stichwörter
Gruppierung: Alle im Raum verteilt – Spieltempo: action – Dauer: unter 10 Min. – einfach, leicht – anleitungsintensiv – geschickt verhalten – Aktivierung bei Lustlosigkeit – Körperkontakt – Kooperation üben – Harmonisierung, Abschluß – Bewegungsspiel

EISSCHOLLEN-SPRINGEN
Paarweise durch Raum laufen und dabei nur von Reifen zu Reifen springen

Material: ca. 20 Gymnastikreifen, im Raum auslegen. Statt Reifen sind auch zum Ring verknotete Sprungseile geeignet.
Empfohlenes Mindestalter: 8 Jahre

Paarweise (mit Hände anfassen oder Arme um die Schultern gelegt) soll schnell durch den Raum gelaufen werden, es darf aber dabei nur immer in die Innenfläche der auf dem Boden verteilten Reifen getreten werden (die „Eisschollen").

Stichwörter
Gruppierung: Paare – Bewegungsspiel – Kooperation üben – Körperkontakt – geschickt verhalten – konzentrieren – wahrnehmen (allg.) – gut als Überleitung zw. Spielen – universell verwendbar – Dauer: unter 10 Min. – Spieltempo: action

EISSCHOLLEN-TRANSPORT
Gruppe bewegt sich fort, indem eine 2. Decke immer wieder von hinten nach vorn gelegt wird

Material: Nach Größe mindestens 2 Decken, Matten oder große Papierbögen
Empfohlenes Mindestalter: 10 Jahre

Eine Gruppe soll von einem Platz zu einem anderen kommen, ohne den Boden zu berühren. Der Boden ist Wasser, und zur Verfügung stehen zwei Eisschollen (Floße o.ä.). Die Gruppe stellt sich auf zwei Decken, Turnmatten o.ä., drängt sich dann auf einer zusammen. Die zweite Decke wird hinten aufgenommen, über die Köpfe gereicht und vorn wieder hingelegt. Dann betreten alle diese nach vorn gelegte Decke, nehmen wieder die hintere auf usw., bis man am Ziel angelangt ist.
Anmerkung: Bei kleinenGruppen (bis zu 4) können auch zwei Bögen Zeitungspapier genutzt werden.

Stichwörter
Gruppierung: Alle im Raum verteilt – Spieltempo: action – Dauer: unter 10 Min. – witzig, besonders lustig – ohne große Vorbereitung spielbar – gut als Überleitung zw. Spielen – geschickt verhalten – Körperkräfte trainieren – Körperkontakt – Kooperation üben – Wettkampf, Durchsetzung – Unterhaltung, geselliges Treffen – Bewegungsspiel – Sportspiel

ELEFANTEN WASCHEN
Eine Art pantomimische Stille Post

Material: –
Empfohlenes Mindestalter: 8 Jahre

Die ganze Gruppe teilt sich in Paare auf. Zwei Paare bleiben im Raum, die anderen gehen nach draußen. Das erste Paar spielt dem zweiten Paar eine kleine Szene pantomimisch vor: das Waschen eines Elefanten durch zwei Tierwärter. Es darf aber nicht gesagt werden, was es bedeuten soll. Das nächste Spiel-Paar wird hereingerufen. Paar Nr. 2 spielt nun das Gesehene möglichst genau diesem Paar Nr. 3 vor. Dann wird das Paar Nr. 4 gerufen und Nr. 3 spielt ihm das Gesehene vor, usw.. Das letzte Paar soll raten, was es schließlich gespielt hat.
Anmerkung: Auswertungsgespräch über Wahrnehmungsfehler, Genauigkeit von Zeugenaussagen, Entstehung von Gerüchten.

Stichwörter
Gruppierung: Kleingruppe mit 4-6 Personen – Spieltempo: lebhaft – Dauer: ca. 10-30 Min. – einfach, leicht – witzig, besonders lustig – ohne große Vorbereitung spielbar – anleitungsintensiv – Vorführung üblich oder möglich – wahrnehmen (allg.) – erinnern, Phantasie entwickeln – pantomimisch darstellen – Unterhaltung, Geselliges Treffen – Pantomimisches Spiel

ELEFANTEN-SKILAUFEN
Zu viert auf großen Holzbrettern gemeinsamer Trockenskilauf

Material: Elefanten-Skier: Zwei etwa 2 m lange, 20 cm breite Bretter mit Nadelfilz drunter und je vier stabile Schlaufen
Empfohlenes Mindestalter: 8 Jahre

Bis zu vier Menschen, die sich gemeinsam fortbewegen sollen, stecken ihre Füße in die Schlaufen. Glatter Boden ist absolute Voraussetzung dabei. In Turnhallen kann man auch noch mit Kreide eine Slalomstrecke aufmalen und mit Turnbänken („Gletscherspalten“) zu überwindende Hindernisse aufbauen. Wer die Ski nicht basteln mag, kann sie auch bei Turngeräte-Versendern bestellen.

Stichwörter
Selbstläufer, keine Anleitung – Gruppierung: Kleingruppe mit ca. 4 Personen – Bewegungsspiel – Kooperation üben – Aktivierung bei Lustlosigkeit – geschickt verhalten – empathisch handeln – gut als Überleitung zwischen Spielen – Dauer: unter 10 Min. – Spieltempo: action

ELEFANTEN-TEAM
Sich symbolisch einem passenden Elefantentyp zuordnen

Material: Papier, Stifte
Empfohlenes Mindestalter: 5 Jahre

Stellt euch vor, daß unsere Gruppe nicht aus Menschen, sondern aus lauter Elefanten besteht. Nun gibt es sehr viele verschiedene Elefantentypen und Elefantenexistenzen: der Elefant im Zoo; der Arbeitselefant in Indien; der Elefant im Nationalpark; im Porzellanladen; in freier Wildbahn usw..
Wenn ihr eure Rolle bedenkt, die ihr in diesem Team spielt, dann seid ihr welcher Elefantentyp? Malt ihn auf das Blatt. Sprecht anschließend über eure Bilder.
VARIANTE: Statt malen: Elefanten vorspielen und raten lassen.

Stichwörter
Gruppierung: Alle im Raum verteilt – Spieltempo: ruhig – Dauer: ca. 10-30 Min. – eher ernst – Vorführung üblich oder möglich – beurteilen, einschätzen – denken (allg.) – pantomimisch darstellen – Interesse aneinander – Auswertung – Selbsterfahrung – sonstige Spielform – gruppendynamisches Experiment

ELLENBOGEN ANS KNIE – TANZ – LEUTE ZU LEUTE

Tanz, bei Stop sollen sich bestimmte Körperteile berühren

Material: Musik; Teppichboden oder sauberer Fußboden ist vorteilhaft
Empfohlenes Mindestalter: 8 Jahre

Paare tanzen miteinander. Immer, wenn die Musik stoppt, ruft der Spielleiter zwei Körperteile auf, mit denen sich das Paar sofort berühren soll. Ruft er „Ellenbogen ans Knie", so soll ein Tänzer mit seinem Ellenbogen ganz schnell das Knie seines Partners berühren und still stehen. Wenn die Musik weitergeht, kann bis zum nächsten Stop normal weitergetanzt werden. – Ruft der Spielleiter bei einem Stop „Leute zu Leute", muß man ganz schnell den Tanzpartner wechseln.
Anmerkung: Stops auch kurz hintereinander einlegen.

Stichwörter
Gruppierung: Paare – Spieltempo: action – Dauer: unter 10 Min. – einfach, leicht – witzig, besonders lustig – ohne große Vorbereitung spielbar – anleitungsintensiv – schnell reagieren – Aktivierung bei Lustlosigkeit – Körperkontakt – Kooperation üben – Unterhaltung, geselliges Treffen – Tanzspiel

ELLENBOGEN UND ROSA BRILLE

Brettspiel zum Thema Verhaltensbewertung

Material: Brettspiel (Gerd Boese . Kalker Spiele Verlag. Köln)
Empfohlenes Mindestalter: 12 Jahre. Für 2-8 Spieler

Dieses Spiel soll dazu anregen, eigene und fremde Verhaltensweisen kritisch zu hinterfragen und auf ihren sozialen Inhalt zu überprüfen. Außerdem können „Verhaltensweisen" durch die Beschäftigung mit dem Bereich Zärtlichkeit für die Verbesserung im Verhalten und für eine Veränderung von Einstellungen zu diesem Thema sorgen.

Stichwörter
Gruppierung: Kleingruppe mit ca. 4 Personen – Brett-, Kartenspiel

ELTERN RATEN IHRE KINDER – PRODUKTE ZUSCHREIBEN
Autoren von Produktionen erraten

Material: Illustriertenbilder, Malutensilien
Empfohlenes Mindestalter: 10 Jahre

Man bildet Partnergruppen, z.B. Eltern – Kinder; Jugendgruppe A – Jugendgruppe B; Frauen – Männer der Gruppe. In jeder Gruppe stellt jede Person etwas her, z.B. die Eltern machen eine Collage über ihre Freizeitinteressen, die Kinder eine Collage über ihr ideales Kinderzimmer. Dann werden die Produkte gegenseitig gezeigt und die Partnergruppe soll raten, wer was geschaffen hat.
Anmerkung: Weitere Möglichkeiten: Bilder raten; für Kinder: Schlüsselbund der Eltern raten; Urlaubsziele raten.

Stichwörter
Gruppierung: Halbgruppen – Gruppierung: Gruppe(n) vor Zuschauern – Spieltempo: ruhig – Dauer: ca. 10-30 Min. – besonders spannend – eher ernst – produktorientiert – Vorführung üblich oder möglich – raten, erforschen – beurteilen, einschätzen – kreativ sein, improvisieren – Phantasie entwickeln – medial darst.: malen, singen, bauen – kennenlernen (allg.) – Interesse aneinander – Familie – Selbsterfahrung – multithematisch – Interaktionsspiel

ENE-MENE-MÜLL
Kooperationsspiel für Kinder zum Thema Müll
Material: Brettspiel (Walter-Wolf Windisch. Ravensburger Spieleverlag)
Empfohlenes Mindestalter: 5 Jahre. Für 2-4 Spieler

Ene - mene - Müll ist ein Kooperationsspiel für Kinder zum Thema Müllabfuhr. Ziel des Spiels ist es, gemeinsam allen Müll aus den Häusern zu schaffen und geordnet nach Flaschen, Altpapier und Hausmüll vor das Haus zu stellen, ehe das Müllauto kommt.

Stichwörter
Gruppierung: Kleingruppe mit ca. 4 Personen – Brett-, Kartenspiel

ENTSPANNUNGSSTERN – PHANTASIEREISE
Sternförmig hinlegen, Augen schließen, entspannen, Phantasie laufen lassen...

Material: Teppichboden oder je Spieler eine Decke, evtl. ruhige Musik
Empfohlenes Mindestalter: 12 Jahre

Bis zu 8 Spieler legen sich (mit dem Rücken auf dem Boden) sternförmig hin (also Füße nach außen, Köpfe in die Mitte). (Oder auch: Füße nach innen, Köpfe nach außen, Arme reichen). Bei mehr Gruppenmitgliedern können mehrere „Sterne“ gelegt werden.
„Schließt jetzt bitte die Augen... Nehmt eine für euch ganz bequeme Lage ein... Konzentriert euch jetzt auf die Geräusche, die von außen oder auch von anderen zu hören sind. Versucht die Geräusche zu identifizieren ... Geht mal innerlich euren Körper durch und spürt ganz bewußt die Stellen, mit denen ihr den Boden berührt ... Ich spiele jetzt Musik ein. Konzentriert euch auf die Musik, vielleicht kommen euch dabei Phantasiebilder in den Sinn ...“
VARIANTE: Nach Entspannung eine Situation schildern, die sich die Teilnehmer selbst weiter ausmalen können.
Anmerkung: Das Spiel benötigt eine ungestörte, ernste Gruppensituation. Evtl. Atemübungen.

Stichwörter
Gruppierung: Kreis – Spieltempo: ruhig – Dauer: ca. 10-30 Min. – eher ernst – ohne große Vorbereitung spielbar – anleitungsintensiv – konzentrieren – Phantasie entwickeln – Vertrauen entwickeln – Harmonisierung, Abschluß – Entspannung, Ruhe – Biografie – Gefühle – Selbsterfahrung – gruppendynamisches Experiment – meditatives Spiel

ERDBALL
Kunstoffball für große Spielaktionen

Material: Kunststoff-Riesenball
Empfohlenes Mindestalter: 10 Jahre

Der Erdball, 1 m Durchmesser, bietet viele attraktive Spielmöglichkeiten und ist besonders schön für große Spielaktionen. Er ist gut einsetzbar zusammen mit einem Schwungtuch. Siehe ERDBALLSPIELE.

ERDBALLSPIELE
Mehrere Spielvorschläge für den Erdball/Riesenluftballon

Material: Erdball (PVC-Ball mit 1 oder 2 m Durchmesser) oder einen (evtl. etwas mit Wasser gefüllten) Riesenluftballon
Empfohlenes Mindestalter: 8 Jahre

1. Volleyball.
2. Im Kreis diagonal kullern.
3. Schnell im Kreis auf Händen rotieren.
4. Bockspringen über Erdball mit Helfern.
5. Kleingruppe liegend, Ball auf Füße.
6. Auf dem Fallschirm herumkullern und hochschleudern.
7. Spieler liegen als Kette auf dem Rücken und reichen den Ball weiter.
8. In Riesengruppe den Ball im Kreis (Handhaltung) mit dem Kopf herumstoßen. Dieses Spiel ist auch gut im Wasser geeignet. Dort kann man ihn auch mit dem Bauch stoßen.

Anmerkung: Das Material fasziniert besonders Jugendliche. Die Spiele sind sehr gut für draußen oder große Hallen geeignet.

Stichwörter
Gruppierung: Kreis – Gruppierung ergibt sich; offenes Angebot – Spieltempo: action – Dauer: ca. 10-30 Min. – universell verwendbar – einfach, leicht – eher ernst – geschickt verhalten – schnell reagieren – Körperkräfte trainieren – Material erproben oder gestalten – Aktivierung bei Lustlosigkeit – motorische Sensibilisierung – Unterhaltung, geselliges Treffen – Bewegungsspiel – Materialspiel, Werken

ERFINDERMESSE – MASCHINE ERFINDEN
Partner zu einer Maschine formen und vorführen

Material: –
Empfohlenes Mindestalter: 8 Jahre

Ein Spieler „mimt" eine zu konstruierende Maschine und bietet seinem Erfinder Bewegungsmöglichkeiten und Geräusche an. Der Erfinder baut um, schlägt Bewegungen und Geräusche vor und denkt sich eine ungewöhnliche Funktion für diese Maschine aus.
Auf einer „Erfindermesse" werden alle neuen Modelle vorgeführt.

Stichwörter
Gruppierung: Paare – Spieltempo: lebhaft – Dauer: ca. 10-30 Min. – schwierig – witzig, besonders lustig – ohne große Vorbereitung spielbar – Vorführung üblich oder möglich – Phantasie entwickeln, pantomimisch darstellen – Interesse aneinander – Kooperation üben, Unterhaltung, geselliges Treffen – Körpersprache – Technik – Darstellendes Spiel, Theaterspiel – pantomimisches Spiel

ERFINDUNGEN UND KONSTRUKTIONEN – WOFÜR IST DAS DENN GUT?

Gruppe denkt sich viele originelle Nutzen für einen Gegenstand aus

Material: Je Gruppe einen nicht klar definierbaren Gegenstand
Empfohlenes Mindestalter: 10 Jahre

Jede Kleingruppe bekommt einen nicht klar definierbaren Gegenstand (z.B. Plastik-Verpackungsmaterial) und denkt sich möglichst viele Funktionen für den Gegenstand aus (witzige Bedeutungen, was man damit machen kann...). Alle Einfälle werden notiert, dann entscheidet sich jede Gruppe für ihre drei witzigsten Einfälle. Alle Einfälle werden im Plenum vorgelesen und die drei witzigsten vorgeführt bzw. ausführlich erklärt.
Anmerkung: Spiel kann gut Teil eines Kreativitätstrainings sein.

Stichwörter
Gruppierung: Kleingruppe mit ca. 4 Personen – Spieltempo: lebhaft – Dauer: ca. 10-30 Min. – einfach, leicht – witzig, besonders lustig – Vorführung üblich oder möglich –beurteilen, einschätzen – kombinieren, planen – kreativ sein, improvisieren – Phantasie entwickeln – Unterhaltung, geselliges Treffen – Kim-(Wahrnehmungs-)spiel – Ulk-,Theken-, Partyspiel

ERKENNE DIE NATUR – DIE STELLE WIEDERFINDEN

Partner blind einen Naturgegenstand fühlen lassen, ihn später mit offenen Augen diese Stelle wiederfinden lassen

Material: –
Empfohlenes Mindestalter: 8 Jahre

Umsichtiges Blindführen zu zweit. Den Partner an eine bestimmte Stelle in der Natur (oder bei Regen auch in einem nicht bekannten Gebäude) führen und die Struktur fühlen lassen (Baum, Fels, Bachufer oder ähnliches markantes). Dann Partner auf Umwegen wieder zurückführen.
Der Partner soll mit offenen Augen die Stelle aufgrund der gefühlten Oberflächenstruktur wiederfinden. Die Entfernung darf nicht zu groß sein und muß dem Alter angemessen sein.

Stichwörter
Umwelt, Natur, Ökologie – fühlen, ertasten – Gruppierung: Paare – Kim-(Wahrnehmungs-)spiel – motorische Sensibilisierung – Umgebung kennenlernen – erinnern – blind wahrnehmen – ohne große Vorbereitung spielbar – eher ernst – Dauer: ca. 10-30 Min.– Spieltempo: lebhaft

ERLEBNISSCHNUR

An langer Schnur blind entlangwandern und an Knotenstellen Besonderheiten ertasten

Material: 2 ca. 100 m lange Bindfäden (Schnur, Wollfaden)
Empfohlenes Mindestalter: 10 Jahre

Es werden zwei Partnergruppen gebildet. Jede Gruppe spannt einen langen Faden durch das ganze Haus oder durch das Gelände.
Immer, wenn es im Umkreis von 1 m etwas Besonderes zu ertasten gibt (seltsame Baumwurzel, moosbewachsener Stein, seltene Pflanze, etwas,was nicht in den Wald gehört...), dann macht die Gruppe einen Knoten in die Schnur und knotet vielleicht noch einen kurzen Zweig dran. Jede Gruppe geht mit geschlossenen Augen die von der anderenGruppe gespannte Schnur entlang. Anschließend tauscht man sich über die ertasteten Besonderheiten aus.
VARIANTE: Man kann auch Stellen einbauen (z.B. wenn ein Blatt eingeknotet wurde), wo die Augen zur Orientierung, oder um eine kleine Aufgabe zu erfüllen, geöffnet werden können.
Bei mehr als 5 Personen je Kleingruppe geht die Hälfte der Gruppe am einen Ende der Schnur los, die andere am anderen Ende bzw. bei im Kreis gespannter Schnur die einen links, die anderen rechts lang.

Stichwörter
Umwelt, Natur, Ökologie – fühlen, ertasten – Gruppierung: Kleingruppe mit 4-6 Personen – Gruppierung: Halbgruppen – Kim-(Wahrnehmungs-)spiel – Bewegungsspiel – motorische Sensibilisierung – Umgebung kennenlernen – blind wahrnehmen – produktorientiert – Dauer: ca. 30-120 Min. – Spieltempo: lebhaft

ERZÄHL MIR NICHTS

Impulskasten zum Geschichten-Erzählen

Material: Brettspiel (Dieter Hoof. Kalker Spiele-Verlag , Köln)
Empfohlenes Mindestalter: 12 Jahre. Für 2-6 Spieler

176 Begriffe- und Ereigniskarten gehören zum Spiel. Das ist eine Menge. Und es ist sogar nur das Rahmenmaterial für die wilden Geschichten, die sich die Mitspieler ausdenken müssen.
Der Begriff, den sie gezogen haben, soll nämlich in der kurzen, ausgedachten Geschichte vorkommen. Außerdem alle vorher schon abgelegten Begriffe. Das ist alles nicht ganz einfach und verlangt schon einiges an Phantasie und Spaß am Geschichtenerfinden.

Stichwörter
Gruppierung: Kleingruppe mit ca. 4 Personen – Brett-, Kartenspiel

FADENSPIEL
Blind an der Schnur entlang durch die Natur

Material: eine lange Schnur oder Wollfaden (mind. 250m)
Empfohlenes Mindestalter: 6 Jahre

Der Spielleiter spannt in einem abwechslungsreichen Gelände (Wiese, Wald, Buschwerk, Kies, Sand usw.) eine möglichst lange Schnur. Die Spieler starten nacheinander etwa in einer Minute Abstand.
Sie gehen mit geschlossenen Augen an dem Faden entlang und ertasten „die Natur". Anschließend werden die Erlebnisse ausgetauscht.
Anmerkung: Die Gruppe sollte den gespannten Faden möglichst vorher nicht sehen. Ähnlich wie Spiel ERLEBNISSCHNUR.

Stichwörter
Gruppierung: Alle im Raum verteilt – Spieltempo: ruhig – Dauer: ca. 10-30 Min. – blind wahrnehmen – raten, erforschen, fühlen, ertasten – Umgebung kennenlernen – Warming up – Aktivierung bei Lustlosigkeit – Vertrauen entwickeln – motorische Sensibilisierung – Harmonisierung, Abschluß – Entspannung, Ruhe – Umwelt, Natur, Ökologie – Wissen erweitern – Kim-(Wahrnehmungs-) spiel

FADENTANZ
Paartanz mit Faden zwischen Partnern

Material: (Woll-)Fäden oder Springseile, Musik
Empfohlenes Mindestalter: 4 Jahre

Jedes Paar erhält einen ca. 1,5 m langen Faden und faßt an den Enden an (evtl. nach dem Spiel FÄDEN ZIEHEN). Dann soll zur Musik frei mit dem Faden getanzt werden (Brücke bilden für andere Paare, zu zweit aufwickeln...).

Stichwörter
Gruppierung: Paare – Spieltempo: lebhaft – Dauer: unter 10 Min. – Phantasie entwickeln – empathisch handeln – spontan handeln – Warming up – Aktivierung bei Lustlosigkeit – Kooperation üben, motorische Sensibilisierung – Tanzspiel

FAHRRADSPIEL
Jeder wird symbolisch als Fahrradteil eingeordnet

Material: Fahrrad, Etiketten (evtl. große Abbildung)
Empfohlenes Mindestalter: 14 Jahre

Ein komplettes Fahrrad wird in die Gruppenmitte gestellt (evtl. auch eine große Abbildung). Jedes Gruppenmitglied erhält die Namenschilder aller Mitspieler, die dann symbolisch an die Fahrradteile geheftet werden. Die Rollenzuschreibungen werden gemeinsam diskutiert und ausgewertet.

Stichwörter
Gruppierung: Kreis – Spieltempo: ruhig – Dauer: ca. 10-30 Min. – beurteilen, einschätzen – medial darst.: malen, singen, bauen – empathisch handeln – Interesse aneinander – Auswertung – Aggression, Konflikt – Beziehungen – Normen, Rollen, Werte – Selbsterfahrung – Vorurteile, Außenseiter – Interaktionsspiel – gruppendynamisches Experiment

FAKIRPRÜFUNG – TRAINING FÜR FAKIRE
Mehrere kleine Kim-Spielstationen, durch die jeder geschleust wird

Material: Verschiedene Materialien vorbereiten, siehe Spielregel.
Empfohlenes Mindestalter: 6 Jahre

Eine Prüfer- oder Trainergruppe hat eine Reihe von Prüfstationen für die Mitspieler vorbereitet, die diese nun nacheinander absolvieren müssen. Am besten im Freien (nur mit Badekleidung) zu spielen.
Bei fast allen Spielen empfiehlt es sich, daß die Fakirschüler („wegen der besseren Konzentration“) die Augen schließen.
1. Seifenblasen auf dem Körper eines „blinden“ Fakirs zerplatzen lassen.
2. Ihn eine Plastikfolie (mit Schmierseife und etwas Wasser) bäuchlings langrutschen lassen. 3. Brett längs auf den Körper legen, dann viele Bücher draufstapeln. 4. Wunderkerze anzünden und in ca. 30 cm Entfernung vom Körper halten. Das bleibt ungefährlich. 5. Eiswürfel den Körper runterrutschen lassen. 6. Getrocknete Erbsen (o.ä.) auf den Liegenden fallen lassen.
Abschließend gibt es ein Prüfungszertifikat!
Anmerkung: Es ist besonders spannend, wenn die Nachfolgenden noch nicht sehen können, was Sie an den Stationen erwartet. Wer seine Prüfung durchlaufen hat, kann natürlich zusehen.

Stichwörter
Gruppierung: Einzelne gegenüber Gruppe – Spieltempo: lebhaft – Dauer: ca. 10-30 Min. – besonders spannend – anleitungsintensiv – blind wahrnehmen – fühlen, ertasten – konzentrieren – Vertrauen entwickeln – Unterhaltung, geselliges Treffen – Entspannung, Ruhe – Kim-(Wahrnehmungs-)spiel – Spielaktion, Spielfest

FALLSCHIRM-IMPROVISATION NACH MUSIK
Bewegungsimprovisation mit Fallschirm nach Musik

Material: Musikstück, Fallschirm oder Riesenschwungtuch
Empfohlenes Mindestalter: 10 Jahre

Die ganze Gruppe steht um den Fallschirm herum und bewegt ihn spontan und ohne geplantes Konzept zur Musik. Die Gruppe lernt die vielen Möglichkeiten kennen, ein solch großes Tuch in verschiedene Bewegungen zu versetzen. Dabei sollte auch mal der Standpunkt gewechselt werden: Gruppe unter dem Tuch; Tuch senkrecht hängend; Tuch gefaltet... Danach setzt sich die Gruppe zusammen, um eine Choreographie für die Bewegungen zu entwerfen. Falls möglich, Farbscheinwerfer, dünne Plastikfolie, Konfetti, Kostüme für die Gruppe, Alustreifen u.ä. einbeziehen. Dann wird eine Aufführung mit einem erdachten Thema oder Titel gestaltet.
Es kann eine richtig große Performance gestaltet werden. Wichtig ist es, auf ein Thema zu achten und zu versuchen, dies zu realisieren.

Stichwörter
Produkt gemeinsam erstellen – kreativ sein, improvisieren – Gruppierung: Kleingruppe mit 4-6 Personen – Tanzspiel – Musikspiel – Bewegungsspiel – motorische Sensibilisierung – Material erproben oder gestalten – Phantasie entwickeln – wahrnehmen (allg.) – Vorführung üblich oder möglich – produktorientiert – eher ernst – Dauer: ca. 10-30 Min. – Spieltempo: lebhaft

FAMILIE EINMAL ANDERS
Familienszenen mit verkehrten Rollen spielen

Material: –
Empfohlenes Mindestalter: 12 Jahre

Jede Kleingruppe hat die Aufgabe eine Spielszene vorzubereiten. Es soll eine alltägliche Familiensituation gespielt werden (Morgens am Frühstückstisch; Auf der Fahrt in den Urlaub; Abends beim Werbefernsehengucken ...). In die Szene soll jede Gruppe eine „Kuriosität“ einbauen: z. B. die Kinder wecken die Eltern, treiben sie zur Arbeit an – die Kinder „lieben“ sich und weisen die Eltern aus dem Schlafzimmer – die Kinder entscheiden, ohne die Eltern zu fragen, über den Umzug ... Diese Szenen werden vorgespielt und über die dabei veränderten Normen, Rollen usw. gesprochen. Die Gruppen sollten Szenisches Spiel gewohnt sein.

Stichwörter
Gruppierung: Kleingruppe mit 3-8 Personen – Spieltempo: lebhaft – Dauer: ca. 30-120 Min. – Vorführung üblich oder möglich – erinnern – beurteilen, einschätzen – kreativ sein, improvisieren, darstellen (allg.) – Kooperation üben – Biografie – Familie – Normen, Rollen, Werte – Darstellendes Spiel, Theaterspiel, Rollen-, Entscheidungs-, Planspiel

FAMILIE MEIER
Sich trotz viel Geschrei sortieren

Material: Vorbereitete Namenszettel
Empfohlenes Mindestalter: 8 Jahre

Der Spielleiter verteilt vorbereitete Zettel, auf die er ähnlich klingende Familiennamen geschrieben hat, (z.B. Meier, Schreier, Leier, Weiher). Auf jedem Zettel kann auch noch eine Familienrolle stehen (Vater, Mutter...). Alle gehen durcheinander und tauschen ständig schnell ihre Zettel. Bei Stop sollen sich durch das Namenrufen die Familien finden.
Anmerkung: Siehe auch Spiel GLEICHE TIERE FINDEN.

Stichwörter
Gruppierung: Alle im Raum verteilt – Spieltempo: action – Dauer: unter 10 Min. – wahrnehmen (allg.) – konzentrieren – schnell reagieren – Warming up – Familie – Bewegungsspiel

FAMILIENMITGLIEDER WÄHLEN
Sich aus Mitspielern eine Familie zusammenstellen

Material: –
Empfohlenes Mindestalter: 14 Jahre

Ein Teilnehmer wählt sich aus der Gruppe eine Familie, die er um einen großen Tisch gruppiert. Dabei können Personen als Mutter, Vater, Brüder (älterer oder jüngerer), Schwester (ältere oder jüngere), Adoptivkind, Pflegekind, möglicherweise auch Onkel, Tante, Großmutter und Großvater gewählt werden. Die Wahl ist nicht an Geschlechtszugehörigkeit des Gewählten gebunden. Wenn die „Großfamilie" am Tisch sitzt, erklärt der Teilnehmer, warum er jeden für die Rolle gewählt hat und was dies mit seiner Beziehung zu den Teilnehmer (auch mit deren Beziehungen untereinander) zu tun hat. – Weitere Teilnehmer schließen sich in der gleichen Weise an.
Hinweis: Auch geeignet als Feedback-Übung in der Gruppe.
Anmerkung: Das Spiel benötigt eine ungestörte, ernste Gruppensituation.

Stichwörter
Gruppierung: Alle im Raum verteilt – Spieltempo: ruhig – Dauer: ca. 10-30 Min. – besonders spannend – eher ernst – ohne große Vorbereitung spielbar – produktorientiert – wahrnehmen (allg.) – beurteilen, einschätzen – kombinieren, planen – medial darst.: malen, singen, bauen – Auswertung – spielerischer Meinungsaustausch, Aggression, Konflikt – Beziehungen – Familie – Selbsterfahrung – Interaktionsspiel – gruppendynamisches Experiment

FAMILIENWAPPEN
Wappen zur Identifikation/zum Kennenlernen malen

Material: pro Kleingruppe ein Plakatkarton und Malstifte
Empfohlenes Mindestalter: 12 Jahre

Jede Gruppe bekommt die Aufgabe: Stellt euch vor, ihr seid eine Familie und entwerft ein Wappen, in dem sich jedes Familienmitglied wiederfinden kann. Angeschlossen werden kann eine Ausstellung der Familienwappen.
VARIANTE: Zwei befragen sich und malen ein Wappen für ihren Partner.
VARIANTE: Jeder malt von sich ein persönliches Wappen (mit Tier, symbolischem Gegenstand, Fahnen). Anschließend Erläuterungen.

Stichwörter
Gruppierung: Alle im Raum verteilt – Gruppierung: Kleingruppe mit 3 Personen – Spieltempo: ruhig – Dauer: ca. 10-30 Min. – kreativ sein, improvisieren – Phantasie entwickeln – medial darst.: malen, singen, bauen – kennenlernen (allg.) – Aktivierung bei Lustlosigkeit – Interesse aneinander – Biografie – Familie – Malspiel

FARBEN ZUFÄLLIG VERTEILEN
Zufallsspiel zur Gruppenfindung

Material: Verschiedenfarbige Zettel oder Gegenstände, Musik
Empfohlenes Mindestalter: 4 Jahre

Jeder Spieler erhält einen Zettel oder kleinen Gegenstand (in verschiedenen Farben z.B. Spielpüppchen, Wollfäden, Pfeifenputzer, Filzstifte). Mit geschlossenen Augen vorsichtig durch den Raum gehen. Trifft man auf jemanden, Zettel bzw. Gegenstand tauschen. Nach 3 Min. (ggf. Musikstop) alle Augen öffnen. Gleiche Farben sollen sich nun zu Gruppen zusammenfinden.

Stichwörter
Gruppierung: Alle im Raum verteilt – Spieltempo: ruhig – Dauer: unter 10 Min. – blind wahrnehmen – Warming up – Aufteilung in Untergruppen – sonstige Spielform

FÄDEN ZIEHEN
Zufallsspiel mit Fäden zur Paarbildung

Material: Wollfäden oder Bleiband oder Pfeifenputzer
Empfohlenes Mindestalter: 6 Jahre

Um die Paare zufällig zusammenzustellen: Der Spielleiter hält ca. 1 m lange Woll- oder Bindfäden (halb so viele wie Spieler) so in der Faust, daß die Fadenenden links und rechts herunterhängen. Jeder ergreift ein Ende. Ohne Loslassen muß sich die Gruppe zu Paaren entwirren. Für die Bildung von Verergruppen gibt es einen zweiten Durchgang: Von jedem Paar faßt ein Spieler an ein Ende.
Achtergruppen würden einen dritten Durchgang benötigen.
VARIANTE 1: Mit geschlossenen Augen entwirren.
VARIANTE 2: Pfeifenputzer oder Bleiband statt Fäden.

Stichwörter
Gruppierung: Kreis – Spieltempo: lebhaft – Dauer: unter 10 Min. – wahrnehmen (allg.) – blind wahrnehmen – geschickt verhalten – Warming up – Aktivierung bei Lustlosigkeit – Aufteilung in Untergruppen – Körperkontakt – sonstige Spielform – Geschicklichkeitsspiel

FEUERWEHR
Kooperationsspiel um die Rettung eines alten Hauses vor dem Feuer

Material: Brettspiel (Norbert Lechleitner. Verlag Herder, Freiburg)
Empfohlenes Mindestalter: 5 Jahre. Für 2-4 Spieler

Ein Miteinander-Spiel, das Kinder durch Aktionsreichtum, Tempo und Spannung begeistert. Es brennt! Die Feuerwehrwagen rasen los. Die Autos fahren sofort an den Straßenrand, um Platz zu machen, aber in den engen Straßen können einige Lastwagen nicht so schnell ausweichen. In dem schönen alten Haus in der Stadtmitte breitet sich das Feuer immer schneller aus. Die Feuerwehrleute kommen nur langsam voran. Alle wollen das brennende Haus retten.

Stichwörter
Gruppierung: Kleingruppe mit ca. 4 Personen – Brett-, Kartenspiel

FILME, BÜCHER UND FERNSEHEN RATEN – CHARADE-VARIANTE

Einzelne Wörter eines Film- oder Buchtitels pantomimisch vorspielen, alle anderen raten

Material: –
Empfohlenes Mindestalter: 10 Jahre

Ein Mitspieler gibt Hilfen zum Erraten des Titels eines Films, Buches oder einer Fernsehsendung: Pantomimisch teilt er mit, ob es Film, Buch, Fernsehsendung, Lied oder mehreres davon ist: für „Film“ macht er beispielsweise das Drehen an einer Filmkamera vor. Dann zeigt er soviele Finger, wie der Titel Wörter hat und stellt einige Wörter oder Silben pantomimisch vor. (Nicht den Begriff darstellen – das wäre zu einfach – er tippt sich ans Ohr, wenn das, was geraten wurde, so ähnlich klingt wie das gesuchte Wort. Ist das Wort ein Eigenname, so tippt man sich auf den Kopf. Es gibt Handzeichen für „so ähnlich”, für „kürzer“ oder „länger“ oder „kleines Wort“ (in, an, auf...). Wer geraten hat, darf sich den nächsten Titel ausdenken und bestimmen, wer ihn darstellen soll. Am Raten darf er dann nicht teilnehmen. Das Spiel entstammt einer englischen Fernsehsendung „Give me a clue“.

Stichwörter

Gruppierung: Einzelne gegenüber Gruppe – Spieltempo: lebhaft – Dauer: ca. 30-120 Min. – universell verwendbar – besonders spannend – ohne große Vorbereitung spielbar – Vorführung üblich oder möglich – wahrnehmen (allg.) – pantomimisch darstellen – Aktivierung bei Lustlosigkeit – pantomimisches Spiel – einfach, leicht – witzig, besonders lustig – Selbstläufer, keine Anleitung – raten, erforschen – kreativ sein, improvisieren – Unterhaltung, geselliges Treffen – Literatur, Märchen, Lyrik – Ratespiel, Quiz

FITNESS-TRAMPOLINSPIELE – TRAMPOLINSPIELE
Hüpfspiele auf mehreren kleinen Fitneß-Trampolinen

Material: Je nach Gruppengröße mehrere kleine, ca. 1,20 m (Durchmesser) runde Fitneßtrampoline. Diese Trampoline sind vergleichsweise preiswert (Stück ca.150 DM).
Empfohlenes Mindestalter: 6 Jahre

Die 2-5 Trampoline stehen in einer Reihe oder auf einer Kreislinie. Die Gruppe kann nun insgesamt oder in Kleingruppen an jeweils einem Trampolin verschiedene Hüpfspiele erproben.
Ein paar Ideen:

- Hintereinander in einer Reihe im möglichst gleichen Rhythmus über die Trampoline springen.
- Dasselbe mit mehreren Schikanen: auf einem Bein; blind; mit Zwischenhüpfer; rückwärts (Vorsicht! Trampoline müssen rutschfest stehen)
- Hüpf-Can-Can nebeneinander
- Immer abwechselnd nebeneinander: einer hoch, dann ist der Nächste unten, der Nächste wieder hoch usw.
- Auf dem Po mit gestreckten Beinen sitzend hüpfen
- Blind hüpfen, übrige bilden schützenden Kreis
- zu zweit Rücken an Rücken hüpfen.

Stichwörter
Gruppierung ergibt sich; offenes Angebot – einfach, leicht – Sportspiel – Kooperation üben – Aktivierung bei Lustlosigkeit – Warming up – Körperkräfte trainieren – geschickt verhalten – gut als Überleitung zw. Spielen – universell verwendbar – Dauer: unter 10 Min. – Spieltempo: action

FLASCHEN-LABYRINTH

Einer läuft einen Weg zwischen aufgebauten Flaschen und andere sollen sich den Weg merken und nachlaufen

Material: 10-20 Flaschen (statt Flaschen: Kerzen, Klopapierrollen, dicke Filzstifte u.ä.); größerer Raum nötig
Empfohlenes Mindestalter: 8 Jahre

Alle stellen 10 – 20 Flaschen oder ähnliches Material auf eine große Fläche zufällig verteilt auf. Einer geht dann eine Strecke durch dieses Flaschenlabyrinth, macht Kurven und kehrt zum Ausgangspunkt zurück. Dieser „Vorläufer" muß sich seinen Weg gut merken können! Dann soll eine zweite Person aus der Gruppe (evtl. auch ein Paar) den Weg genau nachlaufen.
VARIANTE: Paarweises Vor- und Nachlaufen. Oder: Hindurchtanzen zu eher langsamer Musik.
VARIANTE: In Dreiergruppen (kann dann auch simultan von den Dreiergruppen gespielt werden): einer läuft vor, einer dirigiert einen Dritten, der den Weg blind wiederholen muß. Durch die Flaschenzahl und leichter merkbare unterschiedliche Flaschen (3 Cola, 3 Wein, 3 Limo – oder unterschiedliche Filzstiftfarben) und natürlich durch leichter merkbare Wege kann man das Spiel sehr vereinfachen.

Stichwörter

Gruppierung: Einzelne gegenüber Gruppe – Spieltempo: lebhaft – universell verwendbar – besonders spannend – ohne große Vorbereitung spielbar – wahrnehmen (allg.) – erinnern, konzentrieren – Kim-(Wahrnehmungs-)spiel – Gruppierung: Paare Gruppierung: Kleingruppe mit 3 Personen – Unterhaltung, geselliges Treffen – Spielaktion, Spielfest

FLUGZEUG MIT REISEGRUPPE
Große Gruppe sitzt in einem Flugzeug und simuliert die Ereignisse des Fluges

Material: –
Empfohlenes Mindestalter: 6 Jahre

Alle setzen sich mit gegrätschten Beinen in mehreren Reihen hintereinander wie in einem Flugzeug. Kapitän begrüßt, Stewardessen erklären die Sicherheitseinrichtungen. Dann schnallen sich alle an (Arme um Bauch des Vordermenschen legen). Die Gruppe macht zusammen Fluggeräusche. Beim Start legen sich alle nach hinten, bei einem Luftloch hüpfen alle zugleich einmal kurz auf dem Po. Bei Gewitter... Bei der Landung... usw
Anmerkung: Sehr gut geeignet für Großgruppen-Spielaktionen.

Stichwörter
Gruppierung: Einzelne gegenüber Gruppe – Spieltempo: lebhaft – Dauer: unter 10 Min. – ohne große Vorbereitung spielbar– anleitungsintensiv – gut als Überleitung zw. Spielen – Phantasie entwickeln – darstellen (allg.) – Körperkontakt – Kooperation üben – Bewegungsspiel – Sportspiel – einfach, leicht – Unterhaltung, geselliges Treffen – Spielaktion, Spielfest

FLUGZEUG, 1.KLASSE – FLIEGEN MIT DECKE
Jemand mit Decke durch den Raum tragen

Material: 1 Decke je Kleingruppe
Empfohlenes Mindestalter: 12 Jahre

Einer legt sich mit dem Bauch auf eine Decke, und breitet die Arme aus. Die anderen tragen ihn in der Decke vorsichtig durch den Raum (sanft landen) und machen Flugzeuggeräusche. Es können bei Mutigen auch leichte Sturmböen oder vorsichtig Luftlöcher eingebaut werden. Die Kleingruppen nach Leichten und Schweren trennen (bilden).

Stichwörter
Gruppierung: Kleingruppe mit 4-6 Personen – Spieltempo: lebhaft – Dauer: ca. 10-30 Min. – fühlen, ertasten – empathisch handeln – Aktivierung bei Lustlosigkeit – Kooperation üben – Vertrauen entwickeln – Entspannung, Ruhe – Bewegungsspiel

FLUGZEUG, TOURISTENKLASSE – JEDEM SEIN EIGENES FLUGZEUG

Jeder rennt mit ausgebreiteten Armen als Flugzeug durch den Raum

Material: –
Empfohlenes Mindestalter: 4 Jahre

Alle rennen mit ausgebreiteten Armen durch den Raum, ohne miteinander anzustoßen! Jeder kann sein eigenes Tempo bestimmen oder der Spielleiter sagt an: Jetzt nehmen alle Flugzeuge ihre schnelle Reisegeschwindigkeit auf – Jetzt langsamer fliegen wegen starkem Gegenwind! – Jetzt ganz langsam in die Warteschleife vor Frankfurt! – Nun zur Landung ansetzen! – Mißglückt: schnell durchstarten. – Jetzt noch mal eine saubere Landung versuchen...
VARIANTE: Alle bekommen vorbereitete kleine Zettel, auf dem jeweils ein Flugzeugtyp steht. Die Spieler sollen mit dem passenden Tempo und Geräusch fliegen: Segelflugzeug, Hubschrauber, Überschalljet, Verkehrsmaschine, kleines Sportflugzeug, dickes langsames Luftschiff, Heißluftballon. Alle mit dem gleichen Typ landen zusammen auf einer Decke.
Siehe auch Spiel FLUGZEUG, 1.KLASSE (Fliegen auf Decke).
Für Ältere kann auch eine ganze Geschichte erzählt werden, auf die die jeweiligen Flugzeugtypen (siehe Variante) reagieren müssen: Verkehrshubschrauber landet wegen Unfall auf Autobahn; kleine Sportmaschine gerät ins Trudeln wegen unfähigem Flugschüler; drei Spieler bilden zusammen einen Flugzeugtyp oder Ballon; sieben bilden ein Zeppelin...

Stichwörter
Gruppierung: Alle im Raum verteilt – Spieltempo: action – Dauer: unter 10 Min. – universell verwendbar – ohne große Vorbereitung spielbar – gut als Überleitung zw. Spielen – pantomimisch darstellen – Warming up – Aktivierung bei Lustlosigkeit – Aufteilung in Untergruppen – Bewegungsspiel – einfach, leicht – Unterhaltung, geselliges Treffen

FOLLOW THE LEADER
Alle machen einem die Bewegungen nach

Material: Hut
Empfohlenes Mindestalter: 10 Jahre

Alle gehen durch den Raum. Der Spielleiter setzt sich einen Hut auf den Kopf, woraufhin die Gruppe alle Bewegungen des Hutträgers nachmacht. Hat der „leader" keine Lust mehr, gibt er den Hut weiter.
Die Bewegungen sollten typische Bewegungsarten von Rollenträgern sein (ruhig übertrieben klischeehaft für den Anfang), z. B. gehen wie ein alter Mann, krabbeln wie ein kleines Kind, tanzen wie ein Ballettmädchen, schreiten wie ein Wachtmeister ...
VARIANTE: Geräusche, Worte, Requisiten hinzunehmen. Wenn der Spielleiter den Anfang macht und mit relativ harmlosen Bewegungen beginnt, nimmt er den Mitgliedern die Angst vor Originalitätszwang.

Stichwörter
Gruppierung: Alle im Raum verteilt – Spieltempo: lebhaft – Dauer: unter 10 Min. – wahrnehmen (allg.) – Phantasie entwickeln, darstellen (allg.) – Warming up – Darstellendes Spiel, Theaterspiel

FORTSETZUNG FOLGT
Szene spontan weiterspielen

Material: –
Empfohlenes Mindestalter: 10 Jahre

Eine Gruppe spielt eine Situation. Wenn die Entscheidung kommt, hört sie auf. Eine andere Gruppe spielt nach ganz kurzer Beratung spontan eine mögliche Fortsetzung. Beispielsweise: Ein Ehepaar kommt im Hotelzimmer an, aber der Koffer wurde vertauscht. Es ist zu spät, um noch was zu kaufen.
Anmerkung: Weitere Beispiele: Ehepaar im Reisebüro, Angestellter empfiehlt zwei verschiedene Reisen... – Kind wünscht sich Haustier, findet einen entlaufenen Hund, die Eltern wollen ihn ins Tierheim geben...
Das Spiel ist eine gute Methode in einem Ausdruckstraining. Es können auch mehrere Varianten nach der Entscheidungssituation von mehreren Gruppen gespielt werden. Das Spiel kann Teil eines Kreativitätstrainings sein.

Stichwörter
Gruppierung: Kleingruppe mit 3 Personen – Spieltempo: lebhaft –Dauer: ca. 10-30 Min. – besonders spannend – schwierig – ohne große Vorbereitung spielbar – Vorführung üblich oder möglich – wahrnehmen (allg.) – beurteilen, einschätzen – kombinieren, planen – kreativ sein, improvisieren – Phantasie entwickeln – darstellen (allg.) – schnell reagieren – spontan handeln – multithematisch – Darstellendes Spiel, Theaterspiel

FOTO-ASSOZIATION

Jeder notiert spontane Einfälle zu einem Foto, tauscht dann mit Partner und vergleicht Einfälle

Material: Je Spieler 2 Impuls- Fotos, Plakate o.ä.
Empfohlenes Mindestalter: 8 Jahre

Paare setzen sich Rücken an Rücken. Jeder bekommt 1-3 Fotos und soll alle Einfälle zu den Abbildungen (die zum Thema der Gruppenarbeit gehören sollten) auf Zettel notieren. Dann werden die Fotos mit dem Partner getauscht. Jeder notiert wieder seine Einfälle und Assoziationen. Dann hocken sich beide zusammen und vergleichen ihre Einfälle. Es können auch präzise Fragen zu den Fotos gestellt werden, z.B.: Welche Meinung hat vermutlich dein Partner zu diesem Bild? Könntest Du Dir eine Beziehung zu der abgebildeten Person vorstellen? Würdest du dir ein solches Bild an die Wand hängen warum, warum nicht? ...
Siehe auch Spiel BILD-MEDITATION.

Stichwörter
Vorurteile, Außenseiter – beurteilen, einschätzen – einfach, leicht Gruppierung: Paare – Methode für die Gruppenarbeit – meditatives Spiel – Kim-(Wahrnehmungs-)spiel – Sexualität – multithematisch – spielerischer Meinungsaustausch – Interesse aneinander – Thema kennenlernen – empathisch handeln – wahrnehmen (allg.) – eher ernst – universell verwendbar – Dauer: ca. 10-30 Min. – Spieltempo: ruhig

FRAGENTOPF

Ausgelosten Mitspielern werden ausgeloste Kennenlernfragen gestellt

Material: Vorbereitete Fragenzettel (mind. doppelt soviele wie Teilnehmer), Namenzettel von allen Mitspielern und 3 Gefäße für die Zettel
Empfohlenes Mindestalter: 10 Jahre

Witzige Kennenlernfragen werden auf einzelne Zettel geschrieben und in einen Topf (Hut, Schüssel, Karton o.ä.) gelegt.
Die Namen aller Teilnehmer werden auf Zettel geschrieben und in einen zweiten Topf gelegt. Dann zieht ein Spieler eine Frage, liest sie laut vor, zieht dann einen Namen, der die Frage beantworten soll. Der Namenzettel wird in den dritten Topf gelegt.
Wer geantwortet hat, darf die nächste Frage und den nächsten Beantworter ziehen. Ist der erste Namenzetteltopf leer, wird aus dem dritten Topf gezogen. So bekommt jeder 2 Fragen. Falls genügend Zeit und Interesse besteht, kann auch eine dritte Fragerunde angeschlossen werden. Gut geeignet für nicht zu große Gruppen. Oder man unterteilt die Gesamtgruppe in Untergruppen mit 6-10 Mitspielern.

Stichwörter
Einfach, leicht – Gruppierung: Kreis – Interesse aneinander, Kennenlernen (allg.) – universell verwendbar – Dauer: ca. 30-120 Min. – Spieltempo: ruhig

FRIEDENSARGUMENTESPIEL

Diskussionsspiel um Friedenspolitik

Material: Brettspiel (Ulrich Baer. Akademie Remscheid)
Empfohlenes Mindestalter: 16 Jahre. Für 3-6 Spieler

Ein Diskussionsspiel von Ulrich Baer für interessierte Schüler/Jugendliche zum Trainieren friedenspolitischer Auseinandersetzungen. Zu vorgegebenen (konservativen) Sprüchen sollen Gegenargumente spontan gefunden werden. Spielmuster auch für andere politische Themen verwendbar (z. B. Gewalt, Ausländerfeindlichkeit, Enwicklungspolitik).

Stichwörter
Gruppierung: Kleingruppe mit ca. 4 Personen – Brett-, Kartenspiel

FRIEDENSWORTE

Redensarten in Szene umsetzen

Material: –

Empfohlenes Mindestalter: 16 Jahre

Es gibt viele Sprichwörter, die sich mit FRIEDEN beschäftigen, z. B.: „Gehe hin in Frieden"; „Man muß Frieden schließen, solange man noch kämpfen kann"; „Friede nährt, Unfriede zehrt"; „Es kann der Frömmste nicht im Frieden leben, wenn es dem bösen Nachbarn nicht gefällt"; „Ein Friede ist besser als zehn Siege"; „Frieden: die Fortsetzung des Krieges mit anderen Mitteln"; „Der Friede ist die kürzeste Entfernung zwischen zwei Kriegen". Man kann sich weitere Sprichwörter ausdenken und diese in Szenen umsetzen.

Stichwörter

Gruppierung: Kleingruppe mit ca. 4 Personen – Spieltempo: lebhaft – Dauer: ca. 30-120 Min. – denken (allg.) – kreativ sein, improvisieren – Phantasie entwickeln – darstellen (allg.), pantomimisch darstellen – Kooperation üben – Aggression, Konflikt, Ausländer – Politik, Frieden, Geschichte – Darstellendes Spiel, Theaterspiel

FUCHS UND EICHHÖRNCHEN

Bälle wandern im Kreis, einer muß anderen berühren

Material: Bälle, Luftballons
Empfohlenes Mindestalter: 8 Jahre

3 Bälle (1 deutlich anders als die anderen 2). Kreis. 2 Fuchsbälle werden von Teilnehmer zu Teilnehmer weitergeben. 1 Eichhörnchenball kann auch geworfen werden. Der Eichhörnchenball-Besitzer soll gefangen werden, indem er mit Fuchsball berührt wird.
VARIANTE: Wasser-Luftballons.

Stichwörter

Gruppierung: Kreis – Spieltempo: action – Dauer: unter 10 Min. – einfach, leicht – wahrnehmen (allg.) – schnell reagieren – Unterhaltung, geselliges Treffen – Bewegungsspiel – Sportspiel

FUCHS UND HASE – JÄGER UND HASE – HASE UND FUCHS – KATZ UND MAUS

Abschlagspiel; Schutz durch Einhängen bei einem Paar

Material: –
Empfohlenes Mindestalter: 10 Jahre

Es gibt einen Fuchs und einen Hasen, alle anderen stehen als Paare eingehakt auf der Spielfläche verteilt (evtl. als Paar-Kreis). Der Fuchs fängt den Hasen durch einmal Abschlagen, nun ist der Hase der Fuchs. Der Hase kann sich dadurch retten, daß er sich an ein Spielpaar anhängt. Der Spieler auf der anderen Seite des Spielpaares wird zum Hasen, und die Jagd geht weiter.
Anmerkung: Ein Vormachen der Schutzmöglichkeit, der „Einhak-Kettenreaktion", gibt der Gruppe Hinweise, wie man das Spiel mit weniger Wegrennen und mehr Raffinesse spielen kann.

Stichwörter
Gruppierung: Alle im Raum verteilt – Gruppierung: Paare – Spieltempo: action – Dauer: unter 10 Min. – universell verwendbar – ohne große Vorbereitung spielbar – wahrnehmen (allg.) – schnell reagieren – Warming up – Aktivierung bei Lustlosigkeit – Kooperation üben – Unterhaltung, geselliges Treffen – Bewegungsspiel

FUMMELKISTE – KIMSPIEL FÜR ZWEI
Von zwei Seiten her in einem Karton Gegenstände ertasten

Material: 4 Fummelkisten, geschlossen, mit einem Loch/zwei Löchern auf jeder Seite, verschiedene Materialien zum Anfassen (Stein, Papier, Ton)
Empfohlenes Mindestalter: 8 Jahre

1. Verschiedene runde Gegenstände, die durch Fühlen erkannt werden sollen.
2. Zu zweit müssen zwei Gegenstände , die zueinander passen (z.B. Glas und Schraubdeckel), in der Kiste gefunden und zusammengebaut werden.
3. In der Kiste liegt eine Tonkugel, aus der zu zweit etwas geformt werden soll. Wer Lust hat, kann seine Figur hinterher mitnehmen.
4. Zu zweit (gemeinsam den Stift führen) wird mit einem Stift eine Figur gemalt. Vorher wird ein Zettel gezogen, auf dem steht, was gemalt werden soll.

Anmerkung: Sehr günstig als Selbstläufer-Spielstation auf einem Spielfest. Siehe auch FAKIRSPIEL und SINNLICHE WAHRNEHMUNG.

Stichwörter
Gruppierung: Paare – Gruppierung ergibt sich; offenes Angebot – Spieltempo: ruhig – Dauer: ca. 10-30 Min. – besonders spannend – einfach, leicht – Selbstläufer, keine Anleitung – blind wahrnehmen – raten, erforschen – fühlen, ertasten – Material erproben oder gestalten – Thema kennenlernen – Körperkontakt – Kooperation üben – Unterhaltung, geselliges Treffen – Entspannung, Ruhe – Kim-(Wahrnehmungs-)spiel – Spielaktion, Spielfest

FUSSPILZ-SPIEL MIT SEKTKORKEN
Sektkorkenkappen mit nackten Zehen weiterreichen

Material: Plastik–Sektkorken
Empfohlenes Mindestalter: 10 Jahre

Alle sitzen barfuß im Kreis. Jeder zweite Spieler hat den Deckel eines Plastik-Sektkorkens vor sich liegen. Diese Spieler nehmen nun mit den Zehen ihren Deckel auf und geben ihn nach links von Fuß zu Fuß weiter. Es können auch zwei Deckel mit beiden Füßen weitergegeben werden. Läßt jemand einen Deckel fallen, so muß er sich einen Sektkorken (ohne Deckel) über einen Zeh stecken.

Stichwörter
Gruppierung: Kreis – Spieltempo: action – Dauer: unter 10 Min. – wahrnehmen (allg.) – fühlen, ertasten – konzentrieren – geschickt verhalten – schnell reagieren – Aktivierung bei Lustlosigkeit – Körperkontakt – Kooperation üben – Wettkampf, Durchsetzung – motorische Sensibilisierung – Unterhaltung, geselliges Treffen – Materialspiel, Werken – Geschicklichkeitsspiel

G

GEFÜHLS-SCRABBLE – KREUZWORT-ERLEBNISSE

Kreuzworträtselartig Wörter zu bestimmten Erlebnissen zusammenfügen

Material: Stifte, große Papierbögen
Empfohlenes Mindestalter: 14 Jahre

Jeder Spieler schreibt auf einen Bogen Papier senkrecht oder waagerecht ein Gefühl, mit dem er sich in der letzten Zeit viel beschäftigt hat. Dazu schreibt er im Kreuzworträtselstil, was dieses Gefühl in ihm auslöst oder welche Wörter ihm dazu einfallen. Dann gibt er das Blatt seinem linken Nachbarn. Dieser setzt nun seine Gedanken und Gefühle dazu und gibt das Blatt wieder weiter, usw..
So erhält jeder alle „Gefühls-Scrabble" der anderen und kann diese jeweils um seine Assoziationen erweitern. Hat er schließlich sein eigenes Blatt wieder in der Hand, sollte sich zunächst jeder allein damit auseinandersetzen, bevor eine gemeinsame Gesprächsrunde das Spiel beendet.
Anmerkung: Kann auch für viele andere Erfahrungsaustausch-Gespräche genutzt werden! Oder als thematischer Einstieg eine Wortsammlung in Kreuzwortform machen! Man beginnt am besten mit einem ganz langen Wort.

Stichwörter
Gruppierung: Kreis – Gruppierung: Kleingruppe mit 3-8 Personen – Spieltempo: ruhig – Dauer: ca. 10-30 Min. – eher ernst – erinnern – beurteilen, einschätzen – Phantasie entwickeln – medial darst.: malen, singen, bauen – kennenlernen (allg.) – Thema kennenlernen – Warming up – Aggression, Konflikt – Angst – Beziehungen – Gefühle – Selbsterfahrung – multithematisch – Methode für die Gruppenarbeit – Sprach-, Schreib-, Diskussionsspiel

GEFÜHLSFRAGEBOGEN
Intensität von Gefühlen gegenseitig vorspielen

Material:Vorbereitete Liste mit 12 Gefühlen
Empfohlenes Mindestalter: 14 Jahre

Jeder bekommt das vorbereitete Blatt mit 12 Gefühlen darauf: z.B. stolz, traurig, lustig, selbstsicher, romantisch, mächtig, ärgerlich... Jeder sucht sich 4-6 Gefühle aus und stellt sie pantomimisch dem anderen dar: Wenn ein Gefühl häufig in seinem Leben vorkommt, stellt er es ganz intensiv dar. Spielt es kaum eine Rolle, stellt man es sehr verhalten dar.

Stichwörter
Gruppierung: Paare – Spieltempo: ruhig – Dauer: ca. 10-30 Min. – Dauer: ca. 30-120 Min. – fühlen, ertasten – beurteilen, einschätzen – Interesse aneinander – Aggression, Konflikt – Gefühle – Selbsterfahrung – Interaktionsspiel – gruppendynamisches Experiment

GEFÜHLSTRIO
Spontan Szenen zu Gefühls-Stichwörtern spielen

Material: –
Empfohlenes Mindestalter: 10 Jahre

Jede Kleingruppe einigt sich auf ein grundlegendes Gefühl, z. B. Angst, Haß, Freude, Neid, Liebe, Ärger. Auf einen Zettel schreibt jedes Gruppenmitglied eine Situation, die bei ihm das vereinbarte Gefühl auslöst. Bei „Angst" etwa „Spinne an der Wand" oder „Flugzeugabsturz". Dann kommen alle Zettel verdeckt in die Mitte. Jede Gruppe zieht einen Zettel, stimmt sich kurz ab und stellt dann die Situation dar. Dabei zeigt jeder in der spielenden Dreiergruppe vielleicht etwas andere Gefühlsregungen oder Reaktionen. Zuschauende können mit einsteigen, wenn sie das Gefühl und die Situation gut nachempfinden können.
Anmerkung: Bei diesem Spiel kommt es nicht nur darauf an, Gefühle zu raten, sondern unterschiedliche Gefühlsreaktionen auf die gleiche Situation darzustellen, wahrzunehmen und zu akzeptieren.

Stichwörter
Gruppierung: Kleingruppe mit 3 Personen – Spieltempo: lebhaft – Dauer: ca. 10-30 Min. – wahrnehmen (allg.) – fühlen, ertasten – beurteilen, einschätzen – Phantasie entwickeln – darstellen (allg.) – pantomimisch darstellen – empathisch handeln – spontan handeln – Interesse aneinander – Kooperation üben – Aggression, Konflikt – Angst – Beziehungen – Biografie – Gefühle – Körpersprache – Selbsterfahrung – Darstellendes Spiel, Theaterspiel – gruppendynamisches Experiment

GEGEN DIE DECKE ANRENNEN

Gegen Decke (stellvertretend für Problem) anrennen

Material: Je Dreiergruppe eine Decke.
Empfohlenes Mindestalter: 16 Jahre

Zwei halten in jeder Dreiergruppe eine Decke wie eine Leinwand. Der Dritte versucht sich zu konzentrieren und auf der „Leinwand" das Bild eines persönlichen Problems vorzustellen. Dann soll er versuchen, gegen die Decke anzukämpfen, sich durchzusetzen, durch die Decke durchzukommen. Die beiden anderen versuchen, die Decke kräftig festzuhalten. Anschließend Rollenwechsel. Zum Schluß kann jeder im Kreis von seinen Erfahrungen berichten.
Anmerkung: Das Spiel benötigt eine ungestörte, ernste Gruppensituation. Dieses Selbsterfahrungsexperiment ist nur innerhalb einer psychodynamisch orientierten festen Gruppenarbeit sinnvoll.

Stichwörter
Gruppierung: Kleingruppe mit 3 Personen – Spieltempo: lebhaft – Dauer: ca. 10-30 Min. – schwierig – eher ernst – Phantasie entwickeln – empathisch handeln – Interesse aneinander – Vertrauen entwickeln – Wettkampf, Durchsetzung – Aggression, Konflikt – Beziehungen – Gefühle – Selbsterfahrung – gruppendynamisches Experiment

GEGEN EINE MAUER LAUFEN

Blind auf eine Wand zulaufen, vor der man von einem Gruppenmitglied abgefangen wird

Material: evtl. Seil oder Decke
Empfohlenes Mindestalter: 8 Jahre

Ein Vertrauensexperiment: Ca. drei Meter vor einer Wand stellt sich ein (kräftiges) Gruppenmitglied hin und soll jeden, der auf die Mauer zuläuft, abfangen. Am entgegengesetzten Ende des Raums steht die Gruppe. Einer läuft mit geschlossenen Augen los. Er muß mit der Gewißheit loslaufen, daß er aufgefangen wird! Ist er in die offenen Arme gelaufen, kann er die Augen öffnen und soll auch mit auffangen.
VARIANTE: Zwei halten ein kräftiges Seil oder eine Decke vor der Wand.
VARIANTE: Gegen Vorhang laufen, der einige Meter vor einer Wand hängt.
Achtung! Das Abfangen durch ein Gruppenmitglied oder ein gut gespanntes Seil muß garantiert sein. Es darf bei diesem Vertrauensspiel keinerlei Verletzungsrisiko bestehen!

Stichwörter
Gruppierung: Einzelne gegenüber Gruppe – Spieltempo: lebhaft – besonders spannend – Dauer: ca. 10-30 Min. – schwierig – eher ernst – ohne große Vorbereitung spielbar – blind wahrnehmen – beurteilen, einschätzen – empathisch handeln – Vertrauen entwickeln – Interaktionsspiel

GEGENSTÄNDE FÜHLE N
Typisches Kimspiel im Kreis

Material: Je Teilnehmer ein kleiner Gegenstand, 5 weitere in Reserve
Empfohlenes Mindestalter: 6 Jahre

Jeder bringt einen kleinen persönlichen Gegenstand (Ring, Uhr, Stift, Schlüssel,...) mit in die Gruppe, ohne ihn vorher herumzuzeigen! Dann setzen sich bis zu 10 Teilnehmer in einen Kreis auf den Boden mit dem Gesicht nach außen. Jeder legt seinen Gegenstand hinter sich in die Kreismitte und greift – ohne sich umzudrehen – einen Gegenstand, um diesen zu befühlen.
Jeder Teilnehmer soll jeden Gegenstand einmal ertastet haben. Dann legt der Spielleiter noch bis zu 5 weitere ähnliche Sachen hin. Alle drehen sich um und sollen herausfinden, was zusätzlich hingelegt wurde.
VARIANTE: Jeder erklärt noch einiges zu seinem persönlichen Gegenstand (kennenlernen). VARIANTE: Die Gegenstände sollen den Besitzern zugeordnet werden. (Raten, Feedback).

Stichwörter
Gruppierung: Kreis – Spieltempo: ruhig – Dauer: ca. 10-30 Min. – blind wahrnehmen – erinnern – raten, erforschen – fühlen, ertasten – beurteilen, einschätzen – konzentrieren – kennenlernen (allg.) – Harmonisierung, Abschluß – Kim-(Wahrnehmungs-)spiel

GEGENSTÄNDE RATEN
Einem „blinden" Partner wird ein Gegenstand beschrieben, zu dem er sich einen möglichen Nutzen ausdenkt

Material: Jeder Mitspieler oder der Spielleiter besorgt für jeden einen ungewöhnlichen Gegenstand
Empfohlenes Mindestalter: 8 Jahre

Der sehende Partner hat einen (möglichst ungewöhnlichen) Gegenstand und beschreibt ihn seinem „blinden" Partner, ohne den Namen zu nennen und ohne seine normale Funktion zu beschreiben, nur die Äußerlichkeiten. Rückfragen sind nur bei akustischem Unverständnis erlaubt.
Dann denkt sich der Partner mit geschlossenen Augen einen möglichen Nutzen für den Gegenstand, sagt ihn und öffnet die Augen. Ein Gespräch über Beschreibungsprobleme, entstandene Vorstellungen und witzige neue Verwendungsmöglichkeiten kann sich anschließen. Rollenwechsel.
Anmerkung: Spiel kann gut Teil eines Kreativitätstrainings sein.

Stichwörter
Gruppierung: Paare – Spieltempo: ruhig – Dauer: ca. 10-30 Min. – besonders spannend – blind wahrnehmen – raten, erforschen – denken (allg.) – kreativ sein, improvisieren – Phantasie entwickeln – präzise sprechen oder beschreiben – Kim-(Wahrnehmungs)spiel – Methode für die Gruppenarbeit

GEHEIMBOTSCHAFT

Auf der Suche nach einer Geheimbotschaft lernen sich die Spieler kennen

Material: Brettspiel (Ulrich Baer. Robin-Hood-Versand, Remscheid)
Empfohlenes Mindestalter: 8 Jahre. Für 4 – 8 Spieler

Ein variables Kennenlernspiel: eine Gruppe von Detektiven sucht in einem reichlich unwegsamen Gelände (Spielplan) eine Geheimbotschaft. Durch gezielte Fragen (die aus einem großen Fragenschatz ausgewählt werden können) lernen sich die Gruppenmitglieder auf dem Weg zum Gipfelkreuz besser kennen.

Stichwörter
Gruppierung: Kleingruppe mit ca. 4 Personen – Brett-, Kartenspiel

GEHEIMBOTSCHAFT – DIKTAT

EinenText trotz lauter Zwischenrufe übermitteln

Material: Papier und Stifte
Empfohlenes Mindestalter: 12 Jahre

Einer muß eine Botschaft weitergeben, die von seinem Partner aufgeschrieben werden soll, der 4-5 Meter entfernt auf einem Stuhl sitzt. Die anderen versuchen, durch Zwischenrufe die Übermittlung der Botschaft zu verhindern. Danach folgt das nächste Paar.
VARIANTE: Alle sitzen im Kreis; jeweils die Gegenübersitzenden sind Partner und versuchen, sich die Botschaft durch lautes Rufen zu übermitteln.

Stichwörter
Gruppierung: Kleingruppe mit 4-6 Personen – Spieltempo: action – Dauer: unter 10 Min. – wahrnehmen (allg.) – konzentrieren – geschickt verhalten – präzise sprechen oder beschreiben – Aktivierung bei Lustlosigkeit – Wettkampf, Durchsetzung – Sprach-, Schreib-, Diskussionsspiel

GEISTERBALL-SPIELAKTION
Spielaktion mit verschiedenen Geister-Typen

Material: Naturmaterialien, Bastelkram
Empfohlenes Mindestalter: 6 Jahre

Alle teilen sich in Geistergruppen auf (Feen, Wassergeister, Waldschrate usw.). Gruppenweise geht man hinaus und kostümiert sich mit Naturmaterialien und ggf. Tüchern, Papiertüten u. ä..
Jede Gruppe studiert einen Tanz o. ä. ein. Dann kommen alle zum Geisterball zusammen. Evtl. Vorfall durchspielen: Lebenspillen sind abhanden gekommen; neue Geister sollen aufgenommen werden...

Stichwörter
Gruppierung: Kleingruppe mit 4-6 Personen – Spieltempo: lebhaft – Dauer: ca. 30-120 Min. – Phantasie entwickeln – darstellen (allg.) – Aktivierung bei Lustlosigkeit – Kooperation üben – Unterhaltung, geselliges Treffen – Spielaktion, Spielfest

GEKREUZT ODER PARALLEL?
Systemspiel, bei dem alle eine bestimmte Kombination raten sollen

Material: 2 Streichhölzer oder Filzstifte oder Pfeifenputzer o.ä.
Empfohlenes Mindestalter: 10 Jahre

Zwei Streichhölzer, Filzstifte, Pfeifenputzer o.ä. werden vom Spielleiter herumgegeben: entweder gekreuzt oder parallel. Wenn man die Hölzer weitergibt, kann man „gekreuzt" oder „parallel" wechseln. Der Spieler sagt: „Ich habe die Streichhölzer parallel bekommen und gebe sie gekreuzt weiter" o.ä. Der Spielleiter kommentiert: „Falsch" oder „Richtig" oder gibt die Hilfe „Du hast sie parallel bekommen und gibst sie auch parallel weiter!".
Jeder soll auf das System kommen, daß es nicht auf die Haltung der Hölzer, sondern auf die der Beine ankommt.

Stichwörter
Gruppierung: Kreis – Spieltempo: lebhaft – Dauer: unter 10 Min. – raten, erforschen – denken (allg.) – Unterhaltung, geselliges Treffen – Ulk-, Theken-, Partyspiel

GEMEINSAMKEITEN VON BEGRIFFEN
Was können zwei völlig verschiedene Sachen gemeinsam haben?

Material: –
Empfohlenes Mindestalter: 10 Jahre

Der Spielleiter nennt zwei Begriffe. Die Teilnehmer versuchen, möglichst rasch Gemeinsamkeiten herauszufinden, also etwa zwischen „Feuerzeug und Lebertran"; „ Harald und Angelika"; „Autobahn und Gletscherspalte" (z.B. beide eindeutig mehr lang als breit). Gruppenwettkampf möglich: Wer findet die meisten Gemeinsamkeiten; ausgeschlossen sind dabei Negativmerkmale wie „Beide sind keine Katze".

Anmerkung: Spiel kann Teil eines Kreativitätstrainings sein. Das Spiel kann ein sehr witziges Partyspiel sein, wenn die Runde in der richtigen Stimmung ist. Es kann auch ein ganz raffiniertes Denkspiel (z.B. für Vertretungsstunden in der Schule) sein.
Siehe auch Spiel IRRE KOMBINATION.

Stichwörter
Gruppierung: Kleingruppe mit ca. 4 Personen – Gruppierung: Spielleitung und Kleingruppe – Spieltempo: ruhig – Dauer: ca. 10-30 Min. – universell verwendbar – witzig, besonders lustig – ohne große Vorbereitung spielbar – wahrnehmen (allg.) – beurteilen, einschätzen – denken (allg.) – kombinieren, planen – konzentrieren – kreativ sein, improvisieren – Phantasie entwickeln – Kulturtechniken: Lesen, Schreiben – Unterhaltung, geselliges Treffen – Wissen erweitern – Methode für die Gruppenarbeit – Ratespiel, Quiz – Ulk-, Theken-, Partyspiel

GENUSSKARUSSELL
Jeder einer Gruppe tut den anderen etwas Gutes

Material: Decken oder Teppichböden, evtl. Musik zur Unterstützung
Empfohlenes Mindestalter: 10 Jahre

Man braucht zwei gleichgroße Gruppen mit 4-8 Teilnehmern. Die eine Halbgruppe legt sich sternförmig bequem (Füße zur Mitte) hin, schließt die Augen. Die anderen knien sich zu ihren Köpfen hin. Jeder überlegt sich eine freundliche Bewegung (über den Kopf streicheln, Arme massieren...) und verhält sich entsprechend seinem Partner gegenüber. Nach 1-2 Minuten wechselt der gesamte Außenkreis um eine Person nach links, alle verhalten sich genauso ihrem neuen Partner gegenüber. Nachher Rollenwechsel!
Anmerkung: Das Spiel benötigt eine ungestörte, ernste Gruppensituation.

Stichwörter
Gruppierung: Halbgruppen – Spieltempo: ruhig – Dauer: ca. 10-30 Min. – einfach, leicht – eher ernst – ohne große Vorbereitung spielbar – blind wahrnehmen – fühlen, ertasten – empathisch handeln – Aktivierung bei Lustlosigkeit – Interesse aneinander – Körperkontakt – Vertrauen entwickeln – motorische Sensibilisierung – Harmonisierung, Abschluß – Entspannung, Ruhe – Gefühle – Sexualität – Interaktionsspiel

GEPÄCK MITGEBEN – KOFFER PACKEN
Wünsche sich gegenseitig in gemalte Koffer schreiben

Material: große Papierbögen
Empfohlenes Mindestalter: 10 Jahre

Jeder malt sich auf ein Blatt einen großen Koffer. Falls genügend Zeit ist, sollen die Kofferumrisse ausgerissen oder ausgeschnitten werden. Ein Adressenanhänger kommt noch an den Koffer.
Alle gehen herum und schreiben oder malen gute Wünsche, Anregungen und Empfehlungen in die Koffer. Evtl. kann reihum abschließend zu den erhaltenen Wünschen Stellung genommen werden. Dann einpacken und mitnehmen. Wenn man am Anfang des Treffens KÖRPERUMRISSE gemalt hat und diese noch hängen, dann kann jeder seinen Koffer auch seinem Umriß in die Hand geben.

Stichwörter
Gruppierung: Alle im Raum verteilt – Spieltempo: ruhig – Dauer: ca. 10-30 Min. – universell verwendbar – einfach, leicht – eher ernst – ohne große Vorbereitung spielbar – Vorführung üblich oder möglich – erinnern – beurteilen, einschätzen – empathisch handeln – Interesse aneinander – Harmonisierung, Abschluß – Auswertung – Beziehungen – Selbsterfahrung – Malspiel – gruppendynamisches Experiment

GERÄUSCH-MEDITATION – NIGHT IN A SOUTHERN SWAMP
Konzentriert Geräuschplatte hören, dann Eindrücke malen

Material: Zugeschnittenes Papier, Wachsmalkreide, Geräuschekassette
Empfohlenes Mindestalter: 8 Jahre

Die Gruppe hört sich in entspannter, bequemer, aber nicht einschläfernder Haltung konzentriert mit geschlossenen Augen eine Naturgeräusch-Schallplatte an, Papier und Wachsmalkreide liegen bereit. Nach ca. 6-8 Minuten soll die Landschaft, die man sich beim Anhören vorstellen konnte, konkret oder eher abstrakt gemalt werden. In einem weiteren Schritt können die Bilder zu einem gemeinsam Fries kombiniert werden. Dazu werden alle Bilder in eine Reihe gelegt, zwischen zwei wird ein Streifen von 15-20 cm geklebt. Auf diesen Streifen werden dann von beiden Nachbarn die Übergänge gemalt. Eine ruhige Atmosphäre ist erforderlich.

Stichwörter
Gruppierung: Kreis – Spieltempo: ruhig – Dauer: ca. 30-120 Min. – eher ernst – produktorientiert – blind wahrnehmen – konzentrieren – Phantasie entwickeln – medial darst.: malen, singen, bauen – Kooperation üben – Harmonisierung, Abschluß – Entspannung, Ruhe – Umwelt, Natur, Ökologie – Malspiel – Methode für die Gruppenarbeit

GERÄUSCHE-GESCHICHTE – GESCHICHTE MIT GERÄUSCHEN ERFINDEN
Geräusche erraten und Geschichten erzählen

Material: 5-6 Geräusche von Kassette. Es werden preiswerte Geräusche-Schallplatten und Kassetten für Video-Nachvertonung angeboten.
Empfohlenes Mindestalter: 8 Jahre

Der Gesamtgruppe werden 5-6 Geräusche von einer Cassette vorgespielt. Jede Kleingruppe soll sie erraten und in eine Geschichte einbauen, die anschließend vorgespielt wird.
Anmerkung: Das Spiel ist eine gute Methode in einem Ausdruckstraining. Die Gruppe sollte Lust auf Darstellendes Spiel haben.

Stichwörter
Gruppierung: Kleingruppe mit ca. 4 Personen – Spieltempo: lebhaft – Dauer: ca. 30-120 Min. – schwierig – Vorführung üblich oder möglich – blind wahrnehmen – raten, erforschen – Phantasie entwickeln – darstellen (allg.) – pantomimisch darstellen – Kooperation üben – Unterhaltung, geselliges Treffen – Darstellendes Spiel, Theaterspiel

GERÄUSCHKULISSE

Gruppenweise Geräusche von bestimmtem Ort machen, raten

Material: –
Empfohlenes Mindestalter: 8 Jahre

Die Gesamtgruppe in mehrere Kleingruppen aufteilen. Jede Gruppe hat in getrennten Räumen 10 Min. Zeit, um eine Geräuschkulisse einzuüben (z.B. Bahnhof, Hafen, Toilette, Taxistand, Feuerwehrwache,...). Dann kommen alle zusammen und führen sich gegenseitig die Geräuschkulissen vor (die ratenden Gruppen wenden sich ab oder besser: schließen die Augen und stellen sich die gehörte Szenerie vor). Dann kurze Beratung und raten.

Stichwörter
Gruppierung: Kleingruppe mit 4-6 Personen – Gruppierung: Gruppe(n) vor Zuschauern – Spieltempo: lebhaft – Dauer: ca. 10-30 Min. – universell verwendbar – witzig, besonders lustig – ohne große Vorbereitung spielbar – Vorführung üblich oder möglich – blind wahrnehmen – Phantasie entwickeln – medial darst.: malen, singen, bauen – Kooperation üben – Unterhaltung, geselliges Treffen – Darstellendes Spiel, Theaterspiel – Kimspiel

GERNHABEN-VERTEILUNGSKUCHEN – VERTEILUNGSKUCHEN

Rangfolge in Tortendiagramm umsetzen

Material: Evtl. Blätter mit bereits aufgezeichneten Kreisen (Tortenstücken).
Empfohlenes Mindestalter: 10 Jahre

Die Teilnehmer beschreiben Personen, Dinge, Tätigkeiten, die sie mögen, und die ihnen im Moment einfallen, ungeordnet auf einen Zettel. Dann sortiert jeder seine Stichworte in eine Reihenfolge (am liebsten ... wenig gern) malt einen Kreis und teilt ihn von oben im Uhrzeigersinn herum in lauter kleiner werdende Kreissegmente. Was jeder am liebsten mag, kommt ins größte Segment (evtl. gemalt) usw. Dann aufhängen, kurz vorstellen, vergleichen, besprechen.
VARIANTE: Man kann auch berufliche Tätigkeiten (nach Zeitaufwand) eintragen und dann die Kuchenstückchen nach „mögen“ und „nicht mögen“ farbig kennzeichnen. Diskutieren, wie man die „Nicht mögen”-Dinge abbauen kann.

Stichwörter
Gruppierung: Einzelne gegenüber Gruppe – Spieltempo: ruhig – Dauer: ca. 30-120 Min. – eher ernst – ohne große Vorbereitung spielbar – produktorientiert – beurteilen, einschätzen – medial darst.: malen, singen, bauen – kennenlernen (allg.) – Interesse aneinander – spielerischer Meinungsaustausch – Arbeitsplatz, Beruf – multithematisch – Methode für die Gruppenarbeit

GERÜCHE MALEN

Verschiedene Geruchsstoffe riechen, Geruch in ein Bild umsetzen

Material: Vorbereitete Geruchsstoffe in kleinen Behältern
Empfohlenes Mindestalter: 8 Jahre

Jeder riecht 2-4 Kräuter, Kosmetika o.ä. (deutliche, kräftige Geruchsstoffe) und soll jeden Geruch in ein kleines Bild (am besten mit Wachsmalstiften!) umsetzen. Das Bild kann abstrakt oder konkret sein, es soll den Eindruck oder die Stimmung, die durch den Geruch entsteht, versinnbildlichen.
Anmerkung: Ein völlig anderes Experiment ist es, einem „Blinden" eine Farbe zu beschreiben. Dabei dürfen keine Vergleich gezogen werden mit Sachen, die ein Blinder sich nicht vorstellen kann.
Auch bei diesem Spiel geht es um die Umsetzung von etwas sinnlich Wahrgenommenem in ein anderes Medium, hier Sprache.

Stichwörter
Gruppierung: Paare – Gruppierung: Einzelne gegenüber Gruppe – Spieltempo: ruhig – Dauer: ca. 10-30 Min. – eher ernst – Vorführung üblich oder möglich – blind wahrnehmen – Phantasie entwickeln – medial darst.: malen, singen, bauen – präzise sprechen oder beschreiben – Entspannung, Ruhe – Kim-(Wahrnehmungs-)spiel – Malspiel

GESCHICHTE VOM MERKWÜRDIGEN WESEN
Naturgegenstände sammeln und in eine Geschichte einbauen

Material: Naturgegenstände (Zweige, Steine, Moos...)
Empfohlenes Mindestalter: 8 Jahre

Zwei oder mehr Kleingruppen gehen nach draußen und sammeln doppelt soviele Naturgegenstände wie Personen in der Gruppe sind. Dann erzählt jede Gruppe den anderen spontan eine Geschichte. Einer beginnt und nutzt dabei einen gesammelten Gegenstand, der nächste Spieler setzt die Geschichte fort, und so geht die Runde zweimal herum, bis jeder zwei Sachen eingebaut hat.
Es hilft der Phantasie auf die Sprünge, wenn die Geschichte vom Leben eines merkwürdigen Wesens handelt (ein Zauberer, Troll, Waldgeist, Flußmuckel – was immer das ist!).
Die Gegenstände können auch als Requisiten in kleinen spontanen Spielszenen genutzt werden. Danach erzählt die nächste Gruppe.
VARIANTE: Die gesammelten Gegenstände können auch an eine andere Gruppe gegeben werden, die damit spontan die Geschichte erfinden soll.
Erfordert eine gewisse Atmosphäre und Lust zur Phantasie, zum Herumspinnen.

Stichwörter
Produkt gemeinsam erstellen – Umwelt, Natur, Ökologie – kreativ sein, improvisieren – Gruppierung: Kleingruppe mit ca. 4 Personen – Umgebung kennenlernen – Material erproben oder gestalten – Phantasie entwickeln – produktorientiert – Dauer: ca. 30-120 Min. – Spieltempo: ruhig

GESCHICHTEN SPIELEN – SZENISCHES SPIEL
Improvisierte kleine Szenen spielen

Material: Geschichten zum Spielen
Empfohlenes Mindestalter: 4 Jahre

Rollen in der Kleingruppe verteilen, Ablauf absprechen, improvisiert spielen. Evtl. Musik, Requisiten, Verkleidungen, Schminke hinzunehmen. Geschichten finden sich z.B. in: Wölfel, Du wärst der Pienek oder Krantz, Kinder spielen Geschichten – Ich bin du und du spielst mich.
Siehe auch SZENEN ERFINDEN und VERRÜCKTE, KLEINE SZENEN.

Stichwörter
Gruppierung: Kleingruppe mit 4-6 Personen – Spieltempo: lebhaft – Dauer: ca. 30-120 Min. – kombinieren, planen – kreativ sein, improvisieren – Phantasie entwickeln – darstellen (allg.) – pantomimisch darstellen – Körperkontakt – Kooperation üben – Darstellendes Spiel, Theaterspiel

GESCHICHTEN WEITERSPIELEN
Fortsetzung einer vorgelesenen Geschichte spontan spielen

Material: Geschichten zum Spielen
Empfohlenes Mindestalter: 6 Jahre

Der Spielleiter liest eine Geschichte vor und bricht an einer geeigneten Stelle ab. Er bittet die Spieler nach kurzer Rollenverteilung, den Schluß zu überlegen und vorzuspielen. Spannend ist es, wenn mehrere Kleingruppen Schluß-Möglichkeiten überlegen und vorspielen. Dann Schluß vorlesen!
VARIANTE: Man kann auch statt einer Geschichte eine Video-Aufzeichnung nehmen!

Stichwörter
Gruppierung: Kleingruppe mit 4-6 Personen – Spieltempo: lebhaft – Dauer: ca. 30-120 Min. – wahrnehmen (allg.) – beurteilen, einschätzen – kreativ sein, improvisieren – Phantasie entwickeln – darstellen (allg.) – pantomimisch darstellen – Körperkontakt – Kooperation üben – multithematisch – Literatur, Märchen, Lyrik – Darstellendes Spiel, Theaterspiel

GESICHTER AUSWERTUNG
Mit aufgemalten Mimiken seine generelle Stimmung ausdrücken

Material: Papier, Stifte, evtl. Mimürfel oder vorgemalte Mimiken
Empfohlenes Mindestalter: 12 Jahre

Jeder Spieler läßt die letzten gemeinsamen Arbeitstage, Gesprächsrunden oder Aktivitäten an seinem geistigen Auge vorbeiziehen.
Er erinnert sich an seine Stimmung, seine Gefühle, seine Wünsche ... Dies alles versucht er in einem gezeichneten Gesicht auszudrücken. Die „Gesichter" werden anschließend im Kreis der Gruppe gezeigt. Die Mitspieler bekommen durch das Gesicht einen Zugang zum momentanen Gefühlsstand des anderen. Ein Austausch wird möglich.
VARIANTE: Sprechblasen zu den Gesichtern malen und hinschreiben, was das Gesicht gerade spricht. Als Anregung kann der Spielleiter zu Beginn kurz typische Gesichterkarikaturen erklären: (mißgelaunt) herabgezogene Mundwinkel; (erstaunt) hochgezogene Augenbrauen; (fragend) Nase als Fragezeichen.

Stichwörter
Gruppierung: Kreis – Spieltempo: ruhig – Dauer: ca. 10-30 Min. – erinnern – beurteilen, einschätzen – medial darst.: malen, singen, bauen – Auswertung – spielerischer Meinungsaustausch – sonstige Spielform

GESICHTER STUDIEREN
Gesicht des Spielpartners genau beschreiben

Material: –
Empfohlenes Mindestalter: 14 Jahre

Paare sitzen sich gegenüber und schauen sich gegenseitig ca. eine Minute ins Gesicht. Sie beschreiben dann nacheinander mit geschlossenen Augen möglichst präzise das Gesicht des anderen.
VARIANTE: Gesicht mit geschlossenen Augen abtasten, dann Eindrücke beschreiben.
Anmerkung: Das Spiel benötigt eine ungestörte, ernste Gruppensituation.

Stichwörter
Gruppierung: Paare – Spieltempo: ruhig – Dauer: ca. 10-30 Min. – eher ernst – ohne große Vorbereitung spielbar – wahrnehmen (allg.) – blind wahrnehmen – fühlen, ertasten – konzentrieren – medial darst.: malen, singen, bauen – empathisch handeln – präzise sprechen oder beschreiben – kennenlernen (allg.) – Interesse aneinander – Vertrauen entwickeln – Entspannung, Ruhe – Gefühle – Selbsterfahrung – Interaktionsspiel – gruppendynamisches Experiment

GESICHTER WEITERGEBEN – GRIMASSEN SCHNEIDEN

Mimiken werden im Kreis herumgegeben

Material: –
Empfohlenes Mindestalter: 6 Jahre

Einer im Sitzkreis beginnt mit einem bestimmten Gesichtsausdruck (traurig, erstaunt...), geht auf jemand anderen zu, zieht sich diese Maske sozusagen vom Gesicht und streift sie dem anderen über, der die ausgedrückte Stimmung genau nachmachen soll. Dann läßt der Maskenträger sich ein neues Gesicht einfallen, ändert entsprechend seinen Ausdruck und gibt diesen weiter.
VARIANTE: Statt jemandem das Gesicht überzustreifen, kann es auch zugeworfen werden.
VARIANTE: Statt selbstausgedachter Grimassen oder Mimiken können auch die einzunehmenden Gesichter anfangs mit „Mimürfeln" erwürfelt werden (Würfel mit Mimiken statt Zahlen drauf).
Anmerkung: Das Spiel ist eine gute Methode für Ausdruckstraining.

Stichwörter
Gruppierung: Kreis – Gruppierung: Einzelne gegenüber Gruppe – Spieltempo: lebhaft – Dauer: ca. 10-30 Min. – witzig, besonders lustig – ohne große Vorbereitung spielbar – wahrnehmen (allg.) – konzentrieren – kreativ sein, improvisieren – pantomimisch darstellen – motorische Sensibilisierung – pantomimisches Spiel

GESTALTUNG EINES PLATTENCOVERS – COLLAGE NACH MUSIK

In Paaren ein Plattencover zu einer Musik collagieren

Material: Musikstück, Illustrierte, quadratischer Zeichenkarton
Empfohlenes Mindestalter: 10 Jahre

Nach dem Vorspielen des Musikstücks werden die Materialien bereitgelegt. Zu zweit soll mit Hilfe der Collagen-Technik ein Plattencover zur Musik entworfen werden. Jedes Paar muß sich auf eine Idee einigen. Beim Aussuchen von Bildern und Texten wird wiederholt das Musikstück gespielt. Zum Schluß findet eine Ausstellung im „Design-Center" statt, evtl. mit der Wahl des schönsten, verrücktesten, wildesten Entwurfs.

Stichwörter
Produkt gemeinsam erstellen – Materialspiel, Werken – kreativ sein, improvisieren – kombinieren, planen – einfach, leicht – Gruppierung: Paare – Musikspiel – Kooperation üben – Material erproben oder gestalten – Phantasie entwickeln – wahrnehmen (allg.) – Vorführung üblich oder möglich – produktorientiert – Dauer: ca. 10-30 Min. – Spieltempo: ruhig – medial darst.: malen, singen, bauen

GESTEN LEIHEN
Jeder Spieler hat beim Spielen einer Szene jemanden hinter sich, der die Gesten macht

Material: –
Empfohlenes Mindestalter: 12 Jahre

Zwei oder mehrere spielen einen Dialog (bzw. eine Szene). Hinter jedem Spieler steht ein weiterer Spieler, der seine Arme so unter den Achseln hindurchführt, daß er für seinen Vordermann die passenden Gesten machen kann. Rollenwechsel.

Stichwörter
Gruppierung: Paare – Spieltempo: lebhaft – Dauer: unter 10 Min. – wahrnehmen (allg.) – beurteilen, einschätzen – kreativ sein, improvisieren – Phantasie entwickeln – darstellen (allg.) – pantomimisch darstellen – empathisch handeln – Interesse aneinander – Kooperation üben – multithematisch – Darstellendes Spiel, Theaterspiel

GLEICHE MERKMALE FINDEN
Alle mit gleichen Merkmalen müssen sich finden

Material: Musik
Empfohlenes Mindestalter: 8 Jahre

Für Gruppenaufteilungen wird vom Spielleiter ein Merkmal gerufen, während alle (ggf. zu Musik) durch den Raum gehen. Ruft er z.B. „Augenfarbe", so müssen sich alle mit der gleichen Augenfarbe zusammenstellen.
Das können sichtbare Merkmale sein (z.B. Hosenfarbe, Schuhgröße, Haarfarbe, Haarlänge, Brillenträger...) oder unsichtbare (z.B. gleiche Sternzeichen, gleiche Geburtstagsquartale, Transportmittel zum Tagungsort, Arbeitsplätze, Haustiere, Lieblingszahl zwischen 1 und 10).
VARIANTE: Merkmale vorher verteilen, z.B. verschieden geformte oder verschiedenfarbige Pfeifenputzer oder Münzen, die erfühlt werden sollen.

Stichwörter
Gruppierung: Alle im Raum verteilt – Spieltempo: lebhaft – Dauer: unter 10 Min. – wahrnehmen (allg.) – kombinieren, planen – kennenlernen (allg.) – Warming up – Aktivierung bei Lustlosigkeit – Aufteilung in Untergruppen – Interesse aneinander – Unterhaltung, geselliges Treffen – sonstige Spielform

GLEICHE TIERE FINDEN
Spieler mit gleichen Anweisungen sollen sich finden

Material: Vorbereitete Zettel mit Tiernamen oder Anweisungen
Empfohlenes Mindestalter: 4 Jahre

Jeder erhält einen Zettel mit einem Tiernamen oder Tierbild. Die Zettel sind mehrfach vorhanden. Jeder Teilnehmer ahmt nun die Bewegung und den Laut des Tieres nach. Gleiche Tiere sollen sich finden.
VARIANTE 1: Gleiche Körperhaltungen (z.B. rechte Hand am linken Ohr; auf rechtem Bein hüpfen; linkes Auge zukneifen).
VARIANTE 2: Bestimmte Gangarten (z.B. vornehme Dame; Soldat; laufen lernendes Kind; Roboter; Betrunkener; eiliger Geschäftsmann; Punker).
VARIANTE 3: Bestimmte Mimiken bzw. Eigenschaften, die man am Gesichtsausdruck ablesen könnte (fröhlich, traurig, erstaunt).
VARIANTE 4: Gleiche Lieder summen oder pfeifen.
VARIANTE 5: Gleiche veränderte Kleidung soll blind ertastet werden (z.B. Hosenbein hochkrempeln, Bluse über den Rock...).

Stichwörter
Gruppierung: Alle im Raum verteilt – Spieltempo: lebhaft – Dauer: unter 10 Min. – wahrnehmen (allg.) – konzentrieren – darstellen (allg.) – medial darst.: malen, singen, bauen – pantomimisch darstellen – Warming up – Aktivierung bei Lustlosigkeit – Aufteilung in Untergruppen – Unterhaltung, geselliges Treffen – Bewegungsspiel

GLEICHES ERTASTEN

Blind werden kleine Sachen getauscht, bei Musikstop Gleiches erfühlen: dadurch Gruppenbildung

Material: Kleine Materialien (z.B. 3 Würfel, 3 Büroklammern, 3 Legosteine usw. für die Bildung von Dreiergruppen)
Empfohlenes Mindestalter: 6 Jahre

Für die Bildung zufällig zusammengesetzter Kleingruppen oder Paare schließen alle die Augen. Der Spielleiter legt kleine Gegenstände in die Kreismitte (die Anzahl gleicher Gegenstände richtet sich nach der Größe der Kleingruppen, die entstehen sollen. Bei Paarbildung müssen also von allen Sache jeweils zwei Gleiche vorhanden sein. Insgesamt soviele Gegenstände wie Personen).
Alle kriechen vorsichtig (!) mit geschlossenen Augen zur Kreismitte und jeder greift einen Gegenstand. Dann nach Musik blind im Kreis bewegen. Bei Musikstop soll jeder einmal tauschen. Drei Musikstops zum Tauschen. Dann beim 4. Musikstop sollen sich – ohne zu sprechen – die Teilnehmer mit gleichen Gegenständen finden. Wichtig: An „Nicht sprechen!“ erinnern, es sollte erfühlt werden.
VARIANTE: Schwieriger wird die Gruppenbildung, wenn ähnliche Gegenstände genommen werden: Für die Bildung von Fünfergruppen z.B. 5 Spielpüppchen aus Holz und fünf aus Plastik. Oder: Für die Bildung von drei Vierergruppen vier Legosteine mit 6 Knöpfen, vier Steine mit 8 Knöpfen und vier Steine mit 10 Knöpfen.

Stichwörter

Gruppierung: Kreis – Spieltempo: ruhig – Dauer: unter 10 Min. – universell verwendbar – gut als Überleitung zw. Spiele – blind wahrnehmen – Warming up – Aufteilung in Untergruppen – Kim-(Wahrnehmungs-)spiel – einfach, leicht – fühlen, ertasten

GLUCKSBAUCHSCHLAF
Bei Mitspieler Bauchgeräusche hören

Material: evtl. Decken
Empfohlenes Mindestalter: 8 Jahre

Einer legt sich auf den Boden, der zweite mit seinem Kopf auf den Bauch des ersten, der dritte mit dem Kopf auf den Bach des zweiten usw. bis es eine Art Quadrat ist. Dann auf die Bauchgeräusche hören, Augen schließen, Entspannungsmusik.
VARIANTE: Bei vielen immer abwechselnd als Zickzackband nach rechts und links legen.

Stichwörter
Gruppierung: Kreis – Gruppierung: Kleingruppe mit 4-6 Personen – Spieltempo: ruhig – Dauer: unter 10 Min. – wahrnehmen (allg.) – konzentrieren – Körperkontakt – Entspannung, Ruhe –meditatives Spiel

GOOFIE, DAS FREUNDLICHE MONSTER
Blindspiel, bei dem sich alle finden

Material: –
Empfohlenes Mindestalter: 10 Jahre

Alle gehen langsam und vorsichtig mit geschlossenen Augen durch den Raum. Der Spielleiter flüstert einem ins Ohr, daß er Goofie ist. Trifft ein Spieler auf einen anderen, so gibt er ihm die Hand und fragt: *„Bist du der Goofie?"*. Sagt der andere „Nein" oder stellt ebenfalls diese Frage, so ist klar, daß man Goofie noch nicht gefunden hat. Man geht wieder auseinander und sucht weiter, um den nächsten händeschüttelnd wieder zu fragen. Erhält man auf seine Frage keine Antwort, ist das Goofie-Monster gefunden. Das ist stumm. Dann behält man es an der Hand und wird damit Teil des Monsters. An die andere noch freie Hand kann sich dann noch jemand anschließen. Schließlich steht die ganze Gruppe als blinde, stumme Schlange da.
Anmerkung: Der Spielleiter sollte herumirrenden Spieler helfen.

Stichwörter
Gruppierung: Alle im Raum verteilt – Spieltempo: ruhig – Dauer: unter 10 Min. – blind wahrnehmen – fühlen, ertasten – Harmonisierung, Abschluß – Unterhaltung, geselliges Treffen – Entspannung, Ruhe – Interaktionsspiel

GROSSE SCHAUMSTOFFWÜRFEL
Spielmaterial für verschiedene Spielmöglichkeiten

Material: –
Empfohlenes Mindestalter: 4 Jahre

Der große, dicke Schaustoffwürfel mit einer Kantenlänge von 16 cm fasziniert alle Spielgruppen. In verschiedenen Farben mit großen gelben Punkten. Prima für jedes Spielfest.

Stichwörter
Brett-, Kartenspiel – Gruppierung ergibt sich; offenes Angebot – Spielaktion, Spielfest – Dauer: ca. 10-30 Min. – Spieltempo: lebhaft

GROSSER KREIS – KLEINER KREIS
Blind im Kreis langsam Arme über die Schultern legen

Material: Entspannungsmusik ist hilfreich.
Empfohlenes Mindestalter: 10 Jahre

Alle Teilnehmer sind blind, stehen im Kreis, Arme nach rechts und links ausgebreitet, die Fingerspitzen berühren sich gerade. Alle gehen ganz langsam Richtung Kreismitte.
„Spürt dabei, wie eure Finger langsam die Arme der Nachbarn hochkrauchen. Die Arme verschränken sich über den Schultern dabei langsam. Immer enger zusammenkommen, bis man Schulter an Schulter steht".
Dann wieder genauso langsam zurück in die Ausgangsposition. Das Spiel ist ein schöner Entspannungs- und zugleich Konzentrationsteil bei einer Körperübung.

Stichwörter
Gruppierung: Kreis – Spieltempo: ruhig – Dauer: unter 10 Min. – einfach, leicht – eher ernst – ohne große Vorbereitung spielbar – blind wahrnehmen – fühlen, ertasten – konzentrieren – Körperkontakt – Harmonisierung, Abschluß – Entspannung, Ruhe – Kim-(Wahrnehmungs-)spiel

GRUPPE AM STAB

Kleingruppen machen mehrere Spiele mit Stäben und reflektieren ihre Interaktion und Kommunikation

Material: Pro Teilnehmer ein Stab (Rhythmik-Stäbe aus Kunststoff, Bambus oder Besenstiele) und je Kleingruppe 3 Softbälle
Empfohlenes Mindestalter: 14 Jahre

Jede Kleingruppe steht im Kreis. Jeder Spieler hält über einen Stab Kontakt zum Nachbarn . Nun beginnt sich die Gruppe zu bewegen, ohne den „Stabkontakt" zu verlieren.
Ein Teilnehmer beobachtet die Gruppe von außen und gibt nachher ein Feedback. Während der Übung soll die Gruppe nicht miteinander reden. Zur Erleichterung kann Musik gespielt werden.
VARIANTE: Die folgenden Varianten bilden eine sinnvolle Reihenfolge:
• Es beginnt damit, daß jeder Teilnehmer einzeln mit seinem Stab durch den Raum spaziert (Tempovarianten, Muster laufen). Es werden durch verschiedenfarbige Stäbe Kleingruppen mit je 4-5 Teilnehmern gebildet, die dann ausprobieren, wie man einen Stab (danach 2 Stäbe) in der Gruppe wandern lassen kann.
• Dann folgt das gemeinsame Spiel in Kleingruppen mit allen Stäben.
• Schließlich erhält jede Gruppe 2 bis 4 Softbälle, die sich die Gruppenmitglieder mit den Füßen zuspielen sollen, ohne den Kontakt mit den Stäben zu verlieren.
• Zuletzt soll ein Softball mit Hilfe der Stäbe balanciert werden.
Es muß darauf geachtet werden, daß alle Übungen ohne verbale Absprachen ablaufen. Die Rolle des Beobachters sollte bei jedem Übungsteil wechseln. Beobachtungsaspekte sind die Dominanz einzelner, die Kooperation in der Gruppe, Verständigungsformen, Variantenreichtum ...

Stichwörter
Wettkampf, Durchsetzung – kreativ sein, improvisieren – einfach, leicht – Gruppierung: Kleingruppe mit 4-6 Personen – Interaktionsspiel – gruppendynamisches Experiment – Beziehungen – Kooperation üben – Warming up – schnell reagieren – geschickt verhalten – empathisch handeln – konzentrieren – Dauer: ca. 10-30 Min. – Spieltempo: action

GRUPPE BLIND SORTIEREN

Mit geschlossenen Augen die Gruppe nach bestimmten Merkmalen sortieren – in eine Reihenfolge bringen

Material: –
Empfohlenes Mindestalter: 8 Jahre

Einer aus der Gruppe macht die Augen zu und soll dann die Gruppe – der Größe nach – in eine Reihenfolge bringen
VARIANTE: nach Gewicht, nach Schuhgröße ...
VARIANTE: die ganze Gruppe ordnet sich blind selbst.
VARIANTE: die ganze Gruppe ordnet sich (evtl. auch mit offenen Augen) nach Vornamen alphabetisch. Besonders gut für Großgruppen zum Kennenlernen.

Stichwörter
Gruppierung: Halbgruppen – Gruppierung: Kleingruppe mit 4-6 Personen – Spieltempo: ruhig – Dauer: unter 10 Min. – blind wahrnehmen – fühlen, ertasten – konzentrieren – Körperkontakt – motorische Sensibilisierung – Interaktionsspiel

GRUPPE SCHÄTZEN

Kleingruppen raten Daten der Gesamtgruppe

Material: –
Empfohlenes Mindestalter: 8 Jahre

Jede Kleingruppe schätzt bestimmte Daten über die Gesamtgruppe ein: z.B. Körpergröße aller, Schuhlänge in cm, Alter, Haustierzahl, Anzahl der vorkommenden Tierkreiszeichen, Buchstabenzahl aller Vornamen, ...
Die richtigen Daten werden festgestellt; es gibt einen kleinen Preis für die Gruppe, die am besten geschätzt hat.

Stichwörter
Gruppierung: Kleingruppe mit 3-8 Personen – Spieltempo: ruhig – Dauer: ca. 10-30 Min. – wahrnehmen (allg.) – raten, erforschen – beurteilen, einschätzen – kennenlernen (allg.) – Warming up – Aktivierung bei Lustlosigkeit – Interesse aneinander – Unterhaltung, geselliges Treffen – Ratespiel, Quiz

GRUPPENBAUSTELLE

Die Beziehungsstruktur der Gruppe mit Bausteinen nachbauen

Material: Bauelemente (Legosteine, Holzklötze, Streichholzschachteln o.ä.)
Empfohlenes Mindestalter: 10 Jahre

Jeder Spieler erhält nach Anzahl der Teilnehmer mit Namen beschriftete Klötzchen. Mit den Klötzchen soll er sein Bild von der Gruppe bauen. Dann stellt jeder seine „Baustelle“ vor, erläutert sie und vergleicht sie mit den anderen.
VARIANTE: Sich einigen auf eine gemeinsame „Großbaustelle".

Stichwörter
Gruppierung: Alle im Raum verteilt – Spieltempo: ruhig – Dauer: ca. 10-30 Min. – erinnern – beurteilen,einschätzen – kreativ sein, improvisieren – medial darst.: malen, singen, bauen – Auswertung – Aggression, Konflikt – Beziehungen – Normen, Rollen, Werte – Selbsterfahrung – Vorurteile, Außenseiter – Materialspiel, Werken – gruppendynamisches Experiment

GRUPPENBILDER MALEN

Papier wandert im Kreis herum, jeder fügt einen Strich hinzu

Material: Papierbogen, ggf. Illustrierte, Filzstift oder Wachsmalkreide
Empfohlenes Mindestalter: 10 Jahre

Jeder hat ein Blatt Papier vor sich. Evtl. malt jeder seinen Namen auf das Blatt. Alle Teilnehmer beginnen mit einem Strich ein Bild zu malen, danach geht das Bild zum linken Nachbarn weiter. Das begonnene Bild des Nachbarn wird nun wieder um einen Strich ergänzt und weitergereicht, bis das eigene Bild wieder da ist.
VARIANTE: Statt Papier Ton verwenden (Urvorhaben als Bild festhalten) oder Collagen auf diese Art durch Hinzufügen von jeweils einem Zettel oder Ausriß herstellen.
VARIANTE: Der Zeichenstift wandert, jeder malt eine Kleinigkeit auf das gemeinsame Gruppenbild.

Stichwörter
Gruppierung: Kreis – Gruppierung: Kleingruppe mit 4-6 Personen – Spieltempo: ruhig – Dauer: ca. 10-30 Min. – eher ernst – produktorientiert – wahrnehmen (allg.) – beurteilen, einschätzen – kombinieren, planen – konzentrieren – kreativ sein, improvisieren – Phantasie entwickeln – medial darst.: malen, singen, bauen – empathisch handeln – spontan handeln – kennenlernen (allg.) – Namen lernen – Thema kennenlernen – Interesse aneinander – Kooperation üben – Harmonisierung, Abschluß – Auswertung – multithematisch – Malspiel

GRUPPENBURG-SPIEL – BAUSTEINSPIEL

Fragen stehen auf Bauklötzchen, die weitergegeben, beantwortet und zu Burg zusammengebaut werden

Material: Mindestens doppelt soviele mit Fragezetteln beklebte Holzbausteine wie Teilnehmer. (Statt Holzbausteine: Steine, Schachteln)
Empfohlenes Mindestalter: 12 Jahre

Ein Sack mit allen Bausteinen geht reihum, jeder holt sich einen Stein heraus, bis der Sack leer ist. Jeder schaut sich die Fragen auf seinen Steinen an, wählt eine Frage zum Selberbeantworten aus und legt diesen Stein zunächst hinter sich.
Der Spieler mit den längsten Haaren beginnt, liest eine Frage vor, wählt einen Teilnehmer, der sie beantworten soll und gibt ihm den Stein. Dieser antwortet auf die Frage, kann nun den Stein noch mal zur Beantwortung derselben Frage an jemand anderen weitergeben oder legt ihn in die Mitte als Grundstein einer Burg (oder eines Turms). Dann werden alle beantworteten Steine zusammengelegt. Sind alle Steine (bis auf die hinter sich gelegten) beantwortet, beginnt die Abschlußrunde mit den Fragen, die sich jeder zu Beginn zur Selbstbeantwortung aufgehoben hatte.

Stichwörter
Sprach-, Schreib-, Diskussionsspiel – Gruppierung: Kreis – Sexualität – multithematisch – spielerischer Meinungsaustausch – Interesse aneinander – kennenlernen (allg.) – universell verwendbar – Dauer: ca. 30-120 Min. – Spieltempo: ruhig

GRUPPENLEITER – GRUPPENMITGLIED GESUCHT

Inserat aufsetzen mit Leiter/Mitglied-Beschreibungen

Material: Papier, Filzstifte
Empfohlenes Mindestalter: 14 Jahre

Jedes Gruppenmitglied formuliert für sich die Stellenausschreibung für einen (Gruppen-)Leiter. Die Inserate werden in der Gruppe vorgestellt. Daraus formuliert die Gruppe ein gemeinsames Inserat.
VARIANTE: Alle überlegen eine Bekanntschaftsanzeige für das ideal in die Gruppe passende neue Mitglied. Dabei wird automatisch über Gruppennormen und -ziele und Neuaufnahmen diskutiert und entschieden. Geeignete Methode für Gruppenleiterschulungen/Ausbildung von Ferienhelfern.

Stichwörter
Gruppierung: Kreis – Spieltempo: ruhig – Dauer: ca. 10-30 Min. – beurteilen, einschätzen – empathisch handeln – präzise sprechen oder beschreiben – Interesse aneinander – Auswertung – Beziehungen – Normen, Rollen,Werte – Selbsterfahrung – Interaktionsspiel

GRUPPENTREFF
Kennenlerngespräche bei zwei sich nicht kennenden Gruppen

Material: Vorbereitete Zettel in zwei Farben
Empfohlenes Mindestalter: 8 Jahre

Manchmal gibt es die Situation, daß zwei ähnlich große Gruppen (z.B. zwei Schulklassen) sich begegnen und sich mit einem Spiel besser kennenlernen sollen, obwohl sie sich gruppenintern bereits sehr gut kennen. An jede Gruppe werden Zettel ausgegeben (grüne Zettel für die eine, weiße für die andere Gruppe). Auf den Zetteln steht jeweils ein Buchstabe als Abkürzung für einen Kennenlernbereich, z.B. „W“ Wohnort; „E“ Lieblingsessen; „H“Hobby. Diese Buchstaben sind gleichmäßig auf die Anzahl der Zettel verteilt.
Nun wird Musik gespielt. Während der Musik werden die Zettel innerhalb der Gruppe schnell getauscht. Bei Musikstop (oder Klatschen) behält jeder seinen Zettel und geht auf jemanden aus der anderen Gruppe zu. Jeder soll den anderen nach dem Kennenlerngebiet fragen. Geht es bei ungleicher Gruppengröße nicht paarweise auf, bilden sich einige Dreiergruppen.
VARIANTE: Man kann die Zettel auch durchnumerieren und „grün 1“ muß „weiß 1“ befragen usw.
Anmerkung: Besonders gut geeignet bei internationalen Jugendbegegnungen.

Stichwörter
Gruppierung: Halbgruppen – Thema – Spieltempo: lebhaft – Dauer: ca. 10-30 Min. – einfach, leicht – ohne große Vorbereitung spielbar – kennenlernen (allg.) – Aufteilung in Untergruppen – Interesse aneinander – spielerischer Meinungsaustausch – Methode für die Gruppenarbeit

GUMMITANZ
Tanzen mit Gummibändern

Material: Gummibänder, Musik
Empfohlenes Mindestalter: 6 Jahre

Jeder erhält ein zu einem Ring zusammengeknotetes Gummiband. Das Band wird unter die Fußflächen und über die erhobenen Handflächen gelegt. Die Musik beginnt, die Bewegung im Gummi geht ab.
VARIANTE: Paarweise in einem größeren Gummi, als Trio in ein ganz großes Band.

Stichwörter
Gruppierung: Alle im Raum verteilt – Gruppierung: Paare – Gruppierung: Kleingruppe mit 3 Personen – Spieltempo: action – Dauer: unter 10 Min. – kreativ sein, improvisieren – geschickt verhalten – spontan handeln – Aktivierung bei Lustlosigkeit – Kooperation üben – Unterhaltung, geselliges Treffen – Entspannung, Ruhe – Tanzspiel – Geschicklichkeitsspiel

HAARGENAU – BEGRIFFE GEOMETRISCH AUFMALEN

Ein Spieler diktiert mit einem zweiten, wie er aus geometrischen Figuren ein Bild von einem Begriff malen soll

Material: Malmöglichkeit (Tafel, Kreide o.ä.)
Empfohlenes Mindestalter: 10 Jahre

Einer erhält einen Begriff auf einem Kärtchen. Einem zweiten Spieler, der an der Tafel steht, diktiert er geometrische Figuren („Male jetzt ein liegendes, schmales Rechteck!“), aus denen sich ein Bild von dem Begriff zusammensetzen soll. Der Maler soll erraten, um was es sich handelt. Je nach schwieriger oder leichter Variante sind vom Maler Rückfragen erlaubt. Zeitbegrenzung kann sinnvoll sein.

Stichwörter
Sprach-, Schreib-, Diskussionsspiel – Unterhaltung, geselliges Treffen – kreativ sein, improvisieren – kombinieren, planen – raten, erforschen – einfach, leicht – Gruppierung: Paare – Malspiel – präzise sprechen oder beschreiben – konzentrieren – Vorführung üblich oder möglich – besonders spannend – universell verwendbar – Dauer: unter 10 Min. – Spieltempo: lebhaft – medial darst.: malen, singen, bauen

HAGUH

Versuchen, jemandem zum Lachen zu bringen

Material: –
Empfohlenes Mindestalter: 6 Jahre

Ein Kampf ums Lachen. Wer lacht, verliert. Die Gruppe wird in zwei gleich große Reihen geteilt, die einander in etwa 1 m Abstand gegenüber stehen. Jede Reihe schickt einen Spieler los. Die beiden Spieler begegnen sich in der Mitte und sagen: Haguh! Die Spieler in den Reihen versuchen, den Gegner zum Lachen zu bringen, ohne ihn zu berühren. Wenn ein Spieler lacht, wechselt er die Reihe. Zwei neue Spieler gehen aufeinander zu.
Anmerkung: Auch Lachen, zum Lachen bringen ist ein Durchsetzungsmittel. Dieses Spiel kann nur lustig oder auch nur verbissen sein – je nach Gruppensituation.

Stichwörter
Gruppierung: Halbgruppen – Spieltempo: lebhaft – Dauer: unter 10 Min. – wahrnehmen (allg.) – konzentrieren – kreativ sein, improvisieren – geschickt verhalten – spontan handeln – Aktivierung bei Lustlosigkeit – Wettkampf, Durchsetzung – Aggression, Konflikt – Körpersprache – Interaktionsspiel

HAHNENKAMPF
Im Wettkampf sich gegenseitig wegdrücken

Material: –
Empfohlenes Mindestalter: 8 Jahre

Zwei ungefähr gleichkräftige Kinder hocken sich hin und legen ihre Handflächen aneinander. Sie versuchen sich gegenseitig durch Drücken umzuwerfen. Berührt einer mit anderen Körperteilen als seinen Füßen den Boden, hat er verloren. Man kann auch Punkte zählen: Wer von 5 Fällen mindestens dreimal gewonnen hat, hat das Match gewonnen.
Anmerkung: Ein Durchsetzungsspiel, bei dem es nicht allein auf Körperkräfte, sondern auch auf deren geschickten oder trickreichen Einsatz ankommt.

Stichwörter
Gruppierung: Paare – Sportspiel – Wettkampf, Durchsetzung – Körperkontakt – Körperkräfte trainieren – schnell reagieren – geschickt verhalten – konzentrieren – beurteilen, einschätzen – Vorführung üblich oder möglich – ohne große Vorbereitung spielbar – besonders spannend – Dauer: unter 10 Min. – Spieltempo: action – Aggression, Konflikt

HALBMASKEN SELBST HERSTELLEN
Halbmasken aus Karton herstellen

Material: Kartonblätter, Stifte oder Illustriertenbilder für Farbkopiervorlagen
Empfohlenes Mindestalter: 4 Jahre

Auf großen Karton werden Tier- oder Personengesichter gemalt, ausgeschnitten und mit dünnem Gummiband versehen. Der Effekt des Spiels mit diesen Halbmasken ist sehr beeindruckend, weil sie den Träger stark verändern!
Wer seinen Malkünsten mißtraut, kann sehr wirkungsvolle Masken folgendermaßen herstellen: Tier- oder Personenbilder werden aus Zeitschriften ausgeschnitten und dann möglichst groß bei einem Farbcopyshop fotokopiert. Die Farbkopien auf Karton kleben, Umriß ausschneiden usw..
Anregungen für Gesichter: Hexe, Prinzessin, Roboter, Fee, Ritter, König, Indianer, Polizist – diese Figuren braucht man immer für Sketche und Stegreiftheater.
Siehe auch: VIKTORIANISCHE HALBMASKEN – die gibt es zu kaufen.

Stichwörter
Puppen-, Masken-, Schattenspiel – Darstellendes Spiel, Theaterspiel – einfach, leicht – Gruppierung: Gruppe(n) vor Zuschauern – Gruppierung: Einzelne gegenüber Gruppe – Material erproben oder gestalten – pantomimisch darstellen – darstellen (allg.) – Vorführung üblich oder möglich – ohne große Vorbereitung spielbar – universell verwendbar – Dauer: ca. 10-30 Min – Spieltempo: lebhaft

HALLO – ANMACHEN
Jungen versuchen Mädchen kennenzulernen und umgekehrt

Material: –
Empfohlenes Mindestalter: 14 Jahre

Aufteilung der Gruppe in Mädchen und Jungen. Alle sollen zwei Gruppen spielen, die sich nicht kennen. Die Jungen gehen vor die Tür und überlegen sich, wie sie auf die Mädchen zugehen könnten, um sie kennenzulernen. Inzwischen spielen oder lesen die Mädchen oder hören Musik. Nach ca. 5-10 Min. kommen die Jungen herein... Nachher besprechen. Und unbedingt anschließend Rollenwechsel!
Anmerkung: Quelle: Spiel und Spass – Spielkartei, Linz, Österreich

Stichwörter
Gruppierung: Halbgruppen – Spieltempo: lebhaft – Dauer: ca. 10-30 Min. – besonders spannend – ohne große Vorbereitung spielbar – beurteilen, einschätzen – kombinieren, planen – kreativ sein, improvisieren – empathisch handeln – geschickt verhalten – Beziehungen – Normen, Rollen, Werte – Sexualität – Interaktionsspiel – Rollen-, Entscheidungs-, Planspiel

HANDFLÄCHEN ZEIGEN
Gruppe in Halbgruppen teilen

Material: –
Empfohlenes Mindestalter: 8 Jahre

Alle strecken auf „Achtung – Fertig – Los“ eine Hand nach vorn und halten dabei den Handrücken nach oben oder nach unten. Das wird so oft wiederholt, bis ungefähr die Hälfte der Hände nach oben und die andere Hälfte nach unten zeigt: 2 Halbgruppen!

Stichwörter
Gruppierung: Kreis – Spieltempo: lebhaft – Dauer: unter 10 Min. – spontan handeln – Aktivierung bei Lustlosigkeit – Aufteilung in Untergruppen – sonstige Spielform

HANDTUCHBALL – SCHLEUDERBALL
Ball mit Handtuch schleudern

Material: Handtücher (halb so viele wie Spieler), 2-3 Bälle, Schwungtuch, Allzweckfolie
Empfohlenes Mindestalter: 6 Jahre

Jeweils zwei Spieler halten ein Handtuch. Mehrere Paare bilden einen Kreis. Ein Ball (oder mehrere Bälle) werden von Handtuch zu Handtuch geschleudert.
VARIANTE: Zwei Gruppen mit je einem Schwungtuch oder einer Allzweckfolie schleudern sich Bälle abwechselnd zu.
Anmerkung: Es ist sinnvoll, mit zwei Paaren, die sich gegenseitig einen Ball von Tuch zu Tuch zuspielen, als Übungssituation zu beginnen.

Stichwörter
Gruppierung: Paare – Gruppierung: Kreis – Spieltempo: action – Dauer: unter 10 Min. – konzentrieren – geschickt verhalten – schnell reagieren – Aktivierung bei Lustlosigkeit – Kooperation üben – Harmonisierung, Abschluß – Unterhaltung, geselliges Treffen – Sportspiel – Geschicklichkeitsspiel

HANS IM GLÜCK
Kleine Geschenke in der Stadt eintauschen

Material: kostenloses Material aus dem man kleine, auch symbolische Geschenke basteln kann
Empfohlenes Mindestalter: 12 Jahre

Jeder Mitspieler bastelt ein kleines Geschenk. Anschließend gehen alle mit ihren Geschenken an die Öffentlichkeit, d. h. richtig nach draußen, z. B. in die Fußgängerzone. Jeder versucht hier, sein Geschenk gegen etwas anderes einzutauschen. Es kann solange getauscht werden, bis jeder zufrieden ist. Zum Schluß treffen sich alle und berichten über ihre Erlebnisse.
Anmerkung: „Schüchterne“ Spieler können auch zu zweit losziehen.

Stichwörter
Gruppierung: Paare – Spieltempo: lebhaft – Dauer: ca. 30-120 Min. – kreativ sein, improvisieren – handeln (allg.) – empathisch handeln – geschickt verhalten – spontan handeln – Kooperation üben – Angst – Selbsterfahrung – Vorurteile, Außenseiter – Interaktionsspiel – Geschicklichkeitsspiel

HASE UND IGEL
Strategiespiel Rechenkünstler

Material: Brettspiel. (Ravensburger Spieleverlag)
Empfohlenes Mindestalter: 8 Jahre. Für 2-6 Spieler

Ohne Karotten geht nichts. Und bis zum Ziel reichen sie nie. Ein sehr beliebtes Gruppen- und Familienspiel: Manchmal werden die Letzten die Ersten sein... Jeder hat so seine Taktik, mit letzter Karottenkraft ins Ziel zu kommen. Kaum zu glauben: aber rückwärts kommt man hier manchmal schneller vorwärts.

Stichwörter
Gruppierung: Kleingruppe mit ca. 4 Personen – Brett-, Kartenspiel

HAUS-BAUM-HUND
Paare malen "blind" ein Bild

Material: Je Paar ein Stift und ein Blatt Papier (besser noch: je Paar 1 Pinsel, 2-3 Farbtöpfchen, Zeichenkarton, Allzweckfolie zum Drunterlegen
Empfohlenes Mindestalter: 10 Jahre

Jedes Paar soll mit geschlossenen Augen – und indem die Partner den Filzstift (oder Pinsel) gemeinsam anfassen – ein Haus, einen Baum und einen Hund und ihre Namen zusammen malen. Oder einen Bauernhof mit Tieren. Oder einen Zirkus. Aber nicht dabei miteinander sprechen und nicht blinzeln! Zum Schluß alle Bilder aufhängen, vielleicht sogar damit einen Wandfries zusammenstellen.
VARIANTE: Eine Hälfte der Gruppe legt sich auf den Boden (mit dem Gesicht nach oben), dann wird eine große dünne Allzweckfolie über die Liegenden gelegt (5 x 4 m). Körperumrisse auf die Folie malen. Tolle Fetendekoration!

Stichwörter
Gruppierung: Paare – Spieltempo: lebhaft – Dauer: unter 10 Min. – einfach, leicht – witzig, besonders lustig – ohne große Vorbereitung spielbar – produktorientiert – blind wahrnehmen – fühlen, ertasten – konzentrieren – medial darst.: malen, singen, bauen – empathisch handeln – geschickt verhalten – Warming up – Aktivierung bei Lustlosigkeit – Kooperation üben – motorische Sensibilisierung – Unterhaltung, geselliges Treffen – Beziehungen – Interaktionsspiel – Malspiel

HAUSRUNDGANG MIT SPIELAUFGABEN

Material: Vorbereitete Spielaufgaben (Aufgabenblatt)
Empfohlenes Mindestalter: 12 Jahre

Kleingruppen erhalten Rallye- bzw. Stationsspiel-Aufgaben, die während eines Hausrundgangs kontinuierlich oder in bestimmten Räumen zu erledigen sind. Z. B.: Denkt euch eine verrückte Nutzung für den Raum aus. Stellt nachher einen Einrichtungsgegenstand pantomimisch dar, alle raten usw.

Stichwörter
Gruppierung: Kleingruppe mit 3 Personen – Spieltempo: lebhaft – Dauer: ca. 30-120 Min. – wahrnehmen (allg.) – raten, erforschen – beurteilen, einschätzen – kreativ sein, improvisieren – kennenlernen (allg.) – Thema kennenlernen – Umgebung kennenlernen – Aktivierung bei Lustlosigkeit – Kooperation üben – Umwelt, Natur, Ökologie – multithematisch – Wissen erweitern – Ratespiel, Quiz

HÄNDE AUFLEGEN
"Blinden" werden Hände auf den Körper gelegt

Material: Musik zum schnellen Bewegen
Empfohlenes Mindestalter: 8 Jahre

Alle bewegen sich durch den Raum. Der Spielleiter ruft bei Musikstop zwei Namen auf (bei ca. 15 Teilnehmern, bei mehr Mitspielern sollte er 3 oder 4 Namen aufrufen). Die Aufgerufenen bleiben sofort stehen und schließen die Augen. Alle übrigen gehen zu den Aufgerufenen und legen eine Hand oder sogar beide Hände deutlich (aber sanft) an deren Körper. Die Aufgerufenen können nun je nach Spielvariante entweder nur spüren, wo die Hände liegen, die Wärme fühlen und die Berührung genießen oder schätzen und zählen, wieviel Handflächen aufliegen. Dann Augen öffnen (die Hände bleiben noch dran) und überprüfen, wo überall eine Hand liegt.
Spielen, bis alle mal aufgerufen wurden!
Anmerkung: Jugendlichen muß man sagen, daß man die Hand nur an Stellen legen soll, wo derjenige es vermutlich als angenehm empfindet.
Also je nach Kennenlerngrad müssen die typischen Tabuzonen ausdrücklich ausgegrenzt werden!

Stichwörter
Gruppierung: Alle im Raum verteilt – Spieltempo: lebhaft – Dauer: unter 10 Min. – einfach, leicht – eher ernst – ohne große Vorbereitung spielbar – blind wahrnehmen – fühlen, ertasten – konzentrieren – Interesse aneinander – Körperkontakt – Vertrauen entwickeln – motorische Sensibilisierung – Harmonisierung, Abschluß – Entspannung, Ruhe – Körpersprache – Interaktionsspiel

HÄNDE ERRATEN
Erraten, wem die gezeigte Hand gehört

Material: –
Empfohlenes Mindestalter: 6 Jahre

Mindestens 2 Kleingruppen sind notwendig. Eine Gruppe geht vor die Tür. Einer nach dem anderen streckt seine Hand durch den Türspalt. Die anderen sollen zusammen erraten, wessen Hand das ist.
VARIANTE: Füße.
Anmerkung: Siehe auch Spiel KÖPFE ERRATEN.

Stichwörter
Halbgruppen – Spieltempo: ruhig – Dauer: ca. 10-30 Min. – wahrnehmen (allg.) – erinnern – raten, erforschen – kennenlernen (allg.) – Interesse aneinander – Kim-(Wahrnehmungs-)spiel

HÄNDE SCHÜTTELN UND NOCH MEHR
Bei Musikstop einemPartner die Hand schütteln und kleine Bewegungen ausführen

Material: Tanzmusik
Empfohlenes Mindestalter: 8 Jahre

Alle tanzen einzeln nach der Musik durch den Raum. Wenn der Spielleiter die Musik unterbricht, sucht sich jeder ganz schnell einen Partner und gibt ihm die Hand. Dann soll mit den Händen eine kleine Bewegung oder Pantomime gemacht werden: Handdrücken (Ellbogen stoßen aneinander, beide drücken kräftig nach links und versuchen, die Hand des Partners auf die vorgestellte Tischplatte runterzudrücken) – Baumstamm durchsägen – Politiker schütteln ganz oft die Hände vor der Presse und lächeln die ganze Zeit über – Gemeinsam großes Schwungrad drehen – Mit den Händen eine Kinderschaukel andeuten – Tauziehen mit den Händen als Tau spielen – ...
Anmerkung: Mit ernsteren Gruppen kann man statt tanzen auch einfach durch den Raum gehen. Stichworte als Vorschläge: Handdrücken, Sägen, Politiker-Händeschütteln, Schwungrad, Kinderschaukel, Tauziehen.

Stichwörter
Tanzspiel – Unterhaltung, geselliges Treffen – Körperkontakt – Warming up – spontan handeln – ohne große Vorbereitung spielbar – einfach, leicht – universell verwendbar – Dauer: unter 10 Min. – Spieltempo: action – Gruppierung: Paare – Gruppierung: Alle im Raum verteilt

HÄNDESPRACHE

Blind Hände fühlen und mit ihnen „sprechen"

Material: –
Empfohlenes Mindestalter: 8 Jahre

Zwei setzen sich dicht gegenüber, schließen die Augen und geben sich die Hände. Jeder denkt sich zwei Gefühle oder Begegnungsarten aus, die er dann nur mit den Händen (ohne Sprechen) ausdrückt, z.B. Begrüßung, Traurigkeit, Unterdrückung, Nervosität, Verliebtsein, Streiten, Ulk...
Der andere versucht auch, zwei Gefühle o.ä. mit seinen Handbewegungen auszudrücken. Dann raten die beiden. Evtl. Wechseln der Partner und Wiederholung.
Anmerkung: Das Spiel benötigt eine ungestörte, ernste Gruppensituation.

Stichwörter
Gruppierung: Paare – Spieltempo: ruhig – Dauer: unter 10 Min. – schwierig – eher ernst – ohne große Vorbereitung spielbar – blind wahrnehmen – fühlen, ertasten – konzentrieren – pantomimisch darstellen – Aktivierung bei Lustlosigkeit – Interesse aneinander – Körperkontakt – Vertrauen entwickeln – motorische Sensibilisierung – Entspannung, Ruhe – Körpersprache – Interaktionsspiel

HÄNSCHEN, GRETCHEN PIEP EINMAL

Einer setzt sich blind auf einen Schoß, am Piepen Person erraten

Material: –
Empfohlenes Mindestalter: 4 Jahre

Alle sitzen im Kreis, einer muß in der Mitte die Augen schließen, wird gedreht, damit er die Orientierung verliert und kann sich dann auf einen Schoß der im Kreis Sitzenden setzen. Er sagt: „Hänschen, Gretchen, piep einmal!" Nun soll der Angesprochene einen deutlichen Piepton von sich geben (darf auch verstellt sein). Anhand des Pieptones und (evtl.) dem Befühlen der Knie soll die Person erraten werden. Bis zu fünfmal darf der Rater probieren, dann ist er erlöst.
Anmerkung: Ein Spiel, das viel Spaß mit Körperkontakt zuläßt.

Stichwörter: Gruppierung: Kreis – raten, erforschen – Spieltempo: lebhaft – Dauer: ca. 10-30 Min. – besonders spannend – einfach, leicht – witzig,besonders lustig – ohne große Vorbereitung spielbar – blind wahrnehmen – fühlen, ertasten – Aktivierung bei Lustlosigkeit – Körperkontakt – Unterhaltung, geselliges Treffen – Sexualität – Kim-(Wahrnehmungs-)spiel – Ulk-, Theken-, Partyspiel

HEIMATFILM – VORHANG AUF, VORHANG ZU

Stück für Stück wird mit allen ein Standfoto aufgebaut

Material: –
Empfohlenes Mindestalter: 8 Jahre

Der Regisseur (z.B. der Spielleiter) baut mit Hilfe aller Mitspieler nacheinander eine Filmszene aus z.B. einem Heimatfilm. Dabei wird die ganze Umgebung (Wald, Parkbank) von Teilnehmern dargestellt: Bank auf Waldlichtung, Liebespaar, Bäume, Mond, Wind, Jäger mit Hund, Hase, Jäger zielt auf Hasen, trifft aber Geliebte... Fortführung: Mit der Gruppe neue Szene ausdenken und darstellen.
VARIANTE: Mehrere Kleingruppen bereiten nach diesem Spielschema Szenen vor, die dann jeweils einer aus jeder Gruppe (Regisseur) mit allen arrangiert.

Stichwörter
Gruppierung: Alle im Raum verteilt – Spieltempo: lebhaft – Dauer: unter 10 Min. – kreativ sein, improvisieren – darstellen (allg.) – pantomimisch darstellen – Warming up – Aktivierung bei Lustlosigkeit – Kooperation üben – Unterhaltung, Geselliges Treffen – Darstellendes Spiel, Theaterspiel

HEIMLICH & CO

Brettspiel mit Würfelglück und Bluffvermögen

Material: Brettspiel (Wolfgang Kramer. Ravensburger Spielverlag)
Empfohlenes Mindestalter: 8 Jahre. Für 2-7 Spieler

Bei Nacht sind alle Agenten grau. Keiner weiß: wer ist wer und wer ein Strohmann. Auf leisen Sohlen schleichen sie würfelnd von Haus zu Haus. Keines ist ihnen eine Nummer zu groß, wenn's drum geht, mehr über den geheimnisvollen Tresor zu erfahren. Doch wer schiebt da wem Informationen zu? Des Krimis Lösung zeigt sich erst am Ziel. So mancher der bluffte, ist da verblüfft.

Stichwörter
Gruppierung: Kleingruppe mit ca. 4 Personen – Brett-, Kartenspiel

HEIRATSINSTITUT
Aus Männer- und Frauenbildern Ehepaare zusammenstellen

Material: Fotos mit Portraits von Frauen und Männern.
Empfohlenes Mindestalter: 16 Jahre

10 Männer- und 10 Frauen-Fotos werden von allen nach vier Fragen bepunktet:
1. Welcher Mann / welche Frau wäre ein guter Arbeitskollege?
2. Welcher Mann / welche Frau wäre ein guter Ratgeber bei Probleme?
3. Welcher Mann / welche Frau ist sexuell am attraktivsten?
4. Welcher Mann / welche Frau ist am wenigsten sympathisch?

Dann Paare zusammenstellen. Evtl. Paare bei erster Begegnung spielen.
Auswertungsaspekte: Nach welchen Gesichtspunkten wählen wir Partner? Was macht äußerliche Beliebtheit aus? Was können Menschen machen, die nicht gewählt werden? Wird der äußere Eindruck durch die Wahrnehmung der Verhaltensweisen stark korrigiert?
Wie vermeiden wir trotz der notwendigen Einschätzung anderer Menschen die Bildung von Vorurteilen und Klischee-Meinungen?

Stichwörter
Gruppierung: Alle im Raum verteilt – Spieltempo: ruhig – Dauer: ca. 30-120 Min. – eher ernst – anleitungsintensiv – wahrnehmen (allg.) – beurteilen, einschätzen – kreativ sein, improvisieren – spielerischer Meinungsaustausch – Ausländer – Beziehungen – Familie – Körpersprache – Normen, Rollen, Werte – Sexualität – Vorurteile, Außenseiter – Kim- (Wahrnehmungs-)spiel – Methode für die Gruppenarbeit – gruppendynamisches Experiment

HERRLICH – DÄMLICH

Kleine Szenen mit typisch männlicher/weiblicher Körpersprache

Material: ggf. Video
Empfohlenes Mindestalter: 16 Jahre

Wie bewegen sich Frauen, Männer? Wie stehen sie in der Bahn, am Schalter? Wie sitzen sie auf dem Stuhl? Hier sollen typische Körperhaltungen herausgefunden und nachgestellt werden. Der Spielleiter gibt Situationen am Anfang vor.
VARIANTE: Als Weiterentwicklung der Körpersprache wird nun versucht, Gestik, Mimik, Gestalt und Verhalten von ganz bestimmten Frauen- oder Männertypen zu spielen. Dazu nimmt jemand eine bestimmte Haltung ein; die anderen versuchen herauszufinden, was dargestellt wird: eine „Emanze", ein „Macker", ein „Chauvi"?
Als Variante können auch Pärchen miteinander spielen, also etwa „gestandene Frau"und „Softi"... Evtl. ganze Szenen spielen und mit Video aufnehmen.
Anmerkung: Beispiele für Szenen: Sitzen im Wartezimmer; Mann trifft Frau im Park; im Restaurant; ...

Stichwörter
Gruppierung: Alle im Raum verteilt – Gruppierung: Paare – Spieltempo: lebhaft – Dauer: ca. 10-30 Min. – wahrnehmen (allg.) – beurteilen, einschätzen – Phantasie entwickeln – darstellen (allg.) – Beziehungen – Körpersprache – Normen, Rollen, Werte – Sexualität – Darstellendes Spiel, Theaterspiel – Rollen-, Entscheidungs-, Planspiel

HERZEN UND BLITZE

Feedback mit Symbolen zu Sympathie/Antipathie

Material: Vorbereitete Pappherzen und Pappblitze.
Empfohlenes Mindestalter: 14 Jahre

Jeder Spieler hat 2-3 Pappherzen und 2-3 Pappblitze zur Verfügung und soll diese an andere in der Gruppe je nach Sympathie verteilen.
Auf die Rückseiten kann geschrieben werden, was man am Adressaten mag (Herz) oder nicht mag (Blitz). Gemeinsame Diskussion.

Stichwörter
Gruppierung: Kreis – Spieltempo: ruhig – Dauer: ca. 30-120 Min. – wahrnehmen (allg.) – erinnern – beurteilen, einschätzen – medial darst.: malen, singen, bauen – empathisch handeln – Interesse aneinander – Auswertung – Aggression, Konflikt – Beziehungen – Gefühle – Normen, Rollen, Werte – Selbsterfahrung – Interaktionsspiel –gruppendynamisches Experiment

HIGHLIGHTS UND STOLPERSTEINE

Was einem gut gefallen hat und was nicht , wird auf Zettel geschrieben und zu einem Licht und einem Stein gelegt

Material: Ein dicker Stein, ein (Tee-)Licht
Empfohlenes Mindestalter: 12 Jahre

Jeder bekommt mindestens zwei Kärtchen. In die Raummitte wird ein dicker Stein gelegt und etwa einen Meter entfernt eine brennende Kerze hingestellt. Jeder schreibt auf einen Zettel, einen Punkt oder Zeitabschnitt bei dem es ihm besonders gut ging, er viel gelernt hat oder bei dem für ihn der Höhepunkt der vergangenen Gruppenarbeit war. Auf den zweiten Zettel wird geschrieben, wo der Problempunkt in der Gruppenarbeit war. Die Highlight-Zettel werden um die Kerze gelegt, die anderen um den „Stolperstein". Dann greift jeder einen Highlight-Zettel (nicht den eigenen), liest ihn vor und rät, von wem der kommt. Der Autor kann dann seinen Zettel noch etwas ergänzen oder begründen. Dasselbe Verfahren mit den Stolperstein-Zetteln. In einer Abschlußrunde sollten noch offene Fragen besprochen werden.

Stichwörter
Sprach-, Schreib-, Diskussionsspiel – beurteilen, einschätzen – einfach, leicht – Gruppierung: Kreis – Auswertung – eher ernst – universell verwendbar – Dauer: ca. 10-30 Min. – Spieltempo: ruhig

HILFE, DIE KATZ'

Ganze Gruppe kann beim Katz-und-Maus-Spiel helfen

Material: –
Empfohlenes Mindestalter: 8 Jahre

Die Spielgruppe stellt sich mit ausgebreiteten Armen in Reihen neben- und hintereinander auf. Durch diese Reihen jagt die Katze nun die Maus. Die Maus kann sich helfen lassen: Schreit sie laut „Hilfe", drehen alle Spieler ihre ausgebreiteten Arme – mitsamt dem Körper – um 90 Grad.
Die Maus darf unter den Armen durchschlüpfen, die Katze nicht. Ist die Maus gefangen, wird sie zur zweiten Katze. Schafft die Katze es nicht, darf sie sich einen zweiten Spieler als weitere Katze holen.

Stichwörter
Gruppierung: Alle im Raum verteilt – Spieltempo: action – Dauer: unter 10 Min. – wahrnehmen (allg.) – geschickt verhalten – schnell reagieren –Aktivierung bei Lustlosigkeit – Wettkampf, Durchsetzung – Unterhaltung, geselliges Treffen – Bewegungsspiel

HINTER MEINEM RÜCKEN

Phantasie im Stehen: Wer kommt von hinten auf dich zu?

Material: –
Empfohlenes Mindestalter: 10 Jahre

Der Moderator kann folgenden Text verwenden: *„Verteilt euch im Raum. Stellt euch so hin, daß ihr keine Wand im Rücken habt bzw. euch nicht gegen eine Wand lehnt. Schließt die Augen."*
Nach einer kurzen Entspannung im Stehen fährt der Moderator wie folgt fort: „Stell dir vor, daß hinter deinem Rücken (hinterrücks) etwas passiert. Jemand aus dieser Gruppe kommt langsam von hinten auf dich zu... Wer könnte es sein? Was wird geschehen? Was empfindest du? Was möchtest du tun?... Du wirst berührt. Wie empfindest du diese Berührung? Was möchtest du am liebsten tun? Sag in Gedanken ein Wort oder einen Satz! Welche Bilder tauchen auf? Halte sie fest. Nun komm allmählich zurück in den Raum. Öffne die Augen." Auswertungsgespräch.
Anmerkung: Das Spiel benötigt eine ungestörte, ernste Gruppensituation. Es kann gut Teil eines Kreativitätstrainings sein.

Stichwörter
Gruppierung: Alle im Raum verteilt – Spieltempo: ruhig – Dauer: ca. 10-30 Min. – eher ernst – anleitungsintensiv – blind wahrnehmen – konzentrieren – Phantasie entwickeln – Entspannung, Ruhe – Angst – Biografie – Gefühle – gruppendynamisches Experiment

HOROSKOP PANTOMIMISCH

Weissagungen oder Eigenschaften szenisch darstellen

Material: Horoskop (z.B. Baum-Horoskop oder Eigenschaften auf Horoskop-Zuckerstückchen)
Empfohlenes Mindestalter: 16 Jahre

Jeder sucht sich sein Horoskop (Sternzeichen-Eigenschaften), wählt eine der charakteristischen guten oder ungünstigen Eigenschaften aus, und stellt diese Eigenschaft in einer pantomimischen Szene dar – alle anderen raten.
Der Darsteller sollte dann erzählen, wieweit diese dargestellte Eigenschaft für ihn persönlich typisch ist.

Stichwörter
Gruppierung: Kreis – Spieltempo: ruhig – Dauer: ca. 10-30 Min. – raten, erforschen – beurteilen, einschätzen – pantomimisch darstellen – kennenlernen (allg.) – Interesse aneinander – Unterhaltung, geselliges Treffen – Selbsterfahrung – pantomimisches Spiel

HOROSKOP ZUTREFFEND? – EIGENSCHAFTEN RATEN

Aussagen zum Wesen jedes Spielers sollen als zutreffend oder nicht zutreffend erkannt werden

Material: Wesensbeschreibungen von Tierkreiszeichen oder das „Baum-Horoskop", ein chinesisches Horoskop o.ä.
Empfohlenes Mindestalter: 14 Jahre

Jeder Mitspieler bekommt eine Beschreibung der Wesensmerkmale seines Tierkreiszeichens. Daraus sucht sich jeder eine Aussage (einen Satz) aus, der seiner persönlichen Einschätzung nach zutrifft oder gerade nicht zutrifft. Diesen Satz klebt jeder zusammen mit seinem Namen auf ein Blatt. Alle sollen dann von Blatt zu Blatt gehen und Kreuzchen in ein „Zutreffend!"oder „Nicht zutreffend!"-Feld machen – je nachdem sie glauben, ob der Blattbesitzer eine seiner Meinung nach (Selbstbild!) zutreffende oder nicht zutreffende Aussage gewählt hat. Dann erfolgt eine Aufklärung und ein begründendes Gespräch.
Anmerkung: Eine Atmosphäre sollte in der Gruppe geschaffen werden, die dazu führt, daß diese Einschätzungen einerseits halbwegs ehrlich erfolgen können, aber nicht so bierernst genommen werden.

Stichwörter
Gruppierung: Alle im Raum verteilt – Spieltempo: ruhig – Dauer: ca. 10-30 Min. – besonders spannend – eher ernst – beurteilen, einschätzen – kennenlernen (allg.) – spielerischer Meinungsaustausch – Selbsterfahrung – Ratespiel, Quiz – gruppendynamisches Experiment

HOROSKOP-EIGENSCHAFTEN ZUORDNEN

Eigenschaften (aus Horoskopen) jemandem zuordnen

Material: Horoskop-Zuckerstückchen oder Baum-Horoskop, Eigenschaften-Zettel
Empfohlenes Mindestalter: 14 Jahre

Horoskop-Zuckerstückchen oder andere Eigenschaften-Zettel liegen auf dem Tisch ausgebreitet. Ein Spieler sucht blind eins heraus und soll die positive Eigenschaft jemandem aus der Gruppe zuordnen. Der soll dann sagen, ob er diese Zuordnung akzeptieren kann. Dann ist der nächste Spieler dran.

Stichwörter
Gruppierung: Kreis – Spieltempo: ruhig – Dauer: ca. 10-30 Min. – beurteilen, einschätzen – empathisch handeln – Interesse aneinander – Beziehungen – Selbsterfahrung – sonstige Spielform

HOROSKOP-HITPARADE
Rangfolge von selbst eingeschätzten Eigenschaften in der Gruppe erarbeiten

Material: Horoskop-Zuckerstückchen, Baum-Horoskop o.ä.
Eigenschaften-Zettel
Empfohlenes Mindestalter: 14 Jahre

Jeder nimmt sich das Horoskop-Zuckerstückchen (oder Baum-Horoskop o.ä.), das zu seinem Sternzeichen gehört. Einer beginnt und liest eine positive Eigenschaft vor. Alle die meinen, daß auf sie diese positive Eigenschaft zutrifft, melden sich, usw. So entsteht eine Hitparade von der am meisten vorkommenden Eigenschaft bis zur selten oder gar nicht vorkommenden.
Ein zweiter Durchgang mit den negativen Eigenschaften kann stattfinden.
Anmerkung: Das Spiel benötigt eine ungestörte, ernste Gruppensituation.

Stichwörter
Gruppierung: Kreis – Spieltempo: ruhig – Dauer: ca. 10-30 Min. – beurteilen, einschätzen – kennenlernen (allg.) – Interesse aneinander – Selbsterfahrung – sonstige Spielform

HÖHLENWANDERUNG – TUNNEL
Spieler kriechen durch einen von kniender Gruppe gebildeten Tunnel

Material: –
Empfohlenes Mindestalter: 6 Jahre

Alle stellen sich nebeneinander in eine Reihe. Sie bilden einen Tunnel, indem jeder niederkniet und sich auf die Hände stützt („Hunde-Stellung"). Durch diesen kriecht jeder der Reihe nach hindurch. Der Tunnel kann Kurven haben, enge und weitere, hohe und niedrige Stellen. Jeder, der durchkrabbelt, setzt am Ende den Tunnel fort. Das Spiel ist beendet, wenn jeder einmal durch gekrochen ist. Falls zu arge Neckereien (Kitzeln, unfreundliches Ausnutzen des Körperkontakts usw.) absehbar sind, müßte entweder auf dieses Spiel verzichtet werden oder die Gruppe darauf aufmerksam gemacht werden, daß Tunnelwände starr bleiben müssen.

Stichwörter
Gruppierung: Alle im Raum verteilt – Spieltempo: lebhaft – Dauer: unter 10 Min. – ohne große Vorbereitung spielbar – gut als Überleitung zw. Spielen – geschickt verhalten – Aktivierung bei Lustlosigkeit – Körperkontakt – Bewegungsspiel – einfach, leicht – witzig, besonders lustig – Unterhaltung, geselliges Treffen – Geschicklichkeitsspiel

HÖLLENMASCHINE
Zwei suchen Ausschaltknopf bei ganzer Gruppe

Material: evtl. Pfeifenputzer oder Klebepunkte
Empfohlenes Mindestalter: 6 Jahre

Zwei Freiwillige verlassen den Raum. Die anderen stellen nun eine Höllenmaschine dar, indem jeder ein Maschinengeräusch und/oder eine Bewegung macht. Es wird festgelegt, wie die Maschine auszuschalten ist. Die beiden Freiwilligen bekommen die Aufgabe, diese Maschine auszuschalten.
VARIANTE: Jeder hat kleine Klebepunkte oder Pfeifenputzer an seiner Kleidung angebracht: das ist der „AUS-Schalter".

Stichwörter
Gruppierung: Alle im Raum verteilt – Spieltempo: lebhaft – Dauer: unter 10 Min. – wahrnehmen (allg.) – fühlen, ertasten – pantomimisch darstellen – Körperkontakt – Harmonisierung, – Abschluß – Unterhaltung, geselliges Treffen – Interaktionsspiel

HÖR-PANTOMIME – PANTOMIME MIT GERÄUSCHEN
Einer macht eine Pantomime, der Partner macht Geräusche dazu

Material: evtl. Gegenstände zum Geräuschemachen, Musikinstrumente
Empfohlenes Mindestalter: 8 Jahre

Einer spielt allen eine kleine Szene pantomimisch vor und sein Partner macht dazu die passenden Geräusche, zumeist mit dem eigenen Körper, evtl. kann er dazu auch noch ein paar Gegenstände oder einfache Musikinstrumente benutzen.
Anmerkung: Der Geräuschemacher kann auch hinter einem umgekippten Tisch hocken (oder hinter einer Stuhlreihe mit Decken drüber), so daß er den Pantomimen sieht, er aber vom Publikum nicht gesehen werden kann. Die beiden Akteure sollten sich nur ganz grob über den Handlungsverlauf abgesprochen haben, um so freier ist der Pantomime für sein Improvisieren und um so spontaner muß der Geräuschemacher reagieren. Je jünger die Kinder sind, desto mehr muß allerdings abgesprochen sein.

Stichwörter
Gruppierung: Paare – Gruppierung: Gruppe(n) vor Zuschauern – Spieltempo: lebhaft – Dauer: unter 10 Min. – universell verwendbar – einfach, leicht – witzig, besonders lustig – Vorführung üblich oder möglich – wahrnehmen (allg.) – medial darst.: malen, singen, bauen – pantomimisch darstellen – Kooperation üben – Unterhaltung, geselliges Treffen – Kim(Wahrnehmungs)-spiel – pantomimisches Spiel

HÖRSPIEL

Geschichte nur mit Geräuschen darstellen, Handlung erraten lassen

Material: –
Empfohlenes Mindestalter: 10 Jahre

Es werden kleine Gruppen gebildet, die sich jeweils eine kleine zu spielende Geschichte ausdenken. Wichtig dabei ist, daß diese Geschichte nur mit Geräuschen gespielt wird. Nach der Ideenfindung und einem kleinen Probespiel setzen sich die nicht spielenden Gruppen mit dem Rücken zur Kreismitte und schließen die Augen. Die spielende Gruppe spielt hörbar ihre Geschichte. Die Zuhörer sollen nach Spielende benennen können, was sie gehört haben. Dann Gruppenwechsel.
Anmerkung: Die Themen der Hörspiele können vielfältig sein, jedoch bieten sich zu Beginn alltägliche „Geschichten" an: Fliege bei Nacht; morgens um 6.00 Uhr; Hühnerhof mit Eindringling; die erste Schulstunde; Abschied; Geburtstagsfeier; usw. ...
Etwas einfacher und sehr ähnlich ist das Spiel GERÄUSCHKULISSE.

Stichwörter
Gruppierung: Kleingr. mit 4-6 Personen – Spieltempo: lebhaft – Dauer: ca. 10-30 Min. – blind wahrnehmen – raten, erforschen – konzentrieren – Phantasie entwickeln – darstellen (allg.) – Kooperation üben – Unterhaltung, geselliges Treffen – Kim-(Wahrnehmungs-)spiel

ICH BIN DER GRÖSSTE

Kleine absurde Wettbewerbsaufgaben paarweise austragen

Material: Brettspiel (Ulrich Baer. Bezug: Robin-Hood-Versand, Remscheid)
Empfohlenes Mindestalter: 12 Jahre

Ein verrücktes Spiel für 4-8 Spieler, die ständig witzige Rekorde miteinander austragen, aber gewinnen wird der Verlierer! Prima für Jugend- bzw. Schülergruppen.

Stichwörter
Gruppierung: Kleingruppe mit ca. 4 Personen – Brett-, Kartenspiel

ICH BIN DER PRINZ – MÄRCHEN ERFINDEN
Ein Märchen erfinden mit sich selbst als Hauptrolle

Material: –
Empfohlenes Mindestalter: 14 Jahre

Einzeln oder zu zweit ein Märchen erfinden und die eigene Person, die eigene Vergangenheit (Biografie!) und Eigenschaften (Selbsterfahrung!) in dem Märchen vorkommen lassen. Das Märchen dann als Märchenerzähler der Gruppe vorlesen und sie raten lassen, welche Figur der Märchenautor ist. Ihm ein Feedback geben, ob die eingebauten Eigenschaften wiedererkannt wurden.
VARIANTE: Kann auch als Auswertungsmethode dienen: Kleingruppen erstellen eine märchenhafte Darstellung der abgelaufenen Arbeitsphase: „Es waren einmal 12 Menschen, die auszogen, das Spiel zu lernen..."
Anmerkung: Primär handelt es sich hier um eine kreative Einzelarbeit. Die Spielgruppe sollte sich gut kennen. Das Spiel benötigt eine ungestörte, ernste Gruppensituation.

Stichwörter
Gruppierung: Einzelne gegenüber Gruppe – Spieltempo: ruhig – Dauer: ca. 10-30 Min. – schwierig – eher ernst – produktorientiert – Vorführung üblich oder möglich – kreativ sein, improvisieren – Phantasie entwickeln – medial darst.: malen, singen, bauen – Kulturtechniken: Lesen, Schreiben – kennenlernen (allg.) – Interesse aneinander – Auswertung – Biografie – Selbsterfahrung – Literatur, Märchen, Lyrik – Sprach-, Schreib-, Diskussionsspiel – gruppendynamisches Experiment

ICH BIN IN DEINEN HÄNDEN
Jeder legt seinen Kopf in die Hände des Partners

Material: Eine Entspannungsmusik kann unterstützend wirken.
Empfohlenes Mindestalter: 10 Jahre

Die Gruppe teilt sich in Paare. Die Paare entscheiden sich, wer A und wer B sein will. A setzt sich im Schneidersitz bequem so hin, daß er einige Zeit in dieser Haltung sitzen kann. Er legt die Hände wie eine Schale mit den Innenflächen nach oben in seinen Schoß. B streckt sich der Länge nach auf dem Boden aus, so daß er mit dem Hinterkopf in den Händen von A liegt. Beide suchen eine angenehme Stellung und schließen die Augen.
A spürt in sich hinein, wie es ihm damit geht, jemanden auf diese Weise „in den Händen"zu halten. B versucht so tief wie möglich in sein Gefühl (zum Beispiel des Gehaltenwerdens, des Beschützseins, des Aufgehobenseins) hineinzugehen. Er achtet auf Schwierigkeiten, Phantasien, Erinnerungen und Gefühle, die hochkommen. Anschließend Wechsel.
Anmerkung: Das Spiel benötigt eine ungestörte, ernste Gruppensituation.

Stichwörter: Gruppierung: Paare – Spieltempo: ruhig – Dauer: unter 10 Min. – eher ernst – konzentrieren – empathisch handeln – Interesse aneinander – Körperkontakt – Vertrauen entwickeln – Harmonisierung, Abschluß – Entspannung, Ruhe – Angst – Beziehungen – Gefühle – Interaktionsspiel – gruppendynamisches Experiment

ICH BIN VERZAUBERT

Durch Zaubererberührung erstarren und mit Durch-die-Beine-krabbeln erlösen

Material: Tücher zum Augenverbinden, eine zusammengerollte Zeitung
Empfohlenes Mindestalter: 10 Jahre

Alle Spieler erhalten ein Tuch, verbinden ihre Augen und gehen durch das Spielfeld. Einer von ihnen, der Zauberer, erhält eine zusammengerollte Zeitung, den Zauberstab, mit dem er versucht, möglichst viele Mitspieler zu berühren, worauf sie auf der Stelle erstarren und rufen: „Ich bin verzaubert". Die nicht verzauberten Mitspieler können den Verzauberten befreien und den Bann aufheben, indem sie zwischen den gespreizten Beinen des Verzauberten hindurchkriechen. Natürlich können sie bei dieser Befreiungstätigkeit auch verzaubert werden, wenn der Zauberstab sie berührt.
Anmerkung: Bei mehr als 20 Spielern die Gruppe halbieren und die Sehenden um das Spielfeld stellen, damit die Blinden nicht ins Leere gehen.

Stichwörter: Gruppierung: Alle im Raum verteilt – Spieltempo: lebhaft – Dauer: unter 10 Min. – schnell reagieren – spontan handeln – Aktivierung bei Lustlosigkeit – Körperkontakt – Kooperation üben – Unterhaltung, geselliges Treffen – Bewegungsspiel

ICH FAHRE NACH AFRIKA UND NEHME MIT

Systemratespiel: Herausfinden, daß die Begriffe den gleichen Anfangsbuchstaben wie Vornamen haben

Material: –
Empfohlenes Mindestalter: 10 Jahre

Einer beginnt und nimmt etwas nach Afrika mit, das mit dem gleichen Anfangsbuchstaben beginnt wie sein Vorname. Er sagt stets bei einer neuen Runde, was er in den vorigen Runden mitgenommen hat bzw. ob jemand das mitnehmen kann (richtig) oder nicht mitnehmen darf (falsch). Jeder kann auch in einer Runde, in der sich nicht alle kennen, sagen: „Ich heiße Ulrich und nehme eine Uhr mit, und das ist richtig.
Anmerkung: Siehe auch Spiel DER MOND IST RUND.

Stichwörter
Gruppierung: Kreis – Gruppierung: Einzelne gegenüber Gruppe – Spieltempo: lebhaft – Dauer: ca. 10-30 Min. – besonders spannend – einfach, leicht – ohne große Vorbereitung spielbar – wahrnehmen (allg.) – konzentrieren – Namen lernen – Unterhaltung, geselliges Treffen – Ulk-, Theken-, Partyspiel

ICH GEBE DIR – ICH MÖCHTE VON DIR
Sagen oder malen, was man vom anderen möchte

Material: –
Empfohlenes Mindestalter: 14 Jahre

Die Gruppe sitzt im Kreis. Jeder Teilnehmer geht zu dem Betroffenen und sagt ihm, was er ihm geben möchte und was er bekommen möchte. Erst nach Abschluß der Runde darf sich der Angesprochene dazu äußern.
VARIANTE: Jeder sagt nach einer Nachdenkrunde, was er gern der Gruppe oder einzelnen geben könnte (z.B. etwas, um zur guten Gruppenentwicklung beizutragen oder eine Freizeitidee) und was er gerne hätte.
Anschließend Gespräch darüber, ob es die Gruppe auch haben will bzw. ob man es bekommt.

Stichwörter
Gruppierung: Kreis – Spieltempo: ruhig – Dauer: ca. 10-30 Min. – beurteilen, einschätzen – kreativ sein, improvisieren – empathisch handeln – Interesse aneinander – Vertrauen entwickeln – Auswertung – Beziehungen – Selbsterfahrung – Interaktionsspiel – gruppendynamisches Experiment

ICH HEISSE ..., UND DU?
Ein Ball oder Soft-Flyer wird zu anderer Person geworfen, die dann ihren Namen nennt

Material: Soft-Ball oder -Frisbee, Wolle oder Schwamm, Papierball
Empfohlenes Mindestalter: 4 Jahre

Ein Soft-Ball oder -Frisbee oder Wollknäuel wird von Person zu Person im Kreis geworfen. Dabei sagt der Werfende: „Ich heiße Peter, und wie heißt du?“ Der Fänger sagt seinen Namen und wirft mit dem gleichen Satz weiter. – Es kann noch ein zweiter Ball ins Spiel gebracht werden. Das stiftet etwas Verwirrung und ist dann lustiger. Ganz einfaches Namenlernspiel.
VARIANTE: Wenn die Namen schon etwas besser klappen, kann beim Werfen auch der Satz gesagt und beantwortet werden: „Du heißt Monika, und wie heiße ich?

Stichwörter
Gruppierung: Kreis – Spieltempo: lebhaft – Dauer: unter 10 Min. – universell verwendbar – einfach, leicht – ohne große Vorbereitung spielbar – erinnern – konzentrieren – sonstige Spielform

ICH MAG – ICH MAG NICHT

Kennenlernspiel durch Abgabe von Werturteilen

Material: Brettspiel (Ulrich Baer. Bezug: Robin-Hood-Versand, Remscheid)
Empfohlenes Mindestalter: 12 Jahre. Für 2-8 Spieler

Die Spieler nennen oder spielen Sachen vor, die sie mögen und lernen sich dadurch besser kennen.

Stichwörter
Gruppierung: Kleingruppe mit ca. 4 Personen – Brett-, Kartenspiel

ICH MÜSSTE EIGENTLICH – GIVE AND TAKE

Verhaltensweisen nach „Sollte ich etwas mehr... mehr... viel mehr..." sortieren und in übersichtlicher Matrix auslegen

Material: Zettel mit Verhaltensweisen für jeden.
Empfohlenes Mindestalter: 16 Jahre

Jeder bekommt einen fotokopierten Zettelstapel mit Tätigkeiten, wie man sich dem Partner gegenüber verhalten sollte, z.B.: Meine Eigenständigkeit entwickeln; Etwas mehr sexy wirken; Über eigene Ängste besser sprechen können....
Jeder soll seinen Zettelstapel sorgsam und überlegt sortieren – in vier Häufchen: 1. Ich müßte etwas mehr... 2. Ich müßte mehr... 3. Ich müßte viel mehr... 4. Besser weniger bzw. betrifft mich nicht.
Dann werden die Zettel aller von allen Häufchen 2 und 3 zusammengelegt und ausgebreitet, so daß man die Häufigkeit der einzelnen Zettel gut nebeneinander ablesen kann. Diskutiert wird über Auffälliges.
VARIANTE: Jeder kann das auch mal mit seinem realen Partner zuhause machen. Oder: Es ist gut in Ehepaar-Trainings.
VARIANTEN: Andere Beziehungen (Team).
Anmerkung: Wichtig: Kann am besten mit Spielern gemacht werden, die aktuelle Partner-Erfahrungen haben.

Stichwörter
Gruppierung: Alle im Raum verteilt – Spieltempo: ruhig – Dauer: ca. 30-120 Min. – besonders spannend – eher ernst – erinnern – beurteilen, einschätzen – Thema kennenlernen – Vertrauen entwickeln – spielerischer Meinungsaustausch – Arbeitsplatz, Beruf – Beziehungen – Familie – Gefühle – Normen, Rollen, Werte – Schule – Selbsterfahrung – Sexualität – Methode für die Gruppenarbeit

ICH SCHENKE DIR EIN WORT – WORT VERSCHENKEN
Ein Begriff für jeden anderen als „Geschenk"auf einen Zettel schreiben

Material: –
Empfohlenes Mindestalter: 12 Jahre

Jeder schreibt für jeden ein Wort auf einen Zettel und „schenkt"es ihm. Nach dieser Runde hat jeder soviele Wörter vor sich liegen, wie es Mitspieler gibt. Nun legt man die geschenkten Wörter in eine für sich selbst geltende Reihenfolge oder baut aus ihnen eine Geschichte, die man den anderen erzählt. Schenkt bewertende Wörter wie „Aggressiv", „Lieb", „Vorantreibend", „Hindernd"...!

Stichwörter
Gruppierung: Kreis – Spieltempo: ruhig – Dauer: ca. 10-30 Min. – erinnern – beurteilen, einschätzen – kreativ sein, improvisieren – empathisch handeln – Interesse aneinander – Harmonisierung, Abschluß – Auswertung – Selbsterfahrung – Interaktionsspiel – gruppendynamisches Experiment

ICH SEHE WAS, WAS IHR NICHT SEHT
Etwas raten lassen, was im Raum ist und eine bestimmte Farbe hat oder mit einem bestimmten Buchstaben beginnt

Material: –
Empfohlenes Mindestalter: 8 Jahre

Jeder denkt sich zwei Sachen: 1. was im Raum zu sehen ist; 2. was eine Person an sich hat. Es sollten klar sichtbare, aber nicht sofort ins Auge fallende Sachen oder Details sein. Wer der Tür am nächsten sitzt, beginnt und läßt seine Sachen aus dem Raum von den anderen raten. Als Hilfe nennt er die Farbe: „Ich sehe was im Raum, was ihr nicht seht, und das ist blau-weiß"! Ist es geraten, läßt sein linker Nachbar raten usw.. Dann eine 2. Rate-Runde mit den Sachen der Personen: „Ich sehe was an Euch, was ihr nicht seht, und das fängt mit S an!"Diesmal ist die Hilfe der Anfangsbuchstabe.
Anmerkung: Falls etwas nicht so leicht geraten wird, sind Hilfen („kalt, warm, heiß") erlaubt.

Stichwörter
Gruppierung: Kreis – Spieltempo: ruhig – Dauer: ca. 10-30 Min. – wahrnehmen (allg.) – raten, erforschen – konzentrieren – Unterhaltung, geselliges Treffen – Kim-(Wahrnehmungs-)spiel

ICH SITZE IM GRÜNEN
Alle bewegen sich im Stuhlkreis herum und rufen dann Namen

Material: –
Empfohlenes Mindestalter: 8 Jahre

Alle sitzen auf Stühlen im Kreis, ein Stuhl bleibt leer. Der rechts vom leeren Stuhl sitzende Spieler wechselt schnell auf den leeren Stuhl und sagt dabei „Ich". Der nächste wechselt und sagt „sitze"usw. „Ich sitze im Grünen und liebe ganz heimlich (dann Name eines Mitspielers, der sofort den leeren Platz besetzen soll)". Dadurch entsteht wieder ein leerer Platz, und ganz schnell setzt sich der rechte Nachbar darauf und sagt „Ich" usw. Das muß sehr zügig und fließend gehen!
VARIANTE: Der Aufgerufene kann von Nachbarn festgehalten werden.
VARIANTE: Statt Namen können auch Eigenschaften gerufen werden.
Ähnlich wie MEIN RECHTES PLATZ-MONSTER.

Stichwörter
Gruppierung: Kreis – Spieltempo: action – Dauer: unter 10 Min. – schnell reagieren – kennenlernen (allg.) – Namen lernen – Warming up – Aktivierung bei Lustlosigkeit – Kooperation üben – Harmonisierung, Abschluß – Unterhaltung, geselliges Treffen – Bewegungsspiel

ICH TANZE, WAS DIE KONGA SPIELT – TANZIMPROVISATION
Spiel auf Instrumenten wird in kleine Tanzimprovisationen umgesetzt

Material: 3 – 5 einfach zu spielende Musikinstrumente
Empfohlenes Mindestalter: 10 Jahre

3 – 5 Teilnehmer spielen auf den Musikinstrumenten (wobei möglichst nicht mehr als zwei gleichzeitig zu hören sein sollten), und je Instrument ein bis drei Teilnehmer versuchen, die Musikimprovisation in eine Bewegungsimprovisation umzusetzen.
Wird ihr Instrument gerade nicht gespielt, verharren die Tänzer in der Bewegung oder in einer Ruheposition. Diese Übung läßt sich in mehreren Varianten durchführen. Wenn man Teilnehmer mit guten Musikfähigkeiten hat, können auch die Tänzer Impulse für eine Musikimprovisation geben.

Stichwörter
Gruppierung: Halbgruppen – medial darst.: malen, singen, bauen – Spieltempo: lebhaft – Dauer: ca. 10-30 Min. – schwierig – Vorführung üblich oder möglich – wahrnehmen (allg.) – konzentrieren – empathisch handeln – spontan handeln – Interesse aneinander – Kooperation üben – Interaktionsspiel – Musikspiel – Tanzspiel – kreativ sein, improvisieren – Produkt gemeinsam erstellen

IM BÄRENWALD

3 Spiele mit Vorschulkindern – Brettspiel

Material: Brettspiel (Johann Rüttinger. Noris Verlag.Fürth)
Empfohlenes Mindestalter: 5 Jahre. Für 2-6 Spieler

Schöner Spielplan und Bärenfiguren aus Holz. Ein nettes Kinderspiel mit drei verschiedenen Spielmöglichkeiten und einfachen Spielregeln. Das Spiel „Bäumchen pflanzen", der „Bären-Wettlauf"und das Spiel „Hi-Hei-Ho"– Würfelglück und Erinnerungsvermögen gehören dazu!

Stichwörter
Gruppierung: Kleingr. mit ca. 4 Personen – Brett-, Kartenspiel

IM DUNKLEN KELLER EIN KABEL AUFWICKELN – SEIL AUF- UND ABROLLEN

Mit geschlossenen Augen rollt sich eine Menschenreihe wie ein Kabel auf eine Kabeltrommel auf und wieder ab

Material: –
Empfohlenes Mindestalter: 6 Jahre

Alle bilden mit offenen Augen einen Kreis. Handfassung. An einer Stelle wird die Handfassung gelöst: Spieler A und B halten sich nun nicht mehr an den Händen gefaßt. Nun schließen alle die Augen. A ist die Kabeltrommel, um die B jetzt die ganze Gruppe wickelt. Dazu bleibt A stehen. B geht langsam, die ganze Gruppe hinter sich herziehend, hinter A vorbei und umkreist die Gruppe, mehrfach. Dabei bildet sich eine Spirale, die sich immer mehr um A dicht aufdreht.
Wenn alle ganz eng stehen, wickelt man das Kabel wieder von der Rolle, indem B einfach zurückgeht. Bei diesem Spiel muß die ganze Gruppe den Ablauf vorher verstanden haben. Man kann das ja auch erstmal mit offenen Augen üben, vielleicht zu einer nicht zu schnellen, aber trotzdem rhythmischen Musik. Dieses Spiel kann der erste Schritt zu Gruppen-Choreographien sein, die z.B. in Polonaisen auch komplizierte Formen annehmen können.

Stichwörter
Gruppierung: Kreis – Bewegungsspiel – Körperkontakt – Warming up – konzentrieren – blind wahrnehmen – ohne große Vorbereitung spielbar – universell verwendbar – Dauer: unter 10 Min. – Spieltempo: action

IMMER GENAU DAS GEGENTEIL!

Spielleiter gibt Darstellimpulse, die Gruppe soll spontan immer genau das Gegenteil darstellen

Material: –
Empfohlenes Mindestalter: 6 Jahre

Die Gruppe geht kreuz und quer durch den Raum. Der Spielleiter gibt auf ein Signal hin (Musikstop, Schlag auf einen Gong o.ä., Glocke oder Händeklatschen) einen Impuls, z.B. „Jetzt alle wie eine junge Dame laufen!".
Die Gruppe soll nun bis zum nächsten Impuls genau das Gegenteil darstellen, also wie ein alter Opa laufen. Impulse können auch eher abstrakte Körperdarstellungen sein: „Geht alle so, daß ihr möglichst viel Raum ausfüllt!".
Andere Beispiele für Impulse: Ängstlich durch einen finsteren Wald gehen; Elegant und sicher Kunststücke auf dem Seil vorführen; Gelassen und cool auf den Seitensprung des Ehepartners reagieren (bei Kindern: auf die heruntergefallene teure Vase reagieren); ein Auto sicher durch den dichten Verkehr steuern; am Montagmorgen müde zur Arbeit gehen...
Vermeiden Sie Impulse, deren Gegenteil nicht eindeutig oder nicht schnell realisierbar ist (z.B. Was ist das Gegenteil von „Gehen wie ein Wild-West-Held"?).
Anmerkung: Das Spiel erfordert einiges an Aufmerksamkeit, ist aber gerade deshalb ein gutes „Aufwachspiel". Das Spiel ist eine gute Methode in einem Ausdruckstraining, für Großgruppen geeignet und kann Teil eines Kreativitätstrainings sein.

Stichwörter

Darstellendes Spiel, Theaterspiel – kreativ sein, improvisieren – Gruppierung: Alle im Raum verteilt – Aktivierung bei Lustlosigkeit – Warming up – spontan handeln – darstellen (allg.) – Phantasie entwickeln – konzentrieren – ohne große Vorbereitung spielbar – universell verwendbar – Dauer: unter 10 Min. – Spieltempo: lebhaft

IMPROVISATION MIT GEGENSTÄNDEN

Spontan kleine Situation mit ausgelostem Gegenstand spielen

Material: Außer den üblichen Gegenständen ein paar ungewöhnliche Sachen bereithalten.
Empfohlenes Mindestalter: 12 Jahre

Verschiedene Gegenstände werden mit Nummern versehen. Ein Spieler nach dem anderen zieht eine Nummer und improvisiert mit dem betreffenden Gegenstand eine Szene, die ihm passend – oder extrem unpassend erscheint. Evtl. Paare oder Kleingruppen, die kurze Zeit haben, sich abzusprechen.
VARIANTE: Jeder nimmt sich einen beliebigen Gegenstand und spielt eine Szene unter Verwendung dieses Gegenstands, der aber in der Szene etwas ganz anderes ist, die Gruppe rät die vorgestellte Bedeutung des Gegenstands. Sehr lustig. Beispiel: Schlüsselbund wird als Autolenkrad genutzt.
Anmerkung: Das Spiel benötigt eine ungestörte, ernste Gruppensituation. Es kann Teil eines Kreativitätstrainings sein. Das Spiel ist eine gute Methode in einem Ausdruckstraining.

Stichwörter

Gruppierung: Paare – Gruppierung: Kleingruppe mit 3 Personen – Gruppierung: Einzelne gegenüber Gruppe – Gruppierung: Gruppe(n) vor Zuschauern – Spieltempo: lebhaft – Dauer: ca. 10-30 Min. – schwierig – witzig, besonders lustig – ohne große Vorbereitung spielbar – Vorführung üblich oder möglich – kreativ sein, improvisieren – Phantasie entwickeln – darstellen (allg.) – pantomimisch darstellen – spontan handeln – Material erproben oder gestalten – Unterhaltung, Geselliges Treffen – Darstellendes Spiel, Theaterspiel

IN ECKEN RENNEN

Zum Aufteilen rennen alle von der Mitte in Raumecken

Material: –
Empfohlenes Mindestalter: 6 Jahre

Alle stehen in der Mitte des Raums. Zum Aufteilen auf „Achtung – Fertig – Los“ in Ecken des Raums rennen. Ist die vom Spielleiter genannte Höchstzahl für die Ecke erreicht, muß zu einer anderen weitergelaufen werden.
VARIANTE: Mit geschlossenen Augen und vorgestreckten Armen!

Stichwörter

Gruppierung: Kreis – Spieltempo: action – Dauer: unter 10 Min. – wahrnehmen (allg.) – blind wahrnehmen – schnell reagieren – Aufteilung in Untergruppen – Wettkampf, Durchsetzung – Bewegungsspiel

IN FRIEDEN LEBEN
Kooperativ angelegtes Brettspiel um Frieden, Freundlichkeit, Zärtlichkeit

Material: Brettspiel (Gerd Boese. Kalker Spiele. Köln)
Empfohlenes Mindestalter: 6 Jahre. Für 2-8 Spieler

Das Spiel ist kooperativ angelegt und konkurrenzarm. Die Anforderungen der Karten verlassen nicht die kindliche Ebene. Es wird der „Frieden"im Elternhaus, in der Schule und im Freundeskreis angesprochen. Neben dem Hauptthema „Frieden" kommen auch die Themen Zärtlichkeit, Freundschaft und Außenseiter zur Sprache.

Stichwörter
Gruppierung: Kleingruppe mit ca. 4 Personen – Brett-, Kartenspiel

INFO-ACTION-SPIEL
Im Wechsel Fragen beantworten und Bewegungsaufgaben ausführen: Anweisungen werden aus Kästchen herausgezogen

Material: Vorbereitetes Spiel
Empfohlenes Mindestalter: 10 Jahre

Einfache kleine Bewegungsaufgaben werden auf einen langen Zettel (am besten auf eine Papierrolle von Tischrechnern) geschrieben. Dann eine zweite Rolle mit Kennenlern- oder anderen thematischen Fragen herstellen.
Beide Rollen gut aufrollen und in eine Pappschachtel oder einen Karteikasten nebeneinanderlegen, so daß das Streifenende einer Rolle links und das der anderen Rolle rechts aus der geschlossenen Schachtel schaut.
Jeder würfelt reihum. Bei einer geraden Zahl zieht der Spieler am links herausschauenden Streifen, liest die Aufgabe bzw. Frage, bei ungerade zieht er rechts. Eine Frage stellt er 1-3 Mitspielern seiner Wahl, eine Bewegungsaufgabe wird von allen gleichzeitig gemacht.
Für Gruppen mit maximal 20 Teilnehmern geeignet.

Stichwörter
Gruppierung: Kreis – Spieltempo: lebhaft – Dauer: ca. 30-120 Min. – universell verwendbar – Selbstläufer, keine Anleitung – denken (allg.) – spontan handeln – Körperkräfte trainieren – kennenlernen (allg.) – Thema kennenlernen – spielerischer Meinungsaustausch – multithematisch – Bewegungsspiel – Sprach-, Schreib-, Diskussionsspiel

INSTRUMENTE RATEN – GERÄUSCHE RATEN
Gegenstände oder Musikinstrumente durch ihren Klang erraten

Material: Mehrere Musikinstrumente oder Gegenstände zur Geräuscherzeugung
Empfohlenes Mindestalter: 4 Jahre

Zunächst werden mehrere Musikinstrumente (Gegenstände) gezeigt und kurz vorgespielt. Dann werden alle Instrumente hinter einen Vorhang getragen (falls nicht möglich: alle drehen sich weg und schließen vielleicht noch zusätzlich die Augen). Ein Gruppenmitglied geht zu den Instrumenten und macht mit einem Instrument Geräusche – schwerer zu raten wird es, wenn auf unübliche Art mit dem Instrument Klänge erzeugt werden.

Stichwörter
Gruppierung: Kreis – Gruppierung: Einzelne gegenüber Gruppe – Spieltempo: ruhig – Dauer: unter 10 Min. – einfach, leicht – eher ernst – wahrnehmen (allg.) – blind wahrnehmen – raten, erforschen – Material erproben oder gestalten – Kim-(Wahrnehmungs-)spiel – Musikspiel

IRRE KOMBINATION – IDEENFINDUNG
Eigenschaften 2er nicht zusammengehöriger Sachen kombinieren

Material: Möglichst verschiedenartige, ungewöhnliche Materialien
Empfohlenes Mindestalter: 8 Jahre

Zwei Gegenstände, Produkte oder Ideen, die eigentlich überhaupt nicht zusammengehören, werden kombiniert – d.h. Eigenschaften voneinander. Dieses öfter und in verschiedenen Kombinationen ausprobieren. Oft entstehen dabei völlig neue Ideen, Spiele, Produkte.
Anmerkung: Das Prinzip wird auch beim Spiel „Zoo Mix-Max“ und im englischen Bilderbuch „Magical Changes“ realisiert. Durch Überkleben oder Collagieren von Plakaten kann ein ähnlicher Effekt hervorgerufen werden.
Siehe auch: GEMEINSAMKEITEN VON BEGRIFFEN.

Stichwörter
Gruppierung: Kreis – Spieltempo: ruhig – Dauer: ca. 10-30 Min. – eher ernst – Selbstläufer, keine Anleitung – produktorientiert – wahrnehmen (allg.) – beurteilen, einschätzen – kombinieren, planen – kreativ sein, improvisieren – Phantasie entwickeln – Material erproben oder gestalten – multithematisch – Methode für die Gruppenarbeit

IRRENHAUS

Systemratespiel: Fragen stellen, geantwortet wird immer auf die Frage an den Vorhergehenden

Material: –
Empfohlenes Mindestalter: 12 Jahre

Einer, der das Spiel nicht kennt, geht raus und soll nach dem Reinkommen durch Fragen „die Krankheit“der „Irren“herausfinden: alle antworten auf die Frage des Vorherbefragten, der Erstbefragte denkt sich irgendeine beliebige, nichtssagende Antwort aus.
Anmerkung: Gehört zur Gruppe der „Systemspiele“: Vor allem interessant für diejenigen, die das System noch nicht kennen.
Siehe auch Spiel DER MOND IST RUND u.a. Ulkspiele.

Stichwörter
Gruppierung: Kreis – Gruppierung: Einzelne gegenüber Gruppe – Spieltempo: lebhaft – Dauer: ca. 10-30 Min. – besonders spannend – einfach, leicht – ohne große Vorbereitung spielbar – wahrnehmen (allg.) – raten, erforschen – konzentrieren – Unterhaltung, geselliges Treffen – Ulk-, Theken-, Partyspiel

J

JAPAN-PAPIERBÄLLE

Papierbälle für Spiel und Rhythmik

Material: Superleichte Bälle aus Pergamentpapier.
Empfohlenes Mindestalter: 6 Jahre

Bälle aus farbigem Papier mit Loch zum Aufpusten. Ein Riesenspaß für Groß und Klein, denn die Bälle können ständig aufgeblasen werden und schweben wie Luftballons, sind sehr leicht, können auf der Hand durch den Raum getragen werden und können sogar „geschlagen“werden ohne kaputtzugehen. Drei verschiedene Größen.

Stichwörter
Geschicklichkeitsspiel – Spielaktion, Spielfest – Unterhaltung, Geselliges Treffen – Selbstläufer, keine Anleitung – einfach, leicht – Gruppierung: Einzelne gegenüber Gruppe – Sportspiel – meditatives Spiel – Material erproben oder gestalten – Körperkräfte trainieren – geschickt verhalten – konzentrieren – Vorführung üblich oder möglich – Dauer: ca. 10-30 Min. – Spieltempo: lebhaft

JEDE MÜNZE HAT ZWEI SEITEN – ZWEI SEITEN EINER MEDAILLE
Eigene Widersprüche auf zwei Bierdeckelseiten notieren

Material: Bierdeckel oder Papierbögen, Pappschilder o.ä., Schnur
Empfohlenes Mindestalter: 12 Jahre

Jede Sache hat zwei Seiten“– „Zwei Seiten einer Medaille”: Jeder bekommt drei runde Pappschilder oder unbedruckte Bierdeckel und soll drei Gegensätze, Widersprüche oder Positiv/Negativ-Sachen notieren, die was mit ihm zu tun haben (z.B. Hobbys, Charakterzüge, Vorlieben).
Dann hängt man sich die drei Schilder um und geht bei leiser Musik durch den Raum, bleibt bei jemandem stehen, liest die Vorderseiten, dreht um, fragt nach, spricht eine zeitlang über die zwei Seiten der Medaillen, sucht sich einen neuen Gesprächspartner...
VARIANTE: Jeder macht auf Vorder- und Rückseite eines Blattes eine Collage über einen Widerspruch in sich. Oder auf mehrere Seiten, die dann aneinandergeklebt aufgestellt werden. Es können auf diese Weise gut die Vor- und Nachteile einer Idee, eines Berufswunsches, eines Projekts, eines Reiseziels, eines Wohnorts dargestellt werden.

Stichwörter
Gruppierung: Alle im Raum verteilt – Spieltempo: ruhig – Dauer: ca. 30-120 Min. – erinnern – beurteilen, einschätzen – denken (allg.) – konzentrieren – medial darst.: malen, singen , bauen – kennenlernen (allg.) – Interesse aneinander – Biografie – Gefühle – Selbsterfahrung – Kim-(Wahrnehmungs-)spiel – gruppendynamisches Experiment

JOB
Spiel um Arbeitsplätze

Material: Brettspiel (Mainz: Öko Vertrieb)
Empfohlenes Mindestalter: 14 Jahre. Für 2-5 Spieler

Wer schafft es, einen Job zu erwischen und zu behalten? Wer allzu egoistisch spielt, riskiert steigende Arbeitslosigkeit. Sobald alle Arbeitnehmer bewegungsunfähig auf dem Arbeitsamt sitzen, wird die Jobsuche aussichtsslos, und alle haben verloren. Die Spieler versuchen, im Wettbewerb um sichere Arbeitsplätze möglichst erfolgreich zu sein. Jeder Spieler betreut ein Team von drei Arbeitnehmern.

Stichwörter
Gruppierung: Kleingruppe mit ca. 4 Personen – Brett-, Kartenspiel

JONGLIERTÜCHER
Kleine Tücher, mit denen leicht jongliert werden kann.

Material: Tücher
Empfohlenes Mindestalter: 8 Jahre

Tücher aus luftigem Kreppstoff in vielen verschiedenen Farben. Besonders gut geeignet für Anfänger, Jonglieraktionen und Gruppenjonglagen.

Stichwörter
Geschicklichkeitsspiel – Entspannung, Ruhe – Unterhaltung, geselliges Treffen – einfach, leicht – Gruppierung: Einzelne gegenüber Gruppe – Material erproben oder gestalten – geschickt verhalten – konzentrieren – Vorführung üblich oder möglich – Dauer: unter 10 Min. – Spieltempo: ruhig

JURTENKREIS
Geschickte Handhaltung im Großgruppenkreis

Material: –
Empfohlenes Mindestalter: 10 Jahre

Spiel erfordert gerade Teilnehmerzahl! Im Kreis herum wird abgezählt: „1“, „2“, „1“, „2“usw..
Alle halten sich fest an den Händen, Füße stehen zusammen fest auf dem Boden. Gleichzeitig lassen sich alle „Einser“mit geradem Körper nach vorn, alle „Zweier“nach hinten „fallen“. Dadurch entsteht – gehalten von den Armen der jeweiliegen Nachbarn – eine Art Zick-Zack-Linie. Dann auf Kommando gleichzeitig Position wechseln („1“ nach hinten, „2“ nach vorn. Öfter wechseln.

Stichwörter
Gruppierung: Kreis – Spieltempo: ruhig – Dauer: unter 10 Min. – fühlen, ertasten – konzentrieren – empathisch handeln – geschickt verhalten – Kooperation üben – Vertrauen entwickeln – Harmonisierung, Abschluß – Interaktionsspiel

K

KAFFEEKRÄNZCHEN-STAMMTISCH

In der Rolle ihrer Eltern unterhalten sich die Spieler über sich selbst

Material: Evtl. Cassettenrecorder zur Aufzeichnung
Empfohlenes Mindestalter: 12 Jahre

Die Gruppe teilt sich geschlechtsgemäß in „Väter" und „Mütter" auf. Die Mütter spielen ein Kaffeekränzchen, die Väter einen Stammtisch. Jedes Gruppenmitglied spielt den eigenen Vater bzw. die eigene Mutter. Entscheidend ist, daß die Väter bzw. Mütter über ihre Kinder miteinander sprechen. Jeder erzählt so, was er/sie meint, was Vater/Mutter von ihm/ihr halten. Auswertung.
Anmerkung: Der Einstieg in das Gespräch wird erleichtert, wenn einer vom Spielleiter gebeten wird, von einem familiären Erlebnis zu berichten, beginnend mit der Floskel „Also mit den Kindern hat man es ja nicht leicht. Unser Sohn zum Beispiel...". Die Gruppe, die gerade nicht spielt, sollte einige Beobachternotizen machen. Evtl. ist auch für eine sehr gründliche Auswertung ein Tonbandprotokoll nützlich.

Stichwörter
Gruppierung: Halbgruppen – Spieltempo: ruhig – Dauer: ca. 10-30 Min. – erinnern – beurteilen, einschätzen – denken (allg.) – konzentrieren – Phantasie entwickeln – darstellen (allg.) – Interesse aneinander – Biografie – Familie – Selbsterfahrung – Sexualität – Sprach-, Schreib-, Diskussionsspiel

KALEIDOSKOP

Mit Farbscheiben in rundem Ausschnitt Kaleidoskop simulieren

Material: Farbige Scheiben, Reifen, Stäbe, Tücher
Empfohlenes Mindestalter: 10 Jahre

In ein großes schwarzes Papier wird ein ca. 1m großes, rundes Loch geschnitten. Zu Musik bewegen 2-4 Teilnehmer farbige Scheiben (mit Stoff bezogene Handtrommeln oder Softflyer), Reifen, Jonglierringe, Stäbe u. dgl. wie bei einem Kaleidoskop, zuerst symmetrisch, dann ganz improvisiert, aber kooperierend.
Anmerkung: Das Spiel ist eine gute Methode in einem Ausdruckstraining. Das Spiel kann gut Teil eines Kreativitätstrainings sein.

Stichwörter
Produkt gemeinsam erstellen – Puppen-, Masken-, Schattenspiel – Darstellen des Spiel, Theaterspiel – kreativ sein, improvisieren – Gruppierung: Gruppe(n) vor Zuschauern – Musikspiel – Kooperation üben – Material erproben oder gestalten – wahrnehmen (allg.) – Vorführung üblich oder möglich – Dauer: ca. 10-30 Min. – Spieltempo: lebhaft – medial darst.: malen, singen, bauen

KAMEL REITEN
Auf kniendem Partner „reiten"; zu mehreren in einer Reihe reiten

Material: Decken für die Knie der „Kamele" – evtl. damit über einen glatten Boden rutschen.
Empfohlenes Mindestalter: 8 Jahre

Ein Partner kniet nieder und stellt die Hände auf den Boden, er ist das Kamel. Der Reiter setzt sich vorsichtig (!) auf dessen Steiß und legt seine beiden Füße so in den Nacken des Kamels, daß sich die Fußsohlen berühren. Wenn er bis jetzt noch nicht heruntergefallen ist, breitet er die Arme weit aus, um sich im Gleichgewicht zu halten. Dann geht das Kamel los. Eine Erleichterung kann ein Kamelführer sein, der den Reiter fest am Arm hält! Wechsel.
VARIANTE 1: Zwei Kamele, ein quer darüberliegender Reiter, der vorsichtig auf ein anderes (unbesetztes) Kamelpaar umgeladen wird, indem sich die Trägerkamele vorn aufrichten; die 4 Kamele müssen dabei Po an Po stehen, bzw. knien.
VARIANTE 2: Formationsreiten – alle Kamele in einer Reihe, die Reiter fassen sich an den Händen (ohne Kamelführer!)...

Stichwörter
Gruppierung: Paare – Gruppierung: Kleingruppe mit 3 Personen – Spieltempo: action – Dauer: unter 10 Min. – gut als Überleitung zw. Spielen – geschickt verhalten – Körperkräfte trainieren – Körperkontakt – Kooperation üben – Unterhaltung, geselliges Treffen – Bewegungsspiel – Geschicklichkeitsspiel

KARIKATUREN ZUORDNEN
Karikaturen malen, tauschen und raten

Material: Blatt oder Luftballon, Musik
Empfohlenes Mindestalter: 10 Jahre

Paare sitzen gegenüber, jeder malt eine (möglichst identifizierbare) Karikatur vom anderen auf ein Blatt oder einen Luftballon. Dann bei Musik austauschen und bei Musikstop die Karikatur dem Portraitierten bringen.

Stichwörter
Gruppierung: Paare – Spieltempo: ruhig – Dauer: ca. 10-30 Min. – wahrnehmen (allg.) – erinnern – raten, erforschen – medial darst.: malen, singen, bauen – kennenlernen (allg.) – Interesse aneinander – Malspiel

KARTOFFELSÄCKE WIEGEN – WAAGE – WIEGEN

Rücken an Rücken untergehakt stehen, sich abwechselnd heben

Material: –
Empfohlenes Mindestalter: 6 Jahre

Paare (halbwegs gleich kräftige) stehen Rücken an Rücken, haken die Arme unter, einer hebt den Partner vom Boden ab, indem er sich stark nach vorn beugt, bis der Partner fast waagerecht auf seinem Rücken liegt. Vorsichtig ihn hin- und herschwanken lassen. Rollenwechsel.
Anmerkung: Das Spiel benötigt eine ungestörte, ernste Gruppensituation.

Stichwörter
Gruppierung: Paare – Spieltempo: ruhig – Dauer: unter 10 Min. – einfach, leicht – eher ernst – ohne große Vorbereitung spielbar – empathisch handeln – Körperkräfte trainieren – Aktivierung bei Lustlosigkeit – Körperkontakt – Kooperation üben – Vertrauen entwickeln – Harmonisierung, Abschluß – Entspannung, Ruhe – meditatives Spiel

KATZ UND MAUS – HELFENDE MÄUSE

Wenn zwei Mäuse sich umarmen, sind sie vor der abschlagenden Katze sicher

Material: –
Empfohlenes Mindestalter: 6 Jahre

Eine Katze kennzeichnen, alle übrigen Teilnehmer sind Mäuse. Die Katze soll eine Maus durch Abschlagen fangen. Wenn zwei Mäuse sich umarmen, sind sie geschützt. Bei abgeschlagener Maus wird diese neue Katze; ehemalige Katze wird Maus. Aber die Mäuse sind nicht nur solidarisch und springen sich in Not bei, sondern sie sind zugleich mutige Mäuse, die nicht die ganze Zeit über Hand in Hand laufen!
VARIANTE: 3 Mäuse müssen sich umarmen, um geschützt zu sein.
Anmerkung: Ein schon fast klassisch zu nennendes schnelles kooperatives Spiel. Die Spieler brauchen gar nicht so viel wegzurennen, wenn sie lernen, sich schnell helfend beizuspringen. Gut als Spiel im Wasser geeignet.

Stichwörter
Gruppierung: Alle im Raum verteilt – Spieltempo: action – Dauer: unter 10 Min. – wahrnehmen (allg.) – schnell reagieren – Aktivierung bei Lustlosigkeit – Körperkontakt – Kooperation üben – Unterhaltung, geselliges Treffen – Bewegungsspiel

KATZ UND MAUS MIT FALLSCHIRM
Maus unterm Fallschirm, Katze drüber und soll Maus fangen

Material: Fallschirm oder Riesenschwungtuch
Empfohlenes Mindestalter: 6 Jahre

Einer ist die Maus und kriecht unter dem Fallschirm umher. Ein zweiter ist die Katze und läuft auf dem Fallschirm herum. Sie versucht, die Maus zu finden und zu fangen (festzuhalten). Alle übrigen Spieler machen mit dem Fallschirm viele Wellen, damit es die Katze nicht zu leicht hat.
Anmerkung: Damit die Maus bessere Chancen hat, muß die Katze evtl. die Augen schließen.

Stichwörter
Gruppierung: Kreis – Spieltempo: action – Dauer: ca. 10-30 Min. – wahrnehmen (allg.) – geschickt verhalten – schnell reagieren – Aktivierung bei Lustlosigkeit – Wettkampf, Durchsetzung – Unterhaltung, geselliges Treffen – Bewegungsspiel – Geschicklichkeitsspiel

KÄNGURUHSCHULE – KÄNGURUH-HÜPFEN
Allein und zu zweit wie ein Kängeruh hüpfen lernen

Material: –
Empfohlenes Mindestalter: 6 Jahre

Ein „Lehrer“ macht es vor, die Gruppe stellt sich im Halbkreis oder „ordentlich wie in der Schule“ in Zweierreihen an und macht immer gleich mit:
1. Wir lernen die korrekte Känguruh-Hüpfhaltung kennen: Dazu die Arme angewinkelt parallel nach vorn und Hände pfötchenartig nach vorn abknicken. Füße parallel und Knie leicht beugen. Dann Po rausstrecken und mit beiden Beinen gleichzeitig loshüpfen.
2. Zu zweit hüpfen lernen: Wiederholen wie 1., aber nebeneinander stellen und zum Schluß zwei „Pfötchen“ übereinander legen. Mit dieser Handhaltung hüpfen.
3. Känguruhmutter mit Kind im Beutel: Zwei stellen sich dicht hintereinander. Bei „Pfötchenhaltung einnehmen“ legt die hintere Person die Arme um den Bauch der vorderen Person (Beutel). Gemeinsam hüpfen. Gut auch als Transportspiel zwischen Spielstationen geeignet.

Stichwörter
Spielaktion, Spielfest – witzig, besonders lustig – einfach, leicht – Gruppierung: Paare – Bewegungsspiel – Kooperation üben – Körperkontakt – Aktivierung bei Lustlosigkeit – Warming up – geschickt verhalten – gut als Überleitung zw. Spielen – universell verwendbar – Dauer: unter 10 Min. – Spieltempo: action

KENNENLERNINTERVIEW

Nach einem Partnerinterview stellt jeder seinen Partner in lustig gestalteten Text vor

Material: Vorbereitete Zettel mit je zwei Textgestaltungsmöglichkeiten
Empfohlenes Mindestalter: 10 Jahre

Jeder bekommt einen Zettel mit zwei Textvarianten, zwischen denen er später wählen kann. Es werden Paare gebildet. Man befragt sich gegenseitig (ca. 15-20 Min.). Dann soll jeder mindestens 4 Informationen über seinen Gesprächspartner in einen gestalteten Text einbauen. Für die Gestaltungsform kann jeder zwischen zwei Möglichkeiten (siehe Zettel) wählen. Dann werden die Texte vorgetragen.
Textgestaltungsmöglichkeiten: Nachrichtensprecher – Lied – Dichterlesung – Quiz – Bänkellied – Telegramm – Küchengerät-Gebrauchsanweisung – Brief einer älteren Dame an ihre Jugendliebe – Fernsehpfarrer – Festtagsrede – Heiratsannonce – Leserbrief – Kurzmärchen – Rätsel der Woche – Horoskop
Anmerkung: Diese Kennenlernmethode kann außergewöhnlich witzig und interessant werden, erfordert aber eine kreative Gruppe. Eine zu große Anforderung für einen eher nüchternen Tagungsbeginn.

Stichwörter
Gruppierung: Paare – Gruppierung: Einzelne gegenüber Gruppe – Spieltempo: ruhig – Dauer: ca. 30-120 Min. – schwierig – witzig, besonders lustig – ohne große Vorbereitung spielbar – Vorführung üblich oder möglich – Phantasie entwickeln – medial darst.: malen, singen, bauen – Kulturtechniken: Lesen, Schreiben – kennenlernen (allg.) – Interesse aneinander – Sprach-, Schreib-, Diskussionsspiel

KINDERFOTOS ERZÄHLEN

Kinderfotos in der Gruppe zuordnen, von eigener Kindheit erzählen

Material: Kinderfotos der Teilnehmer
Empfohlenes Mindestalter: 12 Jahre

Jeder bringt ein Kinderfoto mit und steckt es in einen neutralen Umschlag. Dann gehen alle mit dem Umschlag durch den Raum und tauschen dabei oft die Umschläge. Auf ein Klatschen des Spielleiters (bzw. bei Musikstop) öffnet jeder den Umschlag, den er gerade in der Hand hält, sieht sich das Foto genau an und versucht es dem Eigentümer zuzuordnen und zu übergeben.
Ist das Kind richtig geraten worden, nimmt der Eigentümer das Foto und legt es beiseite. Ist nicht richtig geraten worden, kommt das Foto wieder in den Umschlag. Dann beginnt wieder eine neue Tauschrunde mit den nicht richtig geratenen Fotos. Insgesamt drei Tausch-/Raterunden. Daran anschließend setzt man sich in Kleingruppen zusammen und erzählt bei der Betrachtung der Fotos über die eigene Kindheit.

Stichwörter
Gruppierung: Alle im Raum verteilt – Spieltempo: lebhaft – Dauer: ca. 10-30 Min. – wahrnehmen (allg.) – raten, erforschen – beurteilen, einschätzen – kennenlernen (allg.) – Warming up – Aktivierung bei Lustlosigkeit – Interesse aneinander – Biografie – Familie – Ratespiel, Quiz

KINDHEITSERFAHRUNGEN IM INTERVIEWSPIEL
Gegenseitige Interviews über Kindheitserfahrungen

Material: Fragebogen mit z.B. den hier vorgeschlagenen Fragen.
Evtl. Kinderfotos.
Empfohlenes Mindestalter: 14 Jahre

Jeder Teilnehmer erhält eine Liste mit den Fragen. Einer beginnt mit einer Frage an einen anderen. Der Befragte stellt die nächste Frage usf. Auch andere, selbst ausgedachte Fragen können gestellt werden.
Die Fragen:
- Was hat dich als Kind am meisten wütend gemacht? Ist das heute noch so?
- Erzähle uns eine Situation, in der du als Kind gelogen hast.
- Kannst du dich erinnern, was du als Kind später einmal werden wolltest?
- Welche Bedeutung hat Musik in deiner Familie und für dich?
- Was mochtest du früher besonders gern an dir? Wie ist das heute?
- Was hast du früher für Kleidung getragen (tragen müssen), und was trägst du heute gerne?
- Was für ein Kind hättest du nach der Vorstellung deiner Eltern sein sollen? Inwieweit warst du es?
- Erzähle etwas darüber wie du im Moment wohnst. ...

Weitere Fragenbeispiele:
- Erzähle etwas über dein Verhältnis zur Schule!
- Erzähle uns etwas über deine Freunde und Freundinnen in der Kindheit.
- Erzähle uns etwas über deine Krankheiten als Kind, und wie es war, wenn du krank warst.
- Stell dir vor, deine Herkunftsfamilie sei ein Haus. Wie sieht es aus? ...

VARIANTE: Zu einzelnen Fragen können auch Bilder gemalt oder simulierte Tagebuchnotizen erstellt werden. Kinderfotos sollten dann mitgebracht werden. Jeder erhält dann eine zufällige Auswahl der Fragen und sucht sich daraus zwei aus.

Stichwörter
Gruppierung: Kreis – Spieltempo: ruhig – Dauer: ca. 30-120 Min. – einfach, leicht – eher ernst – Selbstläufer, keine Anleitung – erinnern – medial darst.: malen, singen, bauen – kennenlernen (allg.) – Interesse aneinander – Vertrauen entwickeln – Biografie – Familie – Selbsterfahrung – gruppendynamisches Experiment

KISTENSPIEL – SZENEN MIT GEGENSTÄNDEN DARSTELLEN

Szenen erstellen unter Verwendung bestimmter Gegenstände

Material: Schachteln mit Gegenständen
Empfohlenes Mindestalter: 10 Jahre

Die Gruppe teilt sich in Kleingruppen (ca. 4-5 Spieler pro Gruppe). Jede Gruppe erhält eine Kiste oder eine Tüte mit kleinen Gegenständen – pro Spieler mindestens einen Gegenstand. Die Gruppen ziehen sich in eigene Räume oder Ecken zurück, um eine kurze Szene, einen Sketch innerhalb von maximal 10 Minuten zu. Alle Gegenstände müssen vorkommen – egal wie!
VARIANTE: Jede Gruppe sucht im Gebäude 3-5 ungewöhnliche Gegenstände zusammen, gibt diese an eine andere Gruppe weiter, die damit eine Szene erstellen soll.

Stichwörter
Gruppierung: Kleingruppe mit ca. 4 Personen – Spieltempo: lebhaft – Dauer: ca. 30-120 Min. – kombinieren, planen – Phantasie entwickeln – darstellen (allg.) – pantomimisch darstellen – spontan handeln – Kooperation üben – Unterhaltung, geselliges Treffen – Darstellendes Spiel, Theaterspiel

KLEIDERKETTE

Aus persönlichen Gegenständen lange Kette machen – zwei konkurrierende Mannschaften

Material: Persönliche Gegenstände, Schnürsenkel, Gürtel usw.
Empfohlenes Mindestalter: 8 Jahre

Es werden zwei Mannschaften gebildet, die Männlich-weiblich-Verteilung sollte ungefähr gleich sein. Jede Gruppe soll aus sich und der eigenen Kleidung eine möglichst lange Kette machen.
Anmerkung: Aufpassen auf Gruppendruck und Hemmungen! Am besten nur aus Sachen, die man aus dem Zimmer holen kann oder aus Gürteln usw. – nicht aber aus Kleidung. Oder: Aus den Körpern eine lange Kette bilden.

Stichwörter
Gruppierung: Halbgruppen – Spieltempo: action – Dauer: unter 10 Min. – kreativ sein, improvisieren – empathisch handeln – geschickt verhalten – schnell reagieren – Aktivierung bei Lustlosigkeit – Interesse aneinander – Kooperation üben – Harmonisierung, Abschluß – Unterhaltung, geselliges Treffen – Sexualität – Ulk-, Theken-, Partyspiel – sonstige Spielform

KLEIDUNG VERÄNDERN
Kleinigkeiten an der Kleidung verändern und raten lassen

Material: –
Empfohlenes Mindestalter: 8 Jahre

Partner stellen sich gegenüber auf, schauen sich genau an. Dann dreht sich einer um, der andere ändert etwas an seiner Kleidung (Variante: Körperhaltung) und der Partner soll es herausfinden. Öfter Rollenwechsel!
VARIANTE: Veränderungen ertasten mit geschlossenen Augen.

Stichwörter
Gruppierung: Paare – Spieltempo: ruhig – Dauer: unter 10 Min. – wahrnehmen (allg.) – raten, erforschen – fühlen, ertasten – geschickt verhalten – kennenlernen (allg.) – Interesse aneinander – Unterhaltung, geselliges Treffen – Kim-(Wahrnehmungs-)spiel

KLEINE MIMÜRFEL
Spielmaterial für verschiedene Spielmöglichkeiten

Material: – (Hajo Bücken. Bezug: Robin-Hood-Versand, Remscheid)
Empfohlenes Mindestalter: 5 Jahre. Beliebig viele Spieler

12 Würfel in der Pappdose. Auf jedem Würfel 6 verschiedene Gesichter: Mimiken von lachend bis wütend. Und ein kleines Heft mit 20 Ideen, die man mit diesen tollen Würfeln spielen kann: Geschichten erzählen, Pantomimen machen, Kennenlernspiele. Für Erwachsene und Kinder gleichermaßen schön. Kleine Würfel mit einer Kantenlänge von 1 cm.
Anmerkung: Siehe auch: GROSSE MIMÜRFEL.

Stichwörter
Brett-, Kartenspiel – Gruppierung ergibt sich; offenes Angebot – Ulk-, Theken-, Partyspiel – Unterhaltung, geselliges Treffen – Dauer: ca. 10-30 Min. – Spieltempo: ruhig

KLOPAPIERROLLEN-LANDSCHAFT
Landschaft mit Bierdeckeln und Klopapierrollen bauen

Material: viele Bierdeckel und Klopapierrollen
Empfohlenes Mindestalter: 4 Jahre

Wir bauen gemeinsam eine große Stadt nur mit 200 Klopapierrollen und 300 Bierdeckeln. Es entstehen modernste Pyramidenhäuser, wackelige hohe Türme, Straßen auf Säulen – alles mit praktisch kostenlosem Material, das wir vorher im gesamten Bekannten- und Kollegenkreis massenhaft gesammelt haben. Das kann auch eine zeitlang stehenbleiben und immer wieder umgebaut und ergänzt werden. Wer es gerne ästhetisch anspruchsvoll hat, kann die Pappteile ja vorher noch anmalen.

Stichwörter
Gruppierung: offene Aktion – kooperativ – Materialspiel – bauen – kreativ

KNOTENSPIEL
Die ganze Gruppe steht händehaltend im Kreis, ver- und entknotet sich

Material: ggf. Seil, Tücher
Empfohlenes Mindestalter: 8 Jahre

Alle halten sich im Kreis an den Händen. Dann verknotet sich die Gruppe durch Drüber- und Druntergehen ohne die Hände loszulassen! Wenn alle eng verknotet stehen, wieder ohne die Hände loszulassen auseinander in den Kreis zurückgehen.
VARIANTE: 1-2 Spieler bleiben außen, die Gruppe verknotet sich und dann lösen die beiden durch ihre Anweisungen den Knoten.
VARIANTE: Gruppe verknotet und entknotet sich blind.
VARIANTE: Alle Spieler halten sich nicht an den Händen, sondern halten immer ein Tuch zwischen sich.
VARIANTE: Jeder Spieler ergreift mit einer Hand ein verknotetes, durcheinander liegendes Seil.
Anmerkung: Das Verknoten kann auch so passieren: Kette bilden, erster Spieler geht oft (alle hinter sich herziehend) über die Hände der Kette und zwischen den Beinen durch, ergreift schließlich die freie Hand des letzten Spielers.

Stichwörter
Gruppierung: Kreis – Spieltempo: lebhaft – Dauer: unter 10 Min. – wahrnehmen (allg.) – blind wahrnehmen – kombinieren, planen – konzentrieren – empathisch handeln – geschickt verhalten – Aktivierung bei Lustlosigkeit – Körperkontakt – Kooperation üben – Harmonisierung, Abschluß – Unterhaltung, geselliges Treffen – Bewegungsspiel

KONFERENZ DER PLANETEN
Gruppe soll sich auf neue gemeinsame Sprache einigen

Material: –
Empfohlenes Mindestalter: 12 Jahre

Im Vorspiel werden Kleingruppen gebildet. Diese setzen sich zusammen und erfinden für etwa acht vorher festgelegte Wörter neue Wörter (z.B. für gut/schlecht, Mann/Frau, Ja/nein, Sinn/Unsinn ...). Die acht neuen Wörter ergeben die Sprache der einzelnen Planeten. Im Hauptspiel kommen die Planetarier zusammen, um eine neue interplanetarische Sprache zu schöpfen. Sie verhandeln auf deutsch. Wer wird sich wie durchsetzen? Brechen auch innerhalb der Gruppen Konflikte auf?
Anmerkung: Bilden sich „Schweigergruppen" und „Rednergruppen"? Können Rückschlüsse auf politische Verhandlungen gezogen werden und Schwierigkeiten beim Austragen von Interessengegensätzen erlebbar gemacht werden?

Stichwörter
Gruppierung: Kleingruppe mit 3 Personen – Spieltempo: lebhaft – Dauer: ca. 30-120 Min. – kombinieren, planen – empathisch handeln – Aktivierung bei Lustlosigkeit – Kooperation üben – Wettkampf, Durchsetzung – Aggression, Konflikt – Ausländer – Beziehungen – Politik, Frieden, Geschichte – Rollen-, Entscheidungs-, Planspiel

KONFLIKT-KETTENREAKTION
Lösungen für vorbereitete Konflikte finden

Material: Pfeifenputzer, vorbereitete Zettel mit Konfliktfällen.
Empfohlenes Mindestalter: 14 Jahre

Der Spielleiter hat Konfliktsituationen auf einzelne Kärtchen geschrieben. Ein Spieler beginnt, nimmt ein Kärtchen, liest es laut vor und nennt spontan eine mögliche Reaktion (Konfliktlösung). Die Gruppe entscheidet darüber, ob die Lösung akzeptabel oder nicht akzeptabel ist. Findet die Mehrheit die vorgeschlagene Lösung gut, wird aus einem Pfeifenputzer ein Ring geformt (das erste Glied einer Kette aus Pfeifenputzerringen). Findet die Mehrheit die Lösung nicht akzeptabel, so wird ein Ring von einer inzwischen gebildeten Kette wieder entfernt. Ziel ist die Bildung einer Kette mit soviel Ringen wie Mitspieler. Gutes Spiel zur Vorbereitung von Jugendgruppenleitern auf problematische Gruppensituationen bzw. auf Fälle im Zeltlager.

Stichwörter
Gruppierung: Kreis – Gruppierung: Kleingruppe mit 4-6 Personen – Spieltempo: ruhig – Dauer: ca. 30-120 Min. – beurteilen, einschätzen – kreativ sein, improvisieren – Aggression, Konflikt – multithematisch – Sprach-, Schreib-, Diskussionsspiel

KONTAKTAUFNAHME
Konzentriertes Umhergehen, Schauen, Begrüßen

Material: –
Empfohlenes Mindestalter: 12 Jahre

Alle gehen durch den Raum und schauen ihn sich genau mit allen Einzelheiten an. Dann Konzentration auf die anderen: ansehen, weitergehen, nächsten ansehen usw. Mit Handschlag mehrere begrüßen; in die Augen schauen; mit verschiedenen Körperteilen begrüßen (z.B. Rücken an Rücken, Fuß zu Fuß), abschließend mit Körperteil der eigenen Wahl.

Stichwörter
Gruppierung: Alle im Raum verteilt – Spieltempo: lebhaft – Dauer: unter 10 Min. – einfach, leicht – eher ernst – ohne große Vorbereitung spielbar – wahrnehmen (allg.) – konzentrieren – kennenlernen (allg.) – Umgebung kennenlernen – Interesse aneinander – Körperkontakt – Entspannung, Ruhe – Bewegungsspiel – Interaktionsspiel

KONTROLLIERTER DIALOG
Ein Paar spricht kontrolliert nach einem vereinbarten Ritual miteinander

Material: –
Empfohlenes Mindestalter: 14 Jahre

Zwei sprechen miteinander (evtl. in der Kreismitte einer Gruppe) über ein sie möglichst persönlich betreffendes Thema nach folgendem Ritual: A sagt eine Meinung. B wiederholt die Ansicht mit eigenen Worten. B sagt nun, wieweit er der Meinung von A maximal zustimmen könnte. B setzt mit einem eigenen Beitrag das Gesprächsspiel fort. Danach reagiert A im gleichen Ritual.
Anmerkung: Eine bereits klassisch zu nennende Methode aus der Gruppendynamik. Bei Streits sehr hilfreich, aber es ist eine dritte Person oder eine wachsame Gruppe nötig, die auf die Einhaltung der Regeln achten.

Stichwörter
Gruppierung: Paare – Aggression, Konflikt – Spieltempo: ruhig – Dauer: ca. 10-30 Min. – schwierig – eher ernst – ohne große Vorbereitung spielbar – empathisch handeln – präzise sprechen oder beschreiben – Vertrauen entwickeln – Wettkampf, Durchsetzung – spielerischer Meinungsaustausch – Beziehungen – Selbsterfahrung – gruppendynamisches Experiment

KOOP-TIERPUZZLE

Kooperation, Gruppenrollen, Leistungsverhalten im Experiment bewußtmachen

Material: Vier Holztiere oder ähnliche Puzzle.
Empfohlenes Mindestalter: 14 Jahre

4 Kleingruppen erhalten durcheinandergemischte dreidimensionale Puzzleteile von 4 Holztieren. Jede Gruppe soll ein Tier zusammensetzen. Die Teile dürfen zwischen den Gruppen nur über einen Tisch (Marktplatz) ausgetauscht werden. Nonverbal oder mit Sprechen zu spielen. Ähnlich wie die Übung mit den Quadraten von Tobias Brocher oder wie das Turmbauspiel. Auswertung: Konkurrenzsituation; Verhandlungsnotwendigkeit; Struktur der Zusammenarbeit innerhalb der Gruppen; Gruppenrollen.

Stichwörter
Gruppierung: Kleingruppe mit ca. 4 Personen – Gruppierung: Spielleitung und Kleingruppe – Spieltempo: lebhaft – Dauer: ca. 10-30 Min. – schwierig – produktorientiert – kombinieren, planen – kreativ sein, improvisieren – empathisch handeln – Interesse aneinander – Kooperation üben – Wettkampf, Durchsetzung – Aggression, Konflikt – Arbeitsplatz, Beruf – Beziehungen – Normen, Rollen, Werte – Selbsterfahrung – Interaktionsspiel – gruppendynamisches Experiment

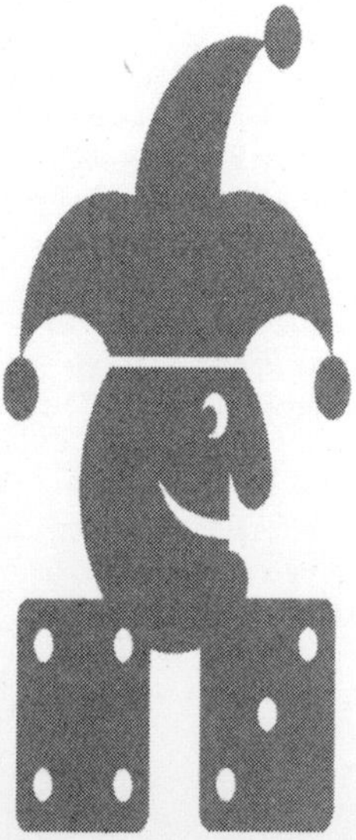

KOOPERATIVES TÜCHERPUZZLE – BIERDECKELBILDER LEGEN

In Kleingruppen Bilder aus Bierdeckeln oder kleinen Tüchern ohne Absprache zusammenlegen

Material: Papiertaschentücher oder kleine Stofftücher oder je Teilnehmer etwa 5 (möglichst nicht bedruckte) Bierdeckel
Empfohlenes Mindestalter: 6 Jahre

Die Gruppe wird in mindestens zwei Kleingruppen (5-8 Personen) aufgeteilt. Jeder hat mindestens ein Papiertaschentuch zur Verfügung (darf es im Laufe des Spieles in die einzelnen Papierlagen aufteilen oder auch einmal quer oder diagonal falten!). Es gibt drei Spielrunden, wobei jede Runde immer etwas schwieriger wird, weil man sich stärker nonverbal einigen muß.
In der ersten Runde bekommt jede Gruppe denselben, einfachen Begriff und soll ein Bild davon aus den Tüchern (oder Bierdeckeln) legen, ohne miteinander zu sprechen! Begriffe für die 1. Runde sind z.B.: Baum, Haus, Hund, Blume; Begriffe für die 2. Runde sind z.B. Tier, Möbelstück, Fahrzeug,Musikinstrument, Baukran, Werkzeug. In dieser Runde können die anderen raten, was gelegt wurde! Begriffe für die 3. Runde sind z.B. Landschaft,Wetter.
VARIANTE: Wer es noch schwieriger machen möchte, kann abstrakte Begriffe (Trauer, Freude, Streit, Solidarität, ...) zur Aufgabe machen und dann jeweils raten lassen.
VARIANTE: Damit es noch lustiger wird und keiner sich verständlich verbal abspricht, könnte jeder noch einen Tischtennisball in den Mund bekommen.
Das Spiel (vor allem die Variante mit den abstrakten Begriffen) kann auch gut Teil eines Phantasietrainings sein.

Stichwörter
Produkt gemeinsam erstellen – Spielaktion, Spielfest – Materialspiel, Werken – Unterhaltung, geselliges Treffen – kreativ sein, improvisieren – kombinieren, planen – raten, erforschen – einfach, leicht – Gruppierung: Kleingruppe mit 3-8 Personen – Interaktionsspiel – Kooperation üben – Material erproben oder gestalten – empathisch handeln – Phantasie entwickeln – wahrnehmen (allg.) – produktorientiert – universell verwendbar – Dauer: ca. 10-30 Min. – Spieltempo: lebhaft – medial darst.: malen, singen, bauen

KÖNIGINNENBALL

Einer wirft nacheinander einen Ball anderen aus der Riege zu

Material: je Gruppe ein Ball
Empfohlenes Mindestalter: 8 Jahre

Die Spieler in den Kleingruppen stellen sich hintereinander, der Erste jeder Mannschaft stellt sich der Gruppe gegenüber im Abstand von ca. 5 m hin (er ist die Königin). Die Königin wirft den „Reichsapfel" (Ball) zum ersten, der wirft zurück und setzt sich, dann zum zweiten, der wirft zurück, setzt sich usw. Hat sich der letzte gesetzt, steht er schnell wieder auf, um den Ball zu fangen, wirft ihn zurück, der vorletzte steht auf usw. Dann wird der nächste „Königin".

Stichwörter
Gruppierung: Kleingruppe mit 3-8 Personen – Spieltempo: action – Dauer: ca. 10-30 Min. – geschickt verhalten – schnell reagieren – Aktivierung bei Lustlosigkeit – Unterhaltung, geselliges Treffen – Sportspiel – Geschicklichkeitsspiel

KÖPFE ERTASTEN

Körperteile von anderen aus der Gruppe raten durch Abtasten

Material: –
Empfohlenes Mindestalter: 8 Jahre

Die Halbgruppen sitzen sich gegenüber, die Spieler müssen sich schon etwas kennen. Eine Gruppe macht die Augen zu, die anderen setzen sich um. Die 'blinde' Gruppe soll die vor ihnen Sitzenden durch Abfühlen des Kopfes erkennen.
VARIANTE: Schuhe/Füße erraten; an den Knien erraten; am Handgeben erraten.
VARIANTE: Einen Innen- und einen Außenkreis bilden (Innenkreis schaut nach außen und Außenkreis nach innen). Mit geschlossenen Augen drehen sich beide Kreise rechtsherum, bis Musik stoppt (oder Signal gegeben wird). Dann Gegenüber durch Ertasten raten.

Stichwörter
Gruppierung: Halbgruppen – Spieltempo: ruhig – Dauer: unter 10 Min. – wahrnehmen (allg.) – erinnern – fühlen, ertasten – konzentrieren – kennenlernen (allg.) – Interesse aneinander – Körperkontakt – Kim-(Wahrnehmungs)spiel

KÖRPERUMRISS BEMALEN – KÖRPERSYMPATHIE
Zu- und Abneigung zu einzelnen Körperteilen bewußtmachen

Material: große Bögen Papier bzw. Tapetenrollen oder Packpapier
Empfohlenes Mindestalter: 12 Jahre

Zunächst zu zweit: einer legt sich auf ein großes Blatt, der andere malt sorgsam den Körperumriß, der ausgeschnitten und an eine Schnur gehängt wird (damit Vorder- und Rückseite jetzt betrachtbar sind).
Der Liegende malt nun seinen Körper mit 3 verschiedenen Farben aus: rot - diese Körperregion mag ich bei mir, blau - die mag ich nicht so, weiß lassen- Gegend ist mir egal (Vorder- und Rückseite!). Über Unterschiede sprechen. Über spezielle Regionen sprechen.
VARIANTE: Die Körperpartien schraffieren, an denen ich gerne berührt werde, und die voll ausmalen, an denen ich besonders gern berührt werde. Die Spielgruppe sollte sich gut kennen.
Anmerkung: Das Spiel benötigt eine ungestörte, ernste Gruppensituation.
Siehe auch Spiel BODY-CHECK.

Stichwörter
Gruppierung: Paare – Spieltempo: ruhig – Dauer: ca. 30-120 Min. – besonders spannend – eher ernst – produktorientiert – erinnern – beurteilen, einschätzen – Biografie – Selbsterfahrung – Sexualität – Methode für die Gruppenarbeit

KÖRPERUMRISS-COLLAGE – COLLAGE „DER IDEALE MANN – DIE IDEALE FRAU"

Körperumrisse bemalen und beschriften

Material: Illustrierte, gr. Papierbögen, Kreiden, Stifte, Scheren, Kleber.
Empfohlenes Mindestalter: 16 Jahre

Jede Gruppe stellt 2 Körperumrisse her und befestigt darauf eine Mann- oder Frau-Collage mit Texten, Bildern und Gegenständen. Besonders interessant ist es, wenn dies reine Frauen- bzw. Männergruppen gestalten; und wenn zusätzlich Mann/Frau-IST (Realität) und Mann/Frau-SOLL (Wunschbild) hergestellt wird.
VARIANTE: Zu verschiedensten anderen Themen kann „Der ideale Lehrer", „Der ideale Gruppenleiter" u.dgl. gestaltet werden. Anschließend kann jeder einschätzen, wie weit er selbst die Eigenschaften/Fähigkeiten besitzt.
Anmerkung: Siehe auch KÖRPERUMRISSE MALEN.
Eine sehr nützliche Methode für die Gruppenleiterschulung.

Stichwörter: Gruppierung: Kleingruppe mit 3-8 Personen – Spieltempo:ruhig – Dauer: ca. 30-120 Min. – produktorientiert – Vorführung üblich oder möglich – wahrnehmen (allg.) – beurteilen, einschätzen – kreativ sein, improvisieren – medial darst.: malen, singen, bauen – kennenlernen (allg.) – Kooperation üben – spielerischer Meinungsaustausch – Biografie – Familie – Normen, Rollen, Werte – Selbsterfahrung – Sexualität – Vorurteile, Außenseiter – multithematisch – Materialspiel, Werken

KÖRPERUMRISSE MALEN

Partner malt den Umriß von Liegendem auf großem Papierbogen

Material: große Papierbögen (Rollenpapier), Illustrierte
Empfohlenes Mindestalter: 8 Jahre

Jedes Paar bekommt zwei große Bogen Papier (ca. 1x2 m) und Malstifte. Einer legt sich auf das Blatt und erzählt über sich (Name, Alter, Arbeit, Hobbys ...), während der andere seinen Körperumriß vorsichtig aufmalt. Dann wird noch das Gesicht ausgemalt und Informationen, die der Maler behalten hat, werden hinzugefügt. Rollenwechsel! Anschließend aufhängen und raten, wer gemalt wurde.
VARIANTE: Köpfe. Körperumrisse mit Bilder aus Illustrierten schmücken (was derjenige mag, was er nicht mag).
Siehe auch Spiel DER IDEALE MANN – DIE IDEALE FRAU.

Stichwörter: Gruppierung: Paare – Spieltempo: ruhig – Dauer: ca. 10-30 Min. – medial darst.: malen, singen, bauen – empathisch handeln – kennenlernen (allg.) – Namen lernen – Interesse aneinander – Körperkontakt – Kooperation üben – Malspiel

KREATIVITÄTSTEST – ZWANZIG KREISE

Nicht ganz ernst gemeintes Experiment, Ideenflüssigkeit und Flexibilität zu testen

Material: Vorbereitete Blätter mit Kreisen (o. Gruppe malen lassen)
Empfohlenes Mindestalter: 8 Jahre

Jeder bekommt ein Blatt Papier, auf dem 20 Kreise aufgemalt sind: 5 in einer Zeile, 4 Zeilen. Jeder soll nun innerhalb von drei Minuten soviele Sachen wie möglich aus den Kreisen malen, die alle einen Kreis als Grundform besitzen: z.B. Apfel, Rad usw.. Mit nur wenigen Strichen soll das Gemeinte angedeutet werden. (Es bei Nachfrage beantworten: Es können auch mehrere Kreise für eine Sache genutzt werden: Brille). Dann zählt jeder seine Sachen (8-12 ist ein Mittelwert). Und zählt die Gruppen von Sachen (z.B. Apfel, Birne Obst 1 Gruppe) (5-7 ist ein Mittelwert). Originalität ist an soziale Maßstäbe gebunden und kann nicht getestet werden!
Anmerkung: Wie alle Testverfahren mißt der Test vieles mit, was gar nicht zur Kreativität/Phantasie gehört: Meine Kenntnis runder Dinge, mein Abstraktionsvermögen („Rund" bei Dingen herauslösen zu können), meine Ausgeschlafenheit... –
Aber als motivierende Einstieg ist solch ein Testspiel geeignet. Aufpassen bei Vergleichen und Diskriminierungen in der Gruppe! Das Spiel kann gut Teil eines Kreativitätstrainings sein.

Stichwörter
Gruppierung: Alle im Raum verteilt – Spieltempo: ruhig – Dauer: unter 10 Min. – einfach, leicht – eher ernst – ohne große Vorbereitung spielbar – produktorientiert – denken (allg.) – kombinieren, planen – konzentrieren – kreativ sein, improvisieren – Methode für die Gruppenarbeit

KREISKRABBELN
Alle krabbeln blind diagonal durch den Kreis

Material: –
Empfohlenes Mindestalter: 8 Jahre

Großer Kreis, alle krabbeln gleichzeitig mit geschlossenen Augen ganz ganz vorsichtig über den Kreismittelpunkt in gerader Linie hinüber zur anderen Seite !
Anmerkung: Raum muß Teppichboden besitzen. Das Spiel benötigt eine ungestörte, ernste Gruppensituation. Möglichst vorher Brillen absetzen und Schuhe ausziehen. Der Gruppe muß vorher erklärt werden, daß es überhaupt nicht auf Schnelligkeit ankommt, sondern darauf, den anderen möglichst wenig zu behindern.

Stichwörter
Gruppierung: Kreis – Spieltempo: lebhaft – Dauer: unter 10 Min. – einfach, leicht – eher ernst – ohne große Vorbereitung spielbar – blind wahrnehmen – fühlen, ertasten – geschickt verhalten – Körperkontakt – motorische Sensibilisierung – Entspannung, Ruhe – Interaktionsspiel – Geschicklichkeitsspiel

KREISMASSAGE – MASSAGE IM KREIS
Massieren und massiert werden

Material: –
Empfohlenes Mindestalter: 10 Jahre

Alle stehen im Kreis, Drehung nach rechts, Hände auf den Schultern des Vordermannes. Massiert nun Rücken und Wirbelsäule eures Vordermannes. Drehung nach links: Wiederholung.

Stichwörter
Gruppierung: Kreis – Spieltempo: lebhaft – Dauer: unter 10 Min. – universell verwendbar – einfach, leicht – ohne große Vorbereitung spielbar – empathisch handeln – Körperkontakt – Vertrauen entwickeln – Harmonisierung, Abschluß – Entspannung, Ruhe – Interaktionsspiel

KROKODIL IM NIL
Unter einen Fallschirm gezogen werden

Material: Fallschirm, Riesenschwungtuch
Empfohlenes Mindestalter: 8 Jahre

Alle sitzen im Kreis auf der Erde, den Fallschirm bis zum Bauch herangezogen, also Beine unter dem Fallschirm, mit dem Fallschirm Wellen machen. Einer ist unter dem Fallschirm (als Krokodil) und zieht Spieler an den Beinen in den Nil. Sie müssen mit lautem Kreischen hinein und werden selbst Krokodile.

Stichwörter
Gruppierung: Kreis – Spieltempo: lebhaft – Dauer: unter 10 Min. – schnell reagieren – Aktivierung bei Lustlosigkeit – Körperkontakt – Unterhaltung, geselliges Treffen – Bewegungsspiel

KROKODILSPIEL
Namen hintereinander aufsagen

Material: –
Empfohlenes Mindestalter: 8 Jahre

Ein Gegenstand (z. B. Filzstift – das Krokodil) wird im Kreis herumgegeben und jeder muß alle Namen wiederholen, wo das Krokodil vorher schon war. VARIANTE: Tätigkeit des Krokodils hinzufügen. Tätigkeit soll mit gleichem Buchstaben wie der Vorname beginnen. Namen und Tätigkeiten wiederholen!
Anmerkung: Bei mehr als 10 Teilnehmern: Nur Namen der letzten drei wiederholen. Überhaupt nur für bis zu 16 Teilnehmern geeignet.

Stichwörter
Gruppierung: Kreis – Spieltempo: ruhig – Dauer: unter 10 Min. – erinnern – konzentrieren – Namen lernen – Warming up – Unterhaltung, geselliges Treffen – sonstige Spielform

KULTURSTÜCKCHEN
Bild- oder Textauswahl, Vorstellung und Begründung

Material: Bücher, Bildbände, Cassetten oder Platten
Empfohlenes Mindestalter: 16 Jahre

Jeder bringt ein „Kulturstückchen" zum Treffen mit: entweder einen kurzen Abschnitt aus einem Buch, ein Bild, Poster, eine Platte, ein Gedicht oder ein Foto. In Form eines Wunschkonzerts bzw. einer Dichterlesung werden nun die Kulturstückchen in bunter Reihenfolge vorgespielt bzw. vorgelesen.
Evtl. trägt nicht jeder sein eigenes vor oder stellt es vor, sondern greift sich vorher eins, stellt es vor, sagt, wie es ihm gefallen hat, und rät (oder alle raten), wer dies wohl mitgebracht hat. Der Mitbringer erzählt dann noch, welche Beziehung er zu dem Stück hat.
VARIANTE: Zum Vortragen der Texte oder zum Zeigen der Bilder werden von Untergruppen kleine musikalische und/oder pantomimische Akzente/ Improvisationen zum Unterstreichen und Interpretieren der Stimmung hinzugefügt. Haben nicht alle etwas mitgebracht, so sollte eine kleine Bücher- und Bildbandsammlung bereitstehen.

Stichwörter
Gruppierung: Kreis – Spieltempo: ruhig – Dauer: ca. 30-120 Min. – raten, erforschen – konzentrieren – medial darst.: malen, singen, bauen – Kulturtechniken: Lesen, Schreiben –kennenlernen (allg.) – Interesse aneinander – Harmonisierung, Abschluß – Biografie – Selbsterfahrung – Wissen erweitern – Literatur, Märchen, Lyrik – Methode für die Gruppenarbeit – Ratespiel, Quiz

KÜCHENGERÄTE DARSTELLEN
Haushaltsgeräte nach Darstellung erraten

Material: –
Empfohlenes Mindestalter: 6 Jahre

Die Kleingruppe überlegt sich ein Haushaltsgerät (Staubsauger, Mixer, Grill) und stellt es ohne Hilfsmittel (aber mit Geräuschen!) dar, die anderen raten. Alles könnte auch im Rahmen einer „Hausratsmesse" gespielt werden.

Stichwörter
Kleingruppe mit 4-6 Personen – Spieltempo: lebhaft – Dauer: ca. 10-30 Min. – kreativ sein, improvisieren – darstellen (allg.) – pantomimisch darstellen – Aktivierung bei Lustlosigkeit – Körperkontakt – Kooperation üben – Unterhaltung, geselliges Treffen – pantomimisches Spiel

LANDSCHAFT – KÜCHENGERÄT – WAS WÄRE DIE PERSON, WENN...

Charakterisieren von Personen durch Gegenstände, Situationen, Tätigkeiten

Material: Für Variante ggf. große Papierbahn und Malstifte
Empfohlenes Mindestalter: 14 Jahre

Die Gruppe sitzt im Kreis. Einer oder zwei werden aus dem Raum geschickt. Es wird ein Gruppenmitglied bestimmt, das von dem/den Herausgeschickten erraten werden muß. Der/die Ratende(n) versuchen mittels folgender Frageform einen Treffer zu landen: Was wäre die Person als Küchengerät, als Obstsorte, als Baum ...? Es wird ein Gruppenmitglied nach dem anderen gefragt. Hat der Ratende eine Runde herumgefragt, so kann er einen ersten Tip versuchen. Ist der Spieler geraten worden, kann er nachfragen, um Feedbacks erläutert zu bekommen.

VARIANTE: Statt Oberbegriffe werden Situationen genannt. Es wird gefragt: „Was macht die Person, wenn sie..." Diese Situationen kann man auch vorher auf Zettel schreiben.

VARIANTE für Gruppen mit mehr als 10 Teilnehmern: Rateteam und Paare beantworten, was die Person macht, wenn...

VARIANTE: 2 Personen raten und einigen sich vorher auf 3 Oberbegriffe. Alle Teilnehmer malen auf einer langen Papierbahn ihre 3 speziellen Begriffe zu der Person. Dann raten die 2 Personen auch mit öffentlichem Besprechen. z.B. Landschaft (mit Wetter) – Küchengerät – Kleidung. Die Gruppe sollte angehalten werden, ihre Feedbacks nicht an Äußerlichkeiten (großer Mensch: welches Tier? Giraffe), sondern an Wesenszügen der Person zu orientieren.

Stichwörter

Gruppierung: Kreis – Spieltempo: ruhig – Dauer: ca. 30-120 Min. – wahrnehmen (allg.) – erinnern – raten, erforschen – beurteilen, einschätzen – Interesse aneinander – Auswertung – Beziehungen – Selbsterfahrung – Interaktionsspiel

LAUTKETTE
Geräusche im Kreis weitergeben

Material: –
Empfohlenes Mindestalter: 6 Jahre

Der Spielleiter gibt einen Laut (Oh, Summen, Pfeifen etc.) vor. Sein rechter Nachbar nimmt ihn auf, gibt ihn weiter und hört auf. Wenn der Laut ein Stück weiter weg ist, gibt der Spielleiter einen neuen Impuls. Möglich ist auch, daß gleichzeitig ein Impuls in die andere Richtung gegeben wird. Darüber hinaus ist es möglich, sich an den Händen zu fassen und das Signal zum Weitergeben per Händedruck zu geben.

Stichwörter
Gruppierung: Kreis – Spieltempo: lebhaft – Dauer: unter 10 Min. – wahrnehmen (allg.) – blind wahrnehmen – konzentrieren – kreativ sein, improvisieren – schnell reagieren – motorische Sensibilisierung – Harmonisierung, Abschluß – Entspannung, Ruhe – Interaktionsspiel

LAUTPHANTASIEN
Banalen Text verschiedenartig vortragen

Material: Zeitungsausrisse
Empfohlenes Mindestalter: 12 Jahre

Jeder Spieler erhält einen Zeitungsausriß mit Text. Er soll jeweils die erste Silbe von jedem Wort nacheinander sprechen und so neue Worte bilden. Zur Einübung in den Text gehen die Spieler zunächst murmelnd, dann immer lauter den Text vortragend durch den Raum. Wenn mehr Sicherheit entstanden ist, werden die Texte in freier Gestaltung vorgelesen. Die Texte können auch in verschiedenen Stimmungen gelesen werden. Die Zuhörer können ihre Phantasien beim Zuhören laut ausspinnen. So entstehen Geschichten.
VARIANTE: Die Nonsenstexte lesen wie ein Nachrichtensprecher, wie in einem Werbespot, wie bei einer Dichterlesung, wie Kleinkindergebrabbel, wie ein Marktschreier usw.
Anmerkung: Das Vortragen muß recht flüssig und locker nacheinander erfolgen, damit der Spaß die Vortragsangst überwiegt. Das Spiel ist eine gute Methode in einem Ausdruckstraining.

Stichwörter
Gruppierung: Alle im Raum verteilt – Spieltempo: lebhaft – Dauer: ca. 10-30 Min. – wahrnehmen (allg.) – konzentrieren – kreativ sein, improvisieren – Phantasie entwickeln – medial darst.: malen, singen, bauen – spontan handeln – Darstellendes Spiel, Theaterspiel

LEBENSLAUF
Erlebnisaustausch im Würfelspiel

Material: Brettspiel (Ulrich Baer. Bezug: Robin-Hood-Versand, Remscheid)
Empfohlenes Mindestalter: 14 Jahre. Für 3-5 Spieler

Mit lustigen Aufgaben tauschen 3-5 Spieler Erlebnisse ihres bisherigen Lebens aus und würfeln sich so von der Geburt bis zum Alter von 20 Jahren.

Stichwörter
Gruppierung: Kleingruppe mit ca. 4 Personen – Brett-, Kartenspiel

LEBENSLINIE – BIOGRAFIE-SPIEL
Eine malerische oder grafische Darstellung wichtiger Lebensereignisse erstellen und besprechen

Material: Blätter (mögl. DIN A 3) und Stifte
Empfohlenes Mindestalter: 14 Jahre

Jeder Spieler malt still für sich auf ein Blatt eine Zeitachse: 0 bis ... Jahre. Dann soll sich jeder an 8-12 wichtige Ereignisse in seinem Leben erinnern und diese mit Kreuzen und einem Stichwort auf dem Blatt markieren. Waren es positive Erlebnisse, dann oberhalb der Zeitachse, waren es negative, dann unterhalb. Danach werden die Kreuze mit einer durchgehenden Linie verbunden. Spielerpaare oder Kleingruppen setzen sich dann zusammen, um ihre Lebenslinien zu erläutern und zu vergleichen.
VARIANTE: Statt Kreuze und Linie können auch Skizzen und Stimmungsbilder mit Wachsmalkreide gemalt werden.
VARIANTE: Statt irgendwelche Ereignisse kann man auch die Beschränkung auf Beruf, Familie oder z.B. die letzten 10 Jahre wählen.
Anmerkung: Das Spiel benötigt eine ungestörte, ernste Gruppensituation.
Auswertungsaspekte: Welche Ereignisse wurden als wichtig empfunden? Wurden gleiche Ereignisse unterschiedlich erlebt? Wo sind blinde Flecken in meiner Erinnerung? Gab es ähnliche Erfahrungen in gleichen Generationen? Wie geht vermutlich meine Lebenslinie weiter?

Stichwörter
Gruppierung: Kleingruppemit 4-6 Personen – Spieltempo: ruhig – Dauer: ca. 30-120 Min. – wahrnehmen (allg.) – erinnern – beurteilen, einschätzen – medial darst.: malen, singen, bauen – kennenlernen (allg.) – Interesse aneinander – Vertrauen entwickeln – Auswertung – Arbeitsplatz, Beruf – Beziehungen – Biografie – Familie – Normen, Rollen, Werte – Schule – Selbsterfahrung – Sexualität – Methode für die Gruppenarbeit – gruppendynamisches Experiment

LEBENSZIEL-ROULETTE – ROULETTE FÜR WÜNSCHE, ZIELE ODER PERSPEKTIVEN

Ein Glücksrad, Roulette o.ä. (mit Zielen oder Wünschen versehen) wird gedreht, Gruppe gibt dem Dreher Feedback

Material: Ein Glücksrad oder Roulette mit Beschriftung
Empfohlenes Mindestalter: 14 Jahre

Ein Teilnehmer dreht am Glücksrad (rollt die Kugel oder den Ball eines selbstgebauten Rouletts). Auf dem Feld, auf dem die Kugel zur Ruhe kommt, steht ein Wunsch, ein Lebensziel, eine Freizeitbeschäftigung o.ä.. Die Übrigen sagen dem Dreher, wie nötig-nützlich-wichtig dieses Ziel ihrer Einschätzung nach für denjenigen wohl ist. Der Dreher kommentiert dieses Gruppen-Feedback und gibt eine Begründung oder ein Beispiel, wie wichtig ihm dieser Wunsch ist und was er für seine Realisierung tun will oder tun könnte.
Ein „Roulette“ ist auch einfach mit einem Vollgummiball hergestellt, der in einem auf ein Plakat gelegten Gymnastikreifen herumgerollt wird. Auf dem Plakat sind Felder aufgemalt (Kreissegmente) und Bedeutungen hineingeschrieben worden), z.B. mehr Abwechslung, mehr Zeit für mich allein, mehr Teamarbeit, mehr Freundschaften, mehr weite Reisen, mehr Liebe, mehr Kinder...

Stichwörter
Sprach-, Schreib-, Diskussionsspiel – Materialspiel, Werken – beurteilen, einschätzen – einfach, leicht – Gruppierung: Kreis – sonstige Spielform – Zukunft – multithematisch – spielerischer Meinungsaustausch – Auswertung – Interesse aneinander – Thema kennenlernen – kennenlernen (allg.) – denken (allg.) – besonders spannend – universell verwendbar – Dauer: ca. 10-30 Min. – Spieltempo: ruhig

LEGO NACHBAUEN

Eine aus bestimmten Lego-Steinen gebildete abstrakte Form soll der Partner aufgrund einer Beschreibung nachbauen

Material: Für jeden Spieler die gleiche Anzahl und Art von Lego-Bausteinen (ca. 5-8 Stück unterschiedlicher Größe und Farbe). Oder Bierdeckel
Empfohlenes Mindestalter: 8 Jahre

Paarweise oder in Dreiergruppen zu spielen. In jeder Spielgruppe gibt es zweimal den gleichen Set Lego-Steine. Bei drei Spielern hat einer – die beiden anderen dürfen das nicht sehen – die Lego-Steine eines Sets zu einer beliebigen Form aufeinandergesteckt. Der zweite Spieler schaut sich das Gebilde genau an und beschreibt dem dritten Spieler, der ihm den Rücken zukehren sollte, wie die Steine aufeinanderstecken. Ziel ist es, daß der dritte Spieler ohne Rückfragen (er darf nur um Wiederholung des eben Gesagten bitten) die Figur exakt nachbaut.
Dann Rollenwechsel, so daß jeder einmal Baumeister, Ansager und Nachbauer ist. Zeitbegrenzung möglich.
VARIANTEN: Das Spiel könnte auch mit Holzklötzchen, Bausteinen, Pappschachteln, ineinander verhakten Büroklammern, draußen mit ähnlichen Zweigen und Steinen gespielt werden. Eine zusätzliche Geschicklichkeitsvariante ist das Spiel mit zu Häuschen aufgetürmten Spielkarten oder Bierdeckeln.
Siehe auch Spiele B BESCHREIBT DEM... und HAARGENAU.
Anmerkung: Das Spiel könnte gut Teil eines Kommunikationstrainings sein.

Stichwörter
Geschicklichkeitsspiel – Ulk-,Theken-, Partyspiel – Sprach-, Schreib- , Diskussionsspiel – Materialspiel, Werken – Unterhaltung, geselliges Treffen – einfach, leicht – Gruppierung: Kleingruppe mit 3 Personen – Gruppierung: Paare – Kooperation üben – präzise sprechen oder beschreiben – geschickt verhalten – konzentrieren – wahrnehmen (allg.) – Vorführung üblich oder möglich – universell verwendbar – Dauer: unter 10 Min. – Spieltempo: lebhaft

LEUCHTPAPIER, LEUCHTSTERNE

In der Dunkelheit nachleuchtende Papierfolie für verschiedene Spiele geeignet

Material: Leuchtpapierbogen (zum Zurechtschneiden)
Empfohlenes Mindestalter: 4 Jahre

Das Leuchtpapier ist ein DIN A 5 großer Bogen auf Selbstklebefolie. Etwa 2 Minuten angeleuchtet, strahlt es ca. 2 Stunden in der Dunkelheit. Ungiftiges, leicht zerschneidbares, gut selbstklebendes Material. Für verschiedene Spiele und Dekoration (Sternenhimmel) im Dunkeln geeignet.
Man kann z.B. leuchtende Würfel herstellen und Figuren ausschneiden, die in Geschichten vorkommen sollen, die dann im Dunkeln erzählt werden. Teile des Leuchtpapiers können auf Tennisbälle geklebt werden, die dann im Dunkeln auf dem Tisch umhergerollt werden. Eindrucksvoll ist auch eine Tanzvorführung mit Leuchtpunkten an Händen und Füßen. Anregungen, was man im einzelnen alles mit Leuchtpapier machen kann, zeigt ein Beitrag von „gruppe & spiel", Heft 4/1990.

Stichwörter

Gruppierung ergibt sich; offenes Angebot – Produkt gemeinsam erstellen – Materialspiel, Werken – einfach, leicht – Material erproben oder gestalten – konzentrieren – wahrnehmen (allg.) – Vorführung üblich oder möglich – besonders spannend – universell verwendbar – Dauer: ca. 10-30 Min. – Spieltempo: ruhig – Spieltempo: lebhaft

LEUTE EINSAMMELN IM HULA-HUPP-REIFEN
Wer im Reifen steckt, sammelt Personen ein

Material: Reifen oder Springseil oder Schnur
Empfohlenes Mindestalter: 6 Jahre

Um aus zwei Kleingruppen mit je 3 oder 4 Personen wieder eine Gruppe mit 6-8 Spielern zu machen, kann man Leute einsammeln spielen: Die beiden Kleingruppen stehen möglichst entfernt gegenüber. Ein Spieler aus einer Gruppe bekommt einen Hula-Hupp-Reifen oder ein zusammengeknotetes Springseil (o.dgl.), legt ihn sich um die Taille und läuft hinüber zur anderen Gruppe, nimmt von denen einen in den Reifen mit hinein, beide (im Reifen) laufen zurück, wieder jemand hinzu usw. Bis alle im Reifen sind.
Anmerkung: Kann auch als Rallye-Aufgabe im Wettbewerb von mehreren Parallel- Gruppen gespielt werden!

Stichwörter
Gruppierung: Kleingruppe mit 3 Personen – Spieltempo: action – Dauer: unter 10 Min. – geschickt verhalten – Aktivierung bei Lustlosigkeit – Körperkontakt – Wettkampf, Durchsetzung – Unterhaltung, geselliges Treffen – Bewegungsspiel – Spielaktion, Spielfest

LIEBESROMAN SPIELEN
Kurze, kitschige Liebesromane als Darstellendes Spiel

Material: Kurze kitschige Liebesgeschichten aus Illustrierten
Empfohlenes Mindestalter: 14 Jahre

Kleingruppen bekommen je einen kurzen Liebesroman aus Frauenzeitschriften und sollen diese Geschichte in kleine Szenen umsetzen.
Anmerkung: Durch die zumeist lustige, übertriebene Darstellung wird der unrealistische Gehalt solcher Liebesgeschichten offenbar. Dieser Eindruck kann noch verstärkt werden, indem als Kontrast auf einer „Nebenbühne" eine passende Realität gespielt wird.

Stichwörter
Darstellendes Spiel, Theaterspiel – Sexualität – Massenmedien – Literatur, Märchen, Lyrik – Beziehungen – darstellen (allg.) – Phantasie entwickeln – kreativ sein, improvisieren – beurteilen, einschätzen – Vorführung üblich oder möglich – witzig, besonders lustig – Dauer: ca. 30-120 Min. – Spieltempo: lebhaft – Gruppierung: Kleingruppe mit ca. 4 Personen – Gefühle

LIEBLINGSWÖRTER
Lieblingswörter herausfinden

Material: große Papierbögen, Farbstifte
Empfohlenes Mindestalter: 10 Jahre

Jeder Spieler in jeder Kleingruppe notiert 2 Wörter/Begriffe, die er besonders gern mag. Dann soll jede Kleingruppe aus diesen Lieblingswörtern ein kleines Gedicht machen und es auf ein Plakat schreiben. Einer aus jeder Gruppe liest das Gedicht vor, und alle aus den anderen Gruppen raten, welches die Lieblingswörter in dieser Gruppe waren: Rateversuche werden blau und die tatsächlichen Lieblingswörter werden rot unterstrichen. Die „Autoren" der Lieblingswörter können noch kurz erzählen, warum sie gerade diese Lieblingswörter haben. Dann stellt die nächste Gruppe ihr Gedicht vor.

Stichwörter
Gruppierung: Kleingruppe mit 3 Personen – Gruppierung: Kleingruppe mit ca. 4 Personen – Spieltempo: ruhig – Dauer: ca. 30-120 Min. – raten, erforschen – kreativ sein, improvisieren – kennenlernen (allg.) – Kooperation üben – Unterhaltung, geselliges Treffen – Sprach-, Schreib-, Diskussionsspiel

LIEDER – MAT(S)CH
Verschiedene Lieder werden zeitgleich in Gruppen gesungen

Material: Musik, vorbereitete Karten mit Liedanfängen
Empfohlenes Mindestalter: 8 Jahre

Karten mit unterschiedlichen Liedanfängen werden verteilt. Die Größe der Untergruppen wird durch Anzahl der gleichen Liedanfänge bestimmt. Während vorbereitete Musik läuft, werden die Karten untereinander dreimal getauscht. Bei Musikstop singt jeder Teilnehmer das Lied seiner Karte und sucht singend die Teilnehmer mit dem gleichen Lied. Diese haken sich ein und singen gemeinsam als Gruppe weiter. Bei erneuter Musik lösen sich die Teilnehmer und tauschen wieder dreimal die Karten usw. zusammen singen; singend sich durchsetzen, dadurch Animation zum lauten Singen

Stichwörter
Gruppierung: Alle im Raum verteilt – medial darst.: malen, singen, bauen – Spieltempo: lebhaft – Dauer: unter 10 Min. – universell verwendbar – wahrnehmen (allg.) – Warming up – Aufteilung in Untergruppen – Musikspiel – Wettkampf, Durchsetzung

LIFE-STYLE
Gruppenspiel zum Kennenlernen u. Einschätzen

Material: Brettspiel (K. Ludescher. Ravensburger Spieleverlag)
Empfohlenes Mindestalter: 10 Jahre. Für 3-6 Spieler

Ein Kennenlern- und Einschätzungsspiel. Manche Entscheidungen werden übrigens selbst unter Partnern nicht für möglich gehalten! 120 Farbfotos zu den Themenkreisen Wohnen, Hobbys, Menschen, Landschaften, Situationen und Tiere. Ein Spieler wählt 5 Fotos aus einer Gruppe und entscheidet sich für eine Sympathie-Rangfolge, die anderen sollen ihn einschätzen. Ein schönes Gruppenspiel.

Stichwörter
Gruppierung: Kleingruppe mit ca. 4 Personen – Brett-, Kartenspiel

LOTTOGEWINN
Wer setzt seine Wünsche bei knappem Geld durch?

Material: –
Empfohlenes Mindestalter: 10 Jahre

In jeder Kleingruppe werden Familienrollen verteilt: Vater, Mutter usw. Unsere Familie hat im Lotto gewonnen. Jeder hat seinen Wunsch, den er versucht durchzusetzen. Es ist nur soviel Geld da, daß nicht alle Wünsche erfüllt werden können. Wer setzt sich durch? Wie? Man kann das „Wunschvolumen“ als Geldsumme oder Anzahl der zu erfüllenden Wünsche begrenzen. Beobachter einsetzen!
Bei mehreren Kleingruppen können zum Schluß die Gruppenergebnisse und das Verhalten gleicher Rollen (alle „Väter“ usw.) verglichen werden. – Es können zu Beginn Rollenbeschreibungen verteilt oder vereinbart werden.

Stichwörter
Gruppierung: Kleingruppe mit 4-6 Personen – Spieltempo: lebhaft – Dauer: ca. 10-30 Min. – beurteilen, einschätzen – kombinieren, planen – kreativ sein, improvisieren – empathisch handeln – Kooperation üben – Wettkampf, Durchsetzung – Aggression, Konflikt – Arbeitsplatz, Beruf – Familie – Normen, Rollen, Werte – multithematisch – Rollen-, Entscheidungs-, Planspiel

LÖFFEL-BOULE

Wie das Original-Boule, nur mit anderen Alltagsgegenständen

Material: Löffel
Empfohlenes Mindestalter: 8 Jahre

Nach den Regeln von „Boule" wird ein Löffel (Holz- oder PVC-Boden) in den Raum geworfen. Jeder muß nun seinen Löffel so nah wie möglich an diesen Ziel-Löffel werfen und kann dabei andere Löffel weiterschleudern. Statt mit Löffeln auch mit Softbällen, Sektkorken u.ä. möglich.

Stichwörter

Gruppierung: Kleingruppe mit 3-8 Personen – Spieltempo: lebhaft – Dauer: unter 10 Min. – wahrnehmen (allg.) – beurteilen, einschätzen – konzentrieren – geschickt verhalten – Wettkampf, Durchsetzung – motorische Sensibilisierung – Unterhaltung, geselliges Treffen – Materialspiel, Werken – Geschicklichkeitsspiel

LÖFFEL-GESCHICHTE – GESCHICHTE ERZÄHLEN

Geschichte wird erzählt, Material wird bei Stichwort ergriffen, wer nichts erwischt, erzählt weiter

Material: viele Eß- oder Teelöffel (einer weniger als Gruppenmitglieder) oder beliebige andere Materialien (Korken, Bausteine, Münzen)
Empfohlenes Mindestalter: 8 Jahre

Alle sitzen im Kreis auf dem Boden. In der Mitte liegen die Löffel, geordnet oder auf einem Haufen. Die Hände auf die Rücken! Jetzt erzählt der Spielleiter eine Stegreifgeschichte, vielleicht „Familie Messer im China-Restaurant". Immer wenn das Wort Löffel fällt, muß sich jeder Spieler einen grabschen. Wer keinen ergattert, setzt die Geschichte fort.
Vorsichtig: Es kann leicht zu kleinen Verletzungen an den Händen kommen!

Stichwörter

Gruppierung: Kreis – Spieltempo: action – Dauer: unter 10 Min. – wahrnehmen (allg.) – konzentrieren – Phantasie entwickeln – geschickt verhalten – schnell reagieren – Aktivierung bei Lustlosigkeit – Wettkampf, Durchsetzung – Unterhaltung, geselliges Treffen – Kim-(Wahrnehmungs-)spiel

LÖFFEL-ORCHESTER
Verschiedene Löffel wie ein Xylophon anschlagen

Material: Löffel
Empfohlenes Mindestalter: 14 Jahre

Möglichst verschiedene Löffel liegen auf einem Holz- oder Teppichboden oder Tisch. Diese Löffel werden wie ein Xylophon angeschlagen und zu mehreren gespielt. Ähnlich wie mit verschieden gefüllten Gläsern.

Stichwörter
Gruppierung: Paare – Gruppierung: Kleingruppe mit 3 Personen – Spieltempo: lebhaft – Dauer: unter 10 Min. – wahrnehmen (allg.) – konzentrieren – medial darst.: malen, singen, bauen – geschickt verhalten – Kooperation üben – motorische Sensibilisierung – Unterhaltung, geselliges Treffen – Musikspiel

LÖFFELBAGGER
Einen kleinen Sandberg mit Löffeln abtragen

Material: Kleiner Eimer, feuchter Sand, ein Tischtennisball, je Mitspieler ein Eßlöffel, Abdeckung für Tisch.
Empfohlenes Mindestalter: 4 Jahre

Auf einen Tisch (oder ähnliche fest Unterlage) wird ein kleiner Sandberg (Kindereimerchen) aufgeschüttet. Auf den höchsten Punkt legt man dann einen Tischtennisball. Die Teilnehmer nehmen nun abwechselnd mit einem kleinen Löffel etwas Sand weg. Dabei sollen die Teilnehmer aber sehr vorsichtig sein, denn wenn der Ball runter fällt, ist das Spiel aus.
Anmerkung: Kann gut die Station eines Festes sein.

Stichwörter
Gruppierung: Kleingruppe mit 3-8 Personen – Spieltempo: ruhig – Dauer: unter 10 Min. – wahrnehmen (allg.) – konzentrieren – geschickt verhalten – motorische Sensibilisierung – Unterhaltung, geselliges Treffen – Materialspiel, Werken – Geschicklichkeitsspiel

LUFTBALLON-ERDUMKREISUNG
Luftballons von Bein zu Bein weitergeben

Material: Luftballons
Empfohlenes Mindestalter: 8 Jahre

Eng im Kreis auf Stühlen sitzen. Zwei Luftballons werden auf ausgestreckten Füßen rundgegeben. Überholt ein Ballon den anderen? (Ballons starten diagonal gegenüber). Darauf achten, daß jeder Spieler einen Ballon berührt!
VARIANTE: Der Ballon kann auch zwischen die Knie geklemmt weitergegeben werden. Sehr lustiges Partyspiel.

Stichwörter
Gruppierung: Kreis – Spieltempo: action – Dauer: unter 10 Min. – geschickt verhalten – schnell reagieren – Kooperation üben – Unterhaltung, geselliges Treffen – Bewegungsspiel

LUFTBALLON-GEGENSTÄNDE TAUSCHEN
Luftballons sind Gegenstände, diese tauschen

Material: Luftballons
Empfohlenes Mindestalter: 8 Jahre

Jeder mit einem Luftballon, eventuell wird vorher LUFTBALLONTANZ gespielt, stellt sich vor, daß sein Luftballon ein Gegenstand ist, den man tragen kann (Hut, Schirm, Gepäck...). Alle laufen auf der „Straße" und tragen ihre Sachen.
Wenn man jemandem begegnet, soll man versuchen, mit dem den Gegenstand zu tauschen. Evtl. kann sich ein gemeinsames Stegreifspiel „Fundbüro"anschließen oder „Flohmarkt".
VARIANTE: Hat jeder zu Beginn seinen Namen mit wasserfestem Filzstift auf den Ballon geschrieben, können die Ballons am Ende auch zum Eigentümer (zur Festigung der Namen) zurückgebracht werden.

Stichwörter
Gruppierung: Alle im Raum verteilt – Spieltempo: lebhaft – Dauer: unter 10 Min. – Phantasie entwickeln – pantomimisch darstellen – spontan handeln – Namen lernen – Bewegungsspiel

LUFTBALLONTANZ
Mit Luftballons allein, zu zweit und als Krawane tanzen

Material: Luftballons oder Apfelsinen oder Softbälle, Musik
Empfohlenes Mindestalter: 5 Jahre

Jeder bläst einen Ballon auf, bewegt sich durch den Raum und läßt den Ballon auf linker Zeigefingerspitze hüpfen. Die Ballons tauschen. Zwischen die Knie klemmen und tauschen. Zu zweit Ballon zwischen die Stirnen, die Pos klemmen und ggf. noch drehen. Rutscht der Ballon weg, muß er herbeigeschafft werden, ohne daß die Hände benutzt werden.
VARIANTE: „Karawane“ mit Luftballons als Gepäckstücken. Dazu wird eine lange Schlange gebildet – zwischen Nacken eines Vordermannes und der Stirn eines Hintermannes kommt immer ein Luftballon. – VARIANTE: Im Kreis sitzen und Ballons mit Füßen und Händen vom Boden fernhalten.

Stichwörter
Gruppierung: Alle im Raum verteilt – Gruppierung: Kreis – Spieltempo: action – Dauer: unter 10 Min. – geschickt verhalten – Warming up – Aktivierung bei Lustlosigkeit – Kooperation üben – Unterhaltung, geselliges Treffen – Tanzspiel – Geschicklichkeitsspiel

LÜGEN-PORTRAIT
Partner mit wahren und erfundenen Information vorstellen

Material: –
Empfohlenes Mindestalter: 10 Jahre

Paare interviewen sich gegenseitig über Namen, Wohnort, Arbeit, Alter, Hobbys, Erwartungen, Haustiere... Dann stellt A allen B vor, anschließend B allen A, indem der ganzen Gruppe 4 Einzelheiten über die Person berichtet werden, die der Berichterstatter am interessantesten fand. Eine Einzelheit soll dabei „gelogen“ (erfunden) sein. Die ganze Gruppe soll dann raten, welches die erfundene Information war.
VARIANTE: Vorstellung des Partners in Form einer Heiratsanzeige, einer Dichterlesung, eines Nachrichtensprechers. – VARIANTE: Statt eine „Lüge“ soll ein Wunsch (aber nicht als solcher kenntlich) bei den Einzelheiten untergebracht werden. Die Gruppe soll dann den Wunsch/Traum erraten.
Anmerkung: Das Kennenlerngespräch am Anfang kann auch auf einem Spaziergang stattfinden. Vorher müssen die Spieler in Paare aufgeteilt werden.

Stichwörter
Gruppierung: Paare – Spieltempo: ruhig – Dauer: ca. 10-30 Min. – wahrnehmen (allg.) – erinnern – raten, erforschen – beurteilen, einschätzen – Phantasie entwickeln – kennenlernen (allg.) – Namen lernen – Interesse aneinander – Ratespiel, Quiz

MALDISKUSSION

Statt Sprechen: Malen, z.B. für Tagungsauswertung

Material: Papier, Stift
Empfohlenes Mindestalter: 14 Jahre

Es bilden sich Kleingruppen (5-7 Pers.), in ihrer Mitte liegt ein großes Blatt Papier und ein Stift. Ein Thema wird festgelegt, z. B.: Was ist mir bei der abgelaufenen Tagung aufgefallen? Alle können Stellung beziehen, es darf aber nicht gesprochen werden, sondern nur durch Malen, Stichwörter, Piktogramme u.ä. Nach 10 Minuten können zu den einzelnen Kritzeleien der anderen Fragen gestellt werden.

Stichwörter
Gruppierung: Kleingruppe mit ca. 4 Personen – Spieltempo: ruhig – Dauer: ca. 10-30 Min. – wahrnehmen (allg.) – erinnern – beurteilen, einschätzen – kreativ sein, improvisieren – medial darst.: malen, singen, bauen – Auswertung – Malspiel

MALEN EINER ANSICHTSKARTE NACH MUSIK

Kleine Ansichtskarten von Landschaften malen, die einem zu einem Musikstück einfallen

Material: Musikstück, Wachsmalstifte, postkartengroße Zeichenkartons
Empfohlenes Mindestalter: 8 Jahre

Jeder hört das Musikstück an, wählt drei Farbstifte (eine Haupt- und zwei Nebenfarben) und malt eine Ansichtskarte von der Landschaft, die ihm beim Zuhören eingefallen ist. Dabei wird das Musikstück noch ein- bis dreimal wiederholt abgespielt. Zum Schluß gibt es eine Ausstellung aller Ansichtskarten.

Stichwörter
Entspannung, Ruhe – kreativ sein, improvisieren – Gruppierung: Alle im Raum verteilt – Musikspiel – Malspiel – Phantasie entwickeln – wahrnehmen (allg.) – produktorientiert – eher ernst – universell verwendbar – Dauer: unter 10 Min. – Spieltempo: ruhig – medial darst.: malen, singen, bauen

MALEN NACH MUSIK
Stift wie Schlittschuhläufer bewegen

Material: Längere, schwungvolle Instrumental-Musik, z.B. Walzer
Empfohlenes Mindestalter: 6 Jahre

Malen nach Musik in drei Stufen: einzeln, zu zweit und als Kleingruppe.
1. Jeder zeichnet sich auf einem Blatt einen See. In den See hinein ein paar kleine Kreise. Das sind für überwinternde Enten offen gelassene Stellen, ansonsten ist der See zugefroren. Jeder faßt einen Stift und zieht ihn nach der Musik über das Papier und malt die Spuren eines Schlittschuhläufers auf dem See. Diese Vorstellung hilft dabei, eine gleichmäßige Linienführung passend zur Musik zu erreichen.
2. Stift gemeinsam anfassen: Paarlauf.
3. Als Kleingruppe einen neuen großen See mit Inseln nehmen.
VARIANTE: Statt Schlittschuhlauf – Plattencover malen.
VARIANTE: Wenn man das Schlittschuhfahren zu zweit (beide fassen einen Stift an) macht, kann man auch sich vom Blatt lösen und den ganzen Raum zu zweit nutzen, die Malblätter sind die Inseln.
Anmerkung: Für die Schritte verschiedene Farben nutzen. Anschließend Ausstellung der verschiedenen Bilder bzw. Cover machen.

Stichwörter
Gruppierung: Paare – Gruppierung: Kleingruppe mit ca. 4 Personen – Spieltempo: lebhaft – Dauer: unter 10 Min. – einfach, leicht – eher ernst – produktorientiert – wahrnehmen (allg.) – konzentrieren – Phantasie entwickeln – medial darst.: malen, singen, bauen – Kooperation üben – motorische Sensibilisierung – Harmonisierung, Abschluß – Entspannung, Ruhe – Malspiel

MANN MACHT FRAU IM ZUG AN
Szenisches Partnerspiel

Material: –
Empfohlenes Mindestalter: 14 Jahre

Zwei Spieler bereiten sich kurz auf folgende Szene vor: eine Frau fährt in einem Zug und liest in einer Illustrierten oder in einem Buch. Ein Mann kommt ins Abteil und versucht, mit ihr Kontakt aufzunehmen, mit ihr anzubändeln. Sie will aber eigentlich ihre Zeitung weiterlesen. Wie macht er es? Bleibt sie standhaft? Welchem Spieler fällt was schwer?
Zur Verdeutlichung können folgende Veränderungen stattfinden:
1. Austausch von Spielern.
2. Besetzung der Männerrolle mit einer Frau und umgekehrt.
3. Verkehrung der Situation: Eine Frau versucht einen lesenden Mann anzumachen.
4. Wie bei 3, aber die Frau wird von einem männlichen Teilnehmer und entsprechend umgekehrt gespielt.
5. Bei allen Varianten können noch weitere Rollen eingebaut werden: Mitreisende, Freund/in, Schaffner, Arbeitskollegen.

VARIANTE: Sexuelle Annäherung am Arbeitsplatz. Auswertung auch des Einflusses der Geschlechtsrolle auf die Spielhemmungen bzw. – fähigkeiten.
Siehe auch Spielszenen VERTAUSCHTE ROLLEN.

Stichwörter
Gruppierung: Paare – Gruppierung: Gruppe(n) vor Zuschauern – Spieltempo: lebhaft – Dauer: ca. 10-30 Min. – besonders spannend – schwierig – eher ernst – witzig, besonders lustig – ohne große Vorbereitung spielbar – anleitungsintensiv – Vorführung üblich oder möglich – beurteilen, einschätzen – kreativ sein, improvisieren – darstellen (allg.) – empathisch handeln – geschickt verhalten – schnell reagieren – Thema kennenlernen – Körperkontakt – Wettkampf, Durchsetzung – spielerischer Meinungsaustausch – Aggression, Konflikt – Arbeitsplatz, Beruf – Beziehungen – Biografie

MARTIN UND LUISE

Eine Geschichte wird erzählt, jeder entscheidet dann, wie angemessen sich die Personen in der Geschichte verhalten haben

Material: Die Geschichte von Martin und Luise.
Empfohlenes Mindestalter: 16 Jahre

Geschichte erzählen, dann soll jeder eine Prioritätenliste der handelnden Personen erstellen. Die Personen stehen symbolisch für verschiedene menschliche Grundwerte. So kann jeder erkennen, was in seinem Leben an erster Stelle kommt, was an zweiter usw.
WICHTIG: Diese Spiel-Interpretation ist witzig und nicht als Selbsterfahrungstest gemeint! L(uise): Liebe. G(erd): Geschäft. M(artin): Moral. S(iegfried): Sex.
Anmerkung: Die Geschichte in Kurzfassung: Luise und Martin sind ein Liebespaar. Zwischen beiden ein breiter Fluß. Luise will sich von Fährmann Gerd übersetzen lassen, hat Geld vergessen. Läßt Kleid als Pfand bei Gerd. Kommt zu Martins Haus: er ist nicht da. Schneesturm setzt ein. Luise geht zum Nachbarn Siegfried. Sie schläft bei und mit ihm. Morgens zurück zu Martins Haus. Er ist wieder da. Sie erzählt alles, er ist eifersüchtig und knallt ihr die Tür vor der Nase zu.

Stichwörter
Gruppierung: Kreis – Spieltempo: ruhig – Dauer: über 2 Stunden – witzig, besonders lustig – anleitungsintensiv – beurteilen, einschätzen – Unterhaltung, geselliges Treffen – Normen, Rollen, Werte – Selbsterfahrung – Sexualität – gruppendynamisches Experiment

MASCHINE – MASCHINIST
Einer macht Maschinengeräusche, der andere sucht Abstellknopf

Material: –
Empfohlenes Mindestalter: 8 Jahre

Zunächst entscheiden die Partner, wer bei diesem Spiel zuerst die „Maschine" und wer der „Maschinist" ist. Anschließend gibt die Maschine einen Dauerton von sich. Der „Maschinist" muß versuchen herauszufinden, wo am Körper der „Maschine" der „Abstellknopf" versteckt ist, den sich diese vorher ausgedacht hat. Findet der Maschinist den Knopf nicht, können ihm auf Wunsch die anderen Mitspieler, die vielleicht inzwischen bei ihrer „Maschine" den „Knopf" gefunden haben, bei der Suche behilflich sein. Rollentausch.
VARIANTE: Die „Maschine" bewegt sich bei dem Spiel und gibt Geräusche von sich.
Anmerkung: Dem Spiel könnte ein Auswertungsgespräch über die körperlichen Empfindungen der Spieler und über die „Tabuzonen" folgen.

Stichwörter
Gruppierung: Paare – Spieltempo: lebhaft – Dauer: unter 10 Min. – wahrnehmen (allg.) – raten, erforschen – fühlen, ertasten – empathisch handeln – geschickt verhalten – Körperkontakt – Vertrauen entwickeln – Unterhaltung, geselliges Treffen – Sexualität – Interaktionsspiel

MASCHINE-SPIEL
Eine Gruppe bildet zusammen eine große Maschine

Material: –
Empfohlenes Mindestalter: 5 Jahre

Ein Konstrukteur setzt eine große Maschine aus seinen Mitspielern zusammen, die ein Geräusch und eine Bewegung machen. Einer nach dem anderen wird dazugebaut.
Das Spiel ist auch gut geeignet für große Gruppen (über 30), dann sollte es 3-5 Konstrukteure geben, die alle gleichzeitig arbeiten und die eine Maschine zusammensetzen. Vorher die Großgruppe in 3-5 Untergruppen teilen.
Anmerkung: Siehe auch Spiel WIR SIND EIN AUTO.

Stichwörter
Gruppierung: Alle im Raum verteilt – Spieltempo: lebhaft – Dauer: unter 10 Min. – wahrnehmen (allg.) – kombinieren, planen – kreativ sein, improvisieren – darstellen (allg.) – empathisch handeln – geschickt verhalten – spontan handeln – Körperkontakt – Kooperation üben – Technik – pantomimisches Spiel

MASKENBALL MIT PAPIERTÜTEN
Spielmaterial für verschiedene Spielmöglichkeiten

Material: Papiertüten, Kleber, Folien, Farben, Naturmaterialien...
Empfohlenes Mindestalter: 4 Jahre

Jeder erhält eine Papiertüte (Kartoffeltüte), die so groß ist, daß man sie über den Kopf stülpen kann. Die Tüte wird bemalt, beklebt, eingeschnitten – zu einem Thema passend: Geisterball, Roboter, Monster, Zoo...
Dann wird die Tüte wie eine Maske getragen. Mit der Maske wird eine Geschichte gespielt oder vorgeführt.
Anmerkung: Gute Spielstation innerhalb einer größeren Spielaktion.

Stichwörter
Gruppierung: Einzelne gegenüber Gruppe – Spieltempo: ruhig – Dauer: ca. 10-30 Min. – produktorientiert – Vorführung üblich oder möglich – kreativ sein, improvisieren – medial darst.: malen, singen, bauen – Material erproben oder gestalten – Unterhaltung, geselliges Treffen – Materialspiel, Werken – Spielaktion, Spielfest

MÄRCHENMIXER
Ungewöhnliche Märchenkombinationen als Sketche spielen

Material: verschiedene Requisiten, dazu Speisen und Getränke
Empfohlenes Mindestalter: 10 Jahre

Jeder Mitspieler schreibt eine Märchenmixerei auf einen Zettel (z. B.: „Die 7 Zwerge werden großjährig", „Dornröschen liebt Aschenputtel",„Großmutter heiratet den Wolf", „Aladin und Zwerg Nase". ..). Gruppen zu 4 bis 10 Spielern ziehen drei Zettel und suchen sich ihr Thema aus. Für ein Kurzspiel üben sie einen Sketch ein, für eine Spielaktion braucht es eine längere Vorbereitungszeit. Dann besuchen alle jeweils die spielende Gruppe, vielleicht in Begleitung eines Märchenerzählers, der Überleitungen schafft.
Anmerkung: Könnte auch Thema für ein großes Spielfest, eine Spielaktion oder eine Jubiläumsveranstaltung z.B. eines Kindergartens sein.

Stichwörter
Gruppierung: Kleingruppe mit 4-6 Personen – Gruppierung: Gruppe(n) vor Zuschauern – Spieltempo: lebhaft – Dauer: ca. 30-120 Min. – witzig, besonders lustig – Vorführung üblich oder möglich – Phantasie entwickeln – darstellen (allg.) – medial darst.: malen, singen, bauen – Kulturtechniken: Lesen, Schreiben – Kooperation üben – Harmonisierung, Abschluß – Unterhaltung, geselliges Treffen – Wissen erweitern – Literatur, Märchen, Lyrik – Darstellendes Spiel, Theaterspiel – Spielaktion, Spielfest

MÄUSE UND EMMENTALER KÄSE – LÖCHER IM KÄSE FÜLLEN

Halbgruppe stellt sich dicht zusammen, die anderen füllen mit sich selbst die Lücken

Material: –
Empfohlenes Mindestalter: 8 Jahre

Mäuse sind im schönen Schweizer Emmental und kriechen genüßlich in die Löcher vom Käse. Eine Halbgruppe faßt sich an und bildet ein Käserad mit vielen Löchern zwischen sich. Dann krabbelt die andere Halbgruppe als Mäuse in die Löcher und versucht, alle Lücken auszufüllen. Ist das gelungen, findet ein Rollenwechsel statt. Nach dem Spiel „Emmentaler“ aus der Spielkartei Spiel und Spaß, Kath. Jungschar Linz, Österreich.

Stichwörter
Gruppierung: Halbgruppen – Spieltempo: lebhaft – Dauer: unter 10 Min. – einfach, leicht – ohne große Vorbereitung spielbar – fühlen, ertasten – darstellen (allg.) – Körperkontakt – motorische Sensibilisierung – Harmonisierung, Abschluß – Entspannung, Ruhe – Bewegungsspiel

MEIN IDEAL-PARTNER – TRAUMPARTNER

Eigenschaften eines Wunschpartners aussuchen

Material: Bogen mit Eigenschaftswörtern; ggf. Pappstreifen; große Bögen
Empfohlenes Mindestalter: 14 Jahre

Jeder weibliche Teilnehmer erhält 1 fotokopiertes Mann-Bild und jeder männliche Teilnehmer bekommt ein fotokopiertes Frau-Bild. Ferner gibt es für jeden 1 Bogen mit Eigenschaftswörtern (direkte und symbolische), die bestimmten Körperteilen zugeordnet sind. Daraus soll sich jeder einen Ideal-Partner basteln bzw. die Kopien entsprechend beschriften.
Dann werden die konstruierten Traumpartner allen vorgestellt. Auswertungsmöglichkeiten: Vergleich mit Realpartner zu Haus – alle Frauen/alle Männer – Spieler-Paare stellen sich untereinander ihre Traumpartner vor.
VARIANTE: Statt Fotokopien können auch große Körperumrisse gegenseitig auf Plakate gemalt werden oder die Pappfigur DER MENSCH (Pappstreifen mit Musterbeutelklammern verbunden in Menschform) verwendet werden.
Anmerkung: Die zentrale Auswertungsfrage: Wie werde ich persönlich mit der Differenz zwischen Ideal und Wirklichkeit fertig?

Stichwörter
Gruppierung: Alle im Raum verteilt – Gruppierung: Paare – Spieltempo: ruhig – Dauer: ca. 10-30 Min. – eher ernst – produktorientiert – Vorführung üblich oder möglich – kreativ sein, improvisieren – medial darst.: malen, singen, bauen – spielerischer Meinungsaustausch – Beziehungen – Biografie – Normen, Rollen, Werte – Sexualität – Methode für die Gruppenarbeit

MEIN RECHTER PLATZ IST LEER

Man wünscht sich jemanden auf den freien Platz neben sich

Material: Stuhlkreis mit einem Stuhl mehr als Mitspieler.
Empfohlenes Mindestalter: 4 Jahre

Alle sitzen im Kreis, ein leerer Stuhl. Der Spieler links vom leeren Stuhl legt seine Hand auf die freie Sitzfläche und sagt: „Mein rechter Platz ist leer, ich wünsche mir ... her!“ Man kann sich andere Spieler mit Namen oder Leute mit einem bestimmten Merkmal oder einer Eigenschaft herwünschen. Beispielsweise: “. .. ich wünsche mir jemanden mit weißen Socken her.“ Oder: “. ..ich wünsche mir jemanden, der älter als 15 ist, her!“
Haben die genannte Eigenschaft mehrere, so sollten alle versuchen, den freien Stuhl zu ergattern. Wer es nicht als Erster geschafft hat, muß wieder zu seinem Stuhl zurück.
Anmerkung: Siehe auch Spiel MEIN RECHTES PLATZ-MONSTER.

Stichwörter
Gruppierung: Kreis – Spieltempo: lebhaft – Dauer: ca. 10-30 Min. – wahrnehmen (allg.) – kreativ sein, improvisieren – schnell reagieren – kennenlernen (allg.) – Namen lernen – Warming up – Aktivierung bei Lustlosigkeit – Interesse aneinander – Wettkampf, Durchsetzung – Unterhaltung, geselliges Treffen – Bewegungsspiel

MEIN RECHTES PLATZ-MONSTER

Man soll sich zum freien Stuhl als Tier, Monster o.ä. bewegen

Material: –
Empfohlenes Mindestalter: 6 Jahre

Alle sitzen im Kreis, ein freier Stuhl. Der Spieler, der links vom leeren Stuhl sitzt, darf sich einen anderen hinwünschen. „Mein rechter Platz ist leer, ich wünsche mir Manfred als Monster (Tier, Fahrzeug ...) her!“ Manfred muß sich dann – Monster spielend – zum leeren Platz bewegen.
Anmerkung: Sehr beliebtes Spiel – geht aber nicht am Anfang einer Gruppenentwicklung, weil noch meist zuviel Ängste vor Darstellendem Spiel bestehen.

Stichwörter
Gruppierung: Kreis – Spieltempo: lebhaft – Dauer: unter 10 Min. – darstellen (allg.) – pantomimisch darstellen – schnell reagieren – spontan handeln – Warming up - Aktivierung bei Lustlosigkeit – Unterhaltung, geselliges Treffen – Darstellendes Spiel, Theaterspiel

MEINUNGSSPEKTRUM

Mit Kärtchen Meinungen zum Ausdruck bringen und Gruppenmehrheiten erraten

Material: Vorbereitete Zettel mit Behauptungen, Abstimmungskärtchen
Empfohlenes Mindestalter: 14 Jahre

Jeder Mitspieler erhält 5 Meinungskärtchen (++ ,+ ,?, –, – -) und zwei Wettkärtchen (+ und –). In der Mitte liegen vorformulierte Behauptungen, eine wird vorgelesen, und jeder wählt eine Meinungskarte (womit er seine Zustimmung oder Ablehnung kennzeichnet) und eine Wettkarte (welche Meinung wird wohl mehrheitlich in der Gruppe vertreten?).
Aufdecken. Diskutieren. Nächste Behauptung.

Stichwörter
Gruppierung: Kreis – Spieltempo: ruhig – Dauer: ca. 10-30 Min. – beurteilen, einschätzen – denken (allg.) – konzentrieren – Thema kennenlernen – Aktivierung bei Lustlosigkeit – Interesse aneinander – Auswertung – spielerischer Meinungsaustausch – multithematisch – Methode für die Gruppenarbeit

MENSCHENMUSTER LEGEN

Große Anzahl von Personen zu Mustern oder Wörtern legen

Material: –
Empfohlenes Mindestalter: 8 Jahre

Dieses Spiel benötigt mindestens 12 Personen und einen großen Raum.
Alle – bis auf vier – legen sich auf den Boden. Die vier tragen dann alle Liegenden so hin, daß sie ein Muster (Riesenstern, Schweizer Kreuz, Schneeflocke, ...) oder ein Wort bilden.
VARIANTE: Mit geschlossenen Augen legt sich die ganze Gruppe zu einem vereinbarten Muster hin (dabei kann man miteinander sprechen, aber nicht die Augen öffnen!). Erst wenn alle liegen, darf geschaut werden.
Das Spiel ist auch gut geeignet für große Gruppen (über 30). Bei einer Spielaktion oder Spielkette könnte zum Schluß z.B. das Wort ENDE aus Körpern gelegt werden, oder wenn die Gruppe im Verlauf der Spielkettengeschichte „in Not“ geraten ist, das Wort SOS.

Stichwörter
Gruppierung: Alle im Raum verteilt – Spieltempo: lebhaft – Dauer: unter 10 Min. – einfach, leicht – ohne große Vorbereitung spielbar – produktorientiert – blind wahrnehmen – fühlen, ertasten – Körperkräfte trainieren – Körperkontakt – Harmonisierung, Abschluß – Entspannung, Ruhe – Spielaktion, Spielfest

MIMIKUS-SPIEL
Sehr vielfältiges Würfelspiel mit Spezialwürfeln

Material: Mimürfel-Spielepackung
Empfohlenes Mindestalter: 10 Jahre

Um strategischen Spaß geht es in diesem Spiel von Hajo Bücken. Drei bis sechs Menschen ab 10 Jahren haben jeweils sechs verschiedene farbige Mimürfel zur Verfügung. Diese müssen sie, nach Mimiken geordnet, nebeneinander ziehen. Dabei geht es um die unterschiedlichen Bedeutungen der Mimiken. Bei diesem neuartigen System gibt der dicke Mimürfel in der Mitte den Ton an. Er wird nicht etwa gewürfelt, sondern bewußt über eine Kante auf die gewünschte Mimik gedreht.

Stichwörter
Brett-, Kartenspiel – Ulk-, Theken-, Partyspiel – Wettkampf, Durchsetzung – Gruppierung: Kleingruppe mit 4-6 Personen – Kooperation üben – anleitungsintensiv – Dauer: ca. 10-30 Min. – Spieltempo: ruhig

MIMÜRFEL-SYMPATHIE
Mit Mimik-Piktogrammen Meinungen kundtun

Material: Mimürfel (Hajo Bücken)
Empfohlenes Mindestalter: 12 Jahre

Jeder hat zwei Mimürfel. In der Mitte liegt verdeckt ein Stapel mit Bildern oder Plakaten. Ein Bild wird aufgedeckt. Jeder legt seine Sympathie oder Antipathie zum Bild mit einemMimürfel, mit dem zweiten soll er die Meinung seines linken Nachbarn einschätzen. Haben sich alle entschieden, gleichzeitig die Mimürfel hinlegen. Diskutieren.
VARIANTE: Statt Mimürfel Stimmkarten!

Stichwörter
Gruppierung: Kreis – Spieltempo: ruhig – Dauer: ca. 10-30 Min. – wahrnehmen (allg.) – beurteilen, einschätzen – Phantasie entwickeln – empathisch handeln – Kennenlernen (allg.) – Interesse aneinander – Harmonisierung, Abschluß – Auswertung – spielerischer Meinungsaustausch – multithematisch – Interaktionsspiel

MIRA LUNA SCHATTENTHEATER

Schattentheaterbühne, Figuren zum Ausschneiden und drei kleine Stücke zum Spielen

Material: Packung mit Bühne, Ausschneidefiguren usw.
Empfohlenes Mindestalter: 8 Jahre

Die Packung enthält eine sehr schöne aufklappbare Tischbühne für Schattenspiele mit einem 35 x 21 cm großen „Bildschirm". Acht ca. 15 cm hohe auszuschneidende Spielfiguren liegen für drei kleine Stücke bei, auch das Textheft ist enthalten. Nur die Lampe fehlt noch. Die Stücke: „Von schlechten und von guten Zeiten", „Die Tanzprobe", „Drei Wünsche". Ein sehr schönes, anregendes und gut sofort einsetzbares Material.

Stichwörter

Produkt gemeinsam erstellen – Puppen-, Masken-, Schattenspiel – Materialspiel, Werken – Darstellendes Spiel, Theaterspiel – einfach, leicht – Gruppierung: Gruppe(n) vor Zuschauern – multithematisch – Material erproben oder gestalten – Phantasie entwickeln – wahrnehmen (allg.) – Vorführung üblich oder möglich – Dauer: ca. 30-120 Min. – Spieltempo: ruhig – medial darst.: malen, singen, bauen

MIT LÖFFELN BELEGEN

Eine Person mit Material (Löffel, Bierdeckel...) belegen, die sich damit fortbewegen soll

Material: Löffel, Bierdeckel oder Pfeifenputzer o.ä.
Empfohlenes Mindestalter: 10 Jahre

Einer belegt seinen Partner mit ca. 12 Löffeln oder Pfeifenputzern (auf Schultern, vorgestreckte Arme, Schuhe...). Der Belegte soll ca. 10 m gehen (oder bis zum anderen Ende des Raums). Wer am meisten Material behält, hat gewonnen.
Anmerkung: Gut als Spielstation auf einem Fest geeignet.

Stichwörter

Gruppierung: Paare – Spieltempo: lebhaft – Dauer: unter 10 Min. – wahrnehmen (allg.) – konzentrieren – geschickt verhalten – schnell reagieren – Aktivierung bei Lustlosigkeit – Kooperation üben – Wettkampf, Durchsetzung – motorische Sensibilisierung – Unterhaltung, geselliges Treffen – Materialspiel, Werken – Geschicklichkeitsspiel

MIT TÜCHERN JONGLIEREN
Spielmaterial für verschiedene Spielmöglichkeiten

Material: Tücher
Empfohlenes Mindestalter: 10 Jahre

Jeder Spieler hat 3 Tücher (Taschentücher, Kopftücher...) und soll zunächst mit zwei, dann mit 3 Tüchern jonglieren und sich dabei ein kleines Bewegungssystem ausdenken. Falls es nicht genug Tücher gibt: Dreiergruppen, einer übt das Jonglieren, die beiden anderen heben die Tücher auf.
Dann Rollenwechsel.

Stichwörter
Gruppierung: Alle im Raum verteilt – Gruppierung: Kleingruppe mit 3 Personen – Spieltempo: action – Dauer: unter 10 Min. – wahrnehmen (allg.) – konzentrieren – geschickt verhalten – schnell reagieren – motorische Sensibilisierung – Unterhaltung, geselliges Treffen – Materialspiel, Werken – Geschicklichkeitsspiel

MITBRINGSEL
Zum Namen eine Bewegung machen, alle vorgenannten wiederholen

Material: –
Empfohlenes Mindestalter: 4 Jahre

Der Spielleiter beginnt, stellt sich vor: „Mein Name ist Ulrich, und ich habe ein Kopfnicken mitgebracht" (dazu Nicken). Der linke Nachbar fährt fort (deutet auf den Spielleiter): „Das ist Ulrich, und er hat ein Kopfnicken mitgebracht." (er nickt dazu). „Ich bin Stefan und habe...". Jeder wiederholt Name und Bewegung der vorherigen.
VARIANTE: Alle machen bei der Wiederholung die Bewegung mit.
Anmerkung: Möglichst schnell wiederholen, zügig spielen!
Nicht gut für Gruppen mit mehr als 12 Teilnehmern.
Ähnlich wie das KROKODIL-SPIEL.

Stichwörter
Gruppierung: Kreis – Spieltempo: lebhaft – Dauer: unter 10 Min. – universell verwendbar – einfach, leicht – witzig, besonders lustig – ohne große Vorbereitung spielbar – erinnern – schnell reagieren – spontan handeln – Namen lernen – Bewegungsspiel

MITSPIEL-GESCHICHTEN – ROLLENGESCHICHTE
Gleich mitspielen, während die Geschichte verlesen wird

Material: Geschichte zum Mitspielen, evtl. Rollenzettel
Empfohlenes Mindestalter: 4

Der Spielleiter liest eine Geschichte vor bzw. erzählt sie. Die Spieler machen (a) spontan die passenden Geräusche oder gruppenweise bestimmte Töne, (b) spielen stumm (mit oder ohne vorher gewählten Rollen) die Geschichte nach, (c) spielen Handlungsabschnitte als Szenen (mit Sprechen) in Vorlesepausen oder (d) sie stellen bestimmte vorher aufgeteilte Wörter immer dann mit einem Standbild und Geräusch dar, wenn dieses Wort erwähnt wird.
Anmerkung: Nur für kooperative, kreative Gruppen geeignet, weil spontan und ohne Absprache agiert werden muß.
Siehe auch GESCHICHTEN SPIELEN.

Stichwörter
Gruppierung: Kreis – Spieltempo: lebhaft – Dauer: ca. 10-30 Min. – wahrnehmen (allg.) – beurteilen, einschätzen – kreativ sein, improvisieren – Phantasie entwickeln – darstellen (allg.) – pantomimisch darstellen – schnell reagieren – spontan handeln – Kooperation üben – Unterhaltung, geselliges Treffen – multithematisch – Darstellendes Spiel, Theaterspiel

MONTAGSMALER – MONTAGSSCHAUSPIELER
Einer malt einen Begriff, die anderen raten. Einer spielt einen Begriff pantomimisch, andere raten

Material: (falls vorhanden:) Overheadprojektor; große Papierbögen, Stifte; vorbereitete Begriffe-Zettel
Empfohlenes Mindestalter: 8 Jahre

Vom Spielleiter bekommt einer einen Begriff auf einem Zettel gezeigt und soll nun diesen Begriff malen (besonders wirkungsvoll, ist – falls vorhanden – das Malen auf einem Tageslichtschreiber). Die anderen aus seiner Gruppe raten. Ist der Begriff erraten, ist der nächste aus der gleichen Mannschaft dran (wenn mit Wettbewerb gespielt wird), bis 2 Minuten um sind. Die Zahl der erratenen Begriff ist die Punktzahl. – Statt Begriffe können es Sprichwörter, Pop-Gruppen-Namen, Filmtitel, Orte/Länder, Tätigkeiten sein.
VARIANTE: Statt zu malen, werden die Begriffe ohne Worte vorgespielt.

Stichwörter
Gruppierung: Halbgruppen – raten, erforschen – Gruppierung: Spielleitung und Kleingruppe – Spieltempo: lebhaft – Dauer: ca. 10-30 Min. – besonders spannend – einfach, leicht – Vorführung üblich oder möglich – wahrnehmen (allg.) – kreativ sein, improvisieren – medial darst.: malen, singen, bauen – pantomimisch darstellen – Wettkampf, Durchsetzung – Unterhaltung, geselliges Treffen – Wissen erweitern – Malspiel – pantomimisches Spiel

MORPHOLOGISCHER KASTEN – MORPHOLOGISCHE ANALYSE

Etwas verändern oder erfinden, indem vorher die Merkmale des Vorhandenen aufgelistet werden

Material: große Papierbögen sind hilfreich bei Gruppenarbeit
Empfohlenes Mindestalter: 12 Jahre

Nützliche, sehr streng-systematische Methode, um Neues zu erfinden oder Vorhandenes zu verändern (ein Spiel, eine Veranstaltung, eine Publikation, eine Gruppenmethode...).
Von etwas Vorhandenem werden alle wichtigen Merkmalskategorien in eine Spalte untereinander geschrieben (Beispiel „Apfel": Preis, Form, Farbe, Geschmack, ...), dann die Ausprägungen in jeder Kategorie des zu verändernden Produkts oder Prozesses (beim Apfel-Beispiel: DM 0,75 – rundlich – grün – sauer...). Dann in jeder Zeile alle denkbaren (ob sinnvoll oder nicht) anderen Merkmalsausprägungen aufschreiben.
So entsteht ein „Kasten" (eine Matrix aller möglichen Eigenschaften). Nun kann man beliebig viele neue Merkmalskombinationen konstruieren und diskutieren, ob dies so Veränderte sinnvoll und besser ist.
Anmerkung: Das Spiel kann gut Teil eines Kreativitätstrainings sein.
Zur Übung der Methode ist auch das Spielen einer Werbeagentur denkbar, die mit Hilfe dieser Methode ein bekanntes, gewöhnliches Produkt (z.B. Milch) verändern soll, so daß der Absatz steigt. Die Methode ist auch denkbar als Selbsterfahrungsspiel: In einer Dreiergruppe nehmen sich immer 2 den dritten vor, beschreiben ihn mit dem Morphologischen Kasten und schlagen ihm dann eine veränderte Merkmalskombination vor.

Stichwörter
Gruppierung: Kleingruppe mit ca. 4 Personen – Spieltempo: ruhig – Dauer: ca. 10-30 Min. – eher ernst – ohne große Vorbereitung spielbar – denken (allg.) – kombinieren, planen – kreativ sein, improvisieren – präzise sprechen oder beschreiben – Selbsterfahrung – Methode für die Gruppenarbeit – gruppendynamisches Experiment

MUMIEN AUFWECKEN – DECKENMASSAGE
Jemanden massieren, der in eine Decke gewickelt ist

Material: Je Dreiergruppe eine Decke.
Empfohlenes Mindestalter: 8 Jahre

Einer in jeder Dreiergruppe legt sich mit dem Rücken auf eine Decke, wickelt sich ein, und schließt die Augen. Die beiden anderen spielen zwei Archäologen, die eine Mumie gefunden haben. Sie versuchen, durch eine vorsichtige und immer kräftigere Massage die Mumie aufzuwecken. Rollenwechsel.
Anmerkung: Das Spiel benötigt eine ungestörte, ernste Gruppensituation.

Stichwörter
Gruppierung: Kleingruppe mit 3 Personen – Spieltempo: ruhig – Dauer: ca. 10-30 Min. – einfach, leicht – eher ernst – blind wahrnehmen – fühlen, ertasten – konzentrieren – empathisch handeln – Körperkontakt – Vertrauen entwickeln – motorische Sensibilisierung – Entspannung, Ruhe – Interaktionsspiel

MUSIK RATEN
Mit falscher Geschwindigkeit gespielte Schallplatten erraten

Material: Musikstücke, Plattenspieler mit mindest. 2 Geschwindigkeiten.
Empfohlenes Mindestalter: 10 Jahre

Bekannte Popmusikstücke (bzw. bei der Zielgruppe sehr bekannte Musikstücke) werden mit der falschen Geschwindigkeit abgespielt: Titel und Interpret sollen geraten werden. Gute Quizmöglichkeit innerhalb einer Fete, Disco oder eines Bunten Abends.

Stichwörter
Gruppierung: Alle im Raum verteilt – Gruppierung ergibt sich; offenes Angebot – Spieltempo: ruhig – Dauer: ca. 10-30 Min. – wahrnehmen (allg.) – raten, erforschen – Unterhaltung, geselliges Treffen – Wissen erweitern – Musikspiel – Ratespiel, Quiz

MUSIKALISCHE WELTREISE – PHANTASTISCHE WELTREISE MIT MUSIK

Sich in einer Musik-Meditation verschiedene Landschaften vorstellen

Material: Ausgewählte Musikstücke (möglichst nicht ganz eindeutige)
Empfohlenes Mindestalter: 10 Jahre

In entspannter Position hört sich die Gruppe verschiedene Musikstückchen an (kann, aber sollte eher nicht folkloristische Musik sein) und stellt sich dabei vor, wie die Gegend aussehen könnte, in der diese Musik Volksmusik ist. Welches Klima herrscht dort? Ist es gebirgig? Feiern die Bewohner Feste? Wie sehen die Gebäude aus? Tiere? Pflanzen?
Anmerkung: Zwischen den Musikpassagen eine kurze „Reise"bewegung der Gruppe, um deutliche Pausen zwischen den Musikerlebnissen zu setzen. Man könnte z.B. wieder ins Flugzeug einsteigen – spielen (oder in den Bus, aufs Schiff usw.): in Stuhlreihe setzen, dann wieder auf Decke Platz nehmen und nächste Musik hören.

Stichwörter
Gruppierung: Kreis – Spieltempo: ruhig – Dauer: ca. 10-30 Min. – eher ernst – wahrnehmen (allg.) – konzentrieren – Phantasie entwickeln – Harmonisierung, Abschluß – Entspannung, Ruhe – Musikspiel

MUSIKER SPRECHEN MIT TÄNZERN

Mit Bewegungen auf Musik eingehen und umgekehrt

Material: Kleine Anzahl einfache Musikinstrumente
Empfohlenes Mindestalter: 12 Jahre

Alle improvisieren Bewegungen zum Spiel eines Musikinstruments. Mehrere Instrumente (die sich von Klangfarben, Rhythmen usw. her deutlich voneinander abgrenzen) nacheinander. Dann reagieren 2-4 Teilnehmer auf jeweils ein bestimmtes Instrument. Rollenwechsel: Mit den Musikinstrumenten wird improvisiert aufgrund von Bewegungen.
Anmerkung: Das Spiel benötigt eine ungestörte, ernste Gruppensituation. Das Spiel ist eine gute Methode in einem Ausdruckstraining.

Stichwörter
kreativ sein, improvisieren – Gruppierung: Kleingruppe mit ca. 4 Personen – Musikspiel – Bewegungsspiel – empathisch handeln – konzentrieren – wahrnehmen (allg.) – Vorführung üblich oder möglich – anleitungsintensiv – eher ernst – schwierig – Dauer: ca. 10-30 Min. – Spieltempo: lebhaft – medial darst.: malen, singen, bauen

MUTPROBEN (SOGENANNTE) – GUTSCHEINE FÜR ABENTEUER

Jeder bekommt einen Gutschein für riskante Erlebnisse und soll sagen, ob er sich das trauen würde

Material: Vorbereitete Gutscheine mit Erlebnissen
Empfohlenes Mindestalter: 14 Jahre

Die Gutscheine werden in Briefumschläge gesteckt. Jeder zieht sich einen. Öffnen, wenn alle einen haben. Dann reihum sagen, ob man den Gutschein einlösen würde (sich einem solchen abenteuerlichen Erlebnis aussetzen würde) oder eher nicht. Nicht akzeptierte Gutscheine kommen in die Mitte und können in einer zweiten Runde gewählt werden.
VARIANTE: Jeder liest seinen Gutschein vor. Alle schätzen ein, ob sich die Person (in der Realität!) auf dieses Erlebnis einlassen würde.
Anmerkung: Setzt eine Gruppensituation voraus, in der Angeberei und falscher Mut nicht mehr nötig ist, sondern ehrliche Einschätzungen geäußert werden können und auch Angst ohne Diskreditierung zugegeben werden kann. Das Spiel stärkt die individuelle Selbstsicherheit, weil man über die eigenen Ängste, Grenzen und aber bestandene „Mutproben" sprechen kann.

Stichwörter
Normen, Rollen, Werte – beurteilen, einschätzen – Gruppierung: Kreis – Methode für die Gruppenarbeit – Biografie – Angst – Vertrauen entwickeln – Interesse aneinander – eher ernst – Dauer: ca. 10-30 Min. – Spieltempo: ruhig

N

NACHTS SIND ALLE KATZEN GRAU – KATZ UND MAUS IM KREIS

Katze und Maus sind blind im Kreis, akustische Signale helfen ihnen

Material: –
Empfohlenes Mindestalter: 6 Jahre

Alle sitzen in einem möglichst großen Kreis. In der Gruppe wird schnell reihum 1, 2, 1, 2 usw. abgezählt. Alle Einser helfen der Katze durch leises oder lautes Miauen; alle Zweier helfen der Maus durch leise oder laute Warnpfiffe. Zwei gehen in den Kreis, beide schließen die Augen, einer ist Katze, einer Maus. Die Katze soll die Maus durch Abschlagen fangen. Kommt die Katze der Maus näher, sollen das Miauen und die Warnpfiffe immer lauter werden.

Stichwörter
Gruppierung: Kreis – Spieltempo: action – Dauer: unter 10 Min. – universell verwendbar – besonders spannend – ohne große Vorbereitung spielbar – wahrnehmen (allg.) – blind wahrnehmen – empathisch handeln – schnell reagieren – Kooperation üben – Unterhaltung, geselliges Treffen – Bewegungsspiel

NAME UND BEWEGUNG

Zum Namen eine (passende) Bewegung machen, Gruppe wiederholt

Material: –
Empfohlenes Mindestalter: 4 Jahre

Jeder sagt seinen Namen und macht eine Bewegung dazu, die seiner Stimmung oder seinem Temperament entspricht (z. B. tief verbeugen, rhythmisch klatschen ...) oder zu seinem Beruf oder seinem Namen oder Herkunftsland paßt. Sofort wiederholen alle den Namen und die Bewegung.
Anmerkung: Das Spiel ist auch gut geeignet für große Gruppen (über 30). Die Bewegung kann durch den ganzen Raum gehen.

Stichwörter
Gruppierung: Kreis – Spieltempo: lebhaft – Dauer: unter 10 Min. – universell verwendbar – einfach, leicht – ohne große Vorbereitung spielbar – wahrnehmen (allg.) – Phantasie entwickeln – darstellen (allg.) – schnell reagieren – spontan handeln – Namen lernen – Warming up – Interesse aneinander – Darstellendes Spiel, Theaterspiel

NAMEN GEBEN – VISITENKARTEN TAUSCHEN

Getauschte Namenszettel den Richtigen zuordnen

Material: (Namens)zettel aller Mitspieler oder Luftballons und Filzstifte
Empfohlenes Mindestalter: 8 Jahre

Der Spielleiter hat von jedem Anwesenden ein Namenskärtchen geschrieben. Dann gibt er jedem Mitspieler sein Kärtchen, und sagt dabei laut für alle den Namen. Dann wird Musik gespielt. Alle stellen sich dicht zusammen und tauschen schnell die Kärtchen. Wird die Musik unterbrochen, so soll jeder das Namenskärtchen an den richtigen Mann/die richtige Frau bringen – aber ohne den Namen zu rufen. 3-4 Musikstops sind empfehlenswert. Bei einer großen Gruppe kann es ganz gut sein, ein anderes Namenlernspiel vorher gemacht zu haben.
VARIANTE: Jeder könnte auch auf ein Kärtchen seinen Beruf oder Herkunftsort oder ein charakteristisches Eigenschaftswort oder Hobby aufschreiben, dann verlesen, tauschen, zuordnen. Oder: Statt auf Zettel werden die Namen auf Luftballons geschrieben, die durch Hin- und Herwerfen ausgetauscht werden. Bei Musikstop den Luftballon dem Eigentümer zurückbringen.
Siehe auch Spiel VERTAUSCHTE VISITENKARTEN.

Stichwörter
Gruppierung: Kreis – Spieltempo: lebhaft – Dauer: unter 10 Min. – erinnern – konzentrieren – Namen lernen – Aktivierung bei Lustlosigkeit – Interesse aneinander – sonstige Spielform

NAMEN PANTOMIMISCH

Jeder spielt ersten und letzten Buchstaben des Vornamens pantomimisch vor, Gruppe rät den Vornamen

Material: –
Empfohlenes Mindestalter: 10 Jahre

Jeder stellt zwei Begriffe pantomimisch dar: der erste soll denselben Anfangsbuchstaben wie sein Vorname haben; der zweite soll mit dem Buchstaben beginnen, mit dem sein Vorname aufhört. Also erster und letzter Buchstabe des Vornamens sollen pantomimisch dargestellt werden. Die Gruppe rät die dargestellten Begriffe und den Namen.

Stichwörter
Gruppierung: Kreis – Spieltempo: lebhaft – Dauer: ca. 10-30 Min. – raten, erforschen – Phantasie entwickeln – pantomimisch darstellen – Namen lernen – Warming up – pantomimisches Spiel

NAMEN UND ASSOZIATIONEN

Erzählen, was man mit seinem Namen verbindet

Material: evtl. Malstifte (-kreide) und Papiere
Empfohlenes Mindestalter: 14 Jahre

Die Gruppe sitzt im Kreis. Der Spielleiter sagt: Jeder hat jetzt etwa 2 Minuten Zeit, sich an irgendeine Geschichte zu erinnern, die er mit seinem Namen verbindet; ob er seinen Namen mag oder nicht; ob er sich an angenehme oder unangenehme Leute erinnert, die den Namen ebenfalls tragen.
Dann erzählt jeder reihum seine Einfälle. Wer mag, kann beim Zuhören dem Erzähler ein kleines Bild malen.
Anmerkung: Das Spiel benötigt eine ungestörte, ernste Gruppensituation. Wem nichts einfällt, sollte die Frage gestellt werden, welchen Namen er gerne hätte, wenn er sich einen anderen aussuchen müßte, und warum jenen.

Stichwörter
Gruppierung: Kreis – Spieltempo: ruhig – Dauer: ca. 10-30 Min. – wahrnehmen (allg.) – erinnern – konzentrieren – kreativ sein, improvisieren – kennenlernen (allg.) – Namen lernen – Interesse aneinander – Biografie – Familie – Methode für die Gruppenarbeit

NAMEN VERKEHRT – VORNAMEN RÜCKWÄRTS
Eigenen von rückwärts aussprechen, erkennen lassen

Material: –
Empfohlenes Mindestalter: 10 Jahre

Jeder sagt in der Gruppe nacheinander seinen Vornamen von rückwärts gelesen. Also, wer Gabi heißt, stellt sich als Ibag vor und wer Gisela heißt, nennt sich Alesig. Kommt ein H im Namen vor, so muß man dieses oft zusätzlich nennen, weil man es sonst beim Sprechen nicht „hört“. Hat jemand seinen Namen rückwärts genannt, so versuchen alle, den richtigen Vornamen herauszufinden. Zur Festigung der Vornamen soll dann jeder seinen rechten Nachbarn in eine Reihe der Vornamen von A bis Z stellen (in der Reihenfolge der richtigen Schreibweise, nicht rückwärts gelesen – es sei denn, diese neuen Vornamen will sich die Gruppe lieber merken).
VARIANTE: Bei wenig Gruppenmitgliedern kann jeder auch seinen Namen mit völlig durcheinander gewürfelter Buchstabenreihenfolge anschreiben.

Stichwörter
Gruppierung: Kreis – Gruppierung: Einzelne gegenüber Gruppe – Spieltempo: ruhig – Dauer: ca. 10-30 Min. – ohne große Vorbereitung spielbar – raten, erforschen – denken (allg.) – konzentrieren – Namen lernen – Unterhaltung, geselliges Treffen – Sprach-, Schreib-, Diskussionsspiel

NAMEN-KREUZWORTRÄTSEL
Kreuzworträtselartig die Namen und Herkunftsorte aufschreiben

Material: Stifte, Papier (möglichst kariert)
Empfohlenes Mindestalter: 12 Jahre

Jeder Spieler schreibt seinen Vor- (evtl. auch Nach-)namen senkrecht oder waagerecht auf ein großes Stück Papier. Er versucht nun alle Namen der Gruppenmitglieder kreuzworträtselartig seinem Namen zuzuordnen.
VARIANTE: Jeder macht ein richtiges Kreuzworträtsel mit seinem Namen und den Sachen, die er mag. Der linke Nachbar soll es lösen. Evtl. statt Paare: Kleingruppen, raten in der Gesamtgruppe.

Stichwörter
Gruppierung: Paare – Gruppierung: Kleingruppe mit 3 Personen – Spieltempo: ruhig – Dauer: ca. 30-120 Min. – raten, erforschen – beurteilen, einschätzen – kombinieren, planen – Kulturtechniken: Lesen, Schreiben – kennenlernen (allg.) – Namen lernen – Interesse aneinander – Sprach-, Schreib-, Diskussionsspiel

NAMENSBÄLLCHEN

Derjenige, dessen Name gerufen wird, muß einen Ball fangen

Material: Joghurtbecher in der Anzahl der Spieler; Tischtennisball; oder bei VARIANTE: Softball
Empfohlenes Mindestalter: 6 Jahre

Alle haben einen Joghurtbecher in der Hand. Einer hat in seinem Becher einen Tischtennisball. Er ruft laut einen Namen und wirft den Ball in die Luft. Der Aufgerufene muß versuchen, den Ball so schnell es geht in seinem Becher zu fangen.
VARIANTE: Wenn keine Joghurtbecher vorhanden sind, können auch alle ihre zwei Hände so zusammenhalten, daß eine „Schale" entsteht und so einen Softball von Tennisballgröße fangen.
Anmerkung: Geht auch in anderen Ballspielversionen: gegen Hausmauer, dann darf der Ball einmal aufkommen, muß dann gefangen werden.
VARIANTE: *Zwei Namen werden gerufen, wer zuerst fängt, ist der nächste Werfer.*

Stichwörter
Alle im Raum verteilt – Spieltempo: lebhaft – Dauer: unter 10 Min. – wahrnehmen (allg.) – schnell reagieren – spontan handeln – Namen lernen – Aktivierung bei Lustlosigkeit – Bewegungsspiel

NAMENSLUFTBALLONS

Name auf Ballon, durcheinanderwerfen, wieder hinbringen

Material: Luftballons, Musik, wasserfeste Filzstifte
Empfohlenes Mindestalter: 10 Jahre

Jeder schreibt seinen Namen auf einen Luftballon, dann werden beim Luftballontanz die Ballons hin- und hergeworfen. Bei Stop muß jeder seinen gerade gegriffenen Ballon zum Eigentümer bringen. (Namen ausrufen!).
3-4 x Stop!
VARIANTE: Es kann auch eine Karikatur auf den Ballon gemalt werden.
Anmerkung: Sehr gut auch für große Gruppen geeignet!

Stichwörter
Gruppierung: Alle im Raum verteilt – Spieltempo: lebhaft – Dauer: unter 10 Min. – einfach, leicht – wahrnehmen (allg.) – Namen lernen – Warming up – Unterhaltung, geselliges Treffen – Bewegungsspiel

NAMENSRHYTHMUS

Dem Nachbarn zum eigenen Namen einen passenden Rhythmus auf den Rücken klatschen

Material: –
Empfohlenes Mindestalter: 10 Jahre

Der Spielleiter beginnt und klatscht, malt, streicht oder trommelt mit Händen oder Fingern seinem rechten Nachbarn einen Rhythmus, der zu seinem Namen paßt, auf den Rücken (Po, Oberschenkel...), und sagt dabei auch den Namen rhythmisch. Er wiederholt nochmal, und dann wiederholt die ganze Gruppe. Dann ist sein rechter Nachbar dran usw..
VARIANTE: Dem rechten Nachbarn den Rhythmus auf den Rücken klatschen, der wiederholt Namen und Rhythmus auf seinem rechten Nachbarn und weiter die ganze Gruppe herum.

Stichwörter
Gruppierung: Kreis – Spieltempo: lebhaft – Dauer: unter 10 Min. – wahrnehmen (allg.) – fühlen, ertasten – kreativ sein – improvisieren – medial darst.: malen, singen, bauen – Namen lernen – Warming up – Aktivierung bei Lustlosigkeit – Körperkontakt – motorische Sensibilisierung – Bewegungsspiel

NATUR-FEEDBACK

Jeder bringt für einige Naturmaterial als symbolisches Feedback oder Geschenk mit

Material: Naturmaterialien
Empfohlenes Mindestalter: 15 Jahre

Jeder soll von einem Spaziergang (20-30 Min.) ein Naturmaterial (Stein, Blume, Ast, Moos...) für seinen linken Nachbarn, ein Stück für sich und eins noch für ein Gruppenmitglied der eigenen Wahl mitbringen. Das Material sollte etwas mit der Person zu tun haben (Feedback, Wunsch, Geschenk). Anschließend könnte alles in den Kreis unter ein Tuch gelegt, erfühlt und ertastet werden, oder man richtet ein Museum ein, wo für jeden extra die Sachen auf einen Stuhl oder eine Tischecke gelegt werden.

Stichwörter
Gruppierung: Kreis – Spieltempo: ruhig – Dauer: ca. 30-120 Min. – wahrnehmen (allg.) – fühlen, ertasten – Phantasie entwickeln – empathisch handeln – Aktivierung bei Lustlosigkeit – Harmonisierung, Abschluß – Auswertung – Beziehungen – Selbsterfahrung – Interaktionsspiel – gruppendynamisches Experiment

NATURBILDER SCHMINKEN

Wahrgenommene Naturstrukturen durch Schminken auf dem Gesicht des Partners wieder abbilden

Material: Schminkfarben, Pinsel, kleine Schwämme, Puder, evtl. Glimmer
Empfohlenes Mindestalter: 10 Jahre

Zu zweit geht man durch die Natur. Jeder soll auf besonders interessante Muster achten, auf Blättern, Moos-Strukturen, Zweigabschnitte, Steinfarben... Ein besonders interessantes Muster merkt sich jeder (evtl. kleinen Skizzenblock mitnehmen) und soll es dann dem Partner ins Gesicht schminken. Das Gesicht als ein Spiegel der Natur. Zum Schluß können alle die Stellen, an denen die Muster zu entdecken waren, besuchen. Die Gesichter können sich zu ihrem Muster hocken. Es kommt nicht auf fotografisch genaue Wiedergabe des Naturmusters an – es darf durchaus etwas eigenes, Kreatives entstehen, angeregt durch das „Ausgangsmaterial" in der Natur.

Stichwörter
Umwelt, Natur, Ökologie – Entspannung, Ruhe – kreativ sein, improvisieren – Gruppierung: Paare – Malspiel – motorische Sensibilisierung – Körperkontakt – Umgebung kennenlernen – wahrnehmen (allg.) – produktorientiert – eher ernst – Dauer: ca. 30-120 Min. – Spieltempo: ruhig – medial darst.: malen, singen, bauen

NATURFÜHLUNG

Naturgegenstände sammeln und hinter dem Rücken weitergeben, raten

Material: Naturmaterial
Empfohlenes Mindestalter: 8 Jahre

Jeder sammelt 2-3 kleine Naturmaterialien bei einem Waldspaziergang (Stein, Ast, Blume ...). Alle sitzen im Kreis, hinter dem Rücken werden Materialien weitergegeben und zum Schluß geraten. Doppelteile als Sicherung gegen zu heftiges Fühlen sind angebracht.

Stichwörter
Gruppierung: Kreis – Spieltempo: ruhig – Dauer: ca. 10-30 Min. – blind wahrnehmen – raten, erforschen – fühlen, ertasten – konzentrieren – Umgebung kennenlernen – Umwelt, Natur, Ökologie – Wissen erweitern – Kim-(Wahrnehmungs-)spiel

NATURKLÄNGE
Musik mit Naturmaterialien erzeugen

Material: Naturmaterialien
Empfohlenes Mindestalter: 10 Jahre

Jeder Spieler erhält den Auftrag, 3 verschiedene Gegenstände aus der Natur zu beschaffen, mit denen sich Geräusche machen lassen. Anschließend stellen die Spieler in 2er oder 3er Kleingruppen ihre Geräusche vor und entwickeln mit ihren Mitspielern eine kleine wiederholbare Komposition, in der die Klänge der Beteiligten vorkommen. Das Werk wird anschließend der Gesamtgruppe vorgestellt.

Stichwörter
Paare – Spieltempo: lebhaft – Dauer: ca. 10-30 Min. – wahrnehmen (allg.) – kreativ sein, improvisieren – Umgebung kennenlernen – Kooperation üben – Harmonisierung, Abschluß – Unterhaltung, geselliges Treffen – Materialspiel, Werken – Musikspiel

NATURMATERIAL ERFÜHLEN
Naturmaterial holen, ertasten und Eigenschaften nennen

Material: Naturmaterialien (werden von Spielern selbst besorgt)
Empfohlenes Mindestalter: 4 Jahre

Jeder geht hinaus und bringt aus der Natur etwas zum Erfühlen mit, ohne daß es die anderen sehen. Es sollte nichts Unangenehmes sein oder gar etwas, woran man sich wehtun kann. Alles wird unter ein Tuch gesteckt.
Dann setzen sich alle drum herum, erfühlen eine Sache und überlegen sich mindestens vier (bei kleinen Kindern: zwei) Eigenschaftswörter, mit denen man das Ding beschreiben kann. Dann tauscht jeder mit seinem Nachbarn den Platz, ertastet dessen Gegenstand, überlegt sich wieder vier Wörter und bespricht dann mit seinem Nachbarn, welche Eigenschaften sie sich ausgedacht haben.
Erst jetzt darf der Gegenstand hervorgeholt und angesehen werden.
Anmerkung: Ruhige, nicht zu laute Musik kann eine förderliche Atmosphäre schaffen.

Stichwörter
Gruppierung: Paare – Gruppierung: Kreis – Spieltempo: ruhig – Dauer: ca. 10-30 Min. – einfach, leicht – eher ernst – ohne große Vorbereitung spielbar – blind wahrnehmen – fühlen, ertasten – beurteilen, einschätzen – konzentrieren – präzise sprechen oder beschreiben – Umgebung kennenlernen – Umwelt, Natur, Ökologie – Kim-(Wahrnehmungs-)spiel

NEBELWALD

Mit geschlossenen Augen sollen Spieler in die Richtung zeigen, aus der Geräusche kommen

Material: Ein hell klingendes Musikinstrument (Triangel, Glöckchen, Löffel im Glas, ...) und ein dunkles (Gong, Handtrommel, ...)
Empfohlenes Mindestalter: 4 Jahre

Alle gehen ganz langsam mit geschlossenen Augen durch den Raum, Hände schützend ausgestreckt: man geht durch Nebel, durch den Nebelwald.
Jeder läßt sich irgendwo in dem (möglichst großen) Raum nieder. Eine Fee mit einem hell klingenden Musikinstrument schwebt (möglichst unhörbar) durch den Raum, läßt das Instrument ab und an klingen. Ein Zauberer macht dasselbe mit einem tief klingenden Instrument. Immer, wenn ein Ton erklingt, sollen alle im Nebelwald hockenden Spieler mit dem Arm in die Richtung deuten, wo sie Fee bzw. Zauberer vermuten.
Die Atmosphäre vom Nebelwald könnte noch durch eine ganz leise meditative Musik oder Geräuschkassette unterstrichen werden.

Stichwörter
Gruppierung: Alle im Raum verteilt – Gruppierung: Einzelne gegenüber Gruppe – Spieltempo: ruhig – Dauer: unter 10 Min. – besonders spannend – einfach, leicht – eher ernst – blind wahrnehmen – konzentrieren – Entspannung, Ruhe – Meditatives Spiel

NEGATIVES BRAINSTORMING – DESTRUKTIVES BRAINSTORMING – IDEENFINDUNG

Material: Plakatpapier, Filzstift
Empfohlenes Mindestalter: 8 Jahre

Etwas, das man verändern will (Projektidee, Spiel, Veranstaltung, Produkt, Tanz, Plakat,...) wird mit einem Brainstorming kritisiert: alle nur denkbaren Negativmerkmale werden genannt und von einem Protokollanten notiert. Dann wird gemeinsam überlegt, wie die wichtigsten Negativposten verändert werden können. Oft kommen dabei sehr nützliche neue Ideen heraus.
Anmerkung: Der Erfinder oder Entwickler der Idee oder des Produkts, was kritisiert wird, sollte nicht anwesend sein, weil seine Idee bei diesem Verfahren völlig „niedergemacht" wird.

Stichwörter
Gruppierung: Kreis – Spieltempo: lebhaft – Dauer: ca. 10-30 Min. – universell verwendbar – einfach, leicht – eher ernst – Selbstläufer, keine Anleitung – ohne große Vorbereitung spielbar – produktorientiert – beurteilen, einschätzen – kreativ sein, improvisieren – Aktivierung bei Lustlosigkeit – Kooperation üben – multithematisch – Methode für die Gruppenarbeit

NELLIE THE ELEFANT
Nach einem Kinderlied tanzen und spielen

Material: Musikstück „Nellie the elefant", Songtext
Empfohlenes Mindestalter: 6 Jahre

Das englische Kinderlied wird vorgespielt, nachdem der Inhalt kurz erklärt wurde. Beim Vorspielen überlegt die Gruppe, wie die Elemente des Songs in eine Bewegungsform zu übersetzen sind. Dann probieren und tanzen.
Anmerkung: Bei Erwachsenen bzw. Familien kann es nützlich sein, ein Arbeitsblatt mit dem Songtext zu verteilen.

Stichwörter
Gruppierung: Kreis – Spieltempo: action – Dauer: unter 10 Min. – Phantasie entwickeln – darstellen (allg.) – Warming up – Aktivierung bei Lustlosigkeit – Körperkontakt – Kooperation üben – Harmonisierung, Abschluß – Unterhaltung, geselliges Treffen – Tanzspiel

NEUTRAL-MASKEN
Spielmaterial für verschiedenste Maskenspiele

Material: Masken
Empfohlenes Mindestalter: 6 Jahre

Weiße Plastikmasken für das Theaterspiel oder die Pantomime. Sie können angemalt und auch mit Dekorationsmaterial beklebt werden.

Stichwörter
Gruppierung ergibt sich; offenes Angebot – Puppen-, Masken-, Schattenspiel – Darstellendes Spiel, Theaterspiel – Material erproben oder gestalten – darstellen (allg.) – Vorführung üblich oder möglich – Dauer: ca. 30-120 Min. – Spieltempo: lebhaft – medial darst.: malen, singen, bauen

NONSENSDEBATTE

Ein Gespräch über ein unsinniges Thema führen

Material: Vorbereitete Themen; bei Variante: evtl. Mimürfel
Empfohlenes Mindestalter: 10 Jahre

Der Spielleiter bittet vier Fachexperten in die Kreismitte (2 pro, 2 kontra) und gibt ihnen ein zu diskutierendes Nonsensthema (Das Für und Wider einer nuklearen Radieschensetzmaschine; Der geplante verstaatlichte Außenanstrich mit Marmelade ...). Die Zuschauer können Fragen an die Experten richten und so mit in die Debatte einsteigen.
VARIANTE: Kleingruppen diskutieren ein Nonsensthema. Jeder wählt vorher eine Stimmung (evtl. mit MIMÜRFELN erwürfeln), die er verbal und vor allem nonverbal zum Ausdruck bringt. Einer aus der Gruppe soll die gewählten Stimmungen erraten.
Anmerkung: Einerseits eine Phantasie-Anstrengung, bei der Variante dient das Spiel andererseits sehr gut zur Wahrnehmungsschulung von Diskussionsverhaltensweisen.

Stichwörter
Gruppierung: Kleingruppe mit 4-6 Personen – Spieltempo: lebhaft – Dauer: ca. 10-30 Min. – wahrnehmen (allg.) – raten, erforschen – beurteilen, einschätzen – Phantasie entwickeln – Unterhaltung, geselliges Treffen – Gefühle – Körpersprache – Sprach-, Schreib-, Diskussionsspiel

NUMMERNSPIEL

Jeder hat eine Nummer, einer in der Kreismitte nennt zwei, die unbemerkt die Plätze tauschen

Material: Kleine Zettel mit Nummern schreiben.
Empfohlenes Mindestalter: 8 Jahre

Jeder zieht einen Nummernzettel und merkt sich seine Nummer. Alle sitzen im Kreis, einer setzt sich in die Mitte und sagt 2 Nummern an. Diese müssen sich bemerkbar machen und ihre Plätze wechseln, ohne daß es der Spieler in der Mitte merkt. Er muß versuchen, einen Platz zu erreichen.
Anmerkung: Geht nur gut mit mindestens 8 oder 10 Spielern.

Stichwörter
Gruppierung: Kreis – Gruppierung: Einzelne gegenüber Gruppe – Spieltempo: lebhaft – Dauer: ca. 10-30 Min. – besonders spannend – einfach, leicht – ohne große Vorbereitung spielbar – wahrnehmen (allg.) – konzentrieren – geschickt verhalten – schnell reagieren – Aktivierung bei Lustlosigkeit – Unterhaltung, geselliges Treffen – Kim-(Wahrnehmungs-)spiel – Geschicklichkeitsspiel

O

OCHS AM BERG

Wenn sich der Sprecher umdreht, darf keiner mehr beim Laufen erwischt werden

Material: –
Empfohlenes Mindestalter: 4 Jahre

Ein Reaktionsspiel fürs Gelände oder eine Turnhalle: Die ganze Gruppe steht an einer Startlinie, ein Kind steht an der Ziellinie (von der Gruppe abgewandt!) und ruft „Ochs am Berg, 1, 2, 3!". Während es ruft, laufen alle Richtung Ziellinie. Bei „3" dreht sich das Kind um. Erwischt es dann noch jemanden beim Laufen, darf er zurückgeschickt werden – entweder ganz oder z.B. 3 große Schritte. Der Erste, der ankommt, ist der neue Rufer.
Anmerkung: Ein Erwachsener als Schiedsrichter, ob jemand noch am Laufen war oder nicht, kann Streit vorbeugen.

Stichwörter
Gruppierung: Einzelne gegenüber Gruppe – Spieltempo: action – Dauer: ca. 10-30 Min. – besonders spannend – einfach, leicht – ohne große Vorbereitung spielbar – konzentrieren – schnell reagieren – Unterhaltung, geselliges Treffen – Bewegungsspiel

OH-SPIEL

Gedankenspiel mit Bild-und Wortkarten

Material: Brettspiel (E Ramann, J. Schlichter, OH Vertrieb, Moritz Egetmeyer. Kirchzarten)
Empfohlenes Mindestalter: 10 Jahre

Ein Spiel für 1 – 10 Spieler. Die OH-Karten zeigen Bilder und Worte für Assoziation und Kommunikation mit Phantasie und Herz. OH sieht wie ein einfaches Spiel aus. Aber in Wirklichkeit ist es eine Schachtel voller Gedanken, Entdeckungen und neuer Ideen. OH ist eine neue Sprache: eine Sprache, die aus bekannten Bildern und Worten entspringt, welche aber in neuer Weise zueinander stehen. So werden wir, wie durch jede andere Neuigkeit, in unserer Kreativität herausgefordert. Je häufiger man es benutzt, um so besser lernt man damit umzugehen. Diese 176 Karten sind das Material, aus denen sich zahlreiche Spielarten gestalten lassen. Bild- und Wortkarten kann man bereits in 7744 verschiedenen Möglichkeiten kombinieren.

Stichwörter
Entspannung, Ruhe – beurteilen, einschätzen – Meditatives Spiel – Selbsterfahrung – multithematisch – spielerischer Meinungsaustausch – Auswertung – Phantasie entwickeln – wahrnehmen (allg.) – eher ernst – Dauer: ca. 10-30 Min. – Spieltempo: ruhig – Gruppierung: Kleingruppe mit ca. 4 Personen – Brett-, Kartenspiel

ÖKOLUDO

Strategisch-Kooperatives Brettspiel um eine verbesserte Lebensqualität

Material: Brettspiel (Ulrich Baer. Bezug: Robin-Hood-Versand, Remscheid)
Empfohlenes Mindestalter: 15 Jahre. Für 4-7 Spieler

Ein Umweltspiel, bei dem die Spieler für mehr Lebensqualität sorgen müssen und dabei die Abhängigkeit zwischen Wirtschaft, Bildung und Umweltschutz kennenlernen. Der Bundeskanzler und die Minister sollen das Steueraufkommen so verteilen, daß das Land in 12 Jahren eine hohe Lebensqualität erreicht, ohne in Armut, Dummheit oder eine Öko-Katastrophe zu geraten. Ein strategisch-kooperatives Spiel mit ernstem Hintergrund.

Stichwörter

Sprach-, Schreib-, Diskussionsspiel – Rollen-, Entscheidungs-, Planspiel – Umwelt, Natur, Ökologie – Normen, Rollen, Werte – Politik, Frieden , Geschichte – kombinieren, planen – beurteilen, einschätzen – Wissen erweitern – spielerischer Meinungsaustausch – Kooperation üben – eher ernst – Dauer: ca. 30-120 Min. – Spieltempo: ruhig – Gruppierung: Kleingruppe mit ca. 4 Personen – Brett-, Kartenspiel

ORIENTIERUNGSRALLYE – SUCH- UND ORIENTIERUNGSSPIEL – RALLYE
Nach Lösen von Aufgaben zum Ziel

Material: Streckenplan, Aufgabenliste
Empfohlenes Mindestalter: 8 Jahre

Gruppen sollen eine Wegstrecke finden, dabei Erkundungs- oder Beobachtungsaufgaben erfüllen und bis zum Ziel gelangen. Die Wegstrecke kann zu Fuß, mit Rollschuhen/Skateboard, Fahrrädern/Mopeds, öffentlichen Verkehrsmitteln oder Autos zurückgelegt werden. Der Weg ist verschlüsselt und andeutungsweise auf einem Streckenplan beschrieben.
Es kommt darauf an, gut zu beobachten und die Wegbeschreibung richtig zu interpretieren. Die Aufgaben können ein Thema behandeln. Aufgaben-Arten: Wegerforschungs-Aufgaben (Beobachtung, Befragung, Rätsel, Puzzle, Fotos, Kartenausschnitt); thematische Aufgaben (Beobachtung, Interview, Lesen); Geschicklichkeits-, Denk- und Kreativaufgaben (Kim-Spiele, Gedicht machen, Bewegungsspiele, Basteln, Mitbringsel).
Anmerkung: Eignet sich sehr gut als Geländespiel, vor allem auf Gruppenreisen oder als Stadtspiel. Es erfordert allerdings eine aufwendige Vorbereitung, die jedoch selbst sehr viel Spaß machen kann (Verschlüsselung, Aufgaben erfinden). Die Beschreibung sollte eindeutig sein. Keinen zeitlichen Wettkampf veranstalten!

Stichwörter
Gruppierung: Kleingruppe mit ca. 4 Personen – Gruppierung: Spielleitung und Kleingruppe – Spieltempo: lebhaft – Dauer: ca. 30-120 Min. – Dauer: über 2 Stunden – besonders spannend – anleitungsintensiv – wahrnehmen (allg.) – raten, erforschen – beurteilen, einschätzen – kombinieren, planen – konzentrieren – kreativ sein, improvisieren – Thema kennenlernen – Umgebung kennenlernen – Kooperation üben – Unterhaltung, geselliges Treffen – multithematisch – Spielaktion, Spielfest

OSTERHASENPFÖTCHEN-GYMNASTIK – HASENPFOTEN

Spielleiter macht kleine Handbewegungen vor, alle wiederholen die Bewegungen

Material: –
Empfohlenes Mindestalter: 4 Jahre

In der Zeit vor Ostern müssen Hasen viele Eier bemalen und volle Kiepen austragen, deshalb müssen sie frühzeitig eine Pfoten-Gymnastik lernen. Der Spielleiter hält seine Unterarme vor seiner Brust parallel hoch, die Handflächen werden abgeknickt, die Finger beider Hände weisen zueinander.Dann pustet er unter die linke Handfläche und sagt dabei „linke Pfote – pfffft" und klappt die Handfläche nach außen; danach das gleiche mit der rechten Hand. Danach wird wieder zurückgeknickt, indem nacheinander unter den linken und dann unter den rechten Handrücken gepustet wird und dabei gesagt wird, was getan wird. Zur Vereinfachung hat sich der Oberosterhase das gleichzeitige Pusten unter die beiden Handflächen überlegt. Das wird vorgeführt. Zurückpusten geht nicht, also Hände ansaugen.

Stichwörter

Ulk-, Theken-, Partyspiel – Unterhaltung, geselliges Treffen – witzig, besonders lustig – einfach, leicht – Gruppierung: Einzelne gegenüber Gruppe – gut als Überleitung zw. Spielen – anleitungsintensiv – ohne große Vorbereitung spielbar – Dauer: unter 10 Min. – Spieltempo: lebhaft

OTTO

Systemspiel: alle Wörter mit Doppelkonsonanten sind akzeptiert

Material: –
Empfohlenes Mindestalter: 10 Jahre

Der Spielleiter erzählt von Otto, der vieles mag und vieles nicht. Was er mag, trägt alles einen doppelten Konsonanten im Wort, was er nicht mag, keinen. Also, Otto raucht nicht, liebt aber Zigarren und Zigaretten. Er liebt das Wasser, wäscht sich aber nie ... Die anderen steigen einfach ein, wenn sie die Regel herausgefunden haben. Aber nicht laut verraten!

Stichwörter

Gruppierung: Kreis – Spieltempo: ruhig – Dauer: unter 10 Min. – raten, erforschen – konzentrieren – kreativ sein, improvisieren – Unterhaltung, geselliges Treffen – Ulk-, Theken-, Partyspiel

OZEANWELLE
Alle setzen sich im Kreis nach rechts oder links, einer muß den freien Stuhl erwischen

Material: Stuhlkreis erforderlich
Empfohlenes Mindestalter: 8 Jahre

Ein Stuhl mehr als Teilnehmer. Der Spielleiter ruft „Ozeanwelle links!“, und dann setzen sich alle einen Platz nach links weiter; oder er ruft „Rechts!“, und entsprechend wechseln alle die Plätze nach rechts – während er versucht, den freien Platz zu erwischen. Hat er einen Platz erwischt, ist der dran, der sich eigentlich hätte dort hinsetzen müssen.
Anmerkung: Ein schnelles Zwischendurchspiel, bei dem alle in Bewegung sind. Der Ansager in der Mitte muß möglichst häufig und unerwartet einen Richtungswechsel ansagen. Die Gruppe muß aufpassen, daß der eine Stuhl möglichst nie freibleibt.

Stichwörter
Gruppierung: Kreis – Spieltempo: action – Dauer: unter 10 Min. – konzentrieren – geschickt verhalten – schnell reagieren – Warming up – Aktivierung bei Lustlosigkeit – Körperkontakt – Kooperation üben – Unterhaltung, geselliges Treffen – Bewegungsspiel

ÖKOLOPOLY
Simulationsspiel zu den Wechselwirkungen Natur-Mensch-Industrie

Material: Brett- oder Computerspiel (Frederic Vester. Ravensburger Spieleverlag)
Empfohlenes Mindestalter: 10 Jahre. Für 1-6 Spieler

Kybernetien – ein Land der unbegrenzten Möglichkeiten? Als Staatschef steht es jedem frei, das auszuloten. Entscheidungen sind zu treffen, welche Bereiche wie stark verändert werden. Und mit zu erleben, welche Auswirkungen sich daraus ergeben. Denn Natur, Gesellschaft und Indutrie bilden hier realitätsnah simuliert ein vernetztes System voller Wechselbeziehungen. Ein Simulationsspiel zum Begreifen der vielschichtigen Wechselwirkungen zwischen Natur, Mensch und Industrie.
VARIANTE: siehe ÖKOLUDO

Stichwörter
Brett-, Kartenspiel – Rollen-, Entscheidungs-, Planspiel – Umwelt, Natur, Ökologie – Normen, Rollen, Werte – Politik, Frieden, Geschichte – kombinieren, planen – beurteilen, einschätzen – Gruppierung: Kleingruppe mit 4-6 Personen – Zukunft – Wissen erweitern – Technik – spielerischer Meinungsaustausch – Kooperation üben – konzentrieren – anleitungsintensiv – eher ernst – Dauer: ca. 30-120 Min. – Spieltempo: ruhig

PAAR-MEMORY

Paarweise Materialien im Raum finden: Paarbildung

Material: Paarweise zusammengehörende Materialien
Empfohlenes Mindestalter: 4 Jahre

Der Spielleiter versteckt paarweise zusammengehörende Sachen im Raum – soviele Dinge wie Gruppenmitglieder, z.B. zwei Kronenkorken, zwei Streichhölzer usw. Wer etwas gefunden hat, sucht nicht weiter, sondern wartet, bis jemand anderes sein „Gegenstück" gefunden hat. Dadurch ist eine Paarbildung möglich.
Anmerkung: Statt jeweils zwei gleiche Materialien zu nehmen, könnten es auch zwei logisch oder funktional zusammengehörige Dinge sein: Schraube und Mutter, Messer und Gabel, Würfel und Würfelbecher, Bierdeckel und Bierglas...

Stichwörter
Gruppierung: Alle im Raum verteilt – Spieltempo: lebhaft – Dauer: unter 10 Min. – universell verwendbar – eher ernst – Aufteilung in Untergruppen – Kim-(Wahrnehmungs-)spiel

PANTOMIMISCHE WÖRTERKETTE

Pantomimische Wörterkette: Neues Wort mit Endbuchstaben des vorher Dargestellten

Material: –
Empfohlenes Mindestalter: 10 Jahre

Der Rahmen ist das alte Wortkettenspiel: Mit dem Endbuchstaben des vorherigen Wortes ist ein neues zu bilden. Wörter nicht nennen, sondern pantomimisch (Variante: als Geräusch) vormachen.
Anmerkung: Das Spiel ist eine gute Methode in einem Ausdruckstraining. Spiel kann gut Teil eines Kreativitätstrainings sein.

Stichwörter
Gruppierung: Kreis – Spieltempo: lebhaft – Dauer: unter 10 Min. – raten, erforschen – konzentrieren – kreativ sein, improvisieren – pantomimisch darstellen – schnell reagieren – Kulturtechniken: Lesen, Schreiben – Unterhaltung, geselliges Treffen – Sprach-, Schreib-, Diskussionsspiel

PAPIER JONGLIEREN
Ein Blatt Papier mit der flachen Hand durch die Luft „drücken“

Material: Je Teilnehmer 2 Blatt DIN-A4-Papier
Empfohlenes Mindestalter: 6 Jahre

Verschiedene Möglichkeiten mit Papier zu jonglieren. Als Vorübung: Papier vor die Brust legen und eine Strecke laufen oder rennen, wobei das Papier nicht wegflattern darf (mal vorgebeugt, mal zurückgebeugt laufen) –
Das Blatt dann vor andere Körperteile legen und damit experimentieren. Das Blatt auf die flache rechte Hand legen, sich mit ausgestrecktem Arm und dem Blatt senkrecht im Gegenwind im Kreis drehen; mit dem Arm einen großen Bogen beschreiben; mit dem Blatt auf derHand rauf und runter bewegen, dabei oben und unten die Hand drehen. Eine liegende Acht mit nach unten gerichtetem Arm und Blatt vor der Handfläche beschreiben, großen Bogen über den Kopf, ganzen Körperraum ausnutzen. Das Blatt mit anderer Hand durch plötzliches Gegendrücken übernehmen. Alles auch mit linker Hand ausprobieren. Andere Möglichkeiten ausprobieren!
Durch stufenweisen Aufbau gelingen auch Ungeübten unvermutete Kunststückchen. Auch gut als Jonglier-Vorübung geeignet.

Stichwörter
Gruppierung: Alle im Raum verteilt – Spieltempo: action – Dauer: ca. 10-30 Min. – ohne große Vorbereitung spielbar – anleitungsintensiv – Vorführung üblich oder möglich – konzentrieren – geschickt verhalten – Material erproben oder gestalten – Warming up – Aktivierung bei Lustlosigkeit – motorische Sensibilisierung – Bewegungsspiel – einfach, leicht – Unterhaltung, geselliges Treffen – Materialspiel, Werken – Geschicklichkeitsspiel

PAPIERKLEIDER-MODENSCHAU – MODENSCHAU MIT PAPIERKLEIDUNG

Kleider aus Zeitungspapier kleben, in einer Modenschau vorführen

Material: Je Kleingruppe 2-3 Zeitungen, Tesakrepp, vielleicht noch Tücher, farbiges Kreppapier, Schnüre, Scheren
Empfohlenes Mindestalter: 6 Jahre

Aus der Gesamtgruppe werden durch ein Gruppenaufteilungsspiel Dreiergruppen gebildet. Jede Kleingruppe bekommt einen kleinen Stapel alte Zeitungen, Schere, Klebeband usw. Jede Gruppe wählt sich ein „model" (Vorführdame, – herr), die beiden anderen Partner sind die Modeschöpfer und gestalten aus dem Material ein Papierkleid – kann natürlich mit Hut und Handtasche sein oder Bademoden o.ä. Sind alle fertig, wird eine Modenschau veranstaltet (mit Musikuntermalung und Kommentaren der Modeschöpfer).
Anmerkung: Schönes Gestaltungsspiel mit Alltagsmaterialien. Auch als Station für Spielaktionen mit Kindern gut geeignet.

Stichwörter
Produkt gemeinsam erstellen – Materialspiel, Werken – kreativ sein, improvisieren – Selbstläufer, keine Anleitung – einfach, leicht – Gruppierung: Kleingruppe mit 3 Personen – Kooperation üben – Aktivierung bei Lustlosigkeit – Material erproben oder gestalten – Vorführung üblich oder möglich – Dauer: ca. 10-30 Min. – Spieltempo: lebhaft – medial darst.: malen, singen, bauen

PEDALO – BALANCIERSCHEIBEN
Spielgeräte erproben

Material: Pedalos, Balancierscheiben
Empfohlenes Mindestalter: 6 Jahre

Die Spielgeräte stehen den Spielern zum Ausprobieren zur Verfügung. Wichtig dabei ist, daß die Spielleiter auf Sicherheit achten und von Zeit zu Zeit neue Ideen eingeben, z.B. auf Pedalo zu Dritt fahren, kniend fahren, blind fahren (mit Helfer!); oder mit Balancierscheibe durch Gewichtsverlagerung fortbewegen, zu zweit drauf drehen.

Stichwörter
Gruppierung: Paare – Gruppierung: Einzelne gegenüber Gruppe – Gruppierung ergibt sich; offenes Angebot – Spieltempo: lebhaft – Dauer: unter 10 Min. – einfach, leicht – Selbstläufer, keine Anleitung – ohne große Vorbereitung spielbar – gut als Überleitung zw. Spielen – konzentrieren – geschickt verhalten – Material erproben oder gestalten – Aktivierung bei Lustlosigkeit – Körperkontakt – Vertrauen entwickeln – motorische Sensibilisierung – Bewegungsspiel – Spielaktion, Spielfest – Sportspiel – Geschicklichkeitsspiel

PERSONENERFINDUNG – PERSONENBEOBACHTUNG
Personenbeschreibung zu Fotos erfinden, Personen in Szene bringen

Material: viele Fotos (z.B. aus Illustrierten) mit Personenabbildungen
Empfohlenes Mindestalter: 12 Jahre

Jede Kleingruppe erhält doppelt so viele Personenfotos, wie sie Mitglieder hat. Dann soll die Gruppe die Hälfte der Bilder aussortieren und für die anderen einen Lebenslauf (Name, Alter, Beruf, Hobby, drei Eigenschaftswörter) erfinden! Anschließend eine Situation ausdenken, in der alle erfundenen Personen zusammentreffen (z.B. alle bleiben im Fahrstuhl stecken, kommen in ein Rettungsboot, sitzen im Wartezimmer beim Arzt, an der Busendhaltestelle und der Bus kommt nicht...) und allen vorspielen.
VARIANTE: Statt Fotos werden reale Personen von 2 Spielern beobachtet, individuell beschrieben, und dann wird die Einschätzung ausgetauscht. Jedes Paar verfolgt zweimal eine Person, dann kann jeder anschließend eine Person spielen.

Stichwörter
Gruppierung: Kleingruppe mit 4-6 Personen – Spieltempo: ruhig – Spieltempo: lebhaft – Dauer: ca. 30-120 Min. – wahrnehmen (allg.) – beurteilen, einschätzen – kombinieren, planen – kreativ sein, improvisieren – Phantasie entwickeln – darstellen (allg.) – Kooperation üben – multithematisch – Darstellendes Spiel, Theaterspiel

PERSONENRATEN

Auf den Rücken geklebte Personennamen erraten

Material: Vorbereitete Klebeetiketten oder Zettel
Empfohlenes Mindestalter: 4 Jahre

Jedem Spieler wird ein Personenname (Klebeetiketten) auf den Rücken geklebt. Durch Fragen an andere soll jeder herausfinden, wer er „ist". Geantwortet wird nur mit JA oder NEIN. Nach 3 Fragen an einen soll man zum nächsten gehen. Evtl. sollen sich Spieler mit Namenschildern, die zusammengehören (z.B. alle Musiker; alle Politiker; alle Paare wie ‚Romeo und Julia'), zusammenfinden.
VARIANTE: Statt Namen berühmter Personen: Paare; Begriffe; Tiere; Städte; Sachen. Statt Wörterzettel: Bildkärtchen. Statt verbaler Antworten: pantomimisch vormachen.
Anmerkung: Ein Spiel, das mit nahezu allen Gruppen einen leichten Einstieg in thematische Arbeit ermöglicht.

Stichwörter
Gruppierung: Kreis – Spieltempo: ruhig – Dauer: ca. 10-30 Min. – universell verwendbar – eher ernst – raten, erforschen – konzentrieren – pantomimisch darstellen – Thema kennenlernen – Warming up – Aktivierung bei Lustlosigkeit – Aufteilung in Untergruppen – Unterhaltung, geselliges Treffen – multithematisch – Wissen erweitern – Ratespiel, Quiz

PERSÖNLICHE SACHEN WIEDERERKENNEN

Material: Persönliche Gegenstände
Empfohlenes Mindestalter: 6 Jahre

Jeder legt nacheinander einen kleinen persönlichen Gegenstand in die Mitte. Dann machen alle die Augen zu. Der Spielleiter (oder abwechselnd einer der Mitspieler) nimmt 1-3 Gegenstände weg. Alle machen die Augen wieder auf und sollen zusammen herausfinden, was weggenommen wurde. Weggenommene Sachen wieder hinlegen.
Nach 3-4 Raterunden greift sich jeder ganz schnell eine Sache und soll sie, ohne zu sprechen, an seinen Eigentümer zurückgeben.
Anmerkung: Ein relativ leichtes Spiel, gut für jüngere Kinder geeignet.

Stichwörter
Kreis – Spieltempo: ruhig – Dauer: ca. 10-30 Min. – universell verwendbar – einfach, leicht – eher ernst – ohne große Vorbereitung spielbar – blind wahrnehmen – erinnern – fühlen, ertasten – kennenlernen (allg.) – Interesse aneinander – Kim-(Wahrnehmungs-)spiel

PERSPEKTIVE FINDEN

Den Blickwinkel von Fotos einer Plastik finden

Material: Fotokopien von Fotos mehrerer Plastiken, Denkmäler, Häuser oder ähnlicher Dinge
Empfohlenes Mindestalter: 8 Jahre

Jeder Mitspieler erhält eine Fotokopie, auf der mehrere Bilder einer (oder mehrerer) Plastiken, Denkmäler, Brunnen, Häuser usw. abgebildet sind. Um diese Sachen herum wurden Klebepunkte mit Zahlen verteilt oder Pflastersteine mit Kreide markiert o.ä.. Jeder soll herausfinden, von welchem Klebepunkt (von welcher Markierung aus) das Foto gemacht wurde.
Anmerkung: Gut als Aktion in einem Stadterkundungsspiel oder als Teil einer museumspädagogischen Aktion geeignet. Die Fotos können auch als Polaroid(Sofortbilder)fotos oder ausgedruckte Still-Video-Aufnahmen entstanden sein.

Stichwörter
Einfach, leicht – Gruppierung: Einzelne gegenüber Gruppe – Gruppierung: Paare – Kim-(Wahrnehmungs-)spiel – multithematisch) – Umgebung kennenlernen – konzentrieren – wahrnehmen (allg.) – Vorführung üblich oder möglich – eher ernst – Dauer: ca. 10-30 Min. – Spieltempo: ruhig

PFEIFENPUTZER-GESCHICHTE

Pfeifenputzerfiguren formen und dazu Fortsetzungsgeschichte erzählen

Material: Pfeifenputzer
Empfohlenes Mindestalter: 5 Jahre

Ein Spieler formt mit 1-2 Pfeifenputzern ein Bild oder einen Gegenstand und beginnt dazu eine Geschichte zu erzählen, die der nächste mit Formen und Erzählen fortsetzt.

Stichwörter
Gruppierung: Kleingruppe mit 3-8 Personen – Spieltempo: ruhig – Dauer: ca. 10-30 Min. – wahrnehmen (allg.) – konzentrieren – kreativ sein, improvisieren – Phantasie entwickeln – medial darst.: malen, singen, bauen – Kooperation üben – multithematisch – Materialspiel, Werken

PFEIFENPUTZERRINGE WANDERN
Kette aus Pfeifenputzerringen weitergeben

Material: Pfeifenputzer
Empfohlenes Mindestalter: 8 Jahre

Aus mindestens 5 Pfeifenputzern werden Ringe geformt, die aneinandergekettet werden. Jeder Mitspieler bekommt einen Pfeifenputzer, den er zwischen die Lippen nimmt. Dann muß eine Ringkette von „Mundstück" zu „Mundstück" weitergereicht werden. Zwei Ringketten können gegenläufig im Kreis wandern.
VARIANTE: Einzelne Ringe werden nacheinander in die Runde gegeben. Es darf zu keinem „Stau" kommen. – Einzelne Ringe werden nach der Kette eingegeben. Sie dürfen die Kette nicht „einholen".
VARIANTE: Die Pfeifenputzerringkette wird über die 5 Finger einer Hand gesteckt und an den nächsten weitergegeben, indem die Fingerspitzen sich berühren und die Ringkette hinüberrutschen kann.

Stichwörter
Gruppierung: Kreis – Spieltempo: lebhaft – Dauer: unter 10 Min. – konzentrieren – geschickt verhalten – Kooperation üben – Unterhaltung, geselliges Treffen – Materialspiel, Werken – Geschicklichkeitsspiel

PFEIFENREINIGERBILDER
Gruppe formt Pfeifenputzer zu symbolischen Abbildungen

Material: einige Päckchen farbige Pfeifenputzer, Karten und Stifte
Empfohlenes Mindestalter: 16 Jahre

Jede Untergruppe bekommt die Aufgabe, eine oder mehrere typische Situationen des Teams oder der Institution aus Pfeifenputzermännchen darzustellen. Alle „Arbeiten" werden in einem kleinen Museum ausgestellt und gemeinsam besichtigt. Die Fragestellung kann vom Spielleiter auch genau umrissen sein, z. B. die Entwicklung unseres Teams beim letzten Ferienlager, Wünsche für das neue Arbeitsjahr. Die Karten dienen zur Beschilderung oder als zusätzliche Gestaltungshilfe.

Stichwörter
Gruppierung: Kleingruppe mit 3-8 Personen – Spieltempo: ruhig – Dauer: ca. 30-120 Min. – beurteilen, einschätzen – medial darst.: malen, singen, bauen – empathisch handeln – Interesse aneinander – Auswertung – Aggression, Konflikt – Arbeitsplatz, Beruf – Beziehungen – Selbsterfahrung – Interaktionsspiel – gruppendynamisches Experiment

PFERDERENNEN
Ein Pferderennen in eng sitzender Gruppe nachmachen

Material: –
Empfohlenes Mindestalter: 8 Jahre

Die Gruppe kniet sich in einen ganz engen Kreis. Der Spielleiter gibt eine Reportage von einem Pferderennen, und dazu werden von allen gleichzeitig passende Bewegungen mitgemacht: „Start!“(in die Hände klatschen), „die Pferde laufen“(mit flachen Händen auf die Oberschenkel klatschen), „eine Rechtskurve“(alle Oberkörper nach rechts, dabei weiterklatschen), „jetzt ein Hindernis! Sprung!“(alle mit den Armen in die Kreismitte), „die Zuschauer jubeln“(Arme in die Luft werfen, juchzen). Weitere Einfälle: Doppelhürde, Sturz, Zuschauer schreien, wieder aufrappeln, Endspurt, Schlußbeifall...
Anmerkung: Sehr schnelles, lustiges Aufwachspiel.

Stichwörter
Gruppierung: Kreis – Spieltempo: action – Dauer: unter 10 Min. – einfach, leicht – witzig, besonders lustig – anleitungsintensiv – konzentrieren – medial darst.: malen, singen, bauen – schnell reagieren – Warming up – Aktivierung bei Lustlosigkeit – Körperkontakt – Harmonisierung, Abschluß – Unterhaltung, geselliges Treffen – Bewegungsspiel

PFÜTZENSPRINGEN – HUBSCHRAUBER-ROTORBLÄTTER
Seilspringen über das Seil eines Partners

Material: Springseile (halb so viele wie Teilnehmer)
Empfohlenes Mindestalter: 6 Jahre

Jeder zweite Mitspieler hat ein Springseil, nimmt beide Enden in eine Hand und läßt es über den Boden kreisen. Der Partner hüpft über das rotierende Seil. Rollenwechsel.
Anmerkung: Im Gegensatz zu den meisten Springseil-Spielen funktioniert dies hier nicht zu dritt oder allein, sondern als Paarspiel.

Stichwörter
Gruppierung: Paare – Spieltempo: action – Dauer: unter 10 Min. – wahrnehmen (allg.) – konzentrieren – geschickt verhalten – schnell reagieren – Aktivierung bei Lustlosigkeit – Kooperation üben – Bewegungsspiel – Geschicklichkeitsspiel

PHANTASIEZOO

Kleingruppen stellen Phantasie-Zootiere dar, Zoo-Führung mit erklärendem Wärter

Material: evtl. Tücher, Decken zum Verkleiden
Empfohlenes Mindestalter: 8 Jahre

Jede Kleingruppe bildet ein Phantasietier aus ihren Körpern. Ein Spieler ist der Zoo-Wärter für dieses Tier. Die Tiere werden vorgeführt, und vom jeweiligen Wärter erklärt. Die übrigen (gerade nicht vorführenden Spieler) sind eine Besuchergruppe, die vom Direktor (Spielleiter) durch den Zoo geführt werden.

Stichwörter
Gruppierung: Kleingruppe mit 4-6 Personen – Spieltempo: lebhaft – Dauer: ca. 10-30 Min. – Phantasie entwickeln – darstellen (allg.) – Aktivierung bei Lustlosigkeit – Körperkontakt – Kooperation üben – Harmonisierung, Abschluß – Unterhaltung, geselliges Treffen – Darstellendes Spiel, Theaterspiel

PLASTIKFOLIE VERSCHWEISSEN – DEKORATION

Große Luftsäcke/-figuren bauen

Material: Plastikfolie (Allzweckplane), Riesenluftballons, Luftballons, Alufolie, Watte, Konfetti.
Empfohlenes Mindestalter: 8 Jahre

Dekoration für Feste und Spielaktionen herzustellen, kann selbst ein Gestaltungsspiel sein: mit dem Spiel KÖRPERUMRISSE können Wanddekorationen oder Raumteilungen hergestellt werden, mit dem Aufpumpen und Bemalen von Riesenluftballons kann ein Blickfang angebracht werden und eine zusammengeschweißte Plastikplane (Allzweckfolie, erhältlich in Baumärkten) kann mit Luft oder Luftballongas gefüllt werden, evtl. mit Luftballons oder Konfetti oder bunter Watte oder Alufolienbällchen drin.

Stichwörter
Gruppierung: Gruppe(n) vor Zuschauern – Gruppierung ergibt sich; offenes Angebot – Spieltempo: lebhaft – Dauer: unter 10 Min. – einfach, leicht – eher ernst – produktorientiert – kreativ sein, improvisieren – Material erproben oder gestalten – Unterhaltung, geselliges Treffen – Materialspiel, Werken – Spielaktion, Spielfest

PLATTENSEE

Bei Musikstop müssen ausgelegte Tücher oder Fliesen berührt werden

Material: Teppichfliesen, Kartonblätter, Tücher, Reifen, Bierdeckel oder Ringe aus Bleiband, Musik
Empfohlenes Mindestalter: 8 Jahre

Teppich-Nadelfilzplatten, DIN A 4-Kartonblätter o.ä. werden in gleicher Anzahl wie Spieler im Raum verteilt. Zur Musik gehen alle herum. Bei Musikstop muß sofort jede Platte von einem Spieler mit einem beliebigen Körperteil berührt werden. Für den nächsten Musikstop wird die Anzahl der Teppichplatten vermehrt oder sogar verdoppelt. Spielende ist, wenn eine Platte nicht mehr berührt werden kann.
VARIANTE: Die Platten dürfen nur mit Händen und Füßen berührt werden. Der Spielleiter kann nach Musikstop 1 – 2 – 3 rufen. Das gibt vor allem jüngeren Kindern Zeit, um noch unberührte Platten zu erreichen.

Stichwörter
Gruppierung: Alle im Raum verteilt – Spieltempo: action – Dauer: unter 10 Min. – wahrnehmen (allg.) – geschickt verhalten – schnell reagieren – Warming up – Aktivierung bei Lustlosigkeit – Kooperation üben – Unterhaltung, geselliges Treffen – Bewegungsspiel

PLATZ DA

Halbgruppen versuchen die gegenüberliegende Wand zu erreichen und die Gegner zugleich daran zu hindern

Material: –
Empfohlenes Mindestalter: 8 Jahre

Zwei zahlenmäßig gleich starke Kleingruppen stehen sich mit dem Rücken zur Wand gegenüber. Auf ein Zeichen des Spielleiters versuchen sie die gegenüberliegende Wand zu erreichen und gleichzeitig zu verhindern, daß die Mitglieder der anderen Gruppe die eigene Wand erreichen.
VARIANTE: Vor Beginn des Spiels werden „Verteidiger" und „Angreifer" festgelegt. Rollenwechsel.

Stichwörter
Gruppierung: Halbgruppen – Spieltempo: action – Dauer: unter 10 Min. – kombinieren, planen – konzentrieren – Körperkräfte trainieren – kreativ sein, improvisieren – geschickt verhalten – schnell reagieren – Kooperation üben – Wettkampf, Durchsetzung – Unterhaltung, geselliges Treffen – Bewegungsspiel

PLATZTAUSCHEN MIT BEGEGNUNG

Material: Tamborin, Glocke oder Musik
Empfohlenes Mindestalter: 8 Jahre

Auf ein Zeichen des Spielleiters (Tamborin oder Musikstop) tauschen die Spieler mit ihrem jeweiligen Gegenüber möglichst schnell die Plätze. Dabei entsteht ein Gedränge. Der Spielleiter gibt vor dem Startzeichen eine Aufgabe ein, z. B. auf einem Bein hüpfen, blind mit angelegten Armen, bei der Begegnung Nase an Nase berühren, übereinander klettern, einhaken und dreimal drehen, durchdrücken, Rücken an Rücken berühren, umarmen usw.. Erste flüchtige Körperkontakte sind in vielen Gruppen ein hilfreicher Einstieg. Der Spielleiter sollte die Aufgaben der Gruppe anpassen.

Stichwörter
Gruppierung: Kreis – Spieltempo: action – Dauer: unter 10 Min. – wahrnehmen (allg.) – spontan handeln – kennenlernen (allg.) – Warming up – Aktivierung bei Lustlosigkeit – Körperkontakt – Harmonisierung, Abschluß – Unterhaltung, geselliges Treffen – Bewegungsspiel

PLÄTZE TAUSCHEN – ALLE SOLLEN IHRE PLÄTZE TAUSCHEN, DIE...

Spieler mit gleichem Merkmal tauschen Plätze.

Material: –
Empfohlenes Mindestalter: 4 Jahre

Alle sitzen auf Stühlen im Kreis. Der Spielleiter nennt ein Merkmal, das mehrere in der Gruppe besitzen. Diese müssen alle ihre Plätze tauschen, d.h. jeder muß seinen Platz gewechselt haben. Dann nennt der linke Nachbar vom Spielleiter, dann sein linker Nachbar usw.
Ähnlich wie das Spiel MEIN RECHTER PLATZ IST LEER. Es kann auch immer der Spruch gesagt werden: „Alle sollen ihren Platz tauschen, die ...“. Beispiele für Merkmale: Alle, die keine Brille tragen. Alle, die sich heute morgen nicht rasiert haben. Alle, die im ersten Quartal des Jahres Geburtstag haben. Alle, die typische Morgenmuffel sind. Alle Nichtraucher...

Stichwörter
Gruppierung: Kreis – Spieltempo: action – Dauer: unter 10 Min. – universell verwendbar – einfach, leicht – ohne große Vorbereitung spielbar – konzentrieren – schnell reagieren – kennenlernen (allg.) – Warming up – Aktivierung bei Lustlosigkeit – Unterhaltung, geselliges Treffen – Bewegungsspiel

POSITIONSSPIEL
Feedback mit Münzen zu Gruppenrollen

Material: Papier, Stifte, Geld
Empfohlenes Mindestalter: 15 Jahre

Wodurch wird die Position eines Gruppenmitgliedes primär bestimmt: durch Machtausübung, Zeigen von Gefühlen oder Einsatz von Verstand? Und wie wird diese Position bewertet? Jeder hat ein Blatt vor sich liegen, auf dem die Begriffe „Macht", „Gefühle" und „Verstand" als Dreieck oder untereinander aufgeschrieben wurden. Die Gruppe geht von Blatt zu Blatt und belegt die Begriffe mit Münzen, je nachdem wie wertvoll man diese Verhaltensbegriffe beim Blatt-Besitzer einschätzt.
VARIANTE: Auch andere Gruppenrollen können auf dem Blatt stehen: Vertrauen, Konfliktlöser, Zusammenfasser, Entscheider, der Sympathische, Pragmatiker, Zielgeber, Gruppensolidarische usw..
Anmerkung: Der Geldhaufen ermöglicht durch die Symbolhaftigkeit einen guten Gesprächseinstieg: Wie teuer ist diese Position? Was kostet sie mich? Wer bezahlt mit?

Stichwörter
Gruppierung: Kreis – Spieltempo: ruhig – Dauer: ca. 10-30 Min. – beurteilen, einschätzen – empathisch handeln – Interesse aneinander – Beziehungen – Gefühle – Normen, Rollen, Werte – Selbsterfahrung – Interaktionsspiel – gruppendynamisches Experiment

PRAXIS-SPIEL
Meinungen austauschen zu Behauptungen über den Berufsalltag

Material: Zettel mit Behauptungen und Meinungskärtchen
Empfohlenes Mindestalter: 14 Jahre

In der Spielrunde liegt ein Stapel von Zetteln, auf denen Behauptungen über den Arbeitsalltag und die berufliche Situation stehen. Ein Zettel wird vorgelesen, und jeder soll sich entscheiden, ob diese Behauptung für ihn zutrifft bzw. ob er ihr zustimmen kann. Außerdem soll jeder noch raten, ob die Mehrheit in der Gruppe wohl zustimmen oder ablehnen wird.
Jeder legt 2 Kärtchen verdeckt vor sich hin: Seine Meinung zur Behauptung und seine Einschätzung von der Mehrheitsmeinung der Gruppe.
Dann zusammen alle Karten aufdecken und kurz diskutieren.

Stichwörter
Gruppierung: Kreis – Spieltempo: ruhig – Dauer: ca. 30-120 Min. – beurteilen, einschätzen – denken (allg.) – Thema kennenlernen – Aktivierung bei Lustlosigkeit – Interesse aneinander – spielerischer Meinungsaustausch – Arbeitsplatz, Beruf – multithematisch – Methode für die Gruppenarbeit

PRIMA GRUPPENKLIMA

Komplexes Brettspiel zur Reflexion von Projektgruppen, Teams und Mitarbeitergruppen.

Material: Brettspiel aus der Zeitschrift „gruppe & spiel" Heft 2/1991
Empfohlenes Mindestalter: 14 Jahre

Bei diesem Spiel werden Fragen beantwortet, Feedback gegeben, Blitzlichter durchgeführt usw., um Mitarbeiterteams einen Anlaß zu bieten, einen Projekt-, Arbeits- oder Lernprozeß auszuwerten.

Stichwörter
Sprach-, Schreib-, Diskussionsspiel – Arbeitsplatz, Beruf – beurteilen, einschätzen – Gruppierung: Kleingruppe mit 3-8 Personen – Methode für die Gruppenarbeit – Beziehungen – Auswertung – Vertrauen entwickeln – Interesse aneinander – erinnern – eher ernst – Dauer: ca. 30-120 Min. – Spieltempo: ruhig

PRO-UND- CONTRA-SPIEL

Kontroverses Thema mit Pro- und Contra-Anwälten diskutieren

Material: Informationsmaterial für die „Sachverständigen"
Empfohlenes Mindestalter: 12 Jahre

Ein in der Gruppe kontrovers diskutiertes Thema kann in Form eines Pro-und-Contra-Spiels behandelt werden, ähnlich wie die gleichnamige Fernsehsendung: Gewählt (bzw. verteilt) werden folgende Rollen: Pro-Anwalt, Contra-Anwalt, Moderator, ggf. Sachverständige (Rollen können auch doppelt besetzt werden). Alle anderen sind abstimmendes Publikum. Zur Entscheidungsfrage wird (geheim) vom Publikum vorher und dann nachher abgestimmt. Zwischen beiden Abstimmungen erfolgen die Plädoyers der Anwälte und die Befragung der Sachverständigen.
Anmerkung: Das Spiel ist nur dann spannend, wenn zum Thema tatsächlich kontroverse Meinungen bestehen. Es kommt dabei sehr viel auf die geschickte, relativ neutrale Formulierung der Entscheidungsfrage an!

Stichwörter
Gruppierung: Gruppe(n) vor Zuschauern – Gruppierung: Spielleitung und Kleingruppe – Spieltempo: lebhaft – Dauer: ca. 10-30 Min. – besonders spannend – schwierig – eher ernst – anleitungsintensiv – beurteilen, einschätzen – denken (allg.) – kreativ sein, improvisieren – Thema kennenlernen – Wettkampf, Durchsetzung – spielerischer Meinungsaustausch – multithematisch – Methode für die Gruppenarbeit – Rollen-, Entscheidungs-, Planspiel – Sprach-, Schreib – , Diskussionsspiel

PROMOROACA
Kreistanz, mit Hüpfen und variablen Schrittfolgen

Material: Viertaktige Volksmusik mit gemäßigtem Tempo.
Empfohlenes Mindestalter: 8 Jahre

Kreis mit Handfassung, 16 Takte nach links hüpfen, dann 16 Takte nach rechts mit zu variierender Schrittfolge (z.B. auf einem Bein hüpfen, Seitschritt zur Kreismitte,...), dann im Stand Rhythmusteil klatschen.
Diese Abfolge wird ständig wiederholt, und bei jedem Mal gibt der Spielleiter eine neue Fortbewegungsart an. Die Gruppe kann selbst Schrittfolgen erfinden und den Rhythmusteil verschieden gestalten (klatschen, stampfen, schnipsen, mit Körperinstrumenten darstellen, ...). Eignet sich auch gut für Erfindungen in Kleingruppen, die dann vorgeführt werden.

Stichwörter
Unterhaltung, geselliges Treffen – Harmonisierung, Abschluß – kreativ sein, improvisieren – einfach, leicht – Gruppierung: Kreis – Kooperation üben – Vorführung üblich oder möglich – Dauer: unter 10 Min. – Spieltempo: lebhaft – Tanzspiel

PSST
Spiel zur Auseinandersetzung mit dem Thema Sexualität

Material: Brettspiel (Gerd Boese. Kalker Spiele Verlag)
Empfohlenes Mindestalter: 12 Jahre. Für 2-8 Spieler

Dieses Spiel ist als Hilfe und Gesprächseinstieg zum Thema Sexualität gedacht. Aufgaben, Fragen und Gespräche.

Stichwörter
Gruppierung: Kleingruppe mit ca. 4 Personen – Brett-, Kartenspiel

PUPPE HOCHWERFEN
Spielmaterial für verschiedene Spielmöglichkeiten

Material: Lebensgroße Stoffpuppe, Fallschirm, Schwungtuch oder Decke, Musik
Empfohlenes Mindestalter: 8 Jahre

Eine lebensgroße Puppe aus Stoff und alten Kleidungsstücken ist der Spielpartner (evtl. als Tanzpartner weitergeben) und kann dann mit einem Fallschirm oder großen Bettlaken hochgeworfen werden (wie ein Clown auf einem Trampolin).
VARIANTE: Von Decke zu Decke weiterwerfen. Oder: Die Mitspieler bilden zwei Gruppen mit je einer Decke und werfen sich (wie bei HANDTUCHBALL) die Puppe gegenseitig zu. Übrigens sollte die Puppe einen Namen haben!

Stichwörter
Gruppierung: Kreis – Spieltempo: lebhaft – Dauer: ca. 10-30 Min. – Phantasie entwickeln – pantomimisch darstellen – schnell reagieren – spontan handeln – Aktivierung bei Lustlosigkeit – Kooperation üben – Harmonisierung, Abschluß – Unterhaltung, geselliges Treffen – Puppen-, Masken-, Schattenspiel

PUPPEN BAUEN AUS STRÜMPFEN – PUPPENSPIEL
Spielmaterial für verschiedene Spielmöglichkeiten

Material: Herrenstrümpfe (Socken) – möglichst einfarbig.
Empfohlenes Mindestalter: 4 Jahre

Aus Herrensocken können sehr leicht und schnell Strumpf-Puppen geformt werden, indem man sie über die Hand zieht und zwischen Daumen und den übrigen vier Fingern einstülpt. Evtl. Augen aufnähen, Zunge einkleben, Ohren anbringen. Gespielt werden kann alles, vor allem Improvisiertes. Zwei Strumpf-Puppen treffen sich und befragen sich (Name, Wohin des Weges ..., Was heute erlebt...).
Anmerkung: Das Spiel mit diesen Puppen kann einfach lustige Improvisation sein, spieltherapeutischen Zielen dienen oder Vorbereitung auf eine Vorführung sein.

Stichwörter
Gruppierung: Alle im Raum verteilt – Gruppierung: Paare – Gruppierung: Gruppe(n) vor Zuschauern – Spieltempo: lebhaft – Dauer: ca. 10-30 Min. – einfach, leicht – ohne große Vorbereitung spielbar – produktorientiert – Vorführung üblich oder möglich – Phantasie entwickeln – medial darst.: malen, singen, bauen – Material erproben oder gestalten – Kooperation üben – Darstellendes Spiel, Theaterspiel – Puppen-, Masken-, Schattenspiel

PUZZLE ZUSAMMENSETZEN

Zur Gruppenaufteilung auseinandergeschnittene Zettel wie Puzzle zusammensetzen

Material: Puzzle (Karteikarten, Karton, Fotos oder Styropor zerschneiden oder reißen)
Empfohlenes Mindestalter: 4 Jahre

Mehrere Bilder, Slogans, Wegbeschreibungen (für Rallyes) oder Spielaufgabekärtchen werden in Puzzleteile zerschnitten, die Teile an alle Spieler ausgegeben. Teilnehmer mit zusammenpassenden Teilen sollen sich zu Spielgruppen finden.
VARIANTE: Riesenpuzzle aus gr. Karton oder Styropor. Evtl. auch mit geschlossenen Augen puzzeln!

Stichwörter
Gruppierung: Alle im Raum verteilt – Spieltempo: ruhig – Dauer: unter 10 Min. – wahrnehmen (allg.) – blind wahrnehmen – kombinieren, planen – Warming up – Aufteilung in Untergruppen – Kooperation üben – Materialspiel, Werken

PYRAMIDE – MENSCHENPYRAMIDE

Sich zu einer hohen Pyramide auftürmen

Material: –
Empfohlenes Mindestalter: 8 Jahre

Als Gruppe soll man eine möglichst hohe Menschenpyramide bilden. Evtl. noch als Pyramide ein Stück bewegen: „Die laufende Pyramide von X-Stadt!" Vorsicht! Kräftige unten; Jüngere oben gut sichern! Kann eine tolle Nummer in einem Kinderzirkus sein!

Stichwörter
Gruppierung: Kleingruppe mit 3-8 Personen – Gruppierung: Gruppe(n) vor Zuschauern – Spieltempo: action – Dauer: unter 10 Min. – einfach, leicht – ohne große Vorbereitung spielbar – Vorführung üblich oder möglich – geschickt verhalten – Körperkräfte trainieren – Aktivierung bei Lustlosigkeit – Körperkontakt – Kooperation üben – Unterhaltung, geselliges Treffen – Bewegungsspiel – Geschicklichkeitsspiel

QUARK

Rücken an Rücken, durch die gespreizten Beine hindurch begrüßen sich beide mit „Quark“

Material: evtl. lebhafte Musik
Empfohlenes Mindestalter: 8 Jahre

Alle stellen sich irgendwo in den Raum und gehen langsam und vorsichtig rückwärts. Immer wenn zwei sich begegnen, bleiben sie Rücken an Rücken stehen, grätschen die Beine, beugen sich vor und begrüßen sich durch die Beine hindurch mit dem Ruf „Quark!“. Dann wieder aufrichten, sich trennen und weiter rückwärts gehen bis zum nächsten.
VARIANTE: Alle gehen vorwärts mit der Musik durch den Raum. Bei Musikstop stellt man sich schnell zu zweit Rücken an Rücken usw. (wie oben beschrieben). Diese Variante ist für völlig neue Gruppen die angenehmere Situation.

Stichwörter
Gruppierung: Alle im Raum verteilt – Spieltempo: action – Dauer: unter 10 Min. – ohne große Vorbereitung spielbar – kennenlernen (allg.) – Warming up – Aktivierung bei Lustlosigkeit – Interesse aneinander – Körperkontakt – Bewegungsspiel – einfach, leicht – witzig, besonders lustig – Unterhaltung, geselliges Treffen

R

RALLYE – GEGENSEITIG GEMACHT – GRUPPENWEISE VORBEREITETE RALLYE

Zwei Gruppen planen jeweils für die andere eine Orientierungsrallye

Material: –
Empfohlenes Mindestalter: 10 Jahre

Jede Gruppe entwickelt für ihre Partnergruppe eine Orientierungsrallye (Weg-Verschlüsselung und Aufgaben für bestimmte Stellen/zu einem bestimmten Thema und Sonderaufgaben für den ganzen Weg).
Die Unterlagen (Wegbeschreibung u. Aufgaben) werden ausgetauscht und die Rallye beginnt. Dabei ist es besonders einfach, wenn diejenige Person, die die Aufgaben notiert hat, am nächsten Tag mit der anderen Gruppe mitgeht. Dann können die Aufgaben noch spontan dem Verständnis der Gruppe angepaßt werden. Ein gemeinsamer Zielort mit gemeinsamer Abschlußfete, wenn alle eingetroffen sind, ist besonders schön.
Anmerkung: Der Spielleiter muß unbedingt darauf achten, daß die Verschlüsselung der Wegbeschreibungen und die Kompliziertheit der Aufgaben halbwegs ähnlich schwierig sind.

Stichwörter
Gruppierung: Kleingruppe mit ca. 4 Personen – Spieltempo: lebhaft – Dauer: über 2 Stunden – besonders spannend – ohne große Vorbereitung spielbar – wahrnehmen (allg.) – raten, erforschen – beurteilen, einschätzen – kombinieren, planen – kreativ sein, improvisieren – Phantasie entwickeln – empathisch handeln – Thema kennenlernen – Umgebung kennenlernen – Aktivierung bei Lustlosigkeit – Wettkampf, Durchsetzung – Unterhaltung, geselliges Treffen – multithematisch – Spielaktion, Spielfest

RAUM VERÄNDERN – SPIELFLÄCHE HERRICHTEN
Stühle und Tische mittels Bewegungsspiel an den Rand des Raumes schaffen

Material: Im Spielraum herumstehende Möbel
Empfohlenes Mindestalter: 8 Jahre

Wenn die Spielfläche im Raum noch nicht hergerichtet ist, kann man auch spielerisch mit der Gruppe die Spielfläche freiräumen: Hinter jeden wegzuräumenden Stuhl stellt sich einer aus der Gruppe. Der Spielleiter erklärt, daß Taxis durch das Stadtgewühl nach Hause fahren. Alle schieben ihren Stuhl an die hintere Wand, müssen aber mindestens einen Tisch umkreist haben, dürfen nicht mit anderen zusammenstoßen und sollen möglichst wenig anhalten (Zeit ist Geld für Taxis). Ähnlich kann der Tisch-Transport ablaufen: Tische umdrehen, jetzt sind es Gepäckkarren: Einer setzt sich hinein, zwei schieben und ziehen eine Runde durch den Raum und schließlich zum „Güterbahnhof“. Je nach Anzahl der Gruppenmitglieder kann man sich noch andere Transportmittel einfallen lassen: Busse, LKW, Lastkräne (die etwas im Hafen ausladen...). Die spontane Phantasie des Gruppenleiters ist sehr gefragt, wenn er das Möbelräumen in spielerischer Verpackung mit allen absolvieren will.

Stichwörter
Einfach, leicht – Gruppierung: Alle im Raum verteilt – Bewegungsspiel – Körperkräfte trainieren – universell verwendbar – Dauer: unter 10 Min. – Spieltempo: action

RECHENAUFGABE
Eine Bestimmte Zahl aus persönliche Daten errechnen

Material: –
Empfohlenes Mindestalter: 10 Jahre

Jede Gruppe hat die Aufgabe, durch Rechnen mit persönlichen Zahlen auf (z.B.) 500 zu kommen. Persönliche Zahlen wären z.B. Anzahl der Kinder, Hausnummer, Gewicht in Kilo, Alter... Erlaubt sind alle Grundrechenarten. Jede Zahl darf nur einmal verwendet werden.
Allen wird vorgetragen, wie man in der Gruppe zu dieser Zahl gelangt ist.
Anmerkung. Das Spiel ist gut geeignet für ein Quizprogramm oder als Aufgabe (Spielstation) in einer Rallye.

Stichwörter
Gruppierung: Kleingruppe mit ca. 4 Personen – Gruppierung: Gruppe(n) vor Zuschauern – Gruppierung: Spielleitung und Kleingruppe – Spieltempo: lebhaft – Dauer: unter 10 Min. – einfach, leicht – eher ernst – Selbstläufer, keine Anleitung – ohne große Vorbereitung spielbar – Vorführung üblich oder möglich – denken (allg.) – kombinieren, planen – kreativ sein, improvisieren – kennenlernen (allg.) – Unterhaltung, geselliges Treffen – Ratespiel, Quiz – Spielaktion, Spielfest

REDAKTION SEX-ZEITSCHRIFT – TITELBILD-KONFERENZ
Titelbilder für Sex-Zeitschriften raussuchen

Material: Viele „Sex“-Illustriertenbilder
Empfohlenes Mindestalter: 16 Jahre

Jede Kleingruppe bildet das Redaktionsteam für eine bestimmte Zeitschrift (Frauenjournal, Männermagazin, „Emma“, „Playboy“, „Stern“, „Bunte Illustrierte“...). Die Linie dieser Blätter muß den Gruppen bekannt sein. Aus einer großen Zahl möglicher Titelbilder soll man sich für ein Titelbild und ein Reserve-Titelbild entscheiden. In einer großen Verlagsgruppen-Konferenz werden die Titelbilder vorgestellt und die Auswahl begründet.
Anmerkung: Durch die Wahl und Begründungen werden den Spielern Rollenklischees und Massenmedien-Normen bewußt.

Stichwörter
Rollen-, Entscheidungs-, Planspiel – Methode für die Gruppenarbeit – Sexualität – Normen, Rollen, Werte – Massenmedien – spielerischer Meinungsaustausch – kombinieren, planen – beurteilen, einschätzen – wahrnehmen (allg.) – Vorführung üblich oder möglich – einfach, leicht – besonders spannend – Dauer: ca. 10-30 Min. – Spieltempo: ruhig – Gruppierung: Kleingruppe mit ca. 4 Personen

REDENSARTEN WÖRTLICH DARSTELLEN

Material: Musik
Empfohlenes Mindestalter: 10 Jahre

Musik, alle gehen durch den Raum. Bei Musik-Stop spontan Paare bilden und angesagte Redensart darstellen: Jemanden um den kleinen Finger wickeln – jemandem ein Auge zuwerfen – jemandem die Stirn bieten – jemanden ins Herz schließen – jemandem etwas vorkauen – jemandem den Buckel runterrutschen – jemanden an den Haaren herbeiziehen – jemanden in die Ecke stellen – jemanden in die Enge treiben – jemanden den Spiegel vorhalten – jemanden übers Ohr hauen – jemanden auf den Arm nehmen – jemandem auf die Sprünge helfen – jemandem einen Floh ins Ohr setzen – jemandem Honig ums Maul schmieren – jemanden einseifen – jemanden festnageln – jemanden in die Pfanne hauen usw. ...
Anmerkung. Der Spielleiter sollte einige der Redewendungen notiert haben und dennoch die Mitspieler auffordern, neue zu nennen.

Stichwörter
Gruppierung: Alle im Raum verteilt – Spieltempo: lebhaft – Spieltempo: action – Dauer: ca. 10-30 Min. – witzig, besonders lustig – ohne große Vorbereitung spielbar – kreativ sein, improvisieren – darstellen (allg.) – pantomimisch darstellen – empathisch handeln – geschickt verhalten – schnell reagieren – spontan handeln – Warming up – Aktivierung bei Lustlosigkeit – Interesse aneinander – Körperkontakt – Kooperation üben – motorische Sensibilisierung – Harmonisierung, Abschluß – Unterhaltung, geselliges Treffen – Bewegungsspiel – Darstellendes Spiel, Theaterspiel

REIFEN-RENNEN – STELL DICH IN DEN REIFEN

Jeder soll sich einer bestimmten Merkmalsausprägung zuordnen

Material: 4-5 Gymnastikreifen oder Springseile (evtl. auch mit Kreide gezeichnete Kreise oder mit Tesakrepp aufgeklebte)
Empfohlenes Mindestalter: 6 Jahre

4 oder 5 Reifen werden beliebig auf den Boden gelegt, so daß sie 4 bzw. 5 „Male" bilden. Alle Teilnehmer gehen schnell durch den Raum (z.B. solange Musik läuft), ohne in die Reifen treten zu dürfen. Bei Musikstop sagt der Spielleiter die Bedeutung der Reifen an. Beispielsweise: „Stell dich in den Reifen, in dem du deinen letzten Urlaub verbracht hast – dieser Reifen bedeutet: Im Norden, dieser: Im Süden usw.". Oder: „Stell Dich in den Reifen, in dem Dein Geburtstagsquartal liegt: Der Reifen dort bedeutet Januar-Februar-März, der dort April-Mai-Juni usw." Zur Unterstützung könnte der Spielleiter auch Zettel mit der Reifenbedeutung auf die Reifen verteilen. Wenn sich alle verteilt haben, dann sollten sich die Reifengruppen kurz miteinander bekanntmachen. Ähnlich dem SCHUBLADEN-SPIEL.

Stichwörter

Gruppierung ergibt sich; offenes Angebot – Sprach-, Schreib-, Diskussionsspiel – beurteilen, einschätzen – einfach, leicht – Gruppierung: Alle im Raum verteilt – multithematisch – Interesse aneinander – Thema kennenlernen – kennenlernen (allg.) – schnell reagieren – universell verwendbar – Dauer: ca. 10-30 Min. – Spieltempo: lebhaft

REISE NACH ALASKA

Systemspiel, bei dem die Gruppe das Auswahlkriterium für das mitnehmbare Reisegepäck raten muß

Material: –
Empfohlenes Mindestalter: 8 Jahre

Der Spielleiter beginnt die Runde: „Ich reise nach Alaska und nehme mit ..." Er nennt einen Gegenstand, eine Person oder ein Tier mit dem gleichen Anfangsbuchstaben wie dem seines Vornamens. Nur wer diese Regel herausfindet, darf auch mit. Reihum werden Wörter genannt, der Spielleiter – und dann auch die Eingeweihten – geben an, wer mitfahren darf. Als Spielleiter oft die Spieler mit ihren Vornamen anreden.

Stichwörter

Gruppierung: Kreis – Spieltempo: ruhig – Dauer: unter 10 Min. – raten, erforschen – kombinieren, planen – konzentrieren – Unterhaltung, geselliges Treffen – Ulk-, Theken-, Partyspiel

REISE NACH GRUPPENHAUF
Gruppe muß auf immer weniger Stühle klettern

Material: Musik (rhythmisch betonte Musik)
Empfohlenes Mindestalter: 5 Jahre

Stühle werden in einer Reihe aufgestellt (einer weniger als Teilnehmer).
Bei Musik müssen alle um die Stuhlreihe kreisen. Bei Musikstop müssen alle auf die Stühle klettern (kein Fuß mehr auf dem Boden!). Das muß von der Gruppe geschafft werden, während der Spielleiter 1 – 2 – 3 ruft.
Für die nächste Runde wird ein Stuhl entfernt usw., bis schließlich alle auf möglichst wenig Stühlen einen Haufen bilden.

Stichwörter
Gruppierung: Kreis – Spieltempo: action – Dauer: unter 10 Min. – geschickt verhalten – schnell reagieren – Warming up – Aktivierung bei Lustlosigkeit – Körperkontakt – Kooperation üben – Unterhaltung, geselliges Treffen – Bewegungsspiel

REISE NACH REMSCHEID
Mitspieler bilden bei Musikstop Hocker, andere setzen sich drauf

Material: Musik; Zettel
Empfohlenes Mindestalter: 8 Jahre

Jedem Spieler wird eine Farbe zugeordnet (es sollten mehrere die gleiche Farbe erhalten; z.B. drei Leute „weiß", vier „rot". Bei Musik laufen alle durcheinander. Bei Musikstop ruft der Spielleiter eine oder mehrere Farben. Besitzer dieser Farben bilden sofort einen Hocker, auf den sich die nicht Aufgerufenen setzen sollen. Im weiteren Verlauf sollten immer weniger Farben aufgerufen werden, damit sich mehrere auf einen setzen müssen.
VARIANTE: Zettel werden vorbereitet (einer weniger als Teilnehmer). Beispiel: 14 Teilnehmer 13 Zettel. Auf 6 Zettel wird jeweils ein Stuhl gemalt, die übrigen bleiben frei. Ein Spieler (der ohne Zettel) bedient die Musik, während alle anderen ständig Zettel tauschen. Bei Stop bilden alle „Stuhlzettel"-Besitzer einen Stuhl, die anderen setzen sich drauf.

Stichwörter
Gruppierung: Alle im Raum verteilt – Spieltempo: action – Dauer: unter 10 Min. – wahrnehmen (allg.) – schnell reagieren – Warming up – Aktivierung bei Lustlosigkeit – Körperkontakt – Unterhaltung, geselliges Treffen – Bewegungsspiel

REISE ZU DEN KINDERN DIESER ERDE
Quizspiel

Material: Brettspiel (Bezug: Robin-Hood-Versand, Remscheid)
Empfohlenes Mindestalter: 9

Ein Quizspiel für Kinder, die eine kleine Weltreise unternehmen. Es sollte ein Erwachsener mitspielen.

Stichwörter
Gruppierung: Kleingruppe mit ca. 4 Personen – Brett-, Kartenspiel

REISEPASS
Einen Reisepaß malen und sich mit ihm vorstellen

Material: große Papierbögen; Malkreide; Stifte; evtl. Collage-Material für die Wappen.
Empfohlenes Mindestalter: 10 Jahre

Jeder malt sich einen Reisepaß (einmal gefaltetes DIN A1 Blatt).
Vorderseite: Ein persönliches Wappen entwerfen.
Innenseite links: Daten eintragen (Name, Geburtstag...).
Innenseite rechts: Möglichst ein Foto (evtl. Sofortbild) in die Mitte kleben und oberhalb des Bildes Stichwörter und Skizzen für Menschen, Ereignisse und Sachen aufführen, die eine Wirkung auf den Paßinhaber hatten oder haben. Unterhalb des Bildes malen, worauf der Paßinhaber einen wichtigen Einfluß hat oder nimmt. Die Rückseite bleibt erstmal frei. Anschauen der Pässe in Marktsituation (oder Zollabfertigungsspiel). Dann schreibt jeder auf die Rückseiten der Pässe seines rechten und linken Nachbarn und eines Spielers seiner Wahl Fragen zum Paß. Diese Fragen werden in einer Runde beantwortet.
Anmerkung: Bei mehreren Spielstationen kann der Paß immer wieder vorgezeigt und abgestempelt werden müssen. Gut als Überleitung zwischen Spielen

Stichwörter
Gruppierung: Kreis – Spieltempo: ruhig – Dauer: ca. 30-120 Min. – eher ernst – produktorientiert – Vorführung üblich oder möglich – kreativ sein, improvisieren – Phantasie entwickeln – medial darst.: malen, singen, bauen – kennenlernen (allg.) – Namen lernen – Interesse aneinander – spielerischer Meinungsaustausch – Beziehungen – Biografie – Malspiel

REISSVERSCHLUSS
Sitzenden Mannschaften wird ein Ball unter den Beinen durch gerollt

Material: 1 Ball je Gruppe
Empfohlenes Mindestalter: 6 Jahre

Jede Gruppe setzt sich folgendermaßen hin: Man sitzt nebeneinander auf dem Boden, jeder Zweite schaut in die entgegengesetzte Richtung und sitzt neben den Füßen seiner Nachbarn. Der 1. Spieler ruft „AUF" und rollt den Ball unter den hochgehobenen Beinen seiner Mitspieler durch. Der letzte Spieler greift den Ball, rennt nach vorn, ruft „AUF" usw., bis jeder einmal geworfen hat. Zwei Gruppen in Konkurrenz!
VARIANTE: Statt die eigenen Beine hochzuheben, hebt man den Fuß vom rechten und vom linken Nachbarn hoch.

Stichwörter
Gruppierung: Halbgruppen – Spieltempo: action – Dauer: unter 10 Min. – konzentrieren – geschickt verhalten – schnell reagieren – Aktivierung bei Lustlosigkeit – Körperkontakt – Kooperation üben – Harmonisierung, Abschluß – Sportspiel – Geschicklichkeitsspiel

REIZWORT-METHODE – IDEENFINDUNG
Auf zufällige Reizwörter Ideen assoziieren

Material: beliebiges Buch (möglichst kein Fachbuch)
Empfohlenes Mindestalter: 8 Jahre

In der Gruppe werden 4 Ziffern (von 0 bis 9) genannt (z.B. 7436). Dann wird in einem Buch die Seite „Ziffer 1, Ziffer 2" aufgeschlagen (z.B. Seite 74). Dort wird in der 3. Zeile mit dem Abzählen von Hauptwörtern begonnen das 6. Hauptwort abgeschrieben. Dieser Vorgang wird fünfmal wiederholt, so daß 5 zufällige Hauptwörter herausgesucht wurden. Dann soll man in der Gruppe mit viel Phantasie diese Reizwörter in Verbindung zu dem Problem bringen, über das man gerade nachdenkt. Dadurch werden originelle Ideen assoziiert. Die Methode erfordert assoziative Energie!
VARIANTE: *Mit dieser Methode 3 Haupt-, 3 Tätigkeits- und 3 Eigenschaftswörter. Ist auch schön zum Geschichten erfinden – die Wörter sollen in einer gemeinsam erfundenen Geschichte vorkommen!*

Stichwörter
Gruppierung: Kleingruppe mit 4-6 Personen – Spieltempo: lebhaft – Dauer: unter 10 Min. – Selbstläufer, keine Anleitung – ohne große Vorbereitung spielbar – produktorientiert – denken (allg.) – kreativ sein, improvisieren – multithematisch – Zukunft – Methode für die Gruppenarbeit

REQUISITENSPIEL
Jeder improvisiert mit Alltagsgegenständen

Material: Alltagsgegenstände: Werkzeug, Küchengeräte, Schreibsachen, ...
Empfohlenes Mindestalter: 6 Jahre

Alle sitzen im Kreis. Der Spielleiter hat einige Gegenstände in die Mitte gelegt (etwa doppelt so viele wie Mitspieler). Jeder wählt eine Sache und spielt damit spontan allen eine kleine Szene vor.
VARIANTE: Paare suchen sich zusammen einen Gegenstand aus und improvisieren damit gemeinsam. Kurze Beratungszeit ist dazu erforderlich.
Anmerkung: Es sollten ganz einfache Szenen entstehen. Ein hoher Anspruch darf bei solch spontanen Aktionen nicht aufgebaut werden! Spieler können sich mit ihrer Szene evtl. auch in die Szene des/der Vorgänger einklinken (d.h. Handlung übernehmen und fortsetzen o.ä.).
Aus einigen Improvisationen läßt sich auch ein Stück zusammenstellen.

Stichwörter
Gruppierung: Kreis – Gruppierung: Einzelne gegenüber Gruppe – Spieltempo: lebhaft – Dauer: ca. 10-30 Min. – einfach, leicht – Vorführung üblich oder möglich – kreativ sein, improvisieren – Phantasie entwickeln – darstellen (allg.) – spontan handeln – Darstellendes Spiel, Theaterspiel

RETTET ZIRKUS CONFETTI
Würfelspiel

Material: Brettspiel (Gruppe Spielraum vom Jugendzentrum Gladbeck)
Empfohlenes Mindestalter: 8 Jahre. Für 4 – 12 Spieler

Ein Würfelspiel mit überraschenden Aktionen für Gruppen und Familien. Um einem kleinen Wanderzirkus gegen seinen mächtigen Konkurrenten zu helfen, muß viel Geld aufgetrieben werden. Durch Aktionen kann Geld zusammengetragen werden, aber aufpassen: Der böse Herr Zaremba lauert überall!

Stichwörter
Gruppierung: Kleingruppe mit ca. 4 Personen – Brett-, Kartenspiel

RIESEN UND ZWERGE

Gruppen spielen eine vom Spielleiter erzählte Geschichte sofort mit

Material: evtl. Tische mit Tüchern als Zwergenhaus und Riesenburg
Empfohlenes Mindestalter: 6 Jahre

Der Spielleiter erzählt eine Geschichte mit Riesen und Zwergen, die dabei von den Spielern sofort dargestellt werden: Zwerge leben hier, Riesen dort. Zwerge fürchten sich vor Riesen. Im Riesen- und im Zwergenland bricht Hungersnot aus. Man besucht sich gegenseitig: für die Zwerge holen Riesen die Früchte von hohen Bäumen, und für die Riesen sammeln Zwerge die Beeren, zu denen sich die Riesen nicht bücken konnten. Gemeinsamer Tanz.
VARIANTE: Am Anfang das Riesen- und Zwergenleben ausführlich beschreiben und mitspielen lassen. Evtl. handelt es sich auch um Streichelriesen und Kuschelzwerge.
Anmerkung: Vorher Gruppe in Große und Kleine aufteilen. Dabei können dann evtl. auch Große die Zwerge und umgekehrt spielen!

Stichwörter
Gruppierung: Alle im Raum verteilt – Spieltempo: lebhaft – Dauer: ca. 10-30 Min. – kreativ sein, improvisieren – Phantasie entwickeln – darstellen (allg.) – pantomimisch darstellen – spontan handeln – Aktivierung bei Lustlosigkeit – Körperkontakt – Kooperation üben – motorische Sensibilisierung – Harmonisierung, Abschluß – Unterhaltung, geselliges Treffen – Normen, Rollen, Werte – pantomimisches Spiel – Spielaktion, Spielfest

RIESEN-LUFTBALLONS

Spielmaterial für verschiedene Spielmöglichkeiten

Material: –
Empfohlenes Mindestalter: 5 Jahre

Riesen-Luftballons, mit Luftmatratzenblasebalg aufzupumpen. Tolles, relativ preiswertes, auffälliges Spielmaterial für Spielaktionen, Fallschirmspiele und als Dekoration (z.B. für Platzmarkierungen an großen Pfählen, Masten oder Bäumen aufgehängt). Bezug über Spezial-Luftballongeschäfte oder Versandbuchhandlungen, Preise zwischen 2 und 25 DM je nach Größe. Tip: Nehmen Sie einen größeren Durchmesser, blasen ihn nicht ganz auf, das hält besser!

Stichwörter
Gruppierung ergibt sich; offenes Angebot – Spielaktion, Spielfest – Unterhaltung, geselliges Treffen – Harmonisierung, Abschluß – Selbstläufer, keine Anleitung – Bewegungsspiel – Material erproben oder gestalten – Spieltempo: lebhaft

RIESEN-MIKADO

Spielmaterial für verschiedene Spielmöglichkeiten

Material: –
Empfohlenes Mindestalter: 5 Jahre. Für 2-10 Spieler

50 cm lange Holzstäbe. Schön stabil im Holzkasten verpackt. Gut für Jugendgruppen und als Spielstation für Bürgerfeste.

Stichwörter

Geschicklichkeitsspiel – Gruppierung ergibt sich; offenes Angebot – Spielaktion, Spielfest – Unterhaltung, geselliges Treffen – Wettkampf, Durchsetzung – beurteilen, einschätzen – Selbstläufer, keine Anleitung – Material erproben oder gestalten – geschickt verhalten – konzentrieren – wahrnehmen (allg.) – Dauer: unter 10 Min. – Spieltempo: ruhig

RING WANDERT

Ein Gegenstand wird von Faust zu Faust weitergegeben, ein in der Kreismitte Stehender muß erkennen, wo sich der Gegenstand befindet

Material: Ring, Münze o.dgl./ evtl. Gummischnur oder Wollfaden
Empfohlenes Mindestalter: 8 Jahre

Alle stehen dicht an dicht im Kreis, einer in der Mitte. Alle halten die Hände in die Kreismitte und machen Fäuste. Dann schließt der Spieler in der Mitte kurz die Augen, ein Ring (Münze oder kleiner Gegenstand) wandert von Hand zu Hand. Wenn der Mittelspieler auf eine Faust zeigt, muß der Spieler die Hand aufmachen. Ziel ist es, den Ring zu finden.
Der Spieler, bei dem der Ring gefunden wird, ist der nächste in der Mitte. Die anderen können durch Täuschen helfen (indem sie so tun, als würden sie gerade etwas weitergeben).
VARIANTE: Die Gruppe sitzt eng im Kreis, ein kleiner Ball wird unter den etwas angezogenen Beinen (Tunnel) hindurchgegeben. Der Mittelspieler muß den Ball berühren!
VARIANTE: Ein Ring, eine Garnrolle oder ein Pfeifenputzerring wandert über einen Schnurkreis.
Ein spannendes Geschicklichkeits-, Wahrnehmungs- und Kooperationsspiel.

Stichwörter

Gruppierung: Kreis – Spieltempo: ruhig – Dauer: ca. 10-30 Min. – wahrnehmen (allg.) – raten, erforschen – konzentrieren – geschickt verhalten – schnell reagieren – Kooperation üben – Harmonisierung, Abschluß – Unterhaltung, geselliges Treffen – Kim-(Wahrnehmungs-)spiel

RINGEN MIT DEN DAUMEN – DAUMEN-DUELL
Zu zweit mit den Daumen gegeneinander kämpfen

Material: –
Empfohlenes Mindestalter: 8 Jahre

Zu zweit gegenüber stellen. Beide strecken ihre rechte Hand aus, etwa wie zum Händeschütteln. Man gibt sich auch die Hand, beläßt aber den Daumen oben über den Handflächen. Die übrigen Finger werden miteinander verhakt. Nun begrüßen sich die Daumen durch Vorbeugen und Berühren. Zum Duell mit den Daumen werden die Daumen nebeneinandergelegt. Dreimal sollen dann die Daumen übereinanderhüpfen. Dann soll jeder versuchen, den gegnerischen Daumen mindestens 2 Sekunden unter den eigenen zu drücken. Ist es einem gelungen, verbeugen sich die Daumen.
Anmerkung: Ein richtiges kleines Aggressionsspiel, das aber ungefährlich, nur symbolisch und nicht aggressionssteigernd ist.

Stichwörter
Gruppierung: Paare – Aggression, Konflikt – Spieltempo: lebhaft – Dauer: unter 10 Min. – einfach, leicht – ohne große Vorbereitung spielbar – konzentrieren – geschickt verhalten – schnell reagieren – Wettkampf, Durchsetzung – Interaktionsspiel – Geschicklichkeitsspiel

ROBOTER-SPIEL
Ein Techniker lenkt seinen „Roboter“

Material: evtl. Musikstück, z.B. „Roboter“ von Kraftwerk
Empfohlenes Mindestalter: 10 Jahre

Von jedem Paar ist einer Roboter, der andere Techniker. Roboter laufen nur geradeaus, können an den Schultern rechtwinklig abgelenkt und gestoppt werden.
VARIANTE: Bei Robotern kann der Schnellgang eingeschaltet werden.
VARIANTE: 2 Roboter stehen Rücken an Rücken; ein Techniker soll sie Gesicht zu Gesicht zusammenbringen (Roboter bleiben bei Hindernis selbst stehen). Rollenwechsel.

Stichwörter
Gruppierung: Paare – Gruppierung: Kleingruppe mit 3 Personen – Spieltempo: action – Dauer: unter 10 Min. – darstellen (allg.) – empathisch handeln – geschickt verhalten – schnell reagieren – Aktivierung bei Lustlosigkeit – Körperkontakt – Kooperation üben – Harmonisierung, Abschluß – Unterhaltung, geselliges Treffen – Technik – Bewegungsspiel

ROHRPOST – KRIECHTUNNELSPIELE
Spiele mit Kriechtunnel

Material: Kinderkriechtunnel oder ggf. zusammengenähte Decke oder große Pappe (Wellpappe!).
Empfohlenes Mindestalter: 4 Jahre

Die Gruppe rollt einen, der im Kriechtunnel liegt, langsam und vorsichtig von einer zur anderen Raumseite. Zwei können es auch im Wettbewerb selbst tun. Hüpfen über eine Hindernisstrecke mit aufrechtgestelltem Tunnel. Aufrechten Kriechtunnel als wandernde Litfaßsäule bekleben, sehr effektvoll für die Ankündigung von Aktionen! Mit aufrechten Kriechtunneln Bälle oder Luftballons zuspielen.
Anmerkung: Kriechtunnel sind relativ günstig in Möbelhäusern erhältlich

Stichwörter
Gruppierung: Einzelne gegenüber Gruppe – Spieltempo: lebhaft – Dauer: unter 10 Min. – einfach, leicht – Vorführung üblich oder möglich – gut als Überleitung zw. Spielen – geschickt verhalten – Körperkräfte trainieren – Material erproben oder gestalten – Unterhaltung, geselliges Treffen – Bewegungsspiel – Materialspiel, Werken – Spielaktion, Spielfest

ROLLBAHN
Auf liegenden Stäben vor-und zurückrollen

Material: Stäbe, z.B. Besenstiele
Empfohlenes Mindestalter: 8 Jahre

5-6 Stäbe (z.B. Besenstiele) werden nebeneinander hingelegt. Ein Spieler stellt sich darauf und soll eine bestimmte Strecke vor- und zurückrollen. Kann auch im Wettbewerb mit mehreren Mannschaften durchgeführt werden.
Anmerkung: Als Hilfe kann man Stäbe von hinten immer wieder vorn anlegen.

Stichwörter
Gruppierung: Halbgruppen – Gruppierung: Kleingruppe mit 4-6 Personen – Spieltempo: action – Dauer: unter 10 Min. – gut als Überleitung zw. Spielen – konzentrieren – geschickt verhalten – Aktivierung bei Lustlosigkeit – Wettkampf, Durchsetzung – Unterhaltung, geselliges Treffen – Bewegungsspiel – Geschicklichkeitsspiel

ROLLENSPIEL – PÄDAGOGISCHES ROLLENSPIEL – ANGELEITETES ROLLENSPIEL

Konflikte zwischen Menschen im Spiel darstellen

Material: evtl. Vorbereitungskärtchen für Rollen und Situation
Empfohlenes Mindestalter: 4 Jahre

2-3 Gruppenmitglieder werden vom Spielleiter gebeten, eine bestimmte Konfliktsituation vorzuspielen. Zur Vorbereitung erhalten sie evtl. Rollenbeschreibungen. Eventuell werden Beobachter gewählt. Alle übrigen Teilnehmer sehen zu. Die Spieler können 10 Min. Vorbereitungszeit zur Einstimmung in die Rollen bekommen. Zur Verstärkung des pädagogischen Nutzens können folgende Techniken angewendet werden: Spieler tauschen Rollen; andere Teilnehmer übernehmen Rolle; ein Kind ruft Stop und erzählt, was es gesehen hat, während es auf die Spieler zeigt („Zeiger"); Männer werden von Frauen gespielt und umgekehrt; ein Hilfs-Ich tritt hinter den Spieler und (a) berät ihn flüsternd oder (b) spricht dessen heimliche Gedanken und Gefühle aus.
VARIANTE: Nochmaliges Spiel bei veränderter Ausgangslage.
Anmerkung: Siehe auch ABC-ROLLENSPIEL.

Stichwörter
Gruppierung: Gruppe(n) vor Zuschauern – Spieltempo: ruhig – Spieltempo: lebhaft – Dauer: ca. 10-30 Min. – universell verwendbar – eher ernst – ohne große Vorbereitung spielbar – anleitungsintensiv – Vorführung üblich oder möglich – beurteilen, einschätzen – konzentrieren – kreativ sein, improvisieren – Phantasie entwickeln – darstellen (allg.) – empathisch handeln – spontan handeln – Thema kennenlernen – spielerischer Meinungsaustausch – multithematisch – Rollen-, Entscheidungs-, Planspiel

ROMEO UND JULIA

Paarweise ein Denkmal bilden, ein anderes Paar erfühlt die Stellung und kopiert diese

Material: Bei VARIANTE: Schwungtuch, Fallschirm
Empfohlenes Mindestalter: 10 Jahre

Das Paar A stellt ein Liebespaar-Denkmal dar, während das Paar B wegschaut. Dann soll Paar B die Haltung von Paar A blind ertasten und kopieren. Rollenwechsel.
VARIANTE: Das Liebesdenkmal kann unter einem großen Tuch (z.B. Schwungtuch) dargestellt werden, dann durch das Tuch hindurch abtasten und kopieren! Für Spieler, die sich noch nicht so gut kennen, eine einfachere Form. Es kann auch in Dreiergruppen „Drei Musketiere", ein „Musiktrio", „Heilige drei Könige" oder „Drei Affen: Nichts hören-sehen-sagen"...
Anmerkung: Aufpassen bei der Zusammenstellung der Paare (gehemmte Teilnehmer!). Kein Spiel für eine Gruppe, die sich kaum kennt.

Stichwörter
Gruppierung: Paare – Spieltempo: ruhig – Dauer: unter 10 Min. – blind wahrnehmen – fühlen, ertasten – konzentrieren – empathisch handeln – geschickt verhalten – Aktivierung bei Lustlosigkeit – Interesse aneinander – Körperkontakt – motorische Sensibilisierung – Unterhaltung, geselliges Treffen – Interaktionsspiel

ROSEN UND ZITRONEN

Bewertung einer Veranstaltung

Material: Pro Teilnehmer ein Blatt mit je 5 Zeichnungen von Rosen und Zitronen
Empfohlenes Mindestalter: 10 Jahre

Auf ein Plakat oder an die Tafel werden Ereignisse der vorausgegangenen Veranstaltung (Gruppenstunden, Tagung, Projekt,...) bunt durcheinander hingeschrieben. Jeder kann nun Rosen (mit der Bedeutung „War für mich positiv") oder Zitronen (mit der Bedeutung „War für mich negativ") danebenhängen.
Im Gespräch können die Häufigkeiten von Rosen und Zitronen diskutiert werden, und es kann optisch deutlich gemacht werden, daß das, was der eine positiv erlebt hat, durchaus für den anderen negativ abgelaufen sein mag.

Stichwörter
Gruppierung: Alle im Raum verteilt – Spieltempo: ruhig – Dauer: ca. 10-30 Min. – eher ernst – produktorientiert – Auswertung – Methode für die Gruppenarbeit – einfach, leicht – beurteilen, einschätzen

ROSINENKUCHEN BACKEN – MASSAGE-SPIEL
Zwei massieren einen liegenden dritten wie Teig beim Kuchenbacken

Material: Decke oder Matte
Empfohlenes Mindestalter: 8 Jahre

Zwei hocken sich zu einem liegenden dritten. Diesen Dreiergruppen erzählt der Spielleiter, wie man einen guten Rosinenkuchen backt. Die Spieler massieren ihren Liegenden so, als würden sie einen Kuchen backen: „Erstmal den Küchentisch abwischen (über den Körper streichen), dann Mehl draufstreuen und gut verteilen (mit den Fingern über den Rücken fahren), dann Teig ausrollen, immer wieder zusammenschieben und kneten, jetzt viele kleine Rosinen in den Teig drücken usw.". Backen könnte durch das Auflegen der warmen Hände symbolisiert werden. Eine angenehme inhaltliche Einkleidung einer üblichen Massage-Möglichkeit. Rollenwechsel ist wichtig. Ähnlich wie das Massage-Spiel WETTER-MASSAGE. Der Liegende sollte auf dem Bauch liegen.

Stichwörter
Gruppierung: Kleingruppe mit 3 Personen – Spieltempo: lebhaft – Dauer: ca. 10-30 Min. – ohne große Vorbereitung spielbar – anleitungsintensiv – Phantasie entwickeln – pantomimisch darstellen – empathisch handeln – Warming up – Aktivierung bei Lustlosigkeit – Körperkontakt – motorische Sensibilisierung – einfach, leicht – witzig, besonders lustig – fühlen, ertasten – Harmonisierung, Abschluß – Entspannung, Ruhe

S

SACK DRESCHEN

Mit Knotentuch jemanden treffen, ohne selbst getroffen zu werden

Material: Tücher, Schals
Empfohlenes Mindestalter: 8 Jahre

Jeder hat ein Tuch (Handtuch, Kopftuch) oder einen Schal und macht an einem Ende einen Knoten ins Tuch. Er soll mit dem Knotenende des Tuchs möglichst viele Pos treffen, ohne selbst getroffen zu werden. Wer einen Knoten mit der Hand erwischt, kann ihn auch dem anderen wegziehen.
VARIANTE: Mit Luftballons, tut überhaupt nicht weh und kann zu keinerlei Verletzungen führen. Wenn jemand einem den Luftballon wegnehmen kann, darf er ihn zum Platzen bringen (und damit die „Waffe“ zerstören).
Anmerkung: Hartes Wettkampfspiel, das durch die Spielregel gemildert wird, aber zugleich ermöglicht Action zu machen.

Stichwörter
Gruppierung: Alle im Raum verteilt – Spieltempo: action – Dauer: unter 10 Min. – wahrnehmen (allg.) – geschickt verhalten – schnell reagieren – Aktivierung bei Lustlosigkeit – Wettkampf, Durchsetzung – Unterhaltung, geselliges Treffen – Bewegungsspiel

SAGA-SPIELKARTEN

Bildkarten für meditative Assoziationsspiele

Material: Spielmaterial (E. Raman. Verlag Moritz Egetmeyer)
Empfohlenes Mindestalter: 6 Jahre

Das Saga-Kartenspiel besteht aus 54 Karten mit kleinen farbigen Aquarellbildern. Sie zeigen Szenen, Landschaften, Menschen und Gegenstände aus einem Phatasieland. Sie sollen dazu anregen, in der Runde eigene Geschichten zu erzählen, in denen die gezogenen Bilder vorkommen sollen. Variationen mit Darstellendem Spiel, Schreiben statt Sprechen oder Spielszenen erfinden könnten entwickelt werden. – Die Bilder sind so offen gehalten, daß sie sich sogar für Selbsterfahrungs- und Wahrsagespiele eignen. Aufgrund der Abbildungen werden Mythen, Sagen, Märchen oder Legenden erfunden. Moderne Gegenstände oder Landschaftsbilder fehlen.

Stichwörter:
Entspannung, Ruhe – Gruppierung: Einzelne gegenüber Gruppe – Meditatives Spiel – Kim-(Wahrnehmungs-)spiel – Auswertung – Phantasie entwickeln – wahrnehmen (allg.) – Vorführung üblich oder möglich – eher ernst – Dauer: ca. 10-30 Min. – Spieltempo: ruhig

SÄNFTE – STIEL-TRANSPORT

Material: Besenstiele oder stabile Stäbe
Empfohlenes Mindestalter: 10 Jahre

Zwei Besenstiele oder andere stabile Stäbe werden von 4 Spielern parallel gehalten. Ein fünfter stellt sich auf die Stiele, hält sich mit Händen dran fest und wird so transportiert.
VARIANTE: 5-7 Paare halten je einen Stiel. Alle Stiele parallel, ein Spieler legt sich quer drüber und wird getragen.
Anmerkung: Aufpassen, daß die Stäbe wirklich stabil sind!

Stichwörter
Gruppierung: Paare – Spieltempo: action – Dauer: unter 10 Min. – gut als Überleitung zw. Spiele – konzentrieren – geschickt verhalten – Körperkräfte trainieren – Kooperation üben – Vertrauen entwickeln – Unterhaltung, geselliges Treffen – Bewegungsspiel

SÄTZE MIT BUCHSTABENSCHILDERN BILDEN
Spielmaterial für verschiedene Spielmöglichkeiten

Material: Kartonplakate, beschriftet.
Empfohlenes Mindestalter: 10 Jahre

Jedes Mitglied einer Großgruppe erhält ein Buchstabenschild. Es werden Wörter und Sätze gebildet, indem die Personen mit den entsprechenden Schildern vortreten.
VARIANTE: Statt Buchstaben könnten Wörter auf den Schildern stehen. So können ganze Geschichten gebildet werden.
Anmerkung: Als Titel für Vorführungen besonders gut geeignet. Das Spiel ist auch gut geeignet für große Gruppen (über 30).

Stichwörter
Gruppierung: Alle im Raum verteilt – Spieltempo: ruhig – Dauer: unter 10 Min. – einfach, leicht – Vorführung üblich oder möglich – gut als Überleitung zwischen Spielen – kombinieren, planen – medial darst.: malen, singen, bauen – Kulturtechniken: Lesen, Schreiben – Sprach-, Schreib-, Diskussionsspiel

SCHATTENSPIEL
Spiel mit Schattenfiguren und Tischbühne oder als Menschenschattenspiel

Material: verdunkelbarer Raum, Rahmen (Tür) mit Tuch, Diaprojektor oder andere konzentrierte Lichtquelle, Figurenmaterial
Empfohlenes Mindestalter: 4 Jahre

Schattenspiel ist prinzipiell in drei Varianten möglich: als Figurenspiel, als Händeschattenspiel und als Menschenschattenspiel. Beim Figurenspiel werden ausgeschnittene Figurenumrisse an einem transparenten Bildschirm (Tuch) entlang geführt (besonders kreativ wirken bewegliche Figuren mit Gelenken aus Musterbeutelklammern und Blumendrahtführungsstäben, farbiges Transparentpapier und großporige Stoffe). Beim Schattenspiel mit Menschen als Darstellern sind farbige Scheinwerfer und Dias als „Bühnenbild" wirkungsvoll!

Stichwörter
Kleingruppe mit 4-6 Personen – Spieltempo: lebhaft – Dauer: ca. 30-120 Min. – kreativ sein, improvisieren – Phantasie entwickeln – darstellen (allg.) – medial darst.: malen, singen, bauen – pantomimisch darstellen – Aktivierung bei Lustlosigkeit – Kooperation üben – Harmonisierung, Abschluß – Unterhaltung, geselliges Treffen – multithematisch – Puppen-, Masken-, Schattenspiel

SCHATTENTANZ
Präzise dem Partner hinterhertanzen

Material: Musik
Empfohlenes Mindestalter: 6 Jahre

5 Minuten lang ist der Spieler B der Schatten von Spieler A: er läuft genau hinter ihm her und macht alle Bewegungen möglichst präzise nach.
Nach 5 Min. Rollenwechsel.
VARIANTE: Statt laufen: tanzen.

Stichwörter
Gruppierung: Paare – Spieltempo: action – Dauer: unter 10 Min. – wahrnehmen (allg.) – konzentrieren – schnell reagieren – Warming up – Aktivierung bei Lustlosigkeit – Kooperation üben – Unterhaltung, geselliges Treffen – Tanzspiel

SCHATZ HÜTEN
Abschlagspiel

Material: pro Gruppe ein Taschentuch
Empfohlenes Mindestalter: 8 Jahre

Ein Wächter kniet sich über ein ausgebreitetes Taschentuch, er darf es nicht berühren. Auf ein Zeichen hin dürfen nun alle anderen versuchen, ihm das Taschentuch wegzunehmen. Wird dabei ein Spieler vom Wächter berührt, so erstarrt der Dieb sofort.

Stichwörter
Gruppierung: Kreis – Spieltempo: lebhaft – Dauer: unter 10 Min. – wahrnehmen (allg.) – konzentrieren – geschickt verhalten – schnell reagieren – Aktivierung bei Lustlosigkeit – Wettkampf, Durchsetzung – Unterhaltung, geselliges Treffen – Bewegungsspiel – Geschicklichkeitsspiel

SCHATZKÄSTCHEN - KENNENLERNAUFGABEN
In bemalten Streichholzschachteln stecken Kennenlernfragen und Kennenlernaufgaben

Material: Fragen in bemalte Streichholzschachteln legen (evtl. auch Süßigkeiten oder kleine Geschenke) und Topf mit Namenszetteln
Empfohlenes Mindestalter: 8 Jahre

Einer zieht aus dem Topf mit den Namenszetteln aller Teilnehmer einen Namen und gibt demjenigen eine Streichholzschachtel. Der ausgewählte Teilnehmer behält das Geschenk (wenn z.B. eine Süßigkeit in der Schachtel ist) oder soll die enthaltene Kennenlernfrage beantworten oder die Aufgabe (ggf. mit einem selbstgewählten Partner) vor der Gruppe erledigen. Dann zieht er den nächsten Namenszettel und wählt die nächste Schachtel. Besonders schönes Spiel für Kindergeburtstage. Bei Interesse können die Namen auch nochmal in den Topf zurück und ein zweites Mal gezogen werden (erfordert genügend Frage- und Aufgabenschachteln).

Stichwörter
Unterhaltung, geselliges Treffen – kreativ sein, improvisieren – Gruppierung: Kreis – Interesse aneinander – Aktivierung bei Lustlosigkeit – kennenlernen (allg.) – spontan handeln – besonders spannend – universell verwendbar – Dauer: ca. 30-120 Min. – Spieltempo: lebhaft – medial darst.: malen, singen, bauen

SCHATZSUCHE IN DER NACHT

An einer Schnur befestigte Tüten müssen ertastet werden, in einer Tüte befindet sich der Schatz

Material: Sehr langes Seil oder Schnur, mindestens so viele Tüten wie Teilnehmer, großes Tuch oder verdunkelbarer Raum
Empfohlenes Mindestalter: 6 Jahre

An eine lange Schnur werden Tüten gebunden. Die Tüten können aus Papier, notfalls Plastik oder auch aus zusammengeknoteten Tüchern bestehen. In alle Tüten werden ertastbare Gegenstände (Murmeln, Korken, Papierkugeln o.ä.) getan. In eine Tüte kommt der „Schatz"; ein Preis für alle, z.B. Bonbons, Schokolade, Brausepulver, oder die Aufgabe für das nächste Spiel. Die Schnur mit den Tüten wird ungeordnet auf den Boden gelegt – evtl. auch über und unter Hindernisse: Kissen, Stühle usw. – und das große Tuch darüber. Alle ertasten nun „blind" die Tüten, entknoten, öffnen.

Stichwörter

Gruppierung: Alle im Raum verteilt – Spieltempo: lebhaft – Dauer: ca. 10-30 Min. – universell verwendbar – besonders spannend – gut als Überleitung zw. Spielen – blind wahrnehmen – Aktivierung bei Lustlosigkeit – Kim-(Wahrnehmungs-)spiel – einfach, leicht – fühlen, ertasten – Unterhaltung, Geselliges Treffen – Spielaktion, Spielfest

SCHAUFENSTERDEKORATION

Halbgruppe gestaltet mit den anderen als Puppen ein Schaufenster

Material: –
Empfohlenes Mindestalter: 8 Jahre

Zwei Gruppen: die einen sind Schaufenstergestalter, die anderen Schaufensterpuppen. Die Dekorateure denken sich ein Thema aus, zu dem sie mit den leblosen Puppen und sonstigem Dekomaterial ein Schaufenster gestalten.
VARIANTE: Puppen können aufgezogen werden, bewegen sich wie Motorpuppen.
Anmerkung: Unbedingt Rollenwechsel! Ganzes Team soll immer zusammen arbeiten! An der Intensität des Zusammenstellens der Puppen kann ein empathischer Gruppenleiter auch den Stand der Kooperationsfähigkeit der Gruppe ablesen: Wie koordiniert oder individualistisch und chaotisch geht das Dekorateursteam ans Werk? Werden die Puppen eng und miteinander verbunden oder distanziert arrangiert?

Stichwörter
Gruppierung: Kleingruppe mit 4-6 Personen – Spieltempo: lebhaft – Dauer: ca. 10-30 Min. – kreativ sein, improvisieren – Phantasie entwickeln – darstellen (allg.) – medial darst.: malen, singen, bauen – empathisch handeln – Thema kennenlernen – Aktivierung bei Lustlosigkeit – Interesse aneinander – Kooperation üben – Unterhaltung, geselliges Treffen – multithematisch – Darstellendes Spiel, Theaterspiel

SCHIFFE IM NEBEL

Spieler mit geschlossenen Augen lassen sich durch Nebelhorntuten anderer leiten

Material: –
Empfohlenes Mindestalter: 8 Jahre

Etwa ein Viertel der Spielgruppe spielt Nebelhörner, alle übrigen sind Schiffe, die im Nebel vom Tuten geleitet werden. Die Nebelhörner werden an einer Strecke durch einen großen Raum (oder draußen) im Abstand von ca. 3 Metern verteilt. Alle Schiffe liegen in einem Hafen an der einen Seite des Raums und sollen entlang der mit Nebelhornbojen markierten Fahrrinne an einer anderen Wandseite ankommen. Die Zielboje sendet Morsegeräusche aus: dann weiß das Schiff, daß es angekommen ist. Alle Schiffe schließen die Augen (Nebel) und folgen dem Tuten. Kann gut in eine Spielkette eingebaut werden.

Stichwörter
Gruppierung: Einzelne gegenüber Gruppe – Spieltempo: ruhig – Dauer: unter 10 Min. – besonders spannend – ohne große Vorbereitung spielbar – gut als Überleitung zw. Spielen – blind wahrnehmen – Kooperation üben – Vertrauen entwickeln – Kim-(Wahrnehmungs-)spiel – meditatives Spiel – einfach, leicht – Entspannung, Ruhe

SCHLITTENFAHRT

Zwei ziehen einen dritten auf einer Decke über den glatten Boden

Material: Mehrere Decken; glatter Fußboden
Empfohlenes Mindestalter: 4 Jahre

In jeder Dreiergruppe legt sich einer (Varianten: auf dem Rücken, auf dem Bauch, zusammengekringelt) auf eine Decke, die beiden anderen fassen je einen Zipfel und ziehen den Liegenden über einen glatten Boden: ganz langsam – schnell – mit oder ohne flotte Kurven. Jeder sollte mal gezogen werden.
Anmerkung: Glatter Boden Voraussetzung! Oder Schnee.

Stichwörter
Gruppierung: Kleingruppe mit 3 Personen – Spieltempo: action – Dauer: ca. 10-30 Min. – gut als Überleitung zw. Spielen – wahrnehmen (allg.) – Körperkräfte trainieren – Bewegungsspiel – einfach, leicht – Unterhaltung, geselliges Treffen

SCHLITTSCHUHLAUFEN – WELLENREITEN – WINDSURFEN

Zu zweit auf drei kleinen Teppichfliesen vorwärtsrutschen

Material: Für jedes Spielerpaar 3 kleine Teppichfliesen; Raum mit glattem Boden. Statt Fliesen notfalls Tücher oder Zeitungsbögen.
Empfohlenes Mindestalter: 6 Jahre

Eine vorgegebene Strecke soll paarweise auf Teppichfliesen entlanggerutscht werden (glatter Boden erforderlich!). Die drei Fliesen werden nebeneinander gelegt. Ein Spieler stellt seinen linken Fuß auf die linke Fliese, seinen rechten auf die mittlere Platte. Der zweite Spieler stellt seinen linken Fuß auch auf die mittlere Fliese und seinen rechten Fuß auf die rechte Fliese. Es ist etwas leichter, koordiniert zu rutschen, wenn man sich die Arme um die Schultern legt.
VARIANTE: In einer langen Reihe nebeneinander voranrutschen (aber auch immer zwei Füße – einen vom linken Spieler, einen vom rechten Spieler – auf einer Fliese). Statt Teppichfliesen könnten auch Zeitungspapierbögen genommen werden oder gut rutschende kleine Tücher. Noch ein Tip für die Teppichfliesen: 50 x 50 cm – Fliesen, kann man in vier Fliesen leicht mit einem Teppichmesser zerschneiden: für zwei Füße reichen die Stücke dann allemal!
Anmerkung: Das Spiel ist gut geeignet als Transportweg zwischen zwei Spielstationen!

Stichwörter

Gruppierung: Alle im Raum verteilt – Geschicklichkeitsspiel – einfach, leicht – Gruppierung: Paare – Kooperation üben – geschickt verhalten – gut als Überleitung zw. Spielen – Dauer: unter 10 Min. – Spieltempo: action

SCHLÜSSEL-ERLEBNISSE

Kleine Zeichnungen von Schlüsselerlebnissen an einen Lebensfaden anheften, davon erzählen

Material: Je Teilnehmer: 1 Bindfaden, rosa (oder grünes) Papier, graues Papier (oder andere dunkle Farbe), Klebstoff, ggf. Büroklammern
Empfohlenes Mindestalter: 14 Jahre

Die Gruppenarbeit hat – ähnlich wie beim Spiel LEBENSLINIE – eine individuelle und eine Kleingruppen-Phase. In der individuellen Phase soll sich jeder an max. 8 „Schlüsselerlebnisse" aus seinem bisherigen Leben erinnern. Da man Schlüsselerlebnisse häufig im Zusammenhang mit anderen Personen hatte, soll jeder alle wichtigen Personen auflisten, denen er mal begegnet ist oder die einen Einfluß auf ihn hatten, (evtl. nach Lebensabschnitten „Kindheit, Jugend, Erwachsenenalter" oder nach Lebenskreisen „Familie, Schule, Freundeskreis, Beruf" getrennt).
Die bis zu 8 wichtigsten Schlüsselerlebnisse notieren und für jedes Erlebnis eine kleine Skizze oder ein Stichwort auf einen Zettel malen – und zwar bei negativen Erlebnissen auf dunklem Papier, bei positiven auf hellem Papier. Dann die Zettel an einem Faden befestigen und zwar in etwa zeitrichtig (der Faden bildet die Zeitachse).
Man kommt zu Kleingruppen zusammen, stellt sich gegenseitig seine Lebensfäden vor und vergleicht unterschiedliche Schlüsselerlebnisse oder Zeit- oder Lebensabschnitte.
Anmerkung: Siehe auch Spiel LEBENSLINIE. Es ist sinnvoll, das Ganze für bestimmte Lebensbereiche zu machen (Sexualität und Beziehungen; Ausbildung und Beruf; Familie und Privatleben...).

Stichwörter
Gruppierung: Kleingruppe mit 4-6 Personen – medial darst.: malen, singen, bauen – Spieltempo: ruhig – Dauer: ca. 30-120 Min. – besonders spannend – schwierig – eher ernst – produktorientiert – erinnern – kennenlernen (allg.) – Interesse aneinander – Vertrauen entwickeln – spielerischer Meinungsaustausch – Beziehungen – Biografie – Familie – Schule – Selbsterfahrung – Sexualität – Methode für die Gruppenarbeit – beurteilen, einschätzen – Arbeitsplatz, Beruf

SCHMINK-AKTION – SCHMINKFEST
Schminken zu abgesprochenem Thema, für bestimmte Rollen

Material: Schminke, Dekorationsmaterial, Requisiten
Empfohlenes Mindestalter: 3 Jahre

Zu einem vorher abgemachten Thema schminken sich immer zwei Spieler gegenseitig (empfehlenswert: Theater-Naßschminke, nicht Fingerfarben!). Dann wird in den Kleingruppen der zusammengehörig Geschminkten eine Geschichte erfunden und vorgespielt. – Oder jede Kleingruppe erfindet einen Tanz, der zu den Gesichtern paßt. – Oder der Raum wird passend dekoriert, und alle spielen spontan Lebewesen, die in diesen Raum passen. Themenbeispiele: Geister, lebendig gewordene Puppen (Spielzeug), Teufel und Hexen, Zoo, Jahrmarkt, unter Wasser...

Stichwörter
Gruppierung: Paare – Gruppierung: Kleingruppe mit 4-6 Personen – Spieltempo: ruhig – Spieltempo: lebhaft – Spieltempo: action – Dauer: ca. 30-120 Min. – Dauer: über 2 Stunden – Phantasie entwickeln – medial darst.: malen, singen, bauen – pantomimisch darstellen – empathisch handeln – Aktivierung bei Lustlosigkeit – Körperkontakt – Kooperation üben – Harmonisierung, Abschluß – Unterhaltung, geselliges Treffen – multithematisch – Puppen-, Masken-, Schattenspiel – Spielaktion, Spielfest

SCHMINKTANZ
Kurzes Schminken bei Musikstop

Material: Schminkstifte oder -dosen
Empfohlenes Mindestalter: 6 Jahre

Etwa ein Viertel aller Spieler bekommt einen Schminkstift oder eine Schminkdose. Dann tanzen alle nach flotter Musik. Beim Musikstop schminken die Stiftbesitzer einen Mitspieler, der gerade neben ihnen ist, mit ein paar schnellen Strichen (nicht unsensibel-oberflächlich, sondern schnell).
Dann wird der Stift oder die Dose übergeben, weitergetanzt, nächster Musikstop...

Stichwörter
Gruppierung: Alle im Raum verteilt – Spieltempo: action – Dauer: unter 10 Min. – universell verwendbar – einfach, leicht – spontan handeln – Warming up – Unterhaltung, geselliges Treffen – Tanzspiel

SCHORNSTEINSPIEL

Zu viert einen Schornstein bilden, Luftballons hochschaffen

Material: Luftballons, Softbälle
Empfohlenes Mindestalter: 8 Jahre

Zu viert eng beieinander stehen, Arme über die Schultern der Nachbarn. 3-5 Ballons zwischen den Füßen. Einen Ballon nach dem anderen ohne Handbenutzung im „Schornstein" hochbringen und oben ausstoßen.
Anmerkung: Dabei entsteht viel kurzfristiger Körperkontakt. Bei scheuen Gruppen etwas Vorsicht. LUFTBALLONTANZ vorher entlastet.

Stichwörter
Gruppierung: Kleingruppe mit 4-6 Personen – Spieltempo: lebhaft – Dauer: unter 10 Min. – geschickt verhalten – schnell reagieren – Aktivierung bei Lustlosigkeit – Körperkontakt – Kooperation üben – Unterhaltung, geselliges Treffen – Bewegungsspiel – Geschicklichkeitsspiel

SCHREIBGESCHICHTE

Geschichte abschnittweise schreiben, dann Zettel weitergeben

Material: Papier/Schreibstift, evtl. Schreibmaschine, Endlospapier
Empfohlenes Mindestalter: 10 Jahre

Jeder schreibt den Anfang einer Gechichte auf – etwa 4-5 Sätze, reicht den Zettel an seinen Nebenspieler weiter und erhält vom anderen Nachbarn zugleich dessen Zettel. Im Uhrzeigersinn wechseln nach jeweils einigen Sätzen die Zettel weiter. Jeder darf dann seine Geschichte mit einem kurzen Schluß versehen. Dann werden die Geschichten im Kreis vorgelesen.
VARIANTE: Ist auch mit Schreibmaschine und Endlospapier als offene Aktion gut geeignet!
Anmerkung: Als Einstieg zum Darstellenden Spiel geeignet (Drehbuch schreiben).

Stichwörter
Gruppierung: Kreis – Spieltempo: ruhig – Dauer: ca. 10-30 Min. – kreativ sein, improvisieren – Phantasie entwickeln – darstellen (allg.) – medial darst.: malen, singen, bauen – spontan handeln – Kulturtechniken: Lesen, schreiben – Unterhaltung, geselliges Treffen – Literatur, Märchen, Lyrik – Sprach-, Schreib-, Diskussionsspiel

SCHUBLADENSPIEL

Raumecken sind als Unterbegriffe definiert, jeder geht in die Ecke, in die er gehört

Material: evtl. gr. Blätter mit Unterbegriffen und Fragen; evtl. Reifen oder Springseile
Empfohlenes Mindestalter: 10 Jahre

Alle stehen in der Raummitte. Zu einem Oberbegriff definiert der Spielleiter „Schubladen“ (Unterbegriffe in den Raumecken), zu denen sich die Spieler zuordnen sollen. In den Ecken soll kurz ausgetauscht werden, warum man in dieser „Schublade“ gelandet ist. Nach 5-10 Min. nächster Oberbegriff und erneute Zuordnung.
VARIANTE: Statt Unterbegriffe könnten in den Ecken auch Thesen zu einem Thema stehen. Jeder geht zu der These, der er am ehesten zustimmen kann – oder: Jeder geht zu der These, über die er am liebsten diskutieren möchte.
VARIANTE: Statt in Ecken, könnten die Teilnehmer sich auch in hingelegte Gymnastikreifen (oder kreisförmig ausgelegte Springseile) stellen („Inseln“), deren Bedeutung jeweils vom Spielleiter benannt wird.
Anmerkung: Sehr gutes Kennenlernspiel für große Gruppen. Beispiele für Schubladen-Oberbegriffe: Wohnort im N, S, O, W – Geburtstag im 1., 2., 3., 4. Quartal – Lieblingsgetränk Wein, Bier, Cola, Anderes – Verheiratet mit Kindern, verh. ohne Kin., ledig,-. Als einfachere Spielform siehe auch Spiel ALLE IN EINER REIHE.

Stichwörter
Gruppierung: Alle im Raum verteilt – Spieltempo: ruhig – Dauer: ca. 10-30 Min. – beurteilen, einschätzen – kennenlernen (allg.) – Thema kennenlernen – Aufteilung in Untergruppen – Interesse aneinander – spielerischer Meinungsaustausch – multithematisch – Methode für die Gruppenarbeit – sonstige Spielform

SCHUH-SOZIOGRAMM

Je nach emotionaler Nähe zu einem Gruppenmitglied schiebt jeder seinen Schuh in die Kreismitte

Material: –
Empfohlenes Mindestalter: 14 Jahre

Ein Spieler beginnt und stellt einen seiner Schuhe in die Kreismitte. Alle übrigen stellen ihren rechten Schuh so nahe zwischen sich und den Schuh in der Mitte, wie sie ihre emotionale Nähe und Sympathie zu dem Spieler empfinden. Seinen linken Schuh stellt jeder ebenfalls zwischen sich und die Kreismitte, je nachdem wie er sein sachliches Verhältnis (Zusammenarbeit u. dgl.) zu dem Spieler sieht. Die Schuhspitzen kann man auch noch Richtung Kreismitte drehen, wenn man die Beziehung zu ihm verbessern möchte, oder zu sich richten, wenn man die Beziehung eher verringern möchte. Der Spieler kann nun nachfragen. Dann stellt der nächste seinen Schuh in die Mitte.
Anmerkung: Der Spielleiter muß auf das Aufbrechen gruppendynamischer Probleme durch die symbolische Bewußtmachung des Spiels gefaßt sein.

Stichwörter
Gruppierung: Kreis – Spieltempo: ruhig – Dauer: ca. 30-120 Min. – besonders spannend – eher ernst – beurteilen, einschätzen – medial darst.: malen, singen, bauen – empathisch handeln – Interesse aneinander – spielerischer Meinungsaustausch – Aggression, Konflikt – Beziehungen – Gefühle – Selbsterfahrung – sonstige Spielform – gruppendynamisches Experiment

SCHUHE BLIND ANZIEHEN

Dem Partner mit geschlossenen Augen die Schuhe wieder anziehen

Material: –
Empfohlenes Mindestalter: 10 Jahre

Jeder zieht seine Schuhe aus. Alle Schuhe werden durcheinander auf einen großen Haufen geworfen. Dann machen alle die Augen zu, und der Spielleiter bringt den Schuhhaufen nochmals durcheinander. Jeder soll die Schuhe seines rechten Nachbarn suchen und sie ihm anziehen.
VARIANTE: Zwei Gruppen gegenüber: die eine Gruppe soll der anderen die Schuhe blind wieder anziehen.

Stichwörter
Gruppierung: Kreis – Gruppierung: Halbgruppen – Spieltempo: lebhaft – Dauer: ca. 10-30 Min. – blind wahrnehmen – fühlen, ertasten – konzentrieren – Aktivierung bei Lustlosigkeit – Körperkontakt – Unterhaltung, geselliges Treffen – Kim-(Wahrnehmungs-)spiel

SCHUHE ZUBINDEN

Partner schnüren sich – jeder mit einer Hand – einen Schuh zu

Material: –
Empfohlenes Mindestalter: 8 Jahre

Paare setzen sich nebeneinander und machen einen ihrer Schuhe auf (es muß ein Schnürschuh sein). Dann sollen sie zusammen, jeder mit einer Hand, den Schuh zubinden (mit Schleife).
VARIANTE: Mit geschlossenen Augen.
Anmerkung: Ein gar nicht so einfaches Kooperationsspiel, bei dem man sich auch mal wieder alltägliche, ganz automatisch ablaufende Handlungen bewußtmachen muß.

Stichwörter
Gruppierung: Paare – Spieltempo: lebhaft – Dauer: unter 10 Min. – wahrnehmen (allg.) – blind wahrnehmen – konzentrieren – geschickt verhalten – Kooperation üben – Unterhaltung, geselliges Treffen – sonstige Spielform – Geschicklichkeitsspiel

SCHÜTZT UNSEREN TEICH!

Kooperatives Würfelspiel zum Schutz der Natur

Material: Brettspiel
Empfohlenes Mindestalter: 4 Jahre. Für 2-4 Spieler

Den Bagger gemeinsam blockieren, damit nicht alle verlieren. Jeder wünscht sich ein kleines Tierparadies – aber ein Bagger bedroht alle! Ein Wettlauf mit dem Würfelglück beginnt. Hier kommen Frösche, Wasservögel, Schnecken und Libellen zu den Teichen. Dort wächst das Baggerungetüm. Nur wenn alle gemeinsam den Bagger stoppen, kann einer mit seinen Teichbewohnern gewinnen.

Stichwörter
Gruppierung: Kleingruppe mit ca. 4 Personen – Brett-, Kartenspiel

SCHWEBENDER GLOBUS – LUFTBALLONSÄNFTE
Ball oder Ballon mit zwei parallelen Schnüren transportieren

Material: Wasserball-Globus, zusammengeknotete Gummibänder, evtl. Luftballons, Riesenluftballons, Softbälle
Empfohlenes Mindestalter: 10 Jahre

Die Paare stehen sich in einer Reihe gegenüber und spannen ein Gummiband zwischen sich sehr straff, so daß zwei parallele Schnüre entstehen. Nun wird der Globus von dem ersten Paar mit den Schnüren aufgehoben und vorsichtig an das nächste Paar weitergegeben. So schwebt der Globus durch den Raum. Es muß aufgepaßt werden, daß der Globus nicht auf den Boden fällt.
VARIANTE: Die einzelnen Paare nehmen je einen Luftballon mit den Schnüren hoch, einer hält die Schnüre hoch, und der Luftballon (nicht zu groß aufgeblasen!) kullert runter usw.
VARIANTE: Jedes Paar transportiert über eine Hindernisstrecke (Stühle, Tische) einen Ballon auf zwei parallel gehaltenen Schnüren.

Stichwörter
Gruppierung: Paare – Spieltempo: action – Dauer: ca. 10-30 Min. – universell verwendbar – Selbstläufer, keine Anleitung – konzentrieren – geschickt verhalten – Kooperation üben – Unterhaltung, geselliges Treffen – Bewegungsspiel – Materialspiel, Werken – Spielaktion, Spielfest – Sportspiel – Geschicklichkeitsspiel

SCHWEINEREI
Spiel um Punkte mit „Schweine -Würfeln"

Material: Brettspiel (MB-Spiele. Spielwarenhandel)
Empfohlenes Mindestalter: 8 Jahre. Ab 2 Spieler

Das ist nun wirklich ein höchst witziges Würfelspiel. Die Würfel sind zwei kleine Plastik-Schweine. Ganz wie die Schweine fallen, gibt es Punkte z.B. für „Volle Suhle" oder „Doppelhaxe". Ein sehr witziges Nebenbei-(Theken-) Spiel! Ein paar langweilige Minuten kann man in der Gruppe mit einer Runde „Schweinerei" überspielen. Aufpassen vor „Faule Sau"!

Stichwörter
Gruppierung: Kleingruppe mit ca. 4 Personen – Brett-, Kartenspiel

SCHWUNGTUCH
Spielmaterial für verschiedene Spielmöglichkeiten

Material: – (Bezug z.B. Robin-Hood-Versand, Remscheid)
Empfohlenes Mindestalter: 6 Jahre

Jede Spielaktion kann man mit einem Riesen-Schwungtuch toll gestalten: Bunte Nylon-Stoffbahnen sind wie bei einem Fallschirm in Keile geschnitten und dann vernäht. In der Mitte gibt es auch wie beim Fallschirm ein Loch, damit die Luft durch kann. Schwungtücher gibt es in zwei Größen mit 5m und 7m Durchmesser! Übrigens: Nicht geeignet, um Personen hineinzulegen und hochzuwerfen!

Stichwörter
Gruppierung ergibt sich; offenes Angebot – Entspannung, Ruhe – Unterhaltung, geselliges Treffen – einfach, leicht – Gruppierung: Kreis – Bewegungsspiel – Material erproben oder gestalten – geschickt verhalten – universell verwendbar – Dauer: ca. 10-30 Min. – Spieltempo: action

SCHWARZ UND WEISS
Fangspiel von der Mittellinie aus

Material: –
Empfohlenes Mindestalter: 8 Jahre

2 Gruppen, Rücken an Rücken auf einer Linie. Eine Gruppe ist „weiß“, die andere „schwarz“ (nach häufiger Kleidung oder männlich/weiblich oder... kennzeichnen). Der Spielleiter sagt „weiß“, dann rennt die weiße Teilnehmer-Gruppe los, die schwarze hinterher, soll fangen, bevor die Gejagten die Ziellinie oder Wand erreicht haben. Abwechselnd.
Anmerkung: Erfordert großen Raum oder Außengelände!

Stichwörter
Gruppierung: Halbgruppen – Spieltempo: action – Dauer: unter 10 Min. – einfach, leicht – ohne große Vorbereitung spielbar – schnell reagieren – Körperkräfte trainieren – Aktivierung bei Lustlosigkeit – Wettkampf, Durchsetzung – Bewegungsspiel

SEEROSEN-SPIEL – PINGUINE HÜPFEN AUF EISSCHOLLEN

Auf schwimmenden Holzteilen sollen Münzen o.ä. landen

Material: Viele flache Holz- oder Plastikteile; Bottich, Tonne oder Schüssel
Empfohlenes Mindestalter: 8 Jahre

Ein Geschicklichkeitsspiel für Spielfeste: In einer mit Wasser gefüllten möglichst großen Schüssel schwimmen (möglichst grüne und ein paar weiße Seerosen mit Blättern) Holzteile. Statt Holz könnte es auch Styropor sein (Eisschollen). Von einer Linie (Absperrseil o.ä.) aus sollen Münzen (z.B. Pfennige) oder Chips auf den Seerosenblättern landen. Jeder untertauchende Pfennig ist verloren (bzw. geht an einen guten Zweck), jeden gelandeten bekommt man zurück (und evtl. einen dazu) und jeder, der auf gekennzeichneten Teilen gelandet ist, bringt den Werfern den zehnfachen Einsatz.

Stichwörter

Spielaktion, Spielfest – Gruppierung: Einzelne gegenüber Gruppe – Spieltempo: lebhaft – Dauer: unter 10 Min. – besonders spannend – konzentrieren – geschickt verhalten – einfach, leicht – Selbstläufer, keine Anleitung – beurteilen, einschätzen – Unterhaltung, geselliges Treffen – Geschicklichkeitsspiel

SEGELBOOT – LUFT EINFANGEN

Mit großem Tuch gegen den Wind rennen

Material: Fallschirm, Schwungtuch, mehrere Bettlaken o. Bettbezüge
Empfohlenes Mindestalter: 8 Jahre

Ein Fallschirm oder großes Tuch wird ausgebreitet. Alle fassen es so an, daß ein Segel bzw. Windsack entsteht und rennen damit los! Dann bläht sich der Stoff, und man fängt viel Luft damit ein. Das Spiel geht eigentlich nur im Gelände oder in einem sehr großenRaum (Turnhalle). Es könnte auch Bestandteil einer Spielkette sein, bei der man immer wieder zwischendurch von einer Insel zur nächsten segelt!

Stichwörter

Gruppierung: Kreis – Gruppierung: Kleingruppe mit 4-6 Personen – Gruppierung ergibt sich; offenes Angebot – Spieltempo: action – gut als Überleitung zwischen Spielen – Dauer: unter 10 Min. – einfach, leicht – Körperkräfte trainieren – Material erproben oder gestalten – Kooperation üben – Materialspiel, Werken

SEHNSUCHT
Wünsche aus Illustriertenbildern heraussuchen und spielen

Material: Illustrierte.
Empfohlenes Mindestalter: 14 Jahre

Jede Gruppe hat einige Illustrierte zur Verfügung. Jeder sucht sich 1-3 persönliche Sehnsüchte aus dem Anzeigenteil (oder auch aus dem redaktionellen Teil) heraus und klebt sie zu einer Collage auf, dann vorstellen und besprechen.
VARIANTE: Einige Sehnsüchte und ihre Verwirklichung oder die Schwierigkeiten bei der Verwirklichung in Szenen spielen.
VARIANTE: Ausschnitte stapeln, raten wer von wem.

Stichwörter
Gruppierung: Kleingruppe mit 3 Personen – Spieltempo: ruhig – Spieltempo: lebhaft – Dauer: ca. 30-120 Min. – wahrnehmen (allg.) – beurteilen, einschätzen – Phantasie entwickeln – darstellen (allg.) – Beziehungen – Biografie – Gefühle – Normen, Rollen, Werte – Selbsterfahrung – Massenmedien – Rollen-, Entscheidungs-, Planspiel

SEIL-LAUFEN
Blind über ein ausgelegtes Seil gehen

Material: Seil, Bleiband
Empfohlenes Mindestalter: 4 Jahre

Ein Seil (mindestens 10 m) oder Gardinen-Bleiband wird ausgelegt (evtl. im Kreis, mehrere Kurven und Schleifen drin). Die Spieler sollen mit geschlossenen Augen (auf Strümpfen oder barfuß) das Seil entlanglaufen.
Anmerkung: Ins Seil könnten dicke Knoten für Spielstationen eingebaut werden. Bei einem dicken Tau sollte man mit Schuhen laufen!

Stichwörter
Gruppierung: Alle im Raum verteilt – Spieltempo: ruhig – Dauer: unter 10 Min. – gut als Überleitung zw. Spielen – blind wahrnehmen – fühlen, ertasten – konzentrieren – motorische Sensibilisierung – Entspannung, Ruhe – meditatives Spiel

SEIL-RENNEN

Auf einem Seil-Parcour versucht ein Fänger, jemanden abzuschlagen

Material: 2 dicke je 15 m lange Taue oder Tesakreppstreifen, Kreidelinien o.ä.
Empfohlenes Mindestalter: 8 Jahre

Zwei Seile (Taue) von je ca. 15 m Länge werden so auf dem Boden ausgelegt, daß sich überkreuzende Achten oder sich schneidende Kreise entstehen. Alle dürfen nur auf dem Seil laufen. Man darf vor und zurück, aber nicht aneinander vorbei. Ein Fänger (gut gekennzeichnet mit Hut, Luftballon o.ä.) versucht, jemanden abzuschlagen, der dann neuer Fänger wird.
Anmerkung: Wildes, hektisches Spiel. Bei dieser Seillänge sollten es nicht mehr als 12 Spielteilnehmer sein.

Stichwörter
Bewegungsspiel – Unterhaltung, geselliges Treffen – Aktivierung bei Lustlosigkeit – Warming up – schnell reagieren – geschickt verhalten – konzentrieren – einfach, leicht – Dauer: unter 10 Min. – Spieltempo: action – Gruppierung: Einzelne gegenüber Gruppe

SEILFAHRSTUHL

Sprungseile spinnenartig verknoten, dann setzt sich jemand auf das Zentrum

Material: Springseile
Empfohlenes Mindestalter: 10 Jahre

Im Kreis einander Gegenüberstehende halten jeweils ein Springseil. Diese „Seil-Spinne“ wird gut in der Mitte „verknotet“, indem einige den Platz wechseln und ihr Seilende mitnehmen. Dann kann sich jemand vorsichtig auf die Mitte setzen und gehoben und abgesenkt werden.

Stichwörter
Gruppierung: Kreis – Spieltempo: lebhaft – Dauer: unter 10 Min. – empathisch handeln – geschickt verhalten – Körperkräfte trainieren – Kooperation üben – Vertrauen entwickeln – Harmonisierung, Abschluß – Unterhaltung, geselliges Treffen – Entspannung, Ruhe – Bewegungsspiel

SEKTKORKENDECKEL EINSAMMELN
Möglichst viele Sektkorken auf Sektkorkendeckel drücken

Material: Möglichst viele Plastik-Sektkorken (Mind. 10 bei 2 Spielern)
Empfohlenes Mindestalter: 8 Jahre

Ein Spiel mit möglichst vielen Plastik-Sektkorken: Man entfernt die (meist schwarze oder weiße) Deckelkappe von den hellgrauen Plastiksektkorken und legt sie alle in die Tischmitte. Auf einem Haufen daneben –, für alle Spieler möglichst gleich gut erreichbar – kommen die nun deckellosen Korken. Zwei bis fünf Spieler beginnen nach einem gemeinsamen Startzeichen, die Korken zu greifen und einen über einen Deckel zu pressen. Diese wieder mit Deckel versehenen Sektkorken legt jeder neben sich ab. Wer die meisten hat, hat gewonnen.

Stichwörter
Wettkampf, Durchsetzung – schnell reagieren – geschickt verhalten – universell verwendbar – Dauer: unter 10 Min. – Spieltempo: action – Gruppierung: Kleingruppe mit 3 Personen – Gruppierung: Paare – Ulk-, Theken-, Partyspiel – Geschicklichkeitsspiel

SEKTKORKENDECKEL-PUSTEN
Sektkorkendeckel an Tischkante entlang pusten

Material: Plastik – Sektkorken
Empfohlenes Mindestalter: 8 Jahre

Auf eine Tischplatte werden 4 Sektkorken (ohne die Deckel) in die Ecken (Abstand ca. 6-8 cm zur Ecke) gestellt. Die Deckel werden zwischen Korken und Ecke gelegt. 4 Spieler pusten immer am Rand des Tisches entlang ihre Deckel um alle Korken. Wessen Deckel herunterfällt, muß von seinem Startplatz neu beginnen (oder von der zuletzt umrundeten Ecke). Wer zuerst wieder an seinem Startplatz ist, hat gewonnen.
VARIANTE: 4-6 Sektkorkendeckel werden in die Tischmitte gelegt, alle hocken sich drumherum und versuchen die, Deckel über den „gegnerischen" Rand zu pusten. –

Stichwörter
Kleingruppe mit 4-6 Personen – Spieltempo: action – Dauer: ca. 10-30 Min. – wahrnehmen (allg.) – konzentrieren – geschickt verhalten – schnell reagieren – Aktivierung bei Lustlosigkeit – Wettkampf, Durchsetzung – motorische Sensibilisierung – Unterhaltung, geselliges Treffen – Materialspiel, Werken – Geschicklichkeitsspiel

SEKTKORKENDECKEL-PUSTE-SLALOM

Sektkorkendeckel eine Slalomstrecke entlangpusten.

Material: Sektkorken
Empfohlenes Mindestalter: 8 Jahre

8-10 Plastik-Sektkorken (o.ä.) werden in eine Reihe auf den Tisch gestellt (Abstand jeweils ca. 8 cm). In der Mitte der Reihe werden 2 Korken im Abstand von ca. 8 cm hingestellt:

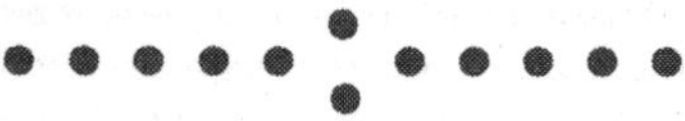

Dann wird ein Sektkorkendeckel links und einer rechts zu Beginn der Reihe hingelegt. Zwei Spieler sollen nun möglichst schnell ihre Korkendeckel slalomartig durch die Reihe pusten. In der Mitte sollen sie eine 8 um die beiden quer stehenden Korken pusten.

Stichwörter
Paare – Spieltempo: action – Dauer: unter 10 Min. – konzentrieren – geschickt verhalten – schnell reagieren – Wettkampf, Durchsetzung – motorische Sensibilisierung – Unterhaltung – geselliges Treffen – Materialspiel, Werken – Geschicklichkeitsspiel

SELBSTPORTRAIT

Blatt Papier aufs Gesicht, eigene Konturen nachmalen

Material: Papier und weicher Malstift
Empfohlenes Mindestalter: 10 Jahre

Man legt ein Blatt Papier auf sein Gesicht und zeichnet mit einem weichen Stift (Wachsmalstift) die Gesichtspartien gefühlvoll nach. Die gewonnenen Konturen lassen sich ein wenig nachgestalten. Nach dem Aufhängen kann man sich die Portraits ansehen und Mal-Gefühle austauschen.
VARIANTE: Man malt nicht selbst, sondern paarweise und auf Kommando: „Jetzt das linke Auge. Nun das rechte Ohr“. Das Standard-Spiel ist gut am Anfang einer Gruppenentwicklung; die Variante ist sehr unterhaltsam!

Stichwörter
Gruppierung: Paare – Gruppierung: Kreis – Spieltempo: lebhaft – Dauer: unter 10 Min. – blind wahrnehmen – konzentrieren – medial darst.: malen, singen, bauen – geschickt verhalten – kennenlernen (allg.) – Warming up – Aktivierung bei Lustlosigkeit – Kooperation üben – Harmonisierung, Abschluß – Unterhaltung, geselliges Treffen – Malspiel

SESSEL BAUEN – MÖBELGESCHÄFT
Einer modelliert aus dem anderen einen Sessel

Material: Keine besonderen Materialien, nur bequeme Unterlage (Teppich, Decke oder Matte)
Empfohlenes Mindestalter: 10 Jahre

Ein Partner hockt sich auf den Boden und bildet eine verformbare Masse. Der andere biegt ihn so zurecht, daß er einen Sessel bildet. Dieser Sessel wird ausprobiert und vielleicht noch einmal etwas weiter bearbeitet. Es gibt viele Möglichkeiten, jemandem zu einem Sessel zu gestalten. Rollenwechsel, evtl. nach Möbelmesse-Spiel (Besichtigung und Vorführung der verschiedenen Sessel). Zusammen mit anderen Spielen (SOFA; WASSERBETT) kann ein ganzes Möbelgeschäft erstellt werden – parallel oder als kleine Spielkette.

Stichwörter
Paare – Spieltempo: lebhaft – Dauer: unter 10 Min. – ohne große Vorbereitung spielbar – produktorientiert – Vorführung üblich oder möglich – empathisch handeln – Körperkräfte trainieren – Warming up – Körperkontakt – motorische Sensibilisierung – Interaktionsspiel – kombinieren, planen – Entspannung, Ruhe

SEX-UTOPIE-SPIELE
Interviews nach sexueller Revolution

Material: -
Empfohlenes Mindestalter: 16 Jahre

Jede Gruppe erhält ein Situationskärtchen, auf dem auch 1-2 Rollen und eine Reporter-Rolle angegeben sind. Die Gruppe hat 15 Min. Vorbereitungszeit, dann sollen kleine Reportagen vorgespielt werden. Diskussion anschließend über Normen, Gewohnheiten und Tabus. Beispiele für Situationen: Im Sexualkunde-Unterricht werden Hausaufgaben und Exkursionen eingeführt. – Das Nacktbaden soll in allen städtischen Schwimmbädern eingeführt werden. – Der Minister soll ein staatliches Eros-Center für Frauen eröffnen.
Anmerkung: Aufpassen, bei diesen normwidrigen Situationen treten leicht Phantasie-Hemmungen bei den Spielern auf.

Stichwörter
Gruppierung: Kleingruppe mit ca. 4 Personen – Gruppierung: Gruppe(n) vor Zuschauern – Spieltempo: lebhaft – Dauer: ca. 30-120 Min. – schwierig – Vorführung üblich oder möglich – beurteilen, einschätzen – kreativ sein, improvisieren – Phantasie entwickeln – darstellen (allg.) – Thema kennenlernen – spielerischer Meinungsaustausch – Politik, Frieden, Geschichte – Normen, Rollen, Werte – Selbsterfahrung – Sexualität – Vorurteile, Außenseiter – Zukunft – Rollen-, Entscheidungs-, Planspiel

SEXWÖRTERBUCH

Neue Wörter bzw. Laut-Kombinationen für sexuelle Begriffe erfinden und anwenden

Material: –
Empfohlenes Mindestalter: 16 Jahre

Mehrere Kleingruppen verteilen sich und erfinden für alles, was mit Sex zu tun hat, neue Wörter oder auch Geräusche, Lautmalereien. Diese stellen sie dann in der Großgruppe vor. Es kann auch auf die Kleingruppen verzichtet werden. Dann spielen alle von Anfang an im Sitzkreis. Mit Gestik und Mimik sowie Deuten auf einen Körperteil stellt man wahllos seine neuen Sexwörter vor. (Was ist wohl „lubbelubbelub" oder „prrrrt!"?).
Anmerkung: Der Spielleiter sollte vorher eine Wörterliste vorgeben: Mann, Frau, Penis, Scheide, Geschlechtsverkehr, schlafen, onanieren, Brustwarzen ...

Stichwörter
Gruppierung: Kleingruppe mit 3 Personen – Spieltempo: lebhaft – Dauer: ca. 10-30 Min. – kreativ sein, improvisieren – Phantasie entwickeln – medial darst.: malen, singen, bauen – spontan handeln – Körpersprache – Sexualität – Sprach-, Schreib-, Diskussionsspiel

SIMULTAN-ROLLENSPIEL

Von der individuellen Rollendarstellung zum gemeinsamen Spiel

Material: Vorbereitete Rollenkarten (Name, Beruf, Alter, ggf. Eigenschaft).
Empfohlenes Mindestalter: 4 Jahre

Der Spielleiter gibt Rollenkarten aus und sagt das Thema an, dann übernimmt jeder spontan seine Rolle, allmählich entwickelt sich ein Zusammenspiel.
VARIANTE: Pantomimisch spielen, anschließend Rollen erraten.
Anmerkung: Es ist schwierig, einen gemeinsamen Schluß zu finden.

Stichwörter
Gruppierung: Alle im Raum verteilt – Spieltempo: lebhaft – Dauer: ca. 10-30 Min. – wahrnehmen (allg.) – Phantasie entwickeln – darstellen (allg.) – empathisch handeln – schnell reagieren – spontan handeln – Kooperation üben – multithematisch – Rollen-, Entscheidungs-, Planspiel

SINNLICHE WAHRNEHMUNG – KIM-SPIELE
Gruppen stellen gegenseitig Kim-Aufgaben

Material: viele Kim-Materialien
Empfohlenes Mindestalter: 10 Jahre

Viele kleine Gefäße, Materialien, Lebensmittel usw. Jede Kleingruppe stellt für alle anderen Teilnehmer Möglichkeiten sinnlicher Wahrnehmung aus einem bestimmten Bereich her: Riechdosen, Tastsäcke, Schmeckschalen, Geräuschband (oder-schachteln), Guckkästen (Schablonen für Bilder). Aufgaben für die Wahrnehmenden: raten, Sympathierangfolge, nach vergleichbaren Charakteren zusammenstellen, pantomimisch übersetzen.
Anmerkung: Siehe auch Spiel FUMMELKISTE.

Stichwörter
Gruppierung: Kleingruppe mit ca. 4 Personen – Spieltempo: lebhaft – Dauer: ca. 30-120 Min. – universell verwendbar – besonders spannend – eher ernst – produktorientiert – Vorführung üblich oder möglich – wahrnehmen (allg.) – blind wahrnehmen – raten, erforschen – fühlen, ertasten – beurteilen, einschätzen – medial darst.: malen, singen, bauen – pantomimisch darstellen – Material erproben oder gestalten – Unterhaltung, geselliges Treffen – Wissen erweitern – Kim-(Wahrnehmungs-)spiel – Ratespiel, Quiz – Spielaktion, Spielfest

SLALOM
Entlang einer markierten Slalomstrecke blind führen

Material: –
Empfohlenes Mindestalter: 8 Jahre

Auf den Boden wird mit Tesakrepp oder Kreide eine Wegstrecke mit Hindernissen gemalt. Nun bilden sich Spielpaare, ein Spieler ist blind, der andere hat nur drei Töne zur Verfügung. Gemeinsam müssen die beiden ohne Berührung, und ohne Worte den Slalomweg entlanggehen.
Anmerkung: Siehe auch Spiel BLIND FÜHREN.

Stichwörter
Gruppierung: Paare – Spieltempo: lebhaft – Dauer: unter 10 Min. – eher ernst – gut als Überleitung zw. Spielen – blind wahrnehmen – empathisch handeln – geschickt verhalten – Kooperation üben – Vertrauen entwickeln – Entspannung, Ruhe – Bewegungsspiel – Geschicklichkeitsspiel

SOFA – FERNSEHSESSEL

Einer liegt auf dem Bauch, der andere auf dessen Rücken und wird geschaukelt

Material: Teppichboden oder Decken
Empfohlenes Mindestalter: 16 Jahre

Einer der Partner legt sich auf den Bauch, der andere legt sich so auf ihn, daß sein Hohlkreuz auf den Po des Unteren zu liegen kommt. Der Obenliegende legt seine Füße so über die Fersen des Untenliegenden, daß er keine Bodenberührung mehr hat. Er ruht sich eine Weile aus und versucht, seinen Atem mit dem Atem des „Sofas" abzustimmen. Dann beginnt das „Sofa" sanft hin- und herzuschaukeln, immer stärker bis zum Grenzpunkt des Abwerfens. Schließlich wird das Schaukeln so stark, daß der Obenliegende herunterrollt. Er bleibt noch eine Weile in der Haltung liegen, in der er abgeworfen wurde. Rollenwechsel!
VARIANTE: Spiel „Fernsehsessel": A und B sitzen Rücken an Rücken. A beugt sich vor, B lehnt sich zurück und wird von A sanft hin- und hergeschaukelt.
Anmerkung: Der Spielleiter sollte die Teilnehmer bei diesem Spiel um Konzentration und Ruhe bitten. Das Spiel bringt einen intensiven Körperkontakt mit sich und ist daher nicht für jede Gruppe oder Situation geeignet!

Stichwörter
Gruppierung: Paare – Spieltempo: ruhig – Dauer: unter 10 Min. fühlen, ertasten – konzentrieren – empathisch handeln – Körperkontakt – Vertrauen entwickeln – motorische Sensibilisierung – Harmonisierung, Abschluß – Entspannung, Ruhe – Interaktionsspiel

SOFT-FLYER-SPIELE – FRISBEE-SPIELE
Verschiedene Spielmöglichkeiten mit Schaumstoff-Wurfscheiben

Material: Weiche Schaumstoff-Frisbees, halb soviele wie Mitspieler.
Empfohlenes Mindestalter: 6 Jahre

1. Paare stehen sich in 1m Abstand gegenüber, werfen sich die Flyer zu und gehen dabei ganz langsam immer weiter auseinander. Wenn einer nicht mehr fängt, muß man wieder von vorn beginnen. Diese Phase dreimal.
2. Alle im Kreis, Paare stehen diagonal. Alle Paare werfen sich über die Kreismitte ständig Flyer zu. Auch mal mit der Nicht-Wurfhand und durch die Beine hindurch werfen.
3. Zwei stehen Rücken an Rücken in der Kreismitte und werfen die Fleyer sofort zurück. Die anderen werfen vom Rand aus ständig in die Mitte.
4. Dreiergruppen. Es werden drei Reihen gebildet (von jeder Dreiergruppe einer auf Linie A, einer auf der Mittellinie B, einer auf der gegenüberliegenden Linie C. Der Spieler auf der Mittellinie formt mit beiden Armen über dem Kopf einen großen Ring, durch den sich A und C die Fleyer zuwerfen.
Anmerkung: Schöne Möglichkeit, um in einem großen Raum ein typisches Draußenspiel gefahrlos (z.B. bei Regenwetter) spielen zu können.

Stichwörter
Gruppierung: Paare – Gruppierung: Kreis – Sportspiel – Spielaktion, Spielfest – Bewegungsspiel – Unterhaltung, geselliges Treffen – Aktivierung bei Lustlosigkeit – Warming up – schnell reagieren – geschickt verhalten – wahrnehmen (allg.) – einfach, leicht – universell verwendbar – Dauer: unter 10 Min. – Spieltempo: action – Gruppierung: Kleingruppe mit 3 Personen – Geschicklichkeitsspiel

SOFTBALL-BILLARD

Pool-Billard mit Softbällen und dickem Tau als Bande

Material: dickes Tau (ca. 15m lang), ca. 10 Softbälle
Empfohlenes Mindestalter: 8 Jahre

Ein dickes Tau wird auf einem ebenen Boden zu einem Kreis mit Ausbuchtungen ausgelegt. Die Softbälle werden ungefähr in die Mitte gelegt. Alle Spieler knien oder hocken außerhalb des Taus. Einer nach dem anderen versucht, einen Softball in eine Ausbuchtung zu schnipsen oder zu stoßen. Bleibt der Ball in der Ausbuchtung liegen, ist dieser Spieler nochmal dran. Bleibt der Ball vorher liegen oder rollt über das Tau hinaus, ist der nächste an der Reihe. Herausgerollte Bälle werden nicht wieder ins Spiel gebracht. Man darf sich innerhalb des Taus mit den Händen abstützen. Zu Beginn können die Softbälle mit einem Hartball auseinandergetrieben werden.

Stichwörter
Gruppierung: Kleingruppe mit ca. 4 Personen – Spieltempo: lebhaft – Dauer: ca. 10-30 Min. – wahrnehmen (allg.) – konzentrieren – geschickt verhalten – Aktivierung bei Lustlosigkeit – motorische Sensibilisierung – einfach, leicht – Selbstläufer, keine Anleitung – Unterhaltung, geselliges Treffen – Geschicklichkeitsspiel

SONNE, SCHIFF UND STURM

Beim Erzählen einer Geschichte reagieren die Zuhörer auf bestimmte Begriffe

Material: Gelber Luftballon, Decke
Empfohlenes Mindestalter: 6

Der Spielleiter erzählt eine Geschichte, in der die Begriffe Sonne, Schiff und Sturm öfter mal vorkommen. Wenn eines dieser Wörter auftaucht, sollen die Zuschauer in einer vorher erklärten Weise reagieren. Z.B. Bei „Sonne" zum gelben Luftballon laufen und ihn berühren. Bei „Schiff" auf eine Decke (das Schiff) springen. Bei „Sturm" stellen sich alle ganz dicht schützend zusammen. Ähnliche Reagier-Geschichte wie EBBE UND FLUT.

Stichwörter
Gruppierung: Alle im Raum verteilt – Spieltempo: lebhaft – Dauer: unter 10 Min. – einfach, leicht – ohne große Vorbereitung spielbar – anleitungsintensiv – gut als Überleitung zw. Spielen – konzentrieren – schnell reagieren – Aktivierung bei Lustlosigkeit – Unterhaltung, geselliges Treffen – Darstellendes Spiel, Theaterspiel

SOZIOGRAMM MIT WETTERSYMBOLEN
Beziehungen untereinander mit Wettersymbolen oder Verkehrszeichen aufmalen

Material: DIN A4-Blätter, Stifte, Wettersymbol-Beispiele
Empfohlenes Mindestalter: 14 Jahre

Spieler A malt auf einem A4-Blatt seine Beziehung zu B mit einem Wettersymbol (linke Blatthälfte IST, rechte SOLL), auf einem neuen Blatt die Beziehung zu C usw., B zu A, C usw.. Hat jeder zu jedem die Beziehung charakterisiert, werden die Einschätzungen verglichen. Konflikte und Unterschiede sollten nun in mehreren Zweiergesprächen besprochen werden.
Anmerkung: Die Spielgruppe sollte sich gut kennen. – Blätter ggf. auf aufgemaltes Spinnennetz (Linien von jedem zu jedem). Das Verfahren eignet sich auch sehr gut zur Klärung von Intergruppenbeziehungen.
VARIANTE: *Statt Wettersymbolen könnten übrigens auch Verkehrszeichen mit teilweise neuer Interpretation verwendet werden.*

Stichwörter
Gruppierung: Alle im Raum verteilt – Spieltempo: ruhig – Dauer: ca. 30-120 Min. – wahrnehmen (allg.) – beurteilen, einschätzen – kombinieren, planen – konzentrieren – kreativ sein, improvisieren – empathisch handeln – Interesse aneinander – Auswertung – Aggression, Konflikt – Arbeitsplatz, Beruf – Beziehungen – Normen, Rollen, Werte – Selbsterfahrung – Vorurteile, Außenseiter – Interaktionsspiel – gruppendynamisches Experiment

SPAZIERGANG MIT KÖRPERGERÄUSCHEN

Zu einer Geschichte werden Geräusche mit dem Körper erzeugt

Material: –
Empfohlenes Mindestalter: 4 Jahre

Alle Mitspieler machen die Bewegungen des Spielleiters mit. Der Spielleiter beginnt mit folgender Geschichte: Wir machen einen Spaziergang (mit den Händen auf die Knie klopfen). Wir kommen auf eine Wiese und hören das Gras rauschen. (Die Hände werden aneinander gerieben). Da kommt eine Holzbrücke. (Fäuste klopfen gegen die Brust). Und nun wieder eine Wiese. (Hände reiben) Wo sind wir eigentlich? Da ist ein Baum, wir steigen hoch (Fäuste übereinander setzen und recken). Ausschau halten. Das ist ein Weg, wir steigen herunter (dasselbe zurück) und gehen den Weg weiter (Hände klopfen auf die Knie) usw. Der Spielleiter entwickelt die Geschichte weiter oder läßt die Mitspieler weitermachen. Schönes Spiel im Zusammenhang mit Körpermusik-Übungen (Siehe auch Spiel BODY-MUSIC).

Stichwörter
Gruppierung: Kreis – Spieltempo: lebhaft – Dauer: ca. 10-30 Min. – konzentrieren – Phantasie entwickeln – medial darst.: malen, singen, bauen – spontan handeln – Aktivierung bei Lustlosigkeit – motorische Sensibilisierung – Harmonisierung, Abschluß – Unterhaltung, geselliges Treffen – Entspannung, Ruhe – Darstellendes Spiel, Theaterspiel

SPIEGELSPIEL

Einer gibt Bewegungen vor, der andere kopiert sie spiegelbildlich

Material: –
Empfohlenes Mindestalter: 8 Jahre

Einer macht eine Bewegung, die der andere sofort spiegelbildlich nachmacht. Dann Rollenwechsel. Evtl. geht Vor- und Nachmachen auch unabgesprochen abwechselnd ineinander über.
VARIANTE: In Zeitlupe bewegen oder erst Bewegung bei präzisem Kopieren fortsetzen. Bewegungen vorgeben: Morgens aufstehen; Beim Frühstücken Brief schreiben. Das Spiel ist auch gut geeignet für große Gruppen (über 30).

Stichwörter
Gruppierung: Paare – Spieltempo: ruhig – Spieltempo: lebhaft – Dauer: unter 10 Min. – einfach, leicht – universell verwendbar – ohne große Vorbereitung spielbar – wahrnehmen (allg.) – kreativ sein, improvisieren – Phantasie entwickeln – pantomimisch darstellen – empathisch handeln – schnell reagieren – spontan handeln – Kooperation üben – motorische Sensibilisierung – Entspannung, Ruhe – meditatives Spiel

SPIEL MIR DAS LIED VOM TOD

Zwei „Streithähne“ gehen langsam sich anblickend aufeinander zu

Material: Musik (z.B. auch elektronische Entspannungsmusik)
Empfohlenes Mindestalter: 16 Jahre

Eine gute Methode bei einem Konflikt zwischen zwei Mitgliedern einer Gruppe: Die beiden Kontrahenten stellen sich in zwei diagonal gegenüberliegende Ecken des Raums. Die Titelmusik aus dem Film „Spiel mir das Lied vom Tod“ o.ä. wird gespielt. Während der Musik gehen beide langsam aufeinander zu – die ganze Zeit über sollen sie sich in die Augen sehen. Sie gehen so nah, wie sie es aushalten können. Dann gehen sie, ohne den Blickkontakt zu verlieren, langsam rückwärts. Gespräch.

Stichwörter

Gruppierung: Paare – Spieltempo: ruhig – Dauer: unter 10 Min. – wahrnehmen (allg.) – fühlen, ertasten – konzentrieren – Aktivierung bei Lustlosigkeit – Interesse aneinander – Aggression, Konflikt – Beziehungen – Normen, Rollen, Werte – Selbsterfahrung – Interaktionsspiel – gruppendynamisches Experiment

SPIELFEST PLANEN

Wie strukturiere ich ein großes Spielfest?

Material: –
Empfohlenes Mindestalter: 8 Jahre

Es gibt fünf klassische Organisationsstrukturen für ein großes Spielfest einer Einrichtung, eines Verbandes oder in einem Stadtteil:

1. Programmfolge mit mehreren Spielen nacheinander für alle.
2. Marktsituation mit mehreren Stationen.
3. Werkstätten/ Gruppenaktivitäten mit anschließender Vorführung von Ergebnissen oder Spielbeispielen.
4. Karussell: Gruppen besuchen reihum alle Werkstätten bzw. Marktstände.
5. Rallye: Gruppen bewegen sich nacheinander durchs Gelände.

Anmerkung: Hinweise zur Planung siehe THEMATISCHE SPIELAKTION.

Stichwörter

Gruppierung: Kreis – Gruppierung: Kleingruppe mit 4-6 Personen – Spieltempo: ruhig – Dauer: ca. 30-120 Min. – kreativ sein, improvisieren – Phantasie entwickeln – multithematisch – Spielaktion, Spielfest

SPIELFEST-SPIELE
Mehrere Spielvorschläge für ein ganzes Spielfest

Material: Sehr viele verschiedene Materialien
Empfohlenes Mindestalter: 4 Jahre

Zu unterscheiden sind:
a) Selbstläufer – Geräte oder Spielstände, die man weder beaufsichtigen noch erklären muß, zu denen auch keine Animation notwendig ist. Beispiele: Frisbeescheiben-Spiele, Stelzenlauf-Parcour, Hopse, Springseile, Kindertrampolin, Flitzi-Bretter, Rollschuh- oder Skateboard-Strecke...
b) Selbstläufer – Geräte oder Spielstände mit Beaufsichtigung bzw. Materialbereitstellung. Beispiele: Seifenblasen, Schiefe Bahn mit Schmierseife, Transportrollenschiene mit Bierkästen, Fahrrad-Hindernisstrecke, Kimspielstand (Rate- und Tastspiele), Luftkissen-Hüpfmatratzen, Riesen-Mikado, Pedalos, Erdballspiele, Ytong-Skulpturenbau...
c) Gruppentätigkeiten mit Animateur – alle Gruppenspiele, ferner alle Bastelaktionen, Schminken, Drachenbau, Malaktion.
d) Konsummöglichkeiten – Vorführungen und Mitmachaktionen jeder Art anschauen können: Kindertheater, Haustierschau, Menschenschattentheater, Zaubern, Kinderzirkus, Musikband, Tanzvorführungen...
e) Nicht gerade Spiel, aber bei keinem Spielfest zu vergessen: Möglichkeiten zum Trinken, Essen, Beschäftigung für Eltern, vielleicht Tanzen, Musik, Filme schauen, vom Trubel ausruhen können...
f) Höhepunkt – wie Feuerwerk, Polonaise, New-Games-Menschenmassenspiele, Lotterie (Preisverleihung), gemeinsames Singen, Lagerfeuer...
Anmerkung: Siehe auch SPIELFEST PLANEN, THEMATISCHE SPIELAKTION, SPIELSTADT.

Stichwörter
Gruppierung ergibt sich; offenes Angebot – Gruppierung: Spielleitung und Kleingruppe – Gruppierung: Gruppe(n) vor Zuschauern – medial darst.: malen, singen, bauen – Spieltempo: lebhaft – Dauer: über 2 Stunden – anleitungsintensiv – Vorführung üblich oder möglich – wahrnehmen (allg.) – geschickt verhalten – Körperkräfte trainieren – Material erproben oder gestalten – kennenlernen (allg.) – Kooperation üben – multithematisch – fühlen, ertasten – kreativ sein, improvisieren – Harmonisierung, Abschluß – Unterhaltung, geselliges Treffen – Spielaktion, Spielfest – Geschicklichkeitsspiel

SPIELGESCHICHTE – SPIELKETTE
Organisationsform für mehrere Spiele

Material: Je nach Geschichte und Spiele.
Empfohlenes Mindestalter: 3 Jahre

Dies ist kein einzelnes Spiel, sondern eine Organisationsform, in der Spiele sehr erfolgreich arrangiert werden können. Der Spielleiter erzählt eine Geschichte, in der einzelne Handlungsabschnitte Spiele sind, z.B. eine Reisegesellschaft besucht verschiedene Länder (dort gibt es Begrüßungsformen, Berge zu besteigen, Volkstänze... – alles einzelne Spiele!). Gut geeignet sind variable Rahmenhandlungen: Reisen; Besichtigungen; Besuch ferner Planeten; Zeitmaschine; Urwald...
Anmerkung: In der Zeitschrift „gruppe & spiel" werden ab und an Spielketten mit ihrer Rahmengeschichte und den einzelnen Spielen als Beispiel oder Erfahrungsbericht veröffentlicht.

Stichwörter
Gruppierung: Alle im Raum verteilt – Gruppierung: Paare – Gruppierung: Kreis – Gruppierung: Halbgruppen – Gruppierung: Kleingruppe mit ca. 4 Personen – Gruppierung: Spielleitung und Kleingruppe – Spieltempo: ruhig – Spieltempo: lebhaft – Spieltempo: action – Dauer: ca. 30-120 Min. – universell verwendbar – besonders spannend – anleitungsintensiv – wahrnehmen (allg.) – denken (allg.) – darstellen (allg.) – handeln (allg.) – Material erproben oder gestalten – Aktivierung bei Lustlosigkeit – Körperkontakt – Kooperation üben – Harmonisierung, Abschluß – Unterhaltung, geselliges Treffen – multithematisch – Spielaktion

SPIELSTADT – MINI X-STADT

Eine ganze Stadt wird als (evtl. mehrtägige) Spielaktion nachgespielt

Material: Sehr viele verschiedenste Bastelmaterialien
Empfohlenes Mindestalter: 8 Jahre

Die Kinder übernehmen alle wichtigen Rollen, die in einer Stadt vorkommen. Beim Arbeitsamt (am Eingang) bekommen sie Berufe zugewiesen. Dann gibt es einzelne Spielstationen, wo z.B. Essen und Trinken hergestellt und serviert wird (Restaurant), wo Wellpappmöbel gebaut werden (Möbelfabrik), die dann im Kaufhaus gekauft werden können. Es gibt ein Rathaus mit Bürgerversammlungen und eine Zeitung/Fernsehen (Videogruppe) usw.

Stichwörter

Spielaktion, Spielfest – Wissen erweitern – Umwelt, Natur, Ökologie – Technik – Politik, Frieden, Geschichte – Kooperation üben – Material erproben oder gestalten – Kulturtechniken: Lesen, Schreiben – handeln (allg.) – medial darst.: malen, singen, bauen – darstellen (allg.) – kreativ sein, improvisieren – anleitungsintensiv – Dauer: über 2 Stunden – Spieltempo: lebhaft – Gruppierung: Spielleitung und Kleingruppe – Arbeitsplatz, Beruf

SPIONE IN DER NACHT

Zwei konkurrierende Spieler versuchen blind Leute zu erfühlen

Material: evtl. Augenbinden
Empfohlenes Mindestalter: 10 Jahre

Zwei konkurrierende Spieler (Angehörige konkurrierender Geheimdienste) versuchen mit geschlossenen Augen, möglichst viele Informanten (mit einem allen bekannten Merkmal, z.B. geballte Faust) zu erkennen und in das eigene Lager (bestimmter Ort im Raum) zu bringen. – Ungefähr die Hälfte der Gruppe sollte das Merkmal besitzen oder machen. Alle gehen immer kreuz und quer durch den Raum und bleiben nur stehen, wenn ein Agent sie abtastet. Das Merkmal wird den Agenten übrigens normalerweise (nach Schließen der Augen) gesagt. Zur Steigerung der Schwierigkeit kann es auch von den Agenten an allen erstmal erfühlt werden. Dann sollte es aber schon etwas ziemlich Auffallendes sein!

Stichwörter

Gruppierung: Alle im Raum verteilt – Gruppierung: Einzelne gegenüber Gruppe – Spieltempo: action – Dauer: unter 10 Min. – besonders spannend – einfach, leicht – ohne große Vorbereitung spielbar – blind wahrnehmen – fühlen, ertasten – Körperkontakt – Wettkampf, Durchsetzung – Unterhaltung, geselliges Treffen – Kim-(Wahrnehmungs-)spiel

SPORT-SPOTS – SPOTS IN MOVEMENT MIT SPORTLICHEN EINLAGEN

Tanzen oder Gehen nach Musik, bei Musikstops kleine sportliche Aufgaben für Kleingruppen

Material: Musik
Empfohlenes Mindestalter: 8 Jahre

Wie beim Spiel SPOTS IN MOVEMENT gehen oder tanzen alle nach Musik einzeln oder zu zweit durch den Raum. Bei einem Musikstop soll man ganz schnell mit den Umstehenden kleine Grüppchen bilden und angesagte Aufgabe erfüllen:

- Gruppe soll einen hochheben,
- Einer soll einen Zweiten auf den Rücken nehmen (Huckepack),
- Schnell zu zweit Schubkarre zur Raummitte fahren,
- alle bilden sofort eine Reihe, gehen in „Vierfüßlerstand“, der vorderste kriecht durch diesen Tunnel, dann der nächste, usw.
- 3-4 machen Vierfüßlerstand (Hände und Füße auf den Boden, Beine gegrätscht und gestreckt), und alle krabbeln um die „Brückenpfeiler“ herum,
- in Dreier- oder Vierergruppen schnell eine Pyramide bauen,
- immer zwei hocken sich nebeneinander in Bankstellung (Knie und Hände auf den Boden), dritter darauf.

Viele andere kurze sportliche Bewegungseinlagen, die spontan machbar und einfach zu erklären sind, können ergänzt werden. Das Tempo sollte nicht forciert werden, indem Zeit gemessen oder die zuerst fertige Gruppe herausgestellt wird, denn dann nimmt die Unsensibilität der Körperkontakte und die Verletzungsgefahr zu.

Stichwörter

Gruppierung: Alle im Raum verteilt – Spieltempo: action – Dauer: unter 10 Min. – ohne große Vorbereitung spielbar – geschickt verhalten – schnell reagieren – spontan handeln – Körperkräfte trainieren – Warming up – Aktivierung bei Lustlosigkeit – Körperkontakt – Kooperation üben – Bewegungsspiel – Sportspiel – einfach, leicht – Unterhaltung, geselliges Treffen – Geschicklichkeitsspiel

SPOTS IN MOVEMENT – ALLE BEGRÜSSEN...
Nach Musik tanzen, kleine Aufgabe bei Musikstop

Material: Musik
Empfohlenes Mindestalter: 4 Jahre

Nach Musik bewegen sich alle durch den Raum. Bei Musikstop werden vom Spielleiter schnell zu erfüllende Aufgaben genannt; z.B. allen ganz schnell die Hand geben / alle begrüßen Monika (Peter usw.) durch Nasereiben ... / alle Ecken des Raums anschlagen / jeder soll schnell 3 runde Sachen in die Raummitte tragen ...
Anmerkung: Sehr variables Spiel, gut für Großgruppen. Es müssen kurze, für alle harmlose Spielaufgaben sein. Kein Wettbewerb!

Stichwörter
Gruppierung: Alle im Raum verteilt – Spieltempo: action – Dauer: unter 10 Min. – wahrnehmen (allg.) – schnell reagieren – Warming up – Aktivierung bei Lustlosigkeit – Körperkontakt – Unterhaltung, geselliges Treffen – Bewegungsspiel

SPRECHEN – MALEN – SPIELEN
Informationen von sich mit malen, darstellen oder erzählen mitteilen

Material: Malutensilien, Papier.
Empfohlenes Mindestalter: 14 Jahre

Jeder soll auf verschiedene Arten über drei Bereiche von sich informieren. Eine Information über den Arbeitsplatz, eine über den Wohnort, eine über Freizeit/ Privates. Einmal in Form des Erzählens, einmal als Skizze und einmal als pantomimische Darstellung. Welcher Bereich auf welche Art ist freigestellt.
Anmerkung: Spiel kann gut Teil eines Kreativitätstrainings sein.

Stichwörter
Gruppierung: Einzelne gegenüber Gruppe – Spieltempo: ruhig – Dauer: ca. 10-30 Min. – universell verwendbar – einfach, leicht – produktorientiert – Vorführung üblich oder möglich – medial darst.: malen, singen, bauen – pantomimisch darstellen – kennenlernen (allg.) – Warming up – Interesse aneinander – Malspiel – pantomimisches Spiel

SPRICH DEUTLICH! – TISCHTENNISBALL IM MUND
Einen Spruch mit einem Tischtennisball im Mund anderen mitteilen

Material: Je Teilnehmer einen Tischtennisball
Empfohlenes Mindestalter: 8 Jahre

In jeder Dreiergruppe erhält jeder Mitspieler einen Tischtennisball und einen Spruch (Satz aus der Zeitung; Aphorismus oder Sprichwort). Den Spruch zeigt er einem zweiten Mitspieler, der seinen Tischtennisball in den Mund nimmt und ihn dem dritten sagt, der den Spruch zu verstehen versucht. Danach ist der nächste dran.
VARIANTE: In einer Folge von ca. 3-5 Spielern könnte man auf diese Weise auch „Stille Post" spielen.
VARIANTE: Ähnlich wie das bekannte Spiel „Meine Oma ist krank", bei dem in einer Spielereihe immer Krankheiten aufgesagt werden, jeder fügt der Liste eine neue Krankheit hinzu – aber alles mit einem halben Streichholz senkrecht zwischen den Zähnen (Aufpassen: Kann gefährlicher sein als Tischtennisbälle!). Falls nicht genügend Tischtennisbälle zur Verfügung stehen, bitte Ball immer wieder waschen und abtrocknen, bevor ihn der nächste Spieler bekommt!

Stichwörter
Sprach-, Schreib-, Diskussionsspiel – Unterhaltung, geselliges Treffen – raten, erforschen – witzig, besonders lustig – einfach, leicht – Gruppierung: Kleingruppe mit 3 Personen – Aktivierung bei Lustlosigkeit – konzentrieren – Dauer: unter 10 Min. – Spieltempo: action

STADT – LAND – FLUSS
Begriffe nach dem ABC finden

Material: –
Empfohlenes Mindestalter: 10 Jahre

Auf ein Blatt Papier schreiben wir oben von rechts nach links – weit auseinander – ein Wort, z.B. S-P-I-E-L und am linken Rand von oben nach unten eine Reihe von Kategorien, Land/ Vorname/ Pflanze/ Tier/ Ort.
Es gilt, in jeder Kategorie Begriffe zu finden, die mit S, P, I....beginnen.
Variante: Statt „SPIEL" wird ein Buchstabe gerufen.

Stichwörter
Gruppierung: Kleingruppe mit 3-8 Personen – Spieltempo: lebhaft – Dauer: ca. 10-30 Min. – besonders spannend – einfach, leicht – eher ernst – ohne große Vorbereitung spielbar – erinnern – denken (allg.) – konzentrieren – Kulturtechniken: Lesen, Schreiben – Wettkampf, Durchsetzung – Unterhaltung, geselliges Treffen – Wissen erweitern – Ratespiel, Quiz

STADTSPIELE
Mit Entdeckeraufgaben durch eine Stadt ziehen

Material: –
Empfohlenes Mindestalter: 12 Jahre

Die Gruppe teilt sich auf in Kleingruppen oder Einzelspieler. Alle gehen durch die Stadt und versuchen, ein Thema zu ‚entdecken', das sich später bildnerisch, spielerisch, graphisch, textlich ... darstellen läßt. Z. B. Müllbeseitigung, Verworrenheit des Straßenbahnnetzes, Geschichte des Rathausdenkmals ...

Stichwörter
Gruppierung: Kleingruppe mit ca. 4 Personen – Spieltempo: lebhaft – Dauer: ca. 30-120 Min. – wahrnehmen (allg.) – Phantasie entwickeln – darstellen (allg.) – Umgebung kennenlernen – Kooperation üben – Wissen erweitern – Darstellendes Spiel, Theaterspiel – Kim-(Wahrnehmungs-)spiel

STADTTHEATER – THEATERVORSTELLUNG
Mitspieler und sich mit Rolle (im Stadttheater) charakterisieren

Material: Pro Teilnehmer 1 Plan, Klebepunkte, Filzschreiber
Empfohlenes Mindestalter: 10 Jahre

Die Teilnehmer sollen auf dem gezeichneten Grundriß eines Theaters ihre jetzige Position in der Gruppe eintragen (Kasse, Kulisse, Requisiten, Bühne usw.). Ergänzend Wunschpositionen.
VARIANTE:.Eigene Position und Einschätzung, wo drei andere Gruppenmitglieder „hingehören".
VARIANTE: Zirkus, Jugendzentrum, Fahrrad, Ozeandampfer... Hauptplan auf DIN A 1, jeder kleinen Plan als „Entwurf".

Stichwörter
Gruppierung: Kreis – Spieltempo: ruhig – Dauer: ca. 10-30 Min. – beurteilen, einschätzen – Phantasie entwickeln – Interesse aneinander – Auswertung – Arbeitsplatz, Beruf – Beziehungen – Normen, Rollen, Werte – Selbsterfahrung – Interaktionsspiel – gruppendynamisches Experiment

STANDOGRAMM

Eine Meinung wird in die Kreismitte genannt, jeder geht je nach Zustimmung dicht heran

Material: –
Empfohlenes Mindestalter: 12

Ein Spieler stellt sich in den Kreis und sagt eine Meinung, die anderen rücken zu ihm auf oder bleiben entfernt – je nachdem, ob sie der Meinung zustimmen oder sich distanzieren.
VARIANTE: Zwei Teilnehmer bilden auf einer Linie die Extrempositionen. Die Gruppe stellt sich je nach eigenem Standpunkt dazwischen.

Stichwörter
Gruppierung: Alle im Raum verteilt – Gruppierung: Kreis – Spieltempo: ruhig – Dauer: unter 10 Min. – wahrnehmen (allg.) – beurteilen, einschätzen – denken (allg.) – darstellen (allg.) – kennenlernen (allg.) – Thema kennenlernen – Aufteilung in Untergruppen – Auswertung – spielerischer Meinungsaustausch – multithematisch – Methode für die Gruppenarbeit – sonstige Spielform

STANDPUNKT

Meinungen auf Zettel an die Wand, Prioritäten bepunkten.

Material: kleine Kärtchen, Filzstifte
Empfohlenes Mindestalter: 10 Jahre

Jedes Gruppenmitglied erhält ein Kärtchen mit Stift. Aufgabe ist, zu der nachgenannten Frage Beispiele der Gruppe anzugeben (Frage: Was sollte sich auf keinen Fall in der Gruppe ändern?) Nach 10 Min. liest jeder sein Kärtchen vor, der Leiter sammelt die Ergebnisse ein und heftet sie an die Wand. Die Gruppenmitglieder verteilen Prioritäten. Auswertung.

Stichwörter
Gruppierung: Alle im Raum verteilt – Spieltempo: ruhig – Dauer: ca. 10-30 Min. – beurteilen, einschätzen – kreativ sein, improvisieren – Auswertung – Arbeitsplatz, Beruf – Beziehungen – Normen, Rollen, Werte – multithematisch – Methode für die Gruppenarbeit

STATUENSPIEL – DENKMAL
Einer baut 1-4 Spieler zu einem thematischen Denkmal auf

Material: –
Empfohlenes Mindestalter: 10 Jahre

Nacheinander stellt jedes Gruppenmitglied aus den Mitspielern (Statuen) sein Bild der Gruppe oder ein bestimmtes Thema („Unterdrückung“, „Rivalität“, „Erziehung“...) unter Beachtung von Haltung, Ausdruck, Gestik und Mimik. Die Spieler verharren in der gestellten Position. Auswertung.
VARIANTE: Simultan bauen sich Paare zu Denkmälern. Ist bei jedem Paar ein Denkmal entstanden, schauen alle erstmal herum. Einzelne Denkmäler werden allen vom Bildhauer erklärt. So ergibt sich ein Bild von vielen Darstell-Variationen zu einem Thema!
Anmerkung: Dieses Spiel kann gut als thematischer Einstieg benutzt werden. Es dient auch häufig als Vorübung zum Forumtheater.

Stichwörter
Gruppierung: Alle im Raum verteilt – Spieltempo: lebhaft – Dauer: ca. 10-30 Min. – beurteilen, einschätzen – pantomimisch darstellen – empathisch handeln – Interesse aneinander – Körperkontakt – Auswertung – spielerischer Meinungsaustausch – Beziehungen – Gefühle – Körpersprache – Normen, Rollen, Werte – Selbsterfahrung – pantomimisches Spiel – gruppendynamisches Experiment

STECKBRIEF
Jemanden aus der Gruppe mit geschlossenen Augen steckbriefartig beschreiben

Material: evtl. Zettel mit den Namen aller Spieler
Empfohlenes Mindestalter: 10 Jahre

Alle setzen sich so in einen Kreis, daß sie nach außen blicken. Wer die Tür ansieht beginnt: er beschreibt einen Mitspieler so genau er kann steckbrieflich. Ist er fertig, können alle raten, wer gemeint war. Oder: Vorher ziehen alle Namenszettel, und man beschreibt den, dessen Namen man gezogen hat. Das Spiel ist beendet, wenn jeder seinen Steckbrief gesprochen hat.
VARIANTE: Nicht Äußerlichkeiten beschreiben, sondern Eigenschaften. Dann wird es ein kleines Feedback-Spiel.

Stichwörter
Gruppierung: Kreis – Spieltempo: ruhig – Dauer: unter 10 Min. – wahrnehmen (allg.) – erinnern – raten, erforschen – beurteilen, einschätzen – Interesse aneinander – Auswertung – Beziehungen – Selbsterfahrung – Kim-(Wahrnehmungs-)spiel

STEIN DER WEISEN
Bildkarten für Assoziationsspiele

Material: Kartenspiel (De Es (Spieleerfinder). Sphinx Verlag, Basel)
Empfohlenes Mindestalter: 16 Jahre. Für 1 oder mehr Spieler

Ein New Yorker Maler hat ganz viele Steine (der Weisen?) gefunden, sie gemalt und mit meditativen Bedeutungen auf farbige Karten gedruckt. Legen Sie sich damit ihre Zukunft! Oder fühlen Sie sich mit ausgesuchten Karten in Ihr geheimes Innere ein! Hervorragende Möglichkeiten zur ernsten Bildmeditation oder für spielerisches „Wahrsagen“.

Stichwörter
Entspannung, Ruhe – beurteilen, einschätzen – meditatives Spiel – Selbsterfahrung – Phantasie entwickeln – ohne große Vorbereitung spielbar – Dauer: ca. 10-30 Min. – Spieltempo: ruhig – medial darst.: malen, singen, bauen – Gruppierung: Kleingruppe mit ca. 4 Personen – Brett-, Kartenspiel

STERNE WEISEN DIR DEN WEG
Leuchtsterne im Dunkeln suchen und Dinge ertasten oder kleine Aufgaben erfüllen

Material: Leuchtpapier

Das ist kein Horoskopspiel, sondern ein Wahrnehmungsspiel, das nachts im dunklen Haus gespielt wird. Aus Leuchtpapier werden kleine Sterne und einige Monde ausgeschnitten. Im Gebäude werden die Sterne aufgeklebt und markieren einen Weg durchs Haus, wenn man die Sterne im Dunkeln findet. Neben einem Mond wird ein zu ertastender Gegenstand gelegt. Alle Gegenstände sollen zum Schluß in einer zu erfindenden Gespenstergeschichte vorkommen.
Anmerkung: Das Spiel ist gut geeignet für den ersten Abend im Landschulheim oder bei einer Übernachtungsaktion im Jugendzentrum.

Stichwörter
Gruppierung: Paare oder Dreiergruppen - Spieltempo: ruhig - Dauer: ca. 30 Min. - wahrnehmen - Phantasie entwickeln - Haus kennenlernen

STILLE POST
Einen Satz von Spieler zu Spieler weiterflüstern

Material: –
Empfohlenes Mindestalter: 6 Jahre

Der erste Spieler im Kreis denkt sich einen Satz aus und flüstert ihn seinem linken Nachbarn ins Ohr. Dieser flüstert ihn dem folgenden zu. Wer etwas nicht genau versteht, muß weitergeben, was er verstanden hat – es gibt keine Wiederholung. Am Schluß vergleichen wir die ursprüngliche Nachricht mit dem Endergebnis.
Anmerkung: Siehe auch Spiel STILLE POST – GEMALT.

Stichwörter
Gruppierung: Kreis – Spieltempo: ruhig – Dauer: unter 10 Min. – einfach, leicht – witzig, besonders lustig – wahrnehmen (allg.) – konzentrieren – präzise sprechen oder beschreiben – Unterhaltung, geselliges Treffen – Sprach-, Schreib-, Diskussionsspiel

STILLE POST GEMALT
Einem etwas auf den Rücken malen, der es einem weiteren auf den Rücken malt, usw.

Material: 2 Papierbögen, 2 Stifte
Empfohlenes Mindestalter: 8 Jahre

Die Gruppe setzt sich mit gleicher Blickrichtung dicht hintereinander auf den Boden. Der hinterste und der vorderste Spieler erhalten je einen Bogen Papier und einen Stift. Der Hintermann zeichnet eine einfache Form auf sein Papier, die er anschließend mit dem Finger auf den Rücken seines Vordermannes überträgt. Dieser gibt die Zeichnung ohne Rückfrage (eine Wiederholung ist erlaubt) auf den Rücken seines Vordermannes weiter usw.. Der vorderste überträgt das, was ihm auf seinen Rücken gezeichnet wurde, auf seinen Papierbogen. Dann werden die beiden Formen verglichen. Platzwechsel.
VARIANTE: Statt auf den Rücken in Handflächen zeichnen (dazu Augen schließen).

Stichwörter
Gruppierung: Kleingruppe mit 4-6 Personen – Spieltempo: ruhig – Dauer: ca. 10-30 Min. – wahrnehmen (allg.) – blind wahrnehmen – fühlen, ertasten – konzentrieren – Körperkontakt – motorische Sensibilisierung – Unterhaltung, geselliges Treffen – Entspannung, Ruhe – Kim-(Wahrnehmungs-)spiel

STIMMT DAS HOROSKOP?
Jeder gibt die Wahrscheinlichkeit der Vorhersagen in Prozent an

Material: Evtl. vorbereitete Sätze aus Zeitschriften-Horoskopen.
Empfohlenes Mindestalter: 14 Jahre

Jeder erhält ein entweder von einem anderen Gruppenmitglied erstelltes oder der Zeitung entnommenes Horoskop. Darin sind Aussagen zu mehreren Lebensbereichen enthalten: Geld, Reise, Gesundheit, Liebe, Glück, Arbeit, Verwandtschaft... Jeder soll zu jeder Aussage eine Prozentzahl nennen: 100 % = „Ich bin sicher, so geschieht es!" bis zu 0 % =„absoluter Quatsch!" Dann werden die extrem bewerteten Aussagen vorgelesen.

Stichwörter
Gruppierung: Kreis – Spieltempo: ruhig – Dauer: ca. 10-30 Min. – eher ernst – beurteilen, einschätzen – kombinieren, planen – Interesse aneinander – Unterhaltung, geselliges Treffen – Beziehungen – Biografie – Selbsterfahrung – Zukunft – Interaktionsspiel

STOLPERSTEINE – FETTNÄPFCHEN UND STOLPERSTEINE
Erfahrungsaustausch über persönliche Hindernisse und soziale Behinderungen

Material: Steine und verschiedene Behälter
Empfohlenes Mindestalter: 16 Jahre

Die Gruppe oder der Spielleiter hat eine Menge verschiedenster Behälter, Schalen und Dosen sowie unterschiedlich große Steine gesammelt. Jeder nimmt sich davon 1-5 Stück und beschriftet sie (füllt sie mit Wortkärtchen o.ä.): Das sind meine typischen Stolpersteine oder Fettnäpfchen, in die ich leicht trete. Fehler, die einem immer mal wieder passieren. Ärgernisse (Steine des Anstoßes). Dann ordnet jeder seine Steine oder Näpfe nach Gewichtigkeit und erklärt im Gespräch, wie er diese Situationen und Ärgernisse umgehen, vermeiden oder aus dem Weg räumen könnte.
Anmerkung: Gemeint sind mit Stolpersteinen auch Dinge, auf die man immer wieder hereinfällt, wo man anderen auf den Leim geht. Und auch berufliche Probleme und private Sorgen.

Stichwörter
Gruppierung: Einzelne gegenüber Gruppe – Spieltempo: ruhig – Dauer: ca. 30-120 Min. – eher ernst – erinnern – beurteilen, einschätzen – medial darst.: malen, singen, bauen – Interesse aneinander – spielerischer Meinungsaustausch – Angst – Arbeitsplatz, Beruf – Beziehungen – Biografie – Selbsterfahrung – Materialspiel, Werken

STÖRSTELLEN – GEWINN – KONSEQUENZEN

Auf einem Blatt Störungen, den vermuteten Gewinn des rechten Nachbarn und eigene Konsequenzen notieren

Material: –
Empfohlenes Mindestalter: 16 Jahre

Jeder teilt ein DIN A 4-Blatt in drei Teile, schreibt in den oberen Teil, was er als Störungen wahrgenommen hat (unsere Störstellen), in den mittleren Teil, welchen Gewinn sein rechter Nachbar vom Seminar hatte (dein Gewinn) und in den unteren Teil, welche Konsequenzen sich für ihn selbst durch die Veranstaltung ergeben (meine Konsequenzen). Nacheinander vorlesen, kommentieren, vergleichen.
Anmerkung: Statt vorlesen: anheften und in offener Situation lesen.

Stichwörter
Gruppierung: Kreis – Spieltempo: ruhig – Dauer: ca. 10-30 Min. – erinnern – beurteilen, einschätzen – empathisch handeln – Interesse aneinander – Harmonisierung, Abschluß – Auswertung – spielerischer Meinungsaustausch – Methode für die Gruppenarbeit

STREICHHOLZ - KOMMUNIKATIONSSPIEL

Streichholzfiguren nach Beschreibung legen

Material: Je Person 1 Schachtel Streichhölzer.
Empfohlenes Mindestalter: 8 Jahre

Zwei Spieler sitzen Rücken an Rücken, jeder hat ca. 20-30 Streichhölzer. Beide legen gleichzeitig jeder eine Figur (abstrakt, Tier, Verkehrszeichen o.ä.) mit 10-15 Streichhölzer. Dann beschreibt ein Spieler dem anderen, wie seine Hölzer liegen, der andere soll nach diesen Anweisungen die Figur nachlegen (neben seine eigene Figur). Rückfragen sind nicht erlaubt. Dann beschreibt der zweite Spieler seine Figur und der erste legt nach Anweisung. Sie schauen beide die Ergebnisse an und stellenfest, daß es gar nicht so einfach ist, genau zu beschreiben.
Anmerkung: Siehe auch Spiel B BESCHREIBT BLINDEM C WIE A SITZT.

Stichwörter
Paare – Spieltempo: ruhig – Dauer: ca. 10-30 Min. – besonders spannend – einfach, leicht – eher ernst – ohne große Vorbereitung spielbar – produktorientiert – wahrnehmen (allg.) – Phantasie entwickeln – präzise sprechen oder beschreiben – Interesse aneinander – Kooperation üben – Beziehungen – Sprach-, Schreib-, Diskussionsspiel

STREICHHOLZBILD – GRUPPENBILD AUS STREICHHÖLZERN

Ohne zu sprechen, legt die Gruppe ein Bild aus Hölzchen

Material: Je Gruppe 3 Schachteln Streichhölzer
Empfohlenes Mindestalter: 6 Jahre

Jede Gruppe erhält 3 Schachteln Streichhölzer und soll daraus, ohne miteinander ein Wort zu sprechen, ein Bild legen, indem jeder abwechselnd ein Holz dazulegt. Anschließend Gemälde-Ausstellung spielen.

Stichwörter
Gruppierung: Kleingruppe mit ca. 4 Personen – Spieltempo: ruhig – Dauer: ca. 10-30 Min. – universell verwendbar – einfach, leicht – eher ernst – Selbstläufer, keine Anleitung – ohne große Vorbereitung spielbar – produktorientiert – kombinieren, planen – konzentrieren – Phantasie entwickeln – medial darst.: malen, singen, bauen – empathisch handeln – spontan handeln – Material erproben oder gestalten – Kooperation üben – Entspannung, Ruhe – Malspiel

STREICHHOLZNEST – STORCHENNEST

Auf einen Flaschenhals ein Streichholznest auflegen

Material: Je Gruppe 1 Flasche und ca. 3 Schachteln Streichhölzer
Empfohlenes Mindestalter: 6 Jahre

Jede Kleingruppe setzt sich um eine Flasche herum und erhält die Hölzer aus 2-3 Streichholzschachteln. Abwechselnd legt jeder ein Streichholz unregelmäßig auf den Flaschenhals, möglichst viele Hölzer bilden dann eine Art Storchennest. Entweder wird es als Gruppenkonkurrenz gespielt (dann erhält jede Gruppe gleichviele Hölzer) oder als Konkurrenz der Spieler (dann erhält jeder die gleiche Anzahl Hölzer, fallen Hölzer herunter, muß der Spieler sie wieder in seinen Vorrat nehmen). Besonders für Feten geeignetes Spiel.

Stichwörter
Gruppierung: Kleingruppe mit ca. 4 Personen – Spieltempo: lebhaft – Dauer: ca. 10-30 Min. – einfach, leicht – Selbstläufer, keine Anleitung – ohne große Vorbereitung spielbar – konzentrieren – geschickt verhalten – Kooperation üben – Wettkampf, Durchsetzung – motorische Sensibilisierung – Unterhaltung, geselliges Treffen – Materialspiel, Werken – Geschicklichkeitsspiel

STREICHHOLZSCHACHTEL GESCHENKSPIEL

In Streichholzschachteln sind Symbole für Spielaufgaben, Geschenke oder Weissagungen

Material: Viele Streichholzschachteln, Würfel
Empfohlenes Mindestalter: 4 Jahre

Die Kleingruppe oder der Spielleiter hat Streichholzschachteln vorbereitet: In die ausgeleerten Schachteln werden kleine Geschenke, Gedichte, Fotos, gute Wünsche, Gutscheine, Spielaufgaben o.ä. gesteckt. Alle sind numeriert.Durch Würfeln erhält man eine Schachtel. Bei einer „6“ hat man die freie Wahl. Ist auch gut als Adventskalender oder Geburtstagsgeschenk (Schachtelzahl ist Lebensalter) brauchbar.
Anmerkung: Siehe auch Spiel DOSENSPIEL.

Stichwörter
Gruppierung: Einzelne gegenüber Gruppe – gut als Überleitung zw. Spielen – Spieltempo: ruhig – Dauer: ca. 10-30 Min. – besonders spannend – Material erproben oder gestalten – sonstige Spielform

STREICHHÖLZER-TANZ – PFEIFENPUTZER-TANZ

Tanzpartner halten Pfeifenputzer zwischen den Fingerspitzen

Material: Streichhölzer, Pfeifenputzer, Stäbe.
Empfohlenes Mindestalter: 6 Jahre

Jedes Paar erhält zwei Streichhölzer oder zwei Pfeifenputzer oder zwei kurze Bambusstäbe. Diese sollen zwischen den Fingerkuppen gehalten werden. Dann damit tanzen.
VARIANTE: Jeder Tanzpartner hält ein Streichholz zwischen Daumen und Zeigefinger. Das Streichholz des Partners hinter dem Hölzchen des anderen! Mit einem Hölzchen beginnen! Keine einfache Aufgabe. Nicht zu lange ausdehnen! Nach ca. 30 Sek. Kreistanz mit festgehaltenen Hölzern...

Stichwörter
Gruppierung: Paare – Spieltempo: lebhaft – Dauer: unter 10 Min. – Selbstläufer, keine Anleitung – geschickt verhalten – Kooperation üben – motorische Sensibilisierung – Unterhaltung, geselliges Treffen – Tanzspiel – Geschicklichkeitsspiel

STREICHHÖLZER-TRANSPORT

Mit Strohhalmen Streichhölzer ansaugen und transportieren

Material: Strohhalm, Streichhölzer, Bierdeckel oder Flasche.
Empfohlenes Mindestalter: 6 Jahre

Jeder bekommt drei Streichhölzer, einen Strohhalm und zwei Bierdeckel oder eine Flasche. Die Bierdeckel werden senkrecht aufgestellt und an einer Kante aneinandergelehnt (so daß ein rechter Winkel im Grundriß entsteht). Ein Streichholz nach dem anderen wird mit dem Stohhalm angesaugt und oben auf die Deckel (am Winkel) gelegt.
Anmerkung: Siehe auch Spiel STREICHHÖLZER AUF FLASCHENHALS

Stichwörter
Gruppierung: Einzelne gegenüber Gruppe – Spieltempo: lebhaft – Dauer: unter 10 Min. – universell verwendbar – geschickt verhalten – Unterhaltung, geselliges Treffen – Materialspiel, Werken – Ulk-, Theken-, Partyspiel – Geschicklichkeitsspiel

STUHLTANZ

Zu zweit auf Stuhl tanzen, bei Stop Stuhl wechseln

Material: Stabile (!) Stühle, Musik.
Empfohlenes Mindestalter: 8 Jahre

Stabile Stühle (halb so viele wie Teilnehmer) stehen dicht beieinander. Auf jeden Stuhl stellen sich zwei Spieler und tanzen nach Musik. Bei Musikstop soll jeder den Stuhl (unter Hilfestellung der anderen), ohne den Boden zu betreten, wechseln.
VARIANTE: Bei sehr festen Stühlen kann bei jedem Stop ein Stuhl entfernt werden.

Stichwörter
Gruppierung: Paare – Spieltempo: action – Dauer: unter 10 Min. – kreativ sein, improvisieren – empathisch handeln – geschickt verhalten – Aktivierung bei Lustlosigkeit – Körperkontakt – Kooperation üben – Unterhaltung, geselliges Treffen – Tanzspiel – Geschicklichkeitsspiel

STURMWOLKE AUS NORDWEST
Kooperationsspiel mit hohen strategischen Anteilen

Material: Brettspiel (Peter Pallat. Verlag Herder, Freiburg)
Empfohlenes Mindestalter: 9 Jahre. Für 2-4 Spieler

Die Piloten von Rettungshubschraubern sind in „Sturmwolke aus Nordwest" gegen Wind und Wolken im Einsatz, um Verunglückte zu retten. Wohlüberlegte Strategie, enge Zusammenarbeit und Risikobereitschaft entscheiden den Erfolg.

Stichwörter
Kleingruppe mit ca. 4 Personen – Brett-, Kartenspiel

SUMMKREIS
Gruppe leitet Blinden durch Summen

Material: 2 Decken
Empfohlenes Mindestalter: 8 Jahre

Alle stehen im Kreis. 2 Decken oder andere weiche Gegenstände liegen in der Mitte. Um sie herum soll ein „Blinder" geführt werden. Der Weg wird vorher, für die Gruppe sichtbar, durch einen Teilnehmer abgeschritten. Der „Blinde", wird durch Summen diesen Weg entlang geführt. Summen sollte aber immer nur einer, damit ein eindeutiges Richtungshören möglich ist.
Anmerkung: Die Übung ist nicht geeignet für Menschen, die Probleme mit stereophonem Hören haben.

Stichwörter
Geschicklichkeitsspiel – Gruppierung: Kreis – Kim-(Wahrnehmungs-)spiel – Vertrauen entwickeln – Kooperation üben – konzentrieren – blind wahrnehmen – ohne große Vorbereitung spielbar – besonders spannend – Dauer: ca. 10-30 Min. – Spieltempo: ruhig

SYMPATHIE

Fotos in Sympathie-Rangfolgen bringen, Rangfolge vermuten lassen

Material: Fotos/Bilder aus Illustrierten
Empfohlenes Mindestalter: 10 Jahre

Es sind Fotos gesammelt und geordnet worden, etwa Gesichter/Natur/Architektur/Beziehungen/Hobbys/Vorfälle. Fünf Bilder einer Kategorie werden auf den Tisch gelegt und mit Ziffern von 1 bis 5 gekennzeichnet. A schreibt auf einen Zettel seine „Hitparade" der gezeigten Bilder – was ihm am besten gefällt, kommt ganz nach oben, was am wenigsten, nach unten. Die anderen versuchen währenddessen einzuschätzen, welche Rangfolge Spieler A als seine Sympathieskala notiert. Alle Einschätzungen werden mit A's Notizen verglichen. Dann ist B dran und legt 5 neue Bilder aus.
Anmerkung: Dieses Spiel gibt es auch beim Otto Maier Verlag, Ravensburg

Stichwörter
Gruppierung: Kleingruppe mit 3-8 Personen – Spieltempo: ruhig – Dauer: ca. 30-120 Min. – wahrnehmen (allg.) – raten, erforschen – beurteilen, einschätzen – empathisch handeln – kennenlernen (allg.) – Interesse aneinander – Unterhaltung, geselliges Treffen – Selbsterfahrung – Kim-(Wahrnehmungs-)spiel

SZENEN EINES ZELTLAGERS

Fälle aus einem Zeltlager diskutieren

Material: -
Empfohlenes Mindestalter: 16 Jahre

Ein Zettelstapel mit lauter „Was machst du, wenn..."-Fragen liegen in der Mitte der Spielerrunde. Nacheinander nimmt jeder einen Zettel und erzählt, was er in der Situation wohl machen würde. Der rechte Nachbar (der, der vorher dran war) ist Berater und kann jederzeit helfen oder ergänzen. Zettel, über die Unklarheiten herrschen oder die ausführlich diskutiert werden sollen, werden extra gelegt. Das Fragespiel dient zur Vorbereitung und Schulung von Gruppenleitern, Ferienhelfern, Reisebegleitern, Zeltlager-Betreuern!

Stichwörter
Gruppierung: Kreis – Spieltempo: lebhaft – Dauer: ca. 30-120 Min. – eher ernst – beurteilen, einschätzen – kreativ sein, improvisieren – Phantasie entwickeln – schnell reagieren – Thema kennenlernen – spielerischer Meinungsaustausch – Sexualität – multithematisch – Rollen-, Entscheidungs-, Planspiel

SZENEN ERFINDEN – GESCHICHTEN ERFINDEN

Material: Evtl. anregende Literatur, Zeitungen, Bilderbücher.
Empfohlenes Mindestalter: 12 Jahre

Szene in Kleingruppen aufschreiben: Ort (ggf. Zeit), Rollen, Ausgangssituation, grober Handlungsablauf, evtl. Schluß. Anstöße zum Erfinden können sein: Foto (-folgen), Gedichte, Lieder, Zeitungsmeldungen, Bilderbücher, Reizwörter aus Listen mit Gegenständen, Orten, Personen, Tätigkeiten kombinieren.
VARIANTE: Einer nennt Ort, Personen, eigene Rolle, dann ersten Satz: losspielen!
Anmerkung: Siehe auch Methoden zur IDEENFINDUNG, besonders FÜNF REIZWÖRTER.

Stichwörter
Gruppierung: Kleingruppe mit 3 Personen – Gruppierung: Kleingruppe mit 4-6 Personen – Spieltempo: lebhaft – Dauer: ca. 30-120 Min. – universell verwendbar – produktorientiert – Vorführung üblich oder möglich – kombinieren, planen – kreativ sein, improvisieren – Phantasie entwickeln – darstellen (allg.) – pantomimisch darstellen – Kulturtechniken: Lesen, Schreiben – Kooperation üben – Unterhaltung, geselliges Treffen – multithematisch – Zukunft – Darstellendes Spiel, Theaterspiel

TAGEBUCH IN DIE ZUKUNFT – TALKSHOW IN DER ZUKUNFT

10 Ereignisse für die nächsten 10 Jahre ausdenken

Material: –
Empfohlenes Mindestalter: 12 Jahre

Jeder erfindet 10 Ereignisse, die sich in den nächsten 10 Jahren ereignen könnten, und ordnet sie den kommenden Jahren zu. In Form einer Lebenslinie eintragen, dann allen zeigen, als Bänkellied vortragen oder in Form von Tagebuchnotizen aufschreiben. Oder in Talkshow einbauen. Es können persönliche oder politische Ereignisse sein. Anschließend miteinander vergleichen.
Anmerkung: Siehe auch Spiel BLICK ZURÜCK AUS DER ZUKUNFT.

Stichwörter
Gruppierung: Einzelne gegenüber Gruppe – Gruppierung: Gruppe(n) vor Zuschauern – Spieltempo: ruhig – Dauer: ca. 30-120 Min. – schwierig – eher ernst – produktorientiert – Vorführung üblich oder möglich – beurteilen, einschätzen – kombinieren, planen – kreativ sein, improvisieren – Phantasie entwickeln – darstellen (allg.) – medial darst.: malen, singen, bauen – spielerischer Meinungsaustausch – Angst – Arbeitsplatz, Beruf – Beziehungen – Biografie – Politik, Frieden, Geschichte – Umwelt, Natur, Ökologie – multithematisch – Zukunft – Darstellendes Spiel, Theaterspiel – Methode für die Gruppenarbeit – Sprach-, Schreib-, Diskussion

TANZ DER BLINDEN – BLINDTANZ

„Blinder" führt Sehenden beim Tanzen und umgekehrt

Material: Musik, bei jüngeren Kindern Tücher zum Augenverbinden.
Empfohlenes Mindestalter: 8 Jahre

Von jedem Paar ist einer blind, einer sehend. Der Blinde tanzt nach der Musik und führt den Sehenden, der nur bei Gefahren sanft schützend eingreift, sonst aber sich führen läßt. Rollentausch. Anschließend Zeit zu einem Gespräch über die Eindrücke geben!
VARIANTE: Sehender führt im Tanz einen Partner, der die Augen zumacht. Bei Musikstop sollen die Blinden stehenbleiben und die Augen zulassen. Die Sehenden wechseln ihren Partner. Anschließend können die Blinden evtl. raten, wer alles sie geführt hat. Gespräch.

Stichwörter
Gruppierung: Paare – Spieltempo: lebhaft – Dauer: unter 10 Min. – wahrnehmen (allg.) – blind wahrnehmen – konzentrieren – empathisch handeln – Interesse aneinander – Kooperation üben – Vertrauen entwickeln – motorische Sensibilisierung – Entspannung, Ruhe – Tanzspiel

TANZ MIT STÄBEN
Stäbe als Gestaltungselement beim Tanzen

Material: kurze oder längere Stäbe; fließende und/oder rhythmische Musik
Empfohlenes Mindestalter: 12 Jahre

Ggf. ohne Musik beginnen. Einzelne erproben Möglichkeiten mit Stäben: am Boden; balancieren; Stab als Fortsetzung des Körpers. 1 Stab als Kontakt zwischen Paaren. 2 Stäbe je Paar. Kleingruppe/Gesamtgruppe verbunden mit Stäben. Entweder als reines Reiz-Reaktionsspiel oder als Gestaltungselement (ästhetische Formen).

Stichwörter
Gruppierung: Alle im Raum verteilt – Spieltempo: lebhaft – Dauer: ca. 10-30 Min. – wahrnehmen (allg.) – konzentrieren – geschickt verhalten – Aktivierung bei Lustlosigkeit – Kooperation üben – motorische Sensibilisierung – Entspannung, Ruhe – Tanzspiel – Geschicklichkeitsspiel

TANZ NACH MUSIK IMPROVISIEREN
Nach Musik einen Tanz entwickeln und vorführen

Material: Musikstück, evtl. Tücher, Reifen, Gummischnur, Masken...
Empfohlenes Mindestalter: 12 Jahre

In kleinen Gruppen oder Paaren soll ein Musikstück in improvisierte oder choreographierte Bewegungsformen umgesetzt werden; ggfs. unter Einbeziehung von Tüchern oder Reifen, einer Gummischnur oder von Masken. Die Musik wird vorgespielt, zum zweiten Vorspielen werden spontan Bewegungen dazu ausprobiert, dann wird besprochen, wie die unterschiedlichen individuellen Gestaltungsansätze kombiniert werden können. Nach einer weiteren Erprobung können gegenseitige Vorführungen der Kleingruppen stattfinden.
Kann eine gute Übung in einem Tanztraining oder in einem Ausdruckstraining sein. Videoaufzeichnungen können hilfreich sein.

Stichwörter
Produkt gemeinsam erstellen – Darstellendes Spiel, Theaterspiel – kreativ sein, improvisieren – Gruppierung: Kleingruppe mit ca. 4 Personen – Tanzspiel – Musikspiel – Meditatives Spiel – darstellen (allg.) – Vorführung üblich oder möglich – produktorientiert – eher ernst – schwierig – Dauer: ca. 10-30 Min. – Spieltempo: lebhaft

TANZ-LOTTERIE
Jeder zieht eine kleine Tanzaufgabe und erklärt sie als „Tanzlehrer"

Material: Musik, vorbereitete Tanzaufgabenzettel
Empfohlenes Mindestalter: 8 Jahre

In einem Hut, einer Lostrommel oder einem Glas liegen ca. 15-20 kleine Zettel (zu Papierröllchen zusammengerollt), auf denen kleine Tanzspielaufgaben stehen. Es liegen bereit: verschiedene Musikcassetten mit Folkmusik, Discomusik, klassischer Musik. Der erste „Tanzlehrer" greift in den Hut, zieht ein Röllchen, liest sich die Tanzaufgabe durch, erklärt allen, was sie machen sollen, stellt die Musik an und nach höchstens 2 Minuten wieder ab.
Anmerkung: Die Musik muß zur Tanzaufgabe nicht unbedingt passen: um so lustiger wird es.

Stichwörter
Gruppierung: Alle im Raum verteilt – Gruppierung: Paare – Gruppierung: Kreis – Spieltempo: action – Dauer: ca. 10-30 Min. – kreativ sein, improvisieren – geschickt verhalten – schnell reagieren – spontan handeln – Warming up – Aktivierung bei Lustlosigkeit – Körperkontakt – Kooperation üben – motorische Sensibilisierung – Harmonisierung, Abschluß – Unterhaltung, geselliges Treffen – Tanzspiel

TANZHALTUNGEN WECHSELN – WIE TANZEN WIR ZUSAMMEN?
Paar denkt sich bei Musikstop neue Berührungsformen aus

Material: Flotte Tanzmusik
Empfohlenes Mindestalter: 6 Jahre

Paarweise wird getanzt: Ausgangssituation: Hände aneinander. Bei jedem Musikstop soll sich jedes Paar eine neue Berührungsmöglichkeit ausdenken und die nächste Musikpassage so tanzen.
Ca. 3-4 Stops sind günstig. Als Eingabe beim letzten Stop: Vierergruppen, die auf eine bisher noch von keinem Paar gezeigte Art und Weise zusammen tanzen.
Anmerkung: Das Spiel kann gut Teil eines Kreativitätstrainings sein.

Stichwörter
Gruppierung: Paare – Spieltempo: action – Dauer: unter 10 Min. – universell verwendbar – ohne große Vorbereitung spielbar – kreativ sein, improvisieren – geschickt verhalten – schnell reagieren – spontan handeln – Warming up – Aktivierung bei Lustlosigkeit – Körperkontakt – Kooperation üben – Harmonisierung, Abschluß – Unterhaltung, geselliges Treffen – Tanzspiel

TASCHENLAMPENMALEREI
Im dunklen Raum mit Taschenlampen „malen"

Material: Taschenlampen, Transparentpapier
Empfohlenes Mindestalter: 6 Jahre

Im verdunkelten Raum wird „gefunzelt". Entweder bekommen alle Taschenlampen und malen gemeinsam Bilder, Phantasiegestalten. Oder eine Gruppe malt, und die anderen versuchen herauszufinden, was gemeint ist. Auch Schreiben ist möglich.- Buntes Transparentpapier benutzen! Evtl. kombinieren mit Schattenspielen und Dias bemalen.

Stichwörter
Gruppierung: Alle im Raum verteilt – Gruppierung: Paare – Spieltempo: lebhaft – Dauer: ca. 10-30 Min. – wahrnehmen (allg.) – kreativ sein, improvisieren – Phantasie entwickeln – medial darst.: malen, singen, bauen – Unterhaltung, geselliges Treffen – Malspiel

TASCHENTUCHWERFEN
Beide werfen Tücher gleichzeitig hoch, Tuch des Partners fangen

Material: kleine Tücher
Empfohlenes Mindestalter: 6 Jahre

Immer zwei Spieler stehen im Abstand von 2-5 Metern (je nach Alter) gegenüber. Jeder hat ein Taschentuch oder ähnliches und wirft es möglichst hoch (beide gleichzeitig) und versucht, das Tuch des Partners zu fangen. VARIANTE: Paare haben drei Tücher. Eins wird verknotet und als Ball benutzt. Geworfen und gefangen werden soll immer mit dem eigenen Tuch.

Stichwörter
Gruppierung: Paare – Spieltempo: action – Dauer: unter 10 Min. – konzentrieren – geschickt verhalten – schnell reagieren – Aktivierung bei Lustlosigkeit – Kooperation üben – Bewegungsspiel – Geschicklichkeitsspiel

TASTWAND
Jede Gruppe gestaltet für die andere eine Wand zum Ertasten

Material: Verschiedenste Bastelmaterialien sowie Farben u. Pinsel, Packpapier, Abdeckfolie o.ä., Kleber.
Empfohlenes Mindestalter: 4 Jahre

Jede Gruppe gestaltet eine Wand (oder größere Fläche), die von einer anderen Gruppe später mit geschlossenen Augen ertastet werden soll. Zu diesem Zweck wird eine Wand (drinnen oder draußen) großflächig mit kräftigem Packpapier abgedeckt. Die verschiedenen Bastelmaterialien (die reichlich und offen darliegen) werden nun nach Belieben angeklebt und auch bemalt. Je nach verwendetem Material könnte so ein Tastobjekt entstehen. Dieses Tastobjekt wäre auch für weitere Spiele einsetzbar. So z.B. zum Thema Wahrnehmung.

Stichwörter
Gruppierung: Kleingruppe mit 4-6 Personen – Spieltempo: ruhig – Dauer: ca. 10-30 Min. – blind wahrnehmen – raten, erforschen – fühlen, ertasten – Phantasie entwickeln – motorische Sensibilisierung – Kim-(Wahrnehmungs-)spiel

TAUSENDFÜSSLERTANZ
Als Kette tanzen

Material: stark rhythmisierte Tanzmusik
Empfohlenes Mindestalter: 8 Jahre

Die Gruppe bildet eine Schlange (evtl aus Kreissituation heraus). Linken Arm durch die Beine nach hinten reichen, mit rechter Hand Handgelenk des Vordermannes greifen. So als Schlange tanzen.
Anmerkung: Siehe auch Spiel EINSEITIGER TAUSENDFÜSSLER.

Stichwörter
Gruppierung: Kreis – Spieltempo: action – Dauer: unter 10 Min. – einfach, leicht – ohne große Vorbereitung spielbar – geschickt verhalten – Körperkräfte trainieren – Warming up – Körperkontakt – Unterhaltung, geselliges Treffen – Tanzspiel

TAXIFAHRT

Einige Spieler sind Taxis, andere hängen sich ran

Material: Tesakrepp oder Klebeschildchen
Empfohlenes Mindestalter: 6 Jahre

3 – 4 Spieler fahren als Taxis (mit Tesakreppschildern „TAXI" auf der Stirn) durch den Raum. Alle anderen sind Fußgänger, die Taxis anhalten können, mitfahren (anhängen) und wieder aussteigen können. Maximal dürfen sich nur 4 Mitfahrer bei einem Taxi anhängen!
Anmerkung: Spiel kann sehr günstig auch als Transportspiel zwischen Spielstationen oder Teilen einer Spielkette genutzt werden.

Stichwörter
Gruppierung: Alle im Raum verteilt – Gruppierung: Kleingruppe mit 4-6 Personen – Spieltempo: action – Dauer: unter 10 Min. – einfach, leicht – ohne große Vorbereitung spielbar – gut als Überleitung zw. Spielen – Aufteilung in Untergruppen – Körperkontakt – Kooperation üben – Bewegungsspiel

TEDDYBÄR

Alle machen kleine Bewegungen zu einem Spruch

Material: –
Empfohlenes Mindestalter: 4 Jahre

Alle im Kreis. Alle sagen „Teddybär, Teddybär, dreh dich um, Teddybär, Teddybär, mach dich krumm, Teddybär, Teddybär, heb ein Bein, Teddybär, Teddybär, das war fein!" (Klatschen) und führen entsprechende Bewegungen aus. Alle erfinden neue Zweizeiler.
Anmerkung: Besonders für Kindertagesstättengruppen geeignet.

Stichwörter
Gruppierung: Kreis – Spieltempo: lebhaft – Dauer: unter 10 Min. – einfach, leicht – ohne große Vorbereitung spielbar – anleitungsintensiv – Phantasie entwickeln – schnell reagieren – Warming up – Harmonisierung, Abschluß – Bewegungsspiel

TELEFONPAARE

Paare spielen ein Telefongespräch, dann kommen die Leitungen durcheinander...

Material: –
Empfohlenes Mindestalter: 10 Jahre

Die Paare werden durchnumeriert (a1/a2, b1/b2, usw.) und nehmen Rücken an Rücken Platz. Sie denken sich Rollen aus und tun so, als ob sie mit ihrem Partner telefonieren, indem sie laut miteinander sprechen. Der Spielleiter kann die anderen verstummen lassen, indem er eine Paarnummer (c1/c2) aufruft, was bedeutet, daß nur dieses Paar weitersprechen soll. Auf ein neues Zeichen des Spielleiters sprechen die Paare an der Stelle weiter, an der sie verstummt sind. Nach einiger Zeit stellt der Spielleiter „Fehlverbindungen“ her (a1/f2), wobei die Spieler in ihren Rollen bleiben müssen.
VARIANTE: Die Spieler sitzen nicht Rücken an Rücken, sondern möglichst weit voneinander entfernt, sie müssen laut und deutlich sprechen.

Stichwörter
Gruppierung: Paare – Spieltempo: lebhaft – Dauer: unter 10 Min. – wahrnehmen (allg.) – konzentrieren – Phantasie entwickeln – schnell reagieren – Interesse aneinander – Kooperation üben – Unterhaltung, geselliges Treffen – Sprach-, Schreib-, Diskussionsspiel

TELEGRAMM

Auswertungsbemerkungen in Telegramm-Form

Material: Formblätter mit 100 Kästchen sind hilfreich.
Empfohlenes Mindestalter: 14 Jahre

Jeder soll ein „Telegramm“ mit maximal 100 Zeichen an jemanden zuhause aufsetzen und darin seine Eindrücke von der abgelaufenen Veranstaltung ausdrücken. Anschließend anhängen und zusammen durchlesen. Fördert eine kurze, präzise Feedback-Form.

Stichwörter
Gruppierung: Kreis – Spieltempo: ruhig – Dauer: ca. 10-30 Min. – beurteilen, einschätzen – kreativ sein, improvisieren – medial darst.: malen, singen, bauen – präzise sprechen oder beschreiben – Kulturtechniken: Lesen, Schreiben – Auswertung – spielerischer Meinungsaustausch – Methode für die Gruppenarbeit – Sprach-, Schreib-, Diskussionsspiel

TENNIS-BOULE

2 Bälle werden mit anderen Bällen beworfen, so daß sie sich berühren

Material: Tennisbälle (2 mehr als Teilnehmer)
Empfohlenes Mindestalter: 8 Jahre

Zwei markierte Bälle (Filzstift, Klebepunkte) liegen weit auseinander im Kreis. Jeder Mitspieler hockt im Kreis und besitzt einen Ball. Alle sollen nun durch Bewerfen dafür sorgen daß die markierten Bälle sich berühren. In der Mitte liegende Bälle dürfen von denen, die gerade keinen haben, geholt werden.
VARIANTE: Boule spielen mit einem markierten Tennisball: Der markierte Ball wird auf die Bahn geworfen. Dann versucht jeder nacheinander, seinen Ball so nahe wie möglich an den markierten zu werfen.
Anmerkung: Am besten sind Tennisbälle oder tennisballgroße Softbälle geeignet, es gehen auch Tischtennisbälle (dann Kreis etwas kleiner machen) oder bei einer kleinen Gruppe auch dicke Murmeln („Bucker").

Stichwörter
Gruppierung: Kreis – Spieltempo: action – Dauer: unter 10 Min. – universell verwendbar – ohne große Vorbereitung spielbar – geschickt verhalten – Aktivierung bei Lustlosigkeit – Harmonisierung, Abschluß – Unterhaltung, geselliges Treffen – Bewegungsspiel – Geschicklichkeitsspiel

TENNISBALL IM KREIS – JONGLIER-VORÜBUNGEN

Bälle im Kreis wandern lassen

Material: Für jeden ein Tennisball
Empfohlenes Mindestalter: 8 Jahre

Vorübung für jeden allein: 1. Jeder hat einen Ball und wirft ihn von der linken in die rechte Hand und zurück. 2. Alle im gleichen Rhythmus (der Spielleiter gibt vor): „Nach links!", „Nach rechts!". Diesen Rhythmus immer schneller ansagen. 3. Nun unter dem rechten, unter dem linken angewinkelten Bein durch, hinter dem Rücken. Alle im Kreis: Alle halten ihren Ball in der rechten Hand, auf Kommando des Spielleiters wird er zum rechten Nachbarn geworfen, der ihn mit der linken Hand fangen soll. (Hilfe: Auf den von links kommenden Ball schauen). Dann dasselbe links herum. Andere Jonglierübungen (auch mit anderen Gegenständen) können sich anschließen. Das Spiel ist auch gut geeignet für große Gruppen (über 30).

Stichwörter
Gruppierung: Kreis – Spieltempo: action – Dauer: ca. 10-30 Min. – eher ernst – ohne große Vorbereitung spielbar – anleitungsintensiv – konzentrieren – geschickt verhalten – schnell reagieren – Warming up – Kooperation üben – motorische Sensibilisierung – Unterhaltung, geselliges Treffen – Bewegungsspiel – sonstige Spielform – Geschicklichkeitsspiel

THEMATISCHE SPIELAKTION – SPIELAKTION PLANEN
Wie plane ich eine große Spielaktion?

Material: je nach Spielen, meist aber sehr viel.
Empfohlenes Mindestalter: 4 Jahre

Eine thematische Spielaktion versammelt mehrere Spiele und unterschiedliche Spielformen unter einem gemeinsamen Rahmenthema. Die Organisationsstruktur einer Spielaktion kann sehr verschieden sein: Von Rallye über große Simulationsspiele (z.B. Filmstudio) bis zu einem längeren Großgruppen-Spielprogramm ist alles möglich.

PLANUNG EINER THEMATISCHEN SPIELAKTION:
Ziele, Ort und Teilnehmer sind bekannt, dann:
1. Thema ausdenken (oder mit Brainstorming entscheiden)
2. Einfälle zum Thema sammeln (Wörter, Bilder...)
3. Einfälle in Spiele umwandeln
4. Spiele in eine Struktur (Beispiele siehe SPIELFEST) bringen
5. Spiele- und Materiallisten (Koordinator! Reservespiele!)

Themenbeispiele: Olympiade; Modenschau; Jahrmarkt; Filmfestival; Reise zu fernen Planeten; Bundeswettbewerb „Verrücktes Benehmen“; Gespensterball; Unsere Stadt vor 100 Jahren; Zirkus; Spielzeugabteilung im Kaufhaus in der Nacht...

Stichwörter
Gruppierung: Kreis – Gruppierung: Kleingruppe mit 4-6 Personen – Spieltempo: lebhaft – Dauer: ca. 30-120 Min. – kombinieren, planen – Phantasie entwickeln – darstellen (allg.) – handeln (allg.) – Umgebung kennenlernen – Aktivierung bei Lustlosigkeit – Kooperation üben – Unterhaltung, geselliges Treffen – multithematisch – Spielaktion, Spielfest

TIER - SKAT
Tierlaut vom Partner machen, wenn gleiche Karten aufgedeckt werden

Material: soviele Skatspiele wie Kleingruppen
Empfohlenes Mindestalter: 8 Jahre

Jeder Spieler wählt sich ein Tier, dessen Laut er als Doppellaut vormacht („wau-wau“ z. B.). Dann wird das Skatblatt verteilt, reihum, jeder erhält eine Karte. Dann deckt die Runde nacheinander die Karten für alle gut einsehbar auf. Kommt eine Karte zum zweiten Mal vor (eine „Dame“ wird aufgedeckt und eine andere „Dame“ liegt schon da), sollen die beiden Spieler mit den gleichen Karten ganz schnell die Tierlaute machen, aber nicht die eigenen, sondern die des Spielpartners. Danach wird die nächste Kartenrunde ausgeteilt. Darauf achten, daß unterschiedliche und lustige Tierlaute ausgedacht werden. Fisch („Blubb-blubb“), Maulwurf („grab-grab“).

Stichwörter
Gruppierung: Kleingruppe mit 4-6 Personen – Spieltempo: action – Dauer: ca. 10-30 Min. – konzentrieren – schnell reagieren – Aktivierung bei Lustlosigkeit – Unterhaltung, Geselliges Treffen – Ulk-, Theken-, Partyspiel

TIERBILDER
Eigenschaften von Männern und Frauen an Tierbildern aufzeigen

Material: Viele Bilder mit Tieren z.B. aus Illustrierten
Empfohlenes Mindestalter: 14 Jahre

An alle werden verschiedene Bilder von Tieren verteilt. Jeder soll seine 1-3 Bilder zu den Schildern „Mann“ und „Frau“ legen, wie es ihm spontan in den Sinn kommt. Dann wird nach Eigenschaften gefragt: Warum hast du den Elefanten zu „Mann“ gelegt? Welchen Eindruck macht das Tier auf dem Bild? Die genannten Begründungen werden auf ein „Mann“-Plakat und ein „Frau“-Plakat notiert. Dann nimmt die Jungengruppe dieses „Mann“-Plakat mit und diskutiert über die Stichworte mit der Frage „Sind wir so?“; ebenso verfahren die Mädchen. Auch Wunschbilder können diskutiert werden. Abschlußplenum.

Stichwörter
Gruppierung: Halbgruppen – Spieltempo: lebhaft – Dauer: ca. 30-120 Min. – eher ernst – anleitungsintensiv – beurteilen, einschätzen – Thema kennenlernen – spielerischer Meinungsaustausch – Familie – Normen, Rollen, Werte – Vorurteile, Außenseiter – Methode für die Gruppenarbeit

TIERE ERWACHEN

Jeder stellt ein Tier beim Aufwachen dar

Material: Tiernamenszettel. Evtl. passende Musik (leise Trommelmusik, Urwaldgeräusche...)
Empfohlenes Mindestalter: 6 Jahre

Jeder stellt ein Tier dar, das allmählich aufwacht, sich reckt und putzt und dann anfängt herumzulaufen. Sind alle in Bewegung, trifft man sich bei der Futterstelle (Raummitte). Hier endet das Spiel. Wenn zu Beginn der Raum verdunkelt werden kann, ist das sehr effektvoll. Vorher Tiernamenszettel verteilen.

Stichwörter

Gruppierung: Alle im Raum verteilt – Spieltempo: lebhaft – Dauer: unter 10 Min. – Vorführung üblich oder möglich – konzentrieren – Phantasie entwickeln – pantomimisch darstellen – Warming up – Darstellendes Spiel, Theaterspiel

TIERE IN ZEITLUPE

Tiere (evtl. zu zweit) in Zeitlupe darstellen

Material: Evtl. Entspannungsmusik oder Tiergeräusch-Platte
Empfohlenes Mindestalter: 10 Jahre

Der Spielleiter schlägt eine bestimmte Landschaft oder Gegend vor, in der mehrere verschiedene Tiere leben, z. B.: Korallenriff, Vogelinsel, Savanne, Zirkus, Zoo, Urwald ... Einzelne Spieler oder Spielpaare stellen Tiere dar, sollen sich aus dem Schlag oder Nest erheben und ganz langsam in Zeitlupe durch den Raum bewegen. Wenn sie keine Lust mehr haben, hocken sie sich allmählich wieder an ihrem Ausgangsort hin.
Anmerkung: Siehe auch Spiel TIERE ERWACHEN.

Stichwörter

Gruppierung: Alle im Raum verteilt – Spieltempo: ruhig – Dauer: unter 10 Min. – wahrnehmen (allg.) – kreativ sein, improvisieren – Phantasie entwickeln – darstellen (allg.) – pantomimisch darstellen – spontan handeln – motorische Sensibilisierung – Entspannung, Ruhe – Darstellendes Spiel, Theaterspiel

TIERKOPFMASKEN
Material für verschiedene Spielaktionen

Material: Masken für verschiedene Tierspiele
Empfohlenes Mindestalter: 3 Jahre

Ganz einfach aufzufaltende Masken aus vorgestanzter Wellpappe. Sechs große Köpfe für Kinder von 3 bis 14 Jahren. Alle Pappköpfe haben eine weiße, bemalbare Oberfläche. Es muß nichts geklebt oder noch ausgeschnitten werden. Die Masken sind vom Stuttgarter Design-Center ausgezeichnet worden. Folgende Tiere werden zusammen in einem Satz angeboten: Pferd, Krokodil, Giraffe, Tiger, Nashorn, Papagei.

Stichwörter
Gruppierung: Kleingruppe mit ca. 4 Personen – medial darst.: malen, singen, bauen – Spieltempo: ruhig – Darstellendes Spiel, Theaterspiel – Puppen-, Masken-, Schattenspiel – Gruppierung ergibt sich; offenes Angebot

TIERMATRIX – WELCHES TIER BIST DU?
Sich und die anderen als Tiere charakterisieren

Material: hilfreich: Tierbilder, Tierbücher oder Liste mit Tiernamen
Empfohlenes Mindestalter: 14 Jahre

Jeder schreibt sich alle Namen der Gruppenmitglieder auf und notiert dahinter ein Tier und eine Handlung des Tieres (z.B. Huhn beim Eierlegen), mit dem diese Person gut charakterisiert ist. Dann werden alle Tierzuschreibungen auf eine große Tabelle eingetragen. Es können Selbstbilder mit Fremdbildern verglichen werden. Unklare Tierbedeutungen sollen erklärt werden, Begründungen können erfragt werden.
VARIANTE: Da die Grundform sehr zeitaufwendig ist, könnte auch jeder ein Tier für den rechten, für den linken Nachbarn, für sich selbst und einen weiteren Mitspieler der eigenen Wahl notieren.
VARIANTE: Eine Phantasiegeschichte mit sich als einem Tier erfinden, erzählen (Was mache ich als Pferd alles im nächsten halben Jahr?).

Stichwörter
Gruppierung: Alle im Raum verteilt – Spieltempo: ruhig – Dauer: ca. 10-30 Min. – besonders spannend – eher ernst – beurteilen, einschätzen – Phantasie entwickeln – empathisch handeln – Interesse aneinander – Beziehungen – Normen, Rollen, Werte – Selbsterfahrung – Interaktionsspiel – gruppendynamisches Experiment

TIERPARK – PHANTASIETIERE
In Kleingruppen zusammen ein Tier erfinden und spielen

Material: Evtl. größere Tücher zum Ausstatten der Tiere; Schwungtuch oder Fallschirm zur Markierung eines Sees oder einer Manege.
Empfohlenes Mindestalter: 8 Jahre

Die Untergruppen bilden mit allen Mitgliedern ein lebendiges Wesen (Tier, Monster, Wesen vom anderen Planeten, Zirkustier). Dieses „Tier" soll sich fortbewegen, passende Töne von sich geben und einen Namen haben. Wenn die Lebewesen eine eigene Identität gefunden haben, bewegen sie sich in der Mitte des Raumes und begegnen den anderen. Gemeinsam fressen, baden, Zirkuskunststücke vorführen usw. Das Ende des Spiels ist offen, der Spielleiter braucht etwas Fingerspitzengefühl, es rechtzeitig zu beenden. Die Spieler sollten genug Raum zur Verfügung haben.
Anmerkung: Siehe auch Spiel TIERE ERWACHEN und TIERE IN ZEITLUPE.

Stichwörter
Gruppierung: Paare – Gruppierung: Kleingruppe mit 3 Personen – Gruppierung: Kleingruppe mit 4-6 Personen – Spieltempo: lebhaft – Dauer: ca. 10-30 Min. – Phantasie entwickeln – pantomimisch darstellen – geschickt verhalten – spontan handeln – Aktivierung bei Lustlosigkeit – Körperkontakt – Kooperation üben – Unterhaltung, geselliges Treffen – Darstellendes Spiel, Theaterspiel

TRAMPOLIN-SPIEL
Mit der Gruppe jemanden in kleinen Schritten an Trampolinspringen gewöhnen.

Material: mittelgroßes Trampolin
Empfohlenes Mindestalter: 8 Jahre

Eine Person legt sich bäuchlings auf ein großes Trampolin, die ganze Gruppe steht am Rand und drückt sanft im gleichen Rhythmus auf das Spanntuch, so daß der Liegende auf- und abschwingt. – Nächster Schritt: Jetzt setzen sich zwei Person Rücken an Rücken mit untergehakten Armen auf das Spanntuch des Trampolins. Sie können die Augen schließen. Wieder werden sie durch das gleichmäßige Herunterdrücken des Tuchs von der ganzen Gruppe vorsichtig bewegt. An den Schultern sollen beide gehalten werden, so daß sie nicht das Gleichgewicht verlieren. – Möglicher weiterer Schritt: Beide hocken sich einander zugewandt auf das Trampolin und geben sich ihre ausgestreckten Hände, langsam bewegen sie sich und schwingen auf und ab. – Schließlich zusammen aufstehen, gegenüberstehend springen (an Schultern festhalten).
VARIANTE: Auf einem kleinen, niedrigen Trimm-Trampolin mit geschlossenen Füßen, ganz steif federn. Ca. 6-8 Personen stehen um das Trampolin und schieben den Hüpfenden immer wieder zur Mitte, wenn er an den Rand gerät oder die Balance verliert. Er kann auch evtl. die Augen schließen und evtl. auf einem Bein hüpfen. Auf einem Trampolin nie jemanden ohne viele Hilfspersonen drumherum allein springen lassen!

Stichwörter
Gruppierung: Kreis – Spieltempo: ruhig – Dauer: ca. 10-30 Min. – eher ernst – anleitungsintensiv – blind wahrnehmen – konzentrieren – empathisch handeln – geschickt verhalten – Körperkontakt – Kooperation üben – motorische Sensibilisierung – Bewegungsspiel – Sportspiel – Entspannung, Ruhe – Geschicklichkeitsspiel

TRAU DICH
Kennenlernspiel um das Thema Partnerschaft

Material: Brettspiel (ZDL-Productions)
Empfohlenes Mindestalter: 14 Jahre
Für 4-8 Spieler

Ein paar nette Leute haben sich da wirklich ein tolles Kennenlernspiel ausgedacht, bei dem es um die Themen Partnerschaft und Traumpartner geht! Die Spieler stellen sich am Anfang ihren Traumpartner zusammen und müssen dann auf dem schön gestalteten Spielplan die Eigenschaften des Traumpartners „ablaufen“ und dort passende Fragen beantworten.

Stichwörter
Kleingruppe mit ca. 4 Personen – Brett-, Kartenspiel

TRAUMBERUFE

Jeder stellt seinen Traumberuf pantomimisch dar

Material: –
Empfohlenes Mindestalter: 15 Jahre

Jeder überlegt seinen Traumberuf (Kinderwunsch/heutiger Traumberuf/berufliche Alternative). Zu zweit wird überlegt, probiert und gegenseitig korri giert, wie der Beruf dargestellt werden könnte. Der Partner kann bei der Darstellung helfen. Dann Vorführungen (pantomimisch) und jeweils kurze Auswertung, warum es zu diesem Beruf nicht gekommen ist.
Evtl.: Berufswünsche vorher einschätzen!
Anmerkung: Das Spiel ist eine gute Methode in einem Ausdruckstraining.

Stichwörter
Gruppierung: Paare – Spieltempo: ruhig – Spieltempo: lebhaft – Dauer: ca. 30-120 Min. – raten, erforschen – beurteilen, einschätzen – konzentrieren – kreativ sein, improvisieren – darstellen (allg.) – pantomimisch darstellen – kennenlernen (allg.) – Interesse aneinander – Kooperation üben – Arbeitsplatz, Beruf – Biografie – Darstellendes Spiel, Theaterspiel

TUCHKRABBELN

Unter oder über großem Schwungtuch kriechen

Material: Schwungtuch (z.B. 7x7 m) oder Fallschirm
Empfohlenes Mindestalter: 5 Jahre

An allen vier Seiten eines großen viereckigen Tuchs (z.B. Schwungtuch) hocken gleichmäßig verteilt die Gruppenmitglieder und bewegen das Tuch so, daß Wellen entstehen. Dann wechseln die Spieler, die an zwei vom Spielleiter angesagten Seiten sitzen, die Plätze, indem sie unter dem Tuch hindurch auf die andere Seite krabbeln.
VARIANTE: Besonders schön (vor allem für Kinder) ist es, wenn 1-3 Personen mit geschlossenen Augen über das bewegte Tuch kriechen können.
Anmerkung: Eine passende Entspannungsmusik (vielleicht mit Wassergeräuschen) kann das Erlebnis noch vertiefen.

Stichwörter
Gruppierung: Alle im Raum verteilt – Spieltempo: action – Dauer: unter 10 Min. – geschickt verhalten – schnell reagieren – Aktivierung bei Lustlosigkeit – Körperkontakt – Unterhaltung, geselliges Treffen – Bewegungsspiel

TUCHSPIEL
Szenen-Improvisation mit kleinem Tuch

Material: Pro Mitspieler ein kleines Tuch, ggf. Taschentücher.
Empfohlenes Mindestalter: 6 Jahre

Jeder Teilnehmer hat ein Tuch und macht allen einen Vorschlag, was das Tuch darstellt. Die Mitspieler können sich in die Geschichte mit eigenen Einfällen einbringen, wann immer sie wollen. Die Geschichte entwickelt sich so, wie die Gruppe es will. Die Spielgruppe sollte sich gut kennen.

Stichwörter
Gruppierung: Alle im Raum verteilt – Spieltempo: lebhaft – Dauer: ca. 10-30 Min. – wahrnehmen (allg.) – kombinieren, planen – Phantasie entwickeln – medial darst.: malen, singen, bauen – empathisch handeln – spontan handeln – Kooperation üben – Darstellendes Spiel, Theaterspiel

TUNNELBALL
Bälle werden durch gegrätschte Beine rückwärts hindurchgespielt

Material: 1 Ball je Gruppe
Empfohlenes Mindestalter: 6 Jahre

Die Gruppe steht im Kreis, ca. 1,5 m Abstand zwischen den Spielern, grätscht die Beine. 2 Bälle werden rückwärts durch die Beine im Kreis herumgerollt. Die Bälle starten diagonal gegenüber. Hat der eine Ball den anderen eingeholt, ist das Spiel beendet.

Stichwörter
Gruppierung: Kreis – Spieltempo: action – Dauer: unter 10 Min. – konzentrieren – geschickt verhalten – schnell reagieren – Aktivierung bei Lustlosigkeit – Kooperation üben – Harmonisierung, Abschluß – Sportspiel – Geschicklichkeitsspiel

TÜCHERTANGRAM

Bei Musikstop mit kleinen Tüchern zusammen eine große Figur legen

Material: viele kleine Tücher oder je Teilnehmer 5 Bierdeckel, Musik
Empfohlenes Mindestalter: 5 Jahre

Jeder Mitspieler hat ein kleines Tuch (Taschentuch, Kopftuch, Stoffrest, Schal) – rechteckig, dreieckig oder rund. Tücherschwenkend wird nach der Musik durch den Raum getanzt. Bei Musikstop ruft der Spielleiter (oder ein Mitspieler) eine Figur, die ganz schnell aus allen Tüchern gelegt werden soll (ähnlich wie ein Tangram-Spiel). Die Figur soll dann von oben sichtbar sein. Z.B.: Stern, Fragezeichen, Violinschlüssel, Haus, Schiff, bestimmter Buchstabe, Weihnachtsbaum, Kamel, Fernsehturm, Kaffeekanne... Das Spiel ist auch gut geeignet für große Gruppen (über 30).
Anmerkung: Siehe auch KOOPERATIVES TÜCHERPUZZLE.

Stichwörter
Gruppierung: Alle im Raum verteilt – Spieltempo: action – Dauer: unter 10 Min. – wahrnehmen (allg.) – kombinieren, planen – kreativ sein, improvisieren – medial darst.: malen, singen, bauen – spontan handeln – Aktivierung bei Lustlosigkeit – Kooperation üben – Unterhaltung, geselliges Treffen – Bewegungsspiel

TYPEN DARSTELLEN

Gruppe denkt sich Typen aus und erprobt die Typisierungen

Material: –
Empfohlenes Mindestalter: 14 Jahre

Vierergruppen teilen sich in Paare. Jedes Paar überlegt zusammen für die beiden anderen Spieler, welchen Typ (Beruf, Alter, 2 Eigenschaften) diese wohl gut darstellen könnten. Die Überlegungen werden ausgetauscht und diskutiert. Dann wird eine Szene gespielt, in der die vorgeschlagenen Typen vorkommen. Auswertung.
Anmerkung: Die Spielgruppe sollte sich gut kennen. Das Spiel ist eine gute Methode in einem Ausdruckstraining. Das Spiel kann gut Teil eines Kreativitätstrainings sein.

Stichwörter
Gruppierung: Paare – Gruppierung: Kleingruppe mit 4-6 Personen – Spieltempo: lebhaft – Dauer: ca. 30-120 Min. – wahrnehmen (allg.) – beurteilen, einschätzen – Phantasie entwickeln – darstellen (allg.) – pantomimisch darstellen – empathisch handeln – Interesse aneinander – Kooperation üben – multithematisch – Darstellendes Spiel, Theaterspiel

U

UHU-TANZ
Zwei Körperteile kleben beim Partnertanz zusammen

Material: Lebhafte Tanzmusik
Empfohlenes Mindestalter: 5 Jahre

Paarweises Tanzen, aber mit „zusammenklebenden" Körperteilen, die der Spielleiter nacheinander ansagt, z. B. Ellenbogen, Ohr, rechte Pobacke, Fußsohle ... Es sollen sich nur die angesagten Körperteile berühren. Im Rhythmus bleiben!
Anmerkung: Ähnlich wie Tanzspiel ELLBOGEN ANS KNIE. Ein wenig lebt das Spiel vom Ansagen abwechslungsreicher Berührungen. Der Spielleiter kann durch das Auswählen intimerer oder „harmloserer" Kontaktstellen das Spiel sehr einfühlsam steuern.

Stichwörter
Gruppierung: Paare – Spieltempo: action – Dauer: unter 10 Min. – fühlen, ertasten – konzentrieren – geschickt verhalten – spontan handeln – Aktivierung bei Lustlosigkeit – Körperkontakt – Kooperation üben – Harmonisierung, Abschluß – Unterhaltung, geselliges Treffen – Tanzspiel

UMFRAGESPIEL
Methode für die Gruppenarbeit

Material: Behauptungszettel für jeden.
Empfohlenes Mindestalter: 12 Jahre

Jeder erhält die gleichen Zettel mit Behauptungen zu einem Thema. Jeder sortiert für sich die Zettel in 3 Häufchen: „Stimme zu" – „Stimme nicht zu" – „Weiß nicht, betrifft mich nicht". Dann legen alle ihre „Stimme- zu"-Zettel zusammen und so nebeneinander, daß man die Anzahl gut ablesen kann. Auffälligkeiten werden diskutiert und begründet.
Anmerkung: Man kann damit – ähnlich wie mit MEINUNGSSPEKTRUM die Meinungsumfrage allen sehr schnell optisch deutlich machen. Alle diskutieren motiviert mit, weil jeder sich vorher selbst entscheiden mußte. Es können auch Gruppen gebildet werden, deren Ergebnisse gegenübergestellt werden, z.B. Mädchen / Jungen.
Ganz ähnlich wie Spiel ICH MÜSSTE EIGENTLICH.

Stichwörter
Gruppierung: Alle im Raum verteilt – Gruppierung: Halbgruppen – Spieltempo: ruhig – Dauer: ca. 10-30 Min. – universell verwendbar – einfach, leicht – eher ernst – beurteilen, einschätzen – Thema kennenlernen – Interesse aneinander – Auswertung – spielerischer Meinungsaustausch – Sexualität – multithematisch – Methode für die Gruppenarbeit

UMWELTSCHUTZSPIEL
Puzzle und Würfelspiel zum Thema Entsorgung

Material: Brettspiel (Walter-Wolf Windisch)
Empfohlenes Mindestalter: 8 Jahre. Für 2-6 Spieler

Das ist ein Puzzle und Würfelspiel. Der Spielplan besteht aus 22 Puzzleteilen, die vor Spielbeginn zusammengefügt werden müssen. Desweiteren gibt es noch eine Vielzahl kleiner Puzzle-Teile (Müllteile) und Symbole für naturschützende Maßnahmen. Der Spielplan zeigt eine Landschaft und eine Stadt. Die Aufgaben der Spieler ist es, die Abfälle in die entsprechende Mülldeponie oder Verwertungsanstalt zu bringen. Darüber hinaus können die Spieler auf bestimmten Feldern Umweltschutzsymbole einpuzzeln.

Stichwörter
Kleingruppe mit ca. 4 Personen – Brett-, Kartenspiel

UND PLÖTZLICH
Aus witzigen Situationskombinationen eine Geschichte zusammenstellen und spielen

Material: Vorbereitete Zettel mit Situationen und Ereignissen
Empfohlenes Mindestalter: 8 Jahre

Jede Kleingruppe zieht aus 2 vorgegebenen Zettelstapeln je einen heraus.Diese zufällige Auswahl bildet eine witzige Kombination einer Situation („Ein Mann führt abends noch seinen Hund aus...“) mit einem Ereignis („...und plötzlich landet neben ihm ein verwirrter Fallschirmspringer.“). Diese Situation-Ereignis-Kombination soll als Ausgangspunkt einer Geschichte genommen werden.
Die Gruppe hat eine halbe Stunde Zeit, um die merkwürdigen Umstände zu klären, sie in eine Szene einzubauen und dann vorzuspielen.

Stichwörter
Gruppierung: Kleingruppe mit ca. 4 Personen – Spieltempo: lebhaft – Dauer: ca. 30-120 Min. – schwierig – witzig, besonders lustig – Vorführung üblich oder möglich – kreativ sein, improvisieren – Phantasie entwickeln – darstellen (allg.) – Kooperation üben – Unterhaltung, geselliges Treffen – Darstellendes Spiel, Theaterspiel

UNSER GRUPPEN-ABC

Wörter finden, die mit der Gruppe zu tun haben, auf ABC-Zettel malen

Material: 24 Zettel mit groß aufgemalten Buchstaben A-Z und viele Blätter und Stifte für die Spieler
Empfohlenes Mindestalter: 10 Jahre

Der Spielleiter hat im Raum die Zettel mit den ABC-Buchstaben verteilt hingelegt. Jeder Mitspieler soll sich mindestens 5 Begriffe einfallen lassen, die etwas über ihn persönlich, über seinen Arbeitsplatz und/oder seine Erwartungen an die Gruppe und Tagung aussagen. Alle Begriffe sollten – soweit es irgend geht – gemalt werden. Jeder Begriff auf einen extra Zettel. Alle Zettel sollen zu den entsprechenden ABC-Zetteln gelegt werden (entsprechend den Anfangsbuchstaben der gezeichneten Begriffe). Nun geht man mit der ganzen Gruppe das Alphabet ab, und einzelne Mitspieler können Erläuterungen zu ihren Zetteln geben. Bei mehr als 20 Teilnehmern soll jeder nur 2 Begriffe aufschreiben oder malen.

Stichwörter

Gruppierung: Alle im Raum verteilt – Spieltempo: ruhig – Dauer: ca. 10-30 Min. – Phantasie entwickeln – medial darst.: malen, singen, bauen – kennenlernen (allg.) – Namen lernen – Warming up – Malspiel

UNTERM FALLSCHIRM DURCHLAUFEN

Material: Fallschirm oder Schwungtuch
Empfohlenes Mindestalter: 6 Jahre

Immer wenn der Fallschirm von allen zu einer großen Kuppel hochbewegt wird, können einige unter ihm durchlaufen. Entweder ruft einer einen Namen, der zu ihm oder diagonal laufen soll, oder es werden vorher Gruppen gebildet (Nummern oder Himmelsrichtungen ...), die die Plätze tauschen sollen.
VARIANTE: Die übrigen Spieler können auch versuchen, laufende Spieler zu fangen.

Stichwörter

Gruppierung: Kreis – Spieltempo: action – Dauer: unter 10 Min. – wahrnehmen (allg.) – geschickt verhalten – schnell reagieren – Aktivierung bei Lustlosigkeit – motorische Sensibilisierung – Harmonisierung, Abschluß – Bewegungsspiel

UNTERM FALLSCHIRM VERSTECKT

Gruppenhälfte unter großem Tuch, die anderen ertasten durch das Tuch hindurch den Partner

Material: Fallschirm, Decken oder Tücher.
Empfohlenes Mindestalter: 8 Jahre

Paarbildung. Alle A-Teilnehmer hocken sich unter den Fallschirm (oder unter Decken, Tücher o. ä.), alle B-Teilnehmer, blind, laufen vorsichtig über den Fallschirm und suchen ihren Partner durch Ertasten. Haben sie ihn gefunden, können sie die Augen öffnen. Rollenwechsel. Der Spielleiter sollte zu sehr vorsichtigem Kriechen oder Laufen auffordern, damit keiner, der unter dem Tuch hockt, getreten oder gestoßen wird. – Falls ein Partner nicht gefunden wird, sollte der Spielleiter den zuständigen Sucher sanft dirigieren.

Stichwörter
Gruppierung: Halbgruppen – Spieltempo: ruhig – Dauer: unter 10 Min. – blind wahrnehmen – fühlen, ertasten – Interesse aneinander – Körperkontakt – Kim-(Wahrnehmungs-)spiel

UNTERSCHRIFTEN SAMMELN

Sich möglichst schnell viele Unterschriften aus der Gruppe holen

Material: Jeder ein Blatt (ca. DIN A 4) und einen Stift.
Empfohlenes Mindestalter: 10 Jahre

Jeder schreibt auf die linke Hälfte eines Blattes eine bestimmte Anzahl von Namen aus der Gruppe (z.B. 10 Namen etwa 2/3 der Gruppenmitglieder), die der Spielleiter vorliest. Dann sollen sich alle die Unterschriften dieser notierten Personen holen. Wer gerade schreibt, darf nicht angesprochen werden. Wer fertig ist, setzt sich zum Spielleiter.
Anmerkung: Das Spiel dient nicht dem Kennenlernen, sondern der Festigung der Namen. Ähnliches Spiel, aber mehr zum Kennenlernen ist: „DAS KANN ICH UNTERSCHREIBEN!“.

Stichwörter
Gruppierung: Alle im Raum verteilt – Spieltempo: action – Dauer: unter 10 Min. – einfach, leicht – ohne große Vorbereitung spielbar – erinnern – schnell reagieren – Namen lernen – Warming up – Wettkampf, Durchsetzung – sonstige Spielform

ÜBER STOCK UND STEIN
Pantomimisches Gehen über verschiedenartige Oberflächen

Material: –
Empfohlenes Mindestalter: 8 Jahre

Barfuß (pantomimisch) geht die Wanderung über moosige und harte, warme, heiße und kalte Böden über spitze Steine und durch dürres Laub..... (Spielleiter sagt das an)
Anmerkung: Siehe auch Spiel WIND UND WETTER, EBBE UND FLUT. Das Spiel ist eine gute Methode in einem Ausdruckstraining.

Stichwörter
Gruppierung: Alle im Raum verteilt – Spieltempo: lebhaft – Dauer: unter 10 Min. – schwierig – ohne große Vorbereitung spielbar – anleitungsintensiv – denken (allg.) – Phantasie entwickeln – pantomimisch darstellen – Warming up – motorische Sensibilisierung – Entspannung, Ruhe – pantomimisches Spiel

ÜBERRASCHUNGSSITUATIONEN – WAS WÄRE, WENN...
Wie reagierst du, wenn...? (Situation im Briefumschlag)

Material: Vorbereitete Zettel in Briefumschlägen.
Empfohlenes Mindestalter: 10 Jahre

Es wird reihum gewürfelt. In der Mitte liegen 2 Stapel Briefumschläge bereit. Hat jemand eine „3“, so nimmt er einen Briefumschlag von dem Stapel, in dem die leichteren Situationen sind. Hat jemand eine „6“, so nimmt er einen Umschlag vom anderen Stapel. Auf jedem Umschlag steht „Überraschungssituation“. In jedem Umschlag steckt ein Blatt, auf dem eine Situation steht. Der Spieler liest vor und erzählt dann (evtl. mit Hilfe anderer oder mit Nachfragen vom Spielleiter), was er in diesem Fall tun würde.
VARIANTE: Immer 2 würfeln, erhalten Umschlag, wenn sie zusammen eine 3 oder 6 haben. Haben drei Paare in der Runde einen Umschlag, dann dürfen sie geöffnet werden, die Paare können sich nun absprechen und dann gemeinsam antworten.

Stichwörter
Gruppierung: Kreis – Kleingruppe mit 3-8 Personen – Spieltempo: ruhig – Dauer: ca. 10-30 Min. – beurteilen, einschätzen – Phantasie entwickeln – Thema kennenlernen – spielerischer Meinungsaustausch – multithematisch – Methode für die Gruppenarbeit

VAMPIR
Im abgedunkelten Raum „beißen" Vampire die anderen

Material: verdunkelungsfähiger Raum
Empfohlenes Mindestalter: 12 Jahre

Alle gehen durch den völlig verdunkelten Raum. Der Spielleiter bestimmt leise einen Spieler, er ist der „Vampir", der jeden, den er trifft mit einem „Aaaah!" in den Hals „beißt". Der Gebissene muß laut und entsetzlich schreien. Durch den Biß wird der Gebissene ebenfalls zum Vampir. Beißen sich zwei Vampire, sind sie wieder zu Menschen zurückverwandelt, können aber vom nächsten beißwütigen Vampir wieder zum Vampir verwandelt werden. Der Spielleiter sollte den Spielern, die bei diesem Spiel Angst äußern, die Möglichkeit geben, nur als Zuhörer beteiligt zu sein – oder, wenn sie wollen, ganz auszusteigen.

Stichwörter
Gruppierung: Alle im Raum verteilt – Spieltempo: lebhaft – Dauer: unter 10 Min. – blind wahrnehmen – fühlen, ertasten – Phantasie entwickeln – schnell reagieren – Vertrauen entwickeln – Unterhaltung, geselliges Treffen – Interaktionsspiel

VERFOLGUNGSJAGD
Beim Gehen jemanden verfolgen, bei Musikstop ihn erwischen

Material: Musik oder gleichmäßiges Tamborin-Schlagen o.ä.
Empfohlenes Mindestalter: 10 Jahre

Alle gehen zur Musik kreuz und quer durch den Raum. Jeder sucht sich einen anderen Teilnehmer aus, den er möglichst unauffällig verfolgt. Beim Musikstop versucht jeder, sein „Opfer" zu fangen, das natürlich seinerseits auf jemand anderen zuläuft. Einige Durchgänge spielen.
Anmerkung: Das Spiel ist auch gut geeignet für große Gruppen (> 30).

Stichwörter
Gruppierung: Alle im Raum verteilt – Spieltempo: lebhaft – Dauer: unter 10 Min. – einfach, leicht – ohne große Vorbereitung spielbar – wahrnehmen (allg.) – geschickt verhalten – schnell reagieren – Warming up – Aktivierung bei Lustlosigkeit – Interesse aneinander – Unterhaltung, geselliges Treffen – Bewegungsspiel

VERJÜNGUNGSSPAZIERGANG

Alle stellen Menschen im Alter von 90 Jahren dar. Dann mit 70, mit 50 ...

Material: –
Empfohlenes Mindestalter: 10 Jahre

Die Spieler gehen durch den Raum und stellen sich auf ein Zeichen des Spielleiters vor, wie sie im Alter von 90 Jahren gehen und was sie dann so beschäftigen würde. Sie begegnen sich gegenseitig und unterhalten sich in der vorgestellten Weise miteinander, dabei wechseln sie oft den Gesprächspartner. Auf ein Zeichen des Spielleiters werden sie immer um 20 Jahre jünger, bis sie schließlich mit 10 in der Schule bzw. mit 5 im Kindergarten „landen" und entsprechend miteinander spielen.
VARIANTE: Die Verjüngung geschieht individuell ohne Spielleiter-Anweisung und muß bei einem vorher abgemachten Alter enden.
Anmerkung: Recht schwieriges Spiel, das sehr leicht in klischeehafte Darstellungen von Menschen verschiedenen Alters abgleitet, wenn nicht vorherdifferenzierte Darstellungen geübt wurden. Das Spiel ist eine gute Methode in einem Ausdruckstraining.

Stichwörter
Gruppierung: Alle im Raum verteilt – Spieltempo: lebhaft – Dauer: ca. 10-30 Min. – erinnern – beurteilen, einschätzen – Phantasie entwickeln – darstellen (allg.) – pantomimisch darstellen – spontan handeln – Entspannung, Ruhe – Biografie – Körpersprache – Darstellendes Spiel, Theaterspiel

VERRÜCKTE KLEINE SZENEN – DER GESPIELTE WITZ

Kurz beschriebene witzige Szenen in Kleingruppen spielen

Material: Je Kleingruppe 3 Szenenbeschreibungen (auch Witze).
Empfohlenes Mindestalter: 8 Jahre

Die Kleingruppen lesen sich ihre Szenen durch und wählen eine aus. Dann verteilen sie die Rollen, überlegen den allgemeinen Ablauf der Handlung und (wichtig:) den Schluß. Evtl. Requisiten zusammensuchen, Spielfläche festlegen. Unklare Stellen kurz anspielen. Vorspielen! Evtl. als Pantomime oder mit Musik. Die Spielgruppe sollte sich gut kennen.

Stichwörter
Gruppierung: Kleingruppe mit 3 Personen – Gruppierung: Kleingruppe mit 4-6 Personen – Spieltempo: lebhaft – Spieltempo: action – Dauer: ca. 30-120 Min. – kombinieren, planen – kreativ sein, improvisieren – Phantasie entwickeln – darstellen (allg.) – pantomimisch darstellen – spontan handeln – Körperkontakt – Kooperation üben – Unterhaltung, geselliges Treffen – multithematisch – Darstellendes Spiel, Theaterspiel

VERSTECKTE EIGENSCHAFT
Eigenschaftswörter mit Alltagstätigkeiten darstellen

Material: Vorbereitete Zettel
Empfohlenes Mindestalter: 10 Jahre

Die Teilnehmer ziehen reihum einen Zettel, auf dem ein Eigenschaftswort steht (geheimnisvoll, langsam, gründlich, fröhlich, vorsichtig) . Auf die Fragen: „Wie würdest du einen Apfel schälen (fernsehen, ein Eis essen, ...)?" versucht einer nach dem anderen, seinen „Typ" möglichst entsprechend zu spielen.
Anmerkung: Das Spiel ist eine gute Methode in einem Ausdruckstraining.

Stichwörter
Gruppierung: Einzelne gegenüber Gruppe – Spieltempo: lebhaft – Dauer: ca. 10-30 Min. – besonders spannend – eher ernst – ohne große Vorbereitung spielbar – Vorführung üblich oder möglich – wahrnehmen (allg.) – raten, erforschen – beurteilen, einschätzen – pantomimisch darstellen – Darstellendes Spiel, Theaterspiel – Ratespiel, Quiz

VERTAUSCHTE ROLLEN – GESCHLECHTSROLLENTAUSCH
Szenen mit vertauschten Rollenklischees spielen

Material: –
Empfohlenes Mindestalter: 14 Jahre

Kleingruppen bereiten kleine Szenen vor: Zwei Mädchen machen einen schüchternen Jungen an. Frau kommt von der Arbeit zum Hausmann nach Hause. Mann kann nicht Reifen wechseln und hält Wagen mit Frau an. Mann und Frau bereiten sich aufs Weggehen vor (er zu einem Nähkurs, sie zu einem Kung-Fu-Kurs). Chefin flirtet mit Sekretär. Mann diskutiert mit Frau, ob sie nicht doch bei der Geburt seines Kindes dabeisein sollte. Anschließend mit der Gruppe besprechen, warum einem solche Szenen eigentlich lustig vorkommen.
Anmerkung: Siehe auch Spiel MANN MACHT FRAU IM ZUG AN und HERRLICH-DÄMLICH.

Stichwörter
Gruppierung: Gruppe(n) vor Zuschauern – Spieltempo: lebhaft – Dauer: ca. 30-120 Min. – Vorführung üblich oder möglich – kreativ sein, improvisieren – darstellen (allg.) – Familie – Normen, Rollen, Werte – Sexualität – Darstellendes Spiel, Theaterspiel – Rollen-, Entscheidungs-, Planspiel

VERTAUSCHTE VISITENKARTEN
Zwei Spieler ordnen vertauschte Namenskärtchen den Spielern richtig zu

Material: Klebeschildchen oder Karteikarten mit Tesakrepp, Stifte
Empfohlenes Mindestalter: 8 Jahre

Jeder Mitspieler hat ein Kärtchen mit seinem Namen beschriftet und sich an die Brust geheftet. Dann verlassen die beiden Spieler, deren Namen zuerst im Alphabet kommen, den Raum oder schließen die Augen. Alle vertauschen ihre Namensschilder. Die beiden Spieler müssen dann die Schilder wieder richtig zuordnen. Ein zweiter Durchgang mit den beiden, deren Namen als letzte im Alphabet stehen.

Stichwörter
Gruppierung: Alle im Raum verteilt – Spieltempo: lebhaft – Dauer: unter 10 Min. – erinnern – Namen lernen – Aktivierung bei Lustlosigkeit – Interesse aneinander – Unterhaltung, geselliges Treffen – Kim-(Wahrnehmungs-)spiel

VERTRAUENSKREIS
Jemanden in einem Kreis von Stehenden hin- und herschwanken lassen

Material: evtl. Balancierscheibe (Sportkreisel)
Empfohlenes Mindestalter: 12 Jahre

Alle bilden einen dichten Kreis, einer stellt sich mit geschlossenen Augen in die Mitte, macht sich ganz steif, bleibt möglichst mit den Füßen in der Kreismitte stehen und läßt sich dann von den anderen hin- und herschwanken.
VARIANTE: Die Person in der Mitte stellt sich auf eine Balancierscheibe (Sportkreisel), schließt die Augen und macht sich ganz steif... Vorsicht: Scheibe darf nicht rutschen! Nicht schubsen, sondern federnd den „Schwankenden“ annehmen und weiterreichen.
VARIANTE: Es kann helfen, erst zu dritt zu beginnen: Einer wird sanft zwischen Zweien vor- und zurückgeschoben.

Stichwörter
Gruppierung: Kreis – Spieltempo: ruhig – Dauer: unter 10 Min. – blind wahrnehmen – fühlen, ertasten – empathisch handeln – Körperkontakt – Vertrauen entwickeln – motorische Sensibilisierung – Harmonisierung, Abschluß – Entspannung, Ruhe – Interaktionsspiel

VERTRETERSPIEL

Gegenstand anpreisen ohne ihn zu benennen

Material: Vorbereitete Zettel
Empfohlenes Mindestalter: 6 Jahre

Gegenstand auf Zettel. Einer soll am Marktstand einen Gegenstand anpreisen, den er nicht mit Namen nennen darf. Die Gruppe soll raten.

Stichwörter

Gruppierung: Einzelne gegenüber Gruppe – Spieltempo: lebhaft – Dauer: ca. 10-30 Min. – witzig, besonders lustig – ohne große Vorbereitung spielbar – Vorführung üblich oder möglich – raten, erforschen – konzentrieren – kreativ sein, improvisieren – darstellen (allg.) – präzise sprechen oder beschreiben – Unterhaltung, geselliges Treffen – Ratespiel, Quiz – Sprach-, Schreib-, Diskussionsspiel

VERWIRRTER NACHRICHTENSPRECHER

Beim Vorlesen von Nachrichten schnell auf Bilder oder Wörter reagieren und diese sinnvoll einbauen

Material: Mehrere kleine Nachrichtentexte aus der Zeitung und je Teilnehmer 3-4 Bilder aus Illustrierten oder Begriffekärtchen
Empfohlenes Mindestalter: 12 Jahre

Wer spielen möchte, erhält einen Bogen mit ca. 5 aufgeklebten Kurzmeldungen aus der Zeitung. Diese Texte soll sich jeder durchlesen und dann allen wie ein Nachrichtensprecher vorlesen. Zwischen jeder Meldung wird ihm vom Spielleiter ein Bild gezeigt, dessen Inhalt er als Nachricht spontan einbauen soll. Das muß nicht exakt sein, sondern kann ganz kreativ und lustig sein.
Spiel kann gut Teil eines Kreativitätstrainings sein.
VARIANTE: Statt Bildern zwischen den Nachrichten als „Sondermeldung" einzubauen, kann der Spielleiter auch Begriffekärtchen hochhalten, die halbwegs sinnvoll in die Meldung eingearbeitet werden sollen.
VARIANTE: Gruppen entwickeln zu Bildern eine Illustriertenstory (Yellow Press).

Stichwörter

Sprach-, Schreib-, Diskussionsspiel – kreativ sein, improvisieren – witzig, besonders lustig – Gruppierung: Einzelne gegenüber Gruppe – Methode für die Gruppenarbeit – spontan handeln – Phantasie entwickeln – Vorführung üblich oder möglich – schwierig – besonders spannend – Dauer: ca. 10-30 Min. – Spieltempo: ruhig

VERWURZELT

An gemalte Baumwurzeln schreibt jeder Stichwörter über seine Herkunft

Material: gr. Papierbögen, Stifte
Empfohlenes Mindestalter: 12 Jahre

Jeder Spieler nimmt ein großes Blatt Papier (mindest. DIN A3) senkrecht und malt einen großen Baum mit vielen Wurzeln auf. In die Krone schreibt er seinen Namen, um die Krone herum bzw. an die Äste schreibt er heutige Interessen, Menschen seiner aktuellen Umwelt, derzeitige Aktivitäten, und an die Wurzeln schreibt er in Stichworten, worin er „verwurzelt" ist: Herkunft, Familie, Ausbildung, Vorbilder, wichtige Ansichten...
Anmerkung: Viele ähnliche Spiele zu diesem Thema finden sich in Herbert Gudjons „Auf meinen Spuren", Reinbek (rororo) 1987.

Stichwörter
Gruppierung: Alle im Raum verteilt – Spieltempo: ruhig – Dauer: ca. 30-120 Min. – kreativ sein, improvisieren – medial darst.: malen, singen, bauen – kennenlernen (allg.) – Vertrauen entwickeln – Biografie – Familie – Malspiel

VIELE BEKÄMPFEN WENIGE

Große Gruppe mit kleinen Instrumenten soll ihren Rhythmus durch Kooperation gegen andere durchsetzen

Material: Instrumente vorbereiten: Löffel, Eimer...
Empfohlenes Mindestalter: 12 Jahre

Zwei Gruppen bilden. Gruppengrößenverhältnis: 1:3. Die kleine Gruppe besteht aus den Lauten, sie erhalten große, laute Instrumente (z. B. Eimer). Die größere Gruppe erhält helle, kleine Instrumente (z. B. Löffel). In getrennten Räumen wird vorbereitet: Gruppe „Laut" überlegt einen Rhythmus, den sie unbedingt beibehält. Die helle Gruppe überlegt, wie sie die andere aus dem Rhythmus bringen kann – aber nur mit Geräuschen. Die Hellen können sich zur neuerlichen Beratung zurückziehen, wenn es nicht gelingt.
Auswertung: Welche Strategien und Taktiken der Durchsetzung wurden versucht? Welche waren wie erfolgreich? Welche Ähnlichkeiten mit sonstigem Gruppenverhalten gibt es?

Stichwörter
Gruppierung: Kleingruppe mit 3-8 Personen – Spieltempo: action – Dauer: ca. 10-30 Min. – kombinieren, planen – konzentrieren – kreativ sein, improvisieren – geschickt verhalten – Wettkampf, Durchsetzung – Auswertung – Aggression, Konflikt – Politik, Frieden, Geschichte – Vorurteile, Außenseiter – Rollen-, Entscheidungs-, Planspiel

VIER AN EINEM REIFEN

Bewegungsimprovisation zu viert mit einem Gymnastikreifen

Material: Für jede Vierergruppe ein Reifen (Gymnastik- oder Hula-Hupp-Reifen); Musik mit unterschiedlichen Tempi
Empfohlenes Mindestalter: 14 Jahre

Immer vier Teilnehmer fassen gemeinsam an einem Gymnastikreifen an, schließen die Augen und sollen sich und den Reifen nach Musik bewegen. Dabei können sie zeitweilig den Reifen auch nur mit einer Hand anfassen oder sich kurzfristig auch mal (mit geschlossenen Augen) vom Reifen etwas wegbewegen. Anschließend soll darüber gesprochen werden, wie jeder die Kooperation oder auch die Auseinandersetzung erlebt hat, wer dominant war, ob die Bewegungen auch die Beziehungen des Teams untereinander gespiegelt haben, warum welche Phasen angenehm oder unangenehm waren.
Anmerkung: Gute symbolische Übung zum Thema Teamarbeit.

Stichwörter
Gruppierung: Kleingruppe mit ca. 4 Personen – Spieltempo: lebhaft – Dauer: unter 10 Min. – blind wahrnehmen – empathisch handeln – Kooperation üben – Auswertung – Beziehungen – Selbsterfahrung – gruppendynamisches Experiment – Tanzspiel – einfach, leicht – Wettkampf, Durchsetzung – Aggression, Konflikt – Arbeitsplatz, Beruf – Vorurteile, Außenseiter

VIER FLÄCHEN

Auf vier Flächen verschiedenartig tanzen oder etwas darstellen

Material: Tesakrepp, Kreidestriche oder ausgelegtes Seil, Musik
Empfohlenes Mindestalter: 6 Jahre

Die Spielfläche wird in vier gleiche Teile aufgeteilt (Tesakrepp). In jeder Teilfläche sollte man sich anders bewegen oder tanzen, z.B. in Zeitlupe, zu zweit Rücken an Rücken, wie Roboter, nur rückwärts.
VARIANTE: Inseln mit Tesakrepp oder Kreide kennzeichnen. Bei Musik tanzt man frei (oder mit Schwimmbewegungen) zwischen den Inseln. Bei Musikstop (und dem Ruf „Flut") muß sich jeder auf eine Insel retten und dort etwas darstellen, was auf einem Zettel steht (z.B. bestimmtes Tier, Indianer, Rundhütte, Beruf). Die Zettel können ausgewechselt werden.
Anmerkung: Das Spiel ist eine gute Methode in einem Ausdruckstraining.

Stichwörter
Gruppierung: Alle im Raum verteilt – Spieltempo: action – Dauer: unter 10 Min. – wahrnehmen (allg.) – geschickt verhalten – schnell reagieren – spontan handeln – Warming up – Aktivierung bei Lustlosigkeit – Unterhaltung, geselliges Treffen – Tanzspiel

VIERZEILER
Kleine Gedichte mit durcheinandergewürfelten Begriffen erstellen

Material: Zettel, Stifte
Empfohlenes Mindestalter: 10 Jahre

Jedes Spielpaar oder jeder Spieler bekommt drei Zettel. Auf den ersten schreibt er ein Lebewesen (kann auch Name eines Gruppenmitglieds sein), auf den zweiten ein Charaktermerkmal und auf den dritten eine Aktivität. Alle Zettel werden eingesammelt, gemischt und so wieder ausgeteilt, daß jeder ein anderes Lebewesen usw. erhält. Nun wird mit Hilfe der vorliegenden Begriffe ein Vierzeiler gedichtet. Das Spiel wird beendet, in dem die Gedichte vorgetragen und/oder in einem Gedichtband gesammelt werden.
VARIANTE: Mit Phantasiesprache einen Vierzeiler erstellen.
Anmerkung: Spiel kann gut Teil eines Kreativitätstrainings sein. Methode zum Geschichtenerfinden!

Stichwörter
Gruppierung: Kleingruppe mit 3 Personen – Spieltempo: ruhig – Dauer: ca. 10-30 Min. – kreativ sein, improvisieren – Phantasie entwickeln – darstellen (allg.) – pantomimisch darstellen – Kulturtechniken: Lesen, Schreiben – Kooperation üben – Sprach-, Schreib-, Diskussionsspiel

VIKTORIANISCHE HALBMASKEN
Spielmaterial für verschiedene Spielmöglichkeiten

Material: –
Empfohlenes Mindestalter: 6 Jahre

Es ist wirklich verblüffend, wie stark sie jedes Gesicht verändern: die schönen farbigen Kartonmasken. Es gibt Damen und Herren: insgesamt 32 verschiedene Typen (1 Satz, 8 Masken). Probier mal eine Maske aus: und schon hält dich jeder für einen Koch oder eine feine Dame mit Hut.

Stichwörter
Gruppierung ergibt sich; offenes Angebot – Puppen-, Masken-, Schattenspiel – Darstellendes Spiel, Theaterspiel – witzig, besonders lustig – einfach, leicht – Vorführung üblich oder möglich – Dauer: ca. 10-30 Min. – Spieltempo: lebhaft

VOGELHOCHZEIT
Das Vogelhochzeit-Lied in einer Spielaktion aufführen

Material: Große Pappteile, viele bunte Stoffstreifen, Äste, Blumen, Musik zum Tanzen, Decken
Empfohlenes Mindestalter: 4 Jahre

Eine große Spielaktion für Vorschulkinder, die auch gut z.B. vor Eltern aufgeführt werden kann: Das Lied wird gesungen, und dann wird überlegt, wie man dazu eine Aufführung machen kann: Vogelkostüme basteln, einen Baum mit Nest ausstatten (Karton, Wäschekorb,...), einen Vogeltanz überlegen. Es gibt ein Buch und eine dazu passende MC, in dem zahlreiche Anregungen für diese Spielaktion mit Fotos und Liedtexten enthalten sind: Rolf Zuckowski: Vogelhochzeit. Ravensburg (Otto Maier) 1988

Stichwörter
Gruppierung: Alle im Raum verteilt – Gruppierung: Gruppe(n) vor Zuschauern – Spieltempo: lebhaft – Dauer: ca. 30-120 Min. – einfach, leicht – anleitungsintensiv – produktorientiert – Vorführung üblich oder möglich – kreativ sein, improvisieren – Phantasie entwickeln – medial darst.: malen, singen, bauen – Kooperation üben – motorische Sensibilisierung – Unterhaltung, geselliges Treffen – Literatur, Märchen, Lyrik – Darstellendes Spiel, Theaterspiel – Musikspiel – Puppen-, Masken-, Schattenspiel – Spielaktion, Spielfest

VORSICHT – SPIELMUFFEL!
Impulsspiel für kleine pantomische Darstellungen

Material: Brettspiel (Ulrich Baer. Bezug: Robin-Hood-Versand, Remscheid)
Empfohlenes Mindestalter: 9 Jahre

Ein Spiel für kleine pantomimische Darstellungen für 3-8 Spieler.
Vorsicht vor dem Spielmuffel!

Stichwörter
Gruppierung: Kleingruppe mit ca. 4 Personen – Brett-, Kartenspiel

W

WACKELBODEN – GEISTERBAHN-BODEN

Eine Turnmatte o.ä. wird rollend auf Tennisbällen gelagert

Material: Turnmatte, mindestens zwanzig Tennisbälle
Empfohlenes Mindestalter: 4 Jahre

Als Teil der Station Geisterbahn bei einer Spielaktion oder als Teil eines Hindesnisparcours gut geeignet: Unter eine Turn- oder Judomatte werden viele Tennisbälle etwa gleichmäßig verteilt. Wenn man darüber geht oder krabbelt, schwankt der Boden, rollt leicht hin und her – das gibt ein tolles Abenteuergefühl, wenn man auch noch mit geschlossenen Augen sich darüberbewegt. Drumherum sollten doppelt gelegte feste Matten liegen. Aufpassen, daß sich beim eventuellen Umfallen keiner verletzt, wenn er über den Rand hinauskommen sollte.

Stichwörter

Gruppierung: Einzelne gegenüber Gruppe – Spieltempo: lebhaft – Dauer: unter 10 Min. – besonders spannend – gut als Überleitung zw. Spielen – geschickt verhalten – Material erproben oder gestalten – Sportspiel – sonstige Spielform – einfach, leicht – Unterhaltung, geselliges Treffen – Spielaktion, Spielfest

WAHRSAGERZELT

Wahrsagen mit Brimborium drumherum

Material: Glaskugel (es geht auch umgedrehte gläserne Salatschüssel), 2 Sitzkissen, Zelt aus dunklem Stoff, 24 Wahrsagekarten
Empfohlenes Mindestalter: 12 Jahre

Der Spieler nimmt gegenüber dem Wahrsager Platz und legt seine aktive (rechte) Hand auf die magische Kugel, die linke Hand (die Hand des Gefühls) zieht mehrere Karten und deckt sie auf. Dabei konzentriert sich der Spieler auf eine Frage. Anhand der Karten wird dem Spieler nun wahrgesagt. Wichtig dabei ist: keine negativen Ausagen, keine bindenden Aussagen machen, nicht zu ernst sprechen, aber durch Sprachveränderungen magische Atmosphäre schaffen.

Stichwörter

Gruppierung ergibt sich; offenes Angebot – Spieltempo: ruhig – Dauer: ca. 10-30 Min. – universell verwendbar – einfach, leicht – Phantasie entwickeln – empathisch handeln – Unterhaltung, geselliges Treffen – Entspannung, Ruhe – Biografie – Zukunft – Ulk-, Theken-, Partyspiel

WALDKUNST – WALDGEISTER
Eine Spielaktion mit Material aus dem Wald

Material: Naturmaterial, für Waldgeister: Kreppapier, Alufolie, Klebstoff, Scheren, Stoffbänder...
Empfohlenes Mindestalter: 12 Jahre

Einen Spaziergang in den Wald unternehmen. Dort liegt viel herum: Baumreste, Blätter, Äste, loser Boden. Aus diesen Resten lassen sich imposante Gebilde, Skulpturen, kurz: Waldkunst gestalten.
VARIANTE: Waldgeister verkleiden sich, üben verschiedene Tänze ein (Wassergeister, Trolle, Feen ...).

Stichwörter
Gruppierung: Kleingrupppe mit ca. 4 Personen – Spieltempo: action – Dauer: ca. 30-120 Min. – Phantasie entwickeln – darstellen (allg.) – spontan handeln – Umgebung kennenlernen – Aktivierung bei Lustlosigkeit – Kooperation üben – Harmonisierung, Abschluß – Unterhaltung, geselliges Treffen – Umwelt, Natur, Ökologie – Materialspiel,Werken

WALDMEDITATION
Sich im Wald hinhocken und auf Geräusche achten...

Material: –
Empfohlenes Mindestalter: 14 Jahre

Die Gruppe wird aufgefordert in den Wald zu gehen und folgendes zu tun:
- sich einen Platz im Laub oder im hohen Gras suchen und sich bequem hinlegen
- sich konzentrieren auf alle Laute und zuhören
- wie riecht der Wald, wie riechen die Blätter, die Gräser
- wie fühlen sich die Blätter, Gräser, Moose an
- wie wirkt der Wald, wenn man die Augen schließt
- wie spürt man den Wind (Regen?)
- was wirkt störend; was bewirkt das Gegenteil
- welche Ideen kommen mir in den Kopf.

Nach einer vorher festgelegten Zeit kommen alle zusammen und tauschen ihre Erfahrungen/Erlebnisse aus.

Stichwörter
Gruppierung: Alle im Raum verteilt – Spieltempo: ruhig – Dauer: ca. 10-30 Min. – wahrnehmen (allg.) – blind wahrnehmen – fühlen, ertasten – konzentrieren – Entspannung, Ruhe – meditatives Spiel

WALDSCHATTENSPIEL

Kooperatives Versteck-und Suchspiel bei Kerzenschein

Material: Brettspiel
Empfohlenes Mindestalter: 7 Jahre. Für 2 – 7 Spieler

Der Reiz der Spiels ist sein völlig einmaliges Spielmaterial: ein Teelicht erhellt den Spielplan, auf dem vorher einige Holztannenfiguren gestellt wurden. Diese werfen nun bizarre Schatten, in denen sich die Spielfiguren verstecken müssen... Ein sehr schönes Spiel mit zwei Varianten. Und außerdem recht preiswert (für diese Ausstattung!).

Stichwörter

Gruppierung: Kleingruppe mit ca. 4 Personen – Brett-, Kartenspiel

WALDSPAZIERGANG

Bäume, Vögel, Ameisen u.ä. in einem kleinen Bewegungsspiel spielen

Material: –
Empfohlenes Mindestalter: 4 Jahre

Der Spielleiter lädt zu einem Waldspaziergang ein, und alle sollen die angesagten Dinge immer gleich mitspielen: Bäume strecken sich empor und schwanken im Wind. Vögel fliegen von Ast zu Ast. Da gibt es ein wildes Gekrabbel im Ameisenhaufen (sich gegenseitig mit den Händen im Nacken krabbeln, beim Durcheinanderlaufen). Ein Specht hackt gegen den Stamm (an Wand oder auf Boden klopfen). Wildschweine reiben sich gegenseitig am Rücken. Eichhörnchen hüpfen flink umher. Der Dackel vom Jäger pinkelt an die Bäume. Waldgeister tanzen auf einer Lichtung. Blätter fallen im Herbst und bedecken den Waldboden.

Stichwörter

Gruppierung: Alle im Raum verteilt – Spieltempo: lebhaft – Dauer: unter 10 Min. – universell verwendbar – gut als Überleitung zw. Spielen – Phantasie entwickeln – darstellen (allg.) – pantomimisch darstellen – spontan handeln – Warming up – Aktivierung bei Lustlosigkeit – motorische Sensibilisierung – Bewegungsspiel – einfach, leicht – Unterhaltung, geselliges Treffen – Entspannung, Ruhe

WALZWERK – NORDSEEWELLENREITEN

Über andere rollen oder jemanden durch Rollen weitertransportieren

Material: –
Empfohlenes Mindestalter: 8 Jahre

Die Spieler liegen nebeneinander mit dem Kopf in einer Richtung auf dem Bauch. Der letzte Spieler legt sich quer, also rechtwinklig zu den Liegenden auf die Pos der letzten 3 oder 4 Spieler (auf den Rücken oder Bauch, wie er will) und streckt seine Arme nach vorn. Jetzt drehen sich die Liegenden um die eigene Achse, so daß der Obenliegende wie auf Walzen weitertransportiert wird. Wenn es die Raumgröße erlaubt, können sich die letzten „Walzen" wieder vorn hinlegen, so daß der Transportweg länger wird.
VARIANTE: Die Spieler bleiben liegen, ein Spieler wälzt sich (mit dem Kopf in gleicher Richtung wie die Liegenden) über die anderen hinweg, also parallel zu den Liegenden.
Anmerkung: Die „Walzen" müssen einen gleichmäßigen Drehrhythmus finden, sonst entstehen leicht Lücken zwischen den „Walzen".

Stichwörter

Spieltempo: action – Dauer: unter 10 Min. – gut als Überleitung zw. Spielen – konzentrieren – geschickt verhalten – Aktivierung bei Lustlosigkeit – Körperkontakt – Kooperation üben – Unterhaltung, geselliges Treffen – Bewegungsspiel

WANDZEITUNG ZUM ABSCHIED
Wichtiges aufmalen

Material: große Papierbahn
Empfohlenes Mindestalter: 14 Jahre

Auf dem Boden oder auf einem Tisch wird eine große Papierbahn ausgebreitet (ca. 2-3 qm), in die Mitte werden ausreichend viele Stifte (am besten Filzstifte) gelegt. Die Gruppe schweigt, während jetzt alle gemeinsam auf der Wandzeitung notieren, malen, symbolisieren, was an der gemeinsamen Arbeit für jeden wichtig war. Es ist erwünscht und gestattet, den Standort zu wechseln, zu lesen, was andere geschrieben haben, Kommentare oder Zeichen hinzuzufügen usf. (20 Min.) Die Stifte werden beiseite gelegt und jeder nimmt sich Zeit, um die Zeitung herumzugehen und sich alles in Ruhe durchzulesen und zubetrachten. (10 Min.) Ein gemeinsames Gespräch kann sich anschließen.

Stichwörter
Gruppierung: Alle im Raum verteilt – Spieltempo: ruhig – Dauer: ca. 10-30 Min. – universell verwendbar – einfach, eicht – eher ernst – produktorientiert – erinnern – beurteilen, einschätzen – Phantasie entwickeln – medial darst.: malen, singen, bauen – Auswertung – spielerischer Meinungsaustausch – Malspiel – Methode für die Gruppenarbeit

WARTEZIMMER
Kleingruppe stellt pantomimisch Wartezimmersituation dar, andere raten

Material: –
Empfohlenes Mindestalter: 10 Jahre

Die Gruppe stellt pantomimisch (nach kurzer Vorbereitungszeit) vor Zuschauern eine Situation in einem Wartezimmer dar. Die Zuschauer sollen raten, um was für ein Wartezimmer, um welche Krankheiten oder Arten von Patienten es sich handelt (Bahnhofs-Wartesaal oder Bus-Wartehäuschen oder Warteschlange vor Damentoilette oder Arzt-Wartezimmer oder Warteraum im Arbeitsamt oder Zeugen-Wartebank bei Gericht, Tiere im Tierarzt-Wartezimmer).
Anmerkung: Das Spiel ist eine gute Methode in einem Ausdruckstraining.

Stichwörter
Gruppierung: Gruppe(n) vor Zuschauern – Spieltempo: lebhaft – Dauer: ca. 10-30 Min. – besonders spannend – schwierig – Vorführung üblich oder möglich – raten, erforschen – beurteilen, einschätzen – Phantasie entwickeln – pantomimisch darstellen – Kooperation üben – Unterhaltung, geselliges Treffen – Darstellendes Spiel, Theaterspiel

WAS FEHLT DEM JUNGEN MANN?

Paare denken darüber nach, was einem jungen Mann fehlt

Material: Ein Foto mit einem jungen Mann in einem leeren Raum mit weißen Wänden
Empfohlenes Mindestalter: 12 Jahre

Paare erhalten das phantasieanregende Bild. Sie sollen sich möglichst weitgehend in die abgebildete Person hineinversetzen und sich mindestens drei Dinge, Gefühle, Personen oder Situationen einfallen lassen, die dem jungen Mann in dem kahlen Raum fehlen könnten. Die drei Dinge sollen hineingemalt oder hineingeschrieben werden. Anschließend mit anderen Paaren die Einfälle diskutieren. In der Gesamtgruppe kann man dann eine Liste der meistgenannten Dinge machen.
Die Antworten bei diesem imaginativen Spiel haben natürlich viel mit den Wünschen derjenigen zu tun, die das Spiel spielen.
Welche drei Dinge braucht man als Jugendlicher unbedingt? Was wurde vor allem als Gag genannt? Wer von uns hat alle genannten Dinge ausreichend?
Falls Sie ein solches Foto nicht zur Hand haben: Man kann auch eine Abbildung eines Jugendlichen am Umriß ausschneiden und auf weißes Papier kleben.

Stichwörter
Gruppierung: Paare – Spieltempo: ruhig – Dauer: ca. 10-30 Min. – eher ernst – produktorientiert – beurteilen, einschätzen – Phantasie entwickeln – spielerischer Meinungsaustausch – multithematisch – Normen, Rollen, Werte – Zukunft – Methode für die Gruppenarbeit

WASCHSTRASSE
Alle spielen eine Autowaschanlage, einzelne gehen langsam hindurch

Material: evtl. rhythmische Musik
Empfohlenes Mindestalter: 10 Jahre

Jeder spielt einen Teil einer Autowaschstraße: Bürsten, Trockenleder, Shampoodüse, Wasserstrahl, usw.. Einer nach dem anderen kriecht durch diese Waschstraße.
VARIANTE: Stellt euch vor, ihr seid eine Autowaschanlage, einige sind Bürsten, andere Luftdüsen zum Trocknen usw.. Die zwei letzten der Doppelreihe sind nun Schmetterlinge, die sich in eine Waschstraße verirrt haben. Nach der Musik bewegen diese sich durch die Waschstraße. Wird einer von einer Bürste o.ä. berührt, so verwandelt er sich in eine Bürste, und die Bürste, die den Schmetterling berührt hat, beginnt am Eingang der Waschstraße als Schmetterling. Das Spiel endet, wenn jeder einmal Schmetterling war oder wenn die Musik aufhört. Schönes Massage-Spiel.

Stichwörter
Gruppierung: Alle im Raum verteilt – Spieltempo: lebhaft – Dauer: ca. 10-30 Min. – fühlen, ertasten – konzentrieren – kreativ sein, improvisieren – empathisch handeln – geschickt verhalten – Aktivierung bei Lustlosigkeit – Körperkontakt – Kooperation üben – motorische Sensibilisierung – Harmonisierung, Abschluß – Unterhaltung, geselliges Treffen – Entspannung, Ruhe – Bewegungsspiel

WELCHE GESCHICHTE ERZÄHLEN DIE BILDER ?
Begegnungen spielen, raten

Material: Personenbilder
Empfohlenes Mindestalter: 14 Jahre

Paare. Bilder mit je 1 Person und Hintergrund. Jedes Paar erhält 2 Bilder: 2 Personen, die sich begegnen. Sie spielen die Begegnung (pantomimisch?) vor. Anderen sollen raten, welchen Grund es für die Begegnung gibt, was das für Leute sind usw..
Anmerkung: Siehe auch Spiel PERSONENERFINDUNG.

Stichwörter
Gruppierung: Paare – Gruppierung: Gruppe(n) vor Zuschauern – Spieltempo: lebhaft – Dauer: ca. 10-30 Min. – schwierig – eher ernst – Vorführung üblich oder möglich – wahrnehmen (allg.) – raten, erforschen – beurteilen, einschätzen – pantomimisch darstellen – Kooperation üben – multthematisch – pantomimisches Spiel

WELTSICHERHEITSRAT
Simulation einer Entscheidungssituation um eine gerechte Verteilung

Material: Schilder mit Ländernamen, Karte der Antarktis
Empfohlenes Mindestalter: 15 Jahre

Kleingruppen: Jede Gruppe stellt einen realen Staat dar. Objekt der Verhandlung ist die Antarktis, die an einen Staat oder mehrere vergeben werden soll. Jeder Staat überlegt vorher seine Interessen. Durch Verhandlungen soll eine Lösung gefunden werden. Es beginnt damit, daß ein Staat bestimmt werden muß, der den Vorsitz führt. Der Vorsitz kann gewechselt werden.
VARIANTE: Ein ähnliches, fantastischeres Rollenspiel ließe sich auch anhand des drohenden Untergangs des sagenumwobenen „Atlantis" konstruieren und spielen!
Anmerkung: Es kann spannender und konkreter sein, wenn eine Karte von der Antarktis mit eingezeichneten Bodenschätzen in die Mitte gelegt wird. Die Umweltschutz-Organisation „Greenpeace" führt eine Kampagne für einen „Weltpark Antarktis" durch, von dort gibt es Info-Material.

Stichwörter
Gruppierung: Kleingruppe mit 3 Personen – Spieltempo: lebhaft – Dauer: ca. 30-120 Min. – beurteilen, einschätzen – denken (allg.) – kombinieren, planen – kreativ sein, improvisieren – handeln (allg.) – Wettkampf, Durchsetzung – Aggression, Konflikt – Politik, Frieden, Geschichte – Umwelt, Natur, Ökologie – Wissen erweitern – Rollen-, Entscheidungs-, Planspiel

WER FEHLT DENN DA?
Paar rät blind, wer herausgegangen ist

Material: Evtl. Tücher zum Augenverbinden
Empfohlenes Mindestalter: 8 Jahre

Ein Ratepaar schließt die Augen, jemand aus der übrigen Gruppe verläßt den Raum, und ganz schnell soll das Paar durch Ertasten herausfinden, wer fehlt. Das Paar darf sich absprechen und evtl. arbeitsteilig vorgehen.
VARIANTE: Zwei oder drei aus der Gruppe verlassen den Raum.
Anmerkung: Das Spiel ist besonders für die Anfangsphase eines Gruppentreffens gut geeignet.

Stichwörter
Gruppierung: Alle im Raum verteilt – Gruppierung: Paare – Spieltempo: ruhig – Dauer: unter 10 Min. – einfach, leicht – eher ernst – ohne große Vorbereitung spielbar – wahrnehmen (allg.) – blind wahrnehmen – erinnern – raten, erforschen – fühlen, ertasten – konzentrieren – kennenlernen (allg.) – Interesse aneinander – Kim-(Wahrnehmungs-)spiel

WER FRAGT GEWINNT – BEGRIFFE RATEN
Wörter durch Einkreisen erraten

Material: –
Empfohlenes Mindestalter: 10 Jahre

Einer denkt sich einen Begriff aus (kann auch eine Gruppe oder der Spielleiter sein), und ein anderer oder eine Gruppe soll ihn erraten durch Fragen, auf die nur Ja oder Nein geantwortet werden soll (Ausnahme: Angekündigte Hilfen). Einzige Information, die die Ratenden erhalten, ist der Bereich, zu dem der Begriff gehört: Lebewesen oder Pflanzenreich oder Mineralreich (zum jeweiligen Bereich gehören auch die verarbeiteten Stoffe).
Anmerkung: Dieses Spiel war über Jahrzehnte eine sehr erfolgreiche Rundfunksendung in Berlin.

Stichwörter
Gruppierung: Paare – Gruppierung: Einzelne gegenüber Gruppe – Gruppierung: Gruppe(n) vor Zuschauern – Spieltempo: lebhaft – Dauer: ca. 10-30 Min. – besonders spannend – einfach, leicht – eher ernst – ohne große Vorbereitung spielbar – Vorführung üblich oder möglich – raten, erforschen – denken (allg.) – konzentrieren – Unterhaltung, geselliges Treffen – Wissen erweitern – Ratespiel, Quiz

WER HAT DAS CHRISTKIND GEKLAUT?
Suchspiel

Material: Brettspiel (Bezug: Robin-Hood-Versand, Remscheid)
Empfohlenes Mindestalter: 10 Jahre

Für 3 – 9 pfiffige Leute, die das Christkind wiederfinden wollen. Bewacht wird das in der Vorweihnachtszeit geklaute Christkind von einem Mitarbeiter der Wach- und Schließgesellschaft. Versucht es in der Kirche, im Kaufhaus „Hortie“, im Rathaus oder im Fernsehen wiederzufinden. Ein weihnachtlich grüner Spielplan und witzige Aufgaben sind eure Hilfsmittel.

Stichwörter
Gruppierung: Kleingruppe mit ca. 4 Personen – Brett-, Kartenspiel

WER HAT DIE MEISTEN KNÖPFE? – LEUTE BEOBACHTEN
Alle in der Gruppe beim Herumgehen genau beobachten

Material: Musik
Empfohlenes Mindestalter: 4 Jahre

Alle gehen – während leise Musik läuft – umeinander herum und beobachten sich genau: Zu Beginn ist eine Aufgabe gestellt worden: Wer hat die meisten Knöpfe? Stoppt die Musik, sollen alle demjenigen mit den meisten (sichtbaren) Knöpfen die Hand auf die Schulter legen. Fragenbeispiele: Wer hat von einer Farbe die meisten Kleidungsteile? Wer hat die meisten Accessoires (Uhr, Brille, Schmuck...)? Wer hat am meisten Weiß äußerlich sichtbar? Wer hat den längsten Mittelfinger?...

Stichwörter
Gruppierung: Alle im Raum verteilt – Spieltempo: ruhig – Dauer: unter 10 Min. – einfach, leicht – eher ernst – ohne große Vorbereitung spielbar – wahrnehmen (allg.) – konzentrieren – kennenlernen (allg.) – Warming up – Unterhaltung, geselliges Treffen – Kim-(Wahrnehmungs-)spiel

WER NICHT HÖREN WILL – ERZIEHUNGSSPRÜCHE
Szenen um Sprüche herum erfinden

Material: –
Empfohlenes Mindestalter: 15 Jahre

Jeder wird sich bei einigem Nachdenken an Erziehungssprüche erinnern, z. B.: „Wer nicht hören will...; Solange du deine Beine...; Mußt du selbst wissen, ich rede dir da nicht rein." Solche Sätze lassen sich in gespielte Szenen umsetzen, in denen die Sätze einfach enthalten, erläutert oder karikiert sind. Ein Gespräch über Sinn und Unsinn solcher Sätze schließt sich an.
VARIANTE: Eine Familienszene wird vorgespielt. Immer wenn Vater oder Mutter einen eingeplanten Spruch sagen sollen, machen sie eine Pause und lassen das Publikum raten und sagen, was für ein Spruch jetzt „dran wäre". Es können auch stereotype Redewendungen aus der Schule oder vom Arbeitsplatz gesammelt und dann dargestellt werden, z.B. sog. Killerphrasen „Das haben wir noch nie gemacht." – „Sowas hat aber auch seine Nachteile...".

Stichwörter
Gruppierung: Kleingruppe mit ca. 4 Personen – Spieltempo: lebhaft, Dauer: ca. 30-120 Min. – schwierig – witzig, besonders lustig – ohne große Vorbereitung spielbar – Vorführung üblich oder möglich – erinnern – Phantasie entwickeln – darstellen (allg.) – Kooperation üben – Aggression, Konflikt – Biografie – Familie, Schule – Darstellendes Spiel, Theaterspiel

WER SPRICHT VIEL, WER WENIG
Gruppe teilt sich mit Selbsteinschätzung in Viel- und Wenigredner

Material: Evtl. Arbeitspapier „TZI-Regeln“ (nach Ruth Cohn)
Empfohlenes Mindestalter: 14 Jahre

Die Gruppe teilt sich in zwei Untergruppen: die, die viel reden; die, die wenig reden. Zunächst sprechen die Gruppen unter sich, warum sie sich so eingeordnet haben und wie sie sich dabei fühlen. Dann folgt ein Gespräch aller über die Gedanken und Erkenntnisse der Kleingruppen, auch über die Frage, wie ich aus meiner Position (z.B. wenig reden) herauskomme, wie die anderen dann besser auf mich Rücksicht nehmen könnten. Der Gesprächsleiter kann im Auswertungsgespräch gut die TZI-Regeln einführen.
Anmerkung: Die Übung setzt eine längere Gruppenarbeit voraus. Das Spiel benötigt eine ungestörte, ernste Gruppensituation.

Stichwörter
Gruppierung: Alle im Raum verteilt – Spieltempo: ruhig – Dauer: ca. 10-30 Min. – beurteilen,einschätzen – Aktivierung bei Lustlosigkeit – Interesse aneinander – Auswertung – Angst – Beziehungen – Selbsterfahrung – Sprach-, Schreib-, Diskussionsspiel – gruppendynamisches Experiment

WERBEKAMPAGNE
Kleingruppen entwerfen Werbespot für bestimmtes Thema

Material: entweder keines oder Plakate, Fotos, Stifte, Scheren ...
Empfohlenes Mindestalter: 12 Jahre

Die Kleingruppen sollen Werbekampagnen für ein bestimmtes Thema, z.B. den Frieden, entwickeln und durchführen. Dazu einigen sich die Spieler auf materialloses Spiel (Film, TV) oder Materialspiel (Plakate, Wandbilder, Ausstellungen, ...). Nach einer 15 Min. Vorbereitung werden die Produkte in Großgruppen vorgeführt.
Am Ende der Vorführungen wird über Art und Inhalte der Kampagnen und über den Leerformelcharakter vieler Friedensappelle gesprochen. Als Hilfe für die Gruppen sollte der Spielleiter eine Rolle zuweisen: Waschmittel-Werbeagentur; Bürgerinitiative; Sozialarbeiter; Bundeswehr-Werbeagentur...
VARIANTE: Themen Umwelt; ein Gruppenmitglied; Arbeitsplätze; Jugend.

Stichwörter
Gruppierung: Kleingruppe mit ca. 4 Personen – Spieltempo: ruhig – Spieltempo: lebhaft – Dauer: ca. 30-120 Min. – kreativ sein, improvisieren – darstellen (allg.) – medial darst.: malen, singen, bauen – Thema kennenlernen – Kooperation üben – Arbeitsplatz, Beruf – Ausländer – Politik, Frieden, Geschichte – Umwelt, Natur, Ökologie – multithematisch – Darstellendes Spiel, Theaterspiel

WERBUNG RATEN

Werbefotos aus Illustrierten nachstellen und damit verulken

Material: Illustrierte.
Empfohlenes Mindestalter: 8 Jahre

Jede Gruppe bekommt eine Anzeigenseite aus einer Illustrierten und soll das Foto nachstellen. Dabei können Gegenstände, Landschaft usw. auch von Personen dargestellt werden. Eine Gruppe beginnt und alle (oder Partnergruppe) raten, für welches Produkt geworben wird, was alles auf dem Foto ist. Durch das Darstellen mit Personen wird viel über die Werbung gelacht und die Klischees darin werden veralbert.

Stichwörter

Rollen-, Entscheidungs-, Planspiel – Gruppierung: Kleingruppe mit 3 Personen – Spieltempo: lebhaft – Dauer: ca. 10-30 Min. – wahrnehmen (allg.) – raten, erforschen – beurteilen, einschätzen – kreativ sein, improvisieren – Phantasie entwickeln – pantomimisch darstellen – spontan handeln – Körperkontakt – Kooperation üben – Unterhaltung, geselliges Treffen – Politik, Frieden, Geschichte – Normen, Rollen, Werte – Massenmedien – multithematisch – Darstellendes Spiel, Theaterspiel

WETTER- UND BAUERNREGELN ERFINDEN

Ein richtiges Regenwetterspiel

Material: –
Empfohlenes Mindestalter: 12 Jahre

Neue Regeln erfinden, z.B. „Besser es regnet jetzt, als wenn die Sonne scheint." – „Kräht der Hahn auf dem Mist, so ändert sich das Wetter, oder es bleibt, wie es ist." – „Im November, im November ist es zu kalt für Sommerhemder." Es können auch absurde Regeln sein, Hauptsache sie reimen sich. Anregungen gibt es regelmäßig auf der „Dingsbums"-Seite der Illustrierten STERN. Am besten sammelt man zu Beginn einige in der Gruppe bekannte Bauern- und Wetterregeln. Spiel kann gut Teil eines Kreativitätstrainings sein.

Stichwörter

Gruppierung: Kleingruppe mit 3 Personen – Spieltempo: ruhig – Dauer: ca. 10-30 Min. – ohne große Vorbereitung spielbar – produktorientiert – denken (allg.) – kreativ sein, improvisieren – Phantasie entwickeln – medial darst.: malen, singen, bauen – Unterhaltung, geselliges Treffen – Wissen erweitern – Sprach-, Schreib-, Diskussionsspiel

WETTER-MASSAGE

Gruppe massiert in verschiedener Weise einen Teilnehmer und symbolisiert dabei Regen, Sturm usw.

Material: Je Gruppe eine Decke, evtl. harmonische Entspannungsmusik
Empfohlenes Mindestalter: 10 Jahre

Einer legt sich bäuchlings auf die Decke, die anderen knieen sich drumherum und massieren ihn sanft und gleichmäßig: Nieselregen (Fingerspitzentrommeln), dicke Regentropfen (mit Zeige- und Mittelfinger klopfen), Schauer (mit Händen kräftig im gleichen Rhythmus von oben nach unten streichen), Sturm (leicht hin- und herrollen), wärmender Sonnenschein (Hände flach auflegen), Tauwetter (abstreifen). Jeder sollte mal drankommen.
Anmerkung: Das Spiel benötigt eine ungestörte, ernste Gruppensituation. Sensibler Körperkontakt, einem etwas Gutes tun und geschicktes Zusammenwirken in der Gruppe sind die pädagogisch fruchtbarsten Elemente dieses Spiels.

Stichwörter
Gruppierung: Kleingruppe mit 4-6 Personen – Spieltempo: ruhig – Dauer: ca. 10-30 Min. – eher ernst – ohne große Vorbereitung spielbar – wahrnehmen (allg.) – blind wahrnehmen – fühlen, ertasten – konzentrieren – empathisch handeln – Körperkontakt – Kooperation üben – Vertrauen entwickeln – motorische Sensibilisierung – Harmonisierung, Abschluß – Entspannung, Ruhe – Gefühle – Sexualität – Interaktionsspiel

WETTERKARTE – WIE WAR DAS KLIMA

Für jeden Veranstaltungsabschnitt malt jeder ein Wettersymbol

Material: große Papierbögen, Filzstifte
Empfohlenes Mindestalter: 10 Jahre

Graphische Methode zur Auswertung von Gruppenarbeit: Für jeden Abschnitt des Gruppenprozesses, der Veranstaltung oder für jede abgelaufene Arbeitsphase soll jeder Teilnehmer ein Wettersymbol malen – so, wie es ihm in der Gruppe ging und wie weit er etwas von der Gruppenarbeit hatte: Sonne – hab mich wohlgefühlt; Blitz/Gewitter – es gab Konflikte; Nebel (drei waagerechte Striche) – es blieb undurchsichtig und verschwommen... Alle malen ihre Symbole auf, und man bespricht gemeinsam Auffälligkeiten.

Stichwörter
Methode für die Gruppenarbeit – Malspiel – Auswertung – medial darst.: malen, singen, bauen – beurteilen, einschätzen – produktorientiert – ohne große Vorbereitung spielbar – eher ernst – Dauer: ca. 10-30 Min. – Spieltempo: ruhig – Gruppierung: Einzelne gegenüber Gruppe – Gruppierung: Alle im Raum verteilt

WETTERKARTE DARSTELLEN
Fernseh-Wetterkarte als pantomimische Szene spielen

Material: –
Empfohlenes Mindestalter: 4 Jahre

In der Gruppe wird überlegt, wie die verschiedenen Wettererscheinungen und -symbole dargestellt werden können. Dann üben und einer anderen Gruppe als neuartige Fernseh-Wettervorhersage vorführen: Sonnenaufgang, Wirbelsturm, Regen, Donner, Schnee, Hagel, Nebel, Kälte, Glatteis, ...
VARIANTE: Auch als Auswertung geeignet: ähnlich wie WETTERKARTE.

Stichwörter
Gruppierung: Kleingruppe mit 3-8 Personen – Spieltempo: lebhaft – Dauer: ca. 10-30 Min. – kreativ sein, improvisieren – pantomimisch darstellen – Körperkontakt – Kooperation üben – Harmonisierung, Abschluß – Darstellendes Spiel, Theaterspiel

WIEGE
Die ganze Gruppe wiegt jemanden in einem festen Tuch

Material: Fallschirm, Schwungtuch, Wolldecke
Empfohlenes Mindestalter: 4 Jahre

Alle fassen das große Tuch bzw. den Fallschirm kräftig an (evtl. den Tuchrand ein paar Mal zusammendrehen). Es sollte eine Fläche von ca. 3x3 m entstehen, ggf. das Tuch doppelt nehmen. Unter die Mitte eine Matratze, Matte, einige Kissen o.ä. legen! Dann legt sich einer auf das Tuch, alle heben ihn hoch und schaukeln ihn sanft hin und her. Langsam wieder absenken.
Anmerkung: Vorsichtig durchführen, keine abrupten Bewegungen und immer auf die Sicherheit achten!

Stichwörter Gruppierung: Kreis – Spieltempo: ruhig – Dauer: ca. 10-30 Min. – einfach, leicht – ohne große Vorbereitung spielbar – empathisch handeln – Körperkräfte trainieren – Aktivierung bei Lustlosigkeit – Kooperation üben – Vertrauen entwickeln – motorische Sensibilisierung – Harmonisierung, Abschluß – Entspannung, Ruhe – Materialspiel, Werken

WIND IM WALD – DURCHPUSTEN
Jemand geht durch ein Labyrinth, wird bei Hindernissen angepustet

Material: –
Empfohlenes Mindestalter: 6 Jahre

Die Gruppe steht dichtgedrängt, einer soll quer durch diesen „Wald“ mit geschlossenen Augen hindurchfinden, ohne gegen Bäume zu stoßen. Ein hilfreicher Wind weht durch den Wald. Kommt der einsame nächtliche Wanderer einem Baum zu nahe, spürt er den Wind, der durch die Blätter rauscht (er wird angepustet und weiß dann, daß dort ein Hindernis ist). Aufpassen: Unbedingt ganz langsam gehen und sich auf jeden Windhauch konzentrieren.

Stichwörter
Gruppierung: Alle im Raum verteilt – Spieltempo: ruhig – Dauer: unter 10 Min. – universell verwendbar – eher ernst – ohne große Vorbereitung spielbar – wahrnehmen (allg.) – Vertrauen entwickeln – motorische Sensibilisierung – Entspannung, Ruhe – Interaktionsspiel

WIND UND WETTER
Spieler spielen simultan vom Spielleiter angesagtes Wetter

Material: –
Empfohlenes Mindestalter: 8 Jahre

Der Spielleiter erzählt eine Geschichte, in der verschiedene Wetterverhältnisse vorkommen, und die Spieler verhalten sich immer sofort entsprechend, spannen bei Regen einen Schirm auf u. dgl.: Innerhalb weniger Minuten erleben die Spieler arktische Kälte und tropische Hitze, Seelüftchen und Tornados, Regen, Hagel und lachende Sonne. Geschichte z.B. Weltreise per Flugzeug.
VARIANTE: Die Spieler spielen eine Touristengruppe und besichtigen die Orte, die der Spielleiter nennt. Immer wenn er das Wort Sonne erwähnt, müssen sich alle sofort mit dem Rücken auf den Boden legen und „sonnen“.
Ähnlich wie die Variante ist das Spiel EBBE UND FLUT.

Stichwörter
Gruppierung: Alle im Raum verteilt – Gruppierung: Spielleitung und Kleingruppe – Spieltempo: lebhaft – Dauer: unter 10 Min. – universell verwendbar – ohne große Vorbereitung spielbar – anleitungsintensiv – Vorführung üblich oder möglich – Phantasie entwickeln – pantomimisch darstellen – schnell reagieren – spontan handeln – Warming up – Aktivierung bei Lustlosigkeit – Harmonisierung, Abschluß – pantomimisches Spiel

WIND UND WOLKEN – WETTERVORHERSAGE
Hälfte der Gruppe liegt auf dem Boden, während die anderen mit einem Fallschirm Wind machen

Material: Fallschirm oder Schwungtuch
Empfohlenes Mindestalter: 6 Jahre

Die Hälfte der Gruppe liegt sternförmig (Köpfe nach innen, Gesicht nach oben) unter dem Fallschirm, die übrigen bewegen den Fallschirm hoch und runter, wodurch viel Wind erzeugt wird (Liegende evtl. Augen zu). Durch Wellenbewegung mit dem Fallschirm werden Wolken und Sturm erzeugt. Eine wärmende Schneedecke wird durch Absenken des Fallschirms auf die Liegenden erzeugt. Auf straff gespanntem Fallschirm einen dicken gelben Luftballon (evtl. mit Wasser drinnen schwerer machen) als Sonne kreisen lassen. Die „Wettervorhersage" jeweils ansagen.
Anmerkung: Das Spiel ist auch gut geeignet für große Gruppen (> 30).

Stichwörter Gruppierung: Halbgruppen – Spieltempo: ruhig – Spieltempo: lebhaft – Dauer: unter 10 Min. – eher ernst – einfach, leicht – wahrnehmen (allg.) – blind wahrnehmen – fühlen, ertasten – Harmonisierung, Abschluß – Entspannung, Ruhe – meditatives Spiel

WIPPLES
Spielmaterial für verschiedene Spielmöglichkeiten

Material: Wipples (spezielles Spielgerät) (Henri Huston. Naef, Schweiz)
Empfohlenes Mindestalter: 6 Jahre
Für 1-2 oder mehr Spieler.

Geschicklichkeits- und Konzentrationsspiel. Eine kleine Kugel muß von einem Holzbecher in den anderen umgefüllt werden. Allerdings sitzen die Becher am Ende eine ständig zitternden Drahts. Nerven behalten und nicht lachen! Ein Fetenspaß! Kann man gut mit Jugendgruppen selbst bauen.

Stichwörter
Geschicklichkeitsspiel – Materialspiel, Werken – Gruppierung: Paare – geschickt verhalten – konzentrieren – Dauer: ca. 10-30 Min. – Spieltempo: ruhig

WIR SIND EIN AUTO
Alle stellen Teile eines Transportmittels dar

Material: –
Empfohlenes Mindestalter: 8 Jahre

Die Teilnehmer tun so, als ob sie Gegenstände oder Gegenstandsteile sind. Ein Spieler sagt z. B.: „Ich bin ein Autorad"; die nächsten sind vielleicht die Hupe, die Scheinwerfer, das Lenkrad, die Tür, der Scheibenwischer ... Bevor ein Spieler sich pantomimisch als Gegenstand einbaut, sagt er der Gruppe, was er darstellen wird. Fährt das Auto, kann eine neue Gruppe beginnen: Vielleicht spielt sie eine Kneipe, einen Fahrstuhl, eine Schreibmaschine, Tisch mit Stuhl und Besteck ... Der Phantasie sind keine Grenzen gesetzt.
Anmerkung: Siehe auch Spiel MASCHINE-SPIEL.

Stichwörter
Gruppierung: Alle im Raum verteilt – Spieltempo: action – Dauer: unter 10 Min. – kombinieren, planen – kreativ sein, improvisieren – darstellen (allg.) – geschickt verhalten – spontan handeln – Körperkontakt – Kooperation üben – Unterhaltung, geselliges Treffen – pantomimisches Spiel

WO STEHE ICH? – WAS FEHLT?
Alle gehen mit geschlossenen Augen und stellen sich den Raum vor

Material: evtl. Musik
Empfohlenes Mindestalter: 6 Jahre

Alle sollen nicht zu schnell, aufmerksam kreuz und quer durch den Raum gehen; auf ein Händeklatschen des Spielleiters (oder bei Musikstop) bleiben alle sofort stehen und schließen die Augen. Jeder soll sich jetzt daran erinnern, in welcher Richtung er im Raum steht, wo die Möbel im Raum stehen und wer um ihn herumsteht. Nach einigen Sekunden Bedenkzeit sagt der Spielleiter, daß man nun wieder die Augen öffnen könne und seine Erinnerung überprüfen könne. Dann geht es wieder eine Runde weiter. Je nach Lust der Gruppe drei- bis fünfmal wiederholen.
VARIANTE: Aufmerksam durch den Raum gehen, bei Signal Augen schließen. Der Spielleiter (oder ein Spieler) nimmt einen Gegenstand weg. Alle bei Signal wieder Augen auf. Wer es als erster sagt, darf den nächsten Gegenstand wegnehmen.

Stichwörter
Gruppierung: Alle im Raum verteilt – Spieltempo: ruhig – Dauer: unter 10 Min. – universell verwendbar – einfach, leicht – ohne große Vorbereitung spielbar – wahrnehmen (allg.) – erinnern – konzentrieren – Umgebung kennenlernen – Warming up – Kim-(Wahrnehmungs-)spiel

WOLKENBETT – WASSERBETT
Einer legt sich über die Rücken Kniender

Material: ggf. 1 Decke je Gruppe; Entspannungsmusik.
Empfohlenes Mindestalter: 12 Jahre

Einer legt sich rücklings auf die Rücken der anderen Spieler, die nebeneinander vorgebeugt knien (Hundeposition). Dann schaukeln die Spieler den auf ihnen Liegenden (der die Augen schließen sollte) sanft und im koordinierten Rhythmus hin und her, langsam auf und ab. Jeder sollte mal drankommen. Hilfreich ist eine Decke als Unterlage für die Knie. Ein Spiel, das sowohl entspannend mit sehr sanften, einfühlsamen Bewegungen, als auch sehr lustig und lebhaft mit bewußt holprigen Bewegungen gespielt werden kann. Immer aber ist eine gute Kooperation der Spieler nötig, die das Bett (oder auch das „Boot") darstellen.

Stichwörter
Gruppierung: Kleingruppe mit 4-6 Personen – Spieltempo: lebhaft – Dauer: unter 10 Min. – witzig, besonders lustig – ohne große Vorbereitung spielbar – gut als Überleitung zw. Spielen – fühlen, ertasten – konzentrieren – empathisch handeln – geschickt verhalten – Aktivierung bei Lustlosigkeit – Körperkontakt – Kooperation üben – Vertrauen entwickeln – motorische Sensibilisierung – Harmonisierung, Abschluß – Unterhaltung, geselliges Treffen – Entspannung, Ruhe – Bewegungsspiel

WORT-PAARE
Zettel mit Wort-Paaren zum Zusammenstellen von Gruppen

Material: Vorbereitete Zettel
Empfohlenes Mindestalter: 8 Jahre

Der Spielleiter verteilt Zettel, auf denen Wort-Paare stehen (z.B.: zusammengesetzte Hauptwörter wie „Burg"- „Tor" oder Ober- und Unterbegriffe wie „Spiel" - „Würfel" - „Ball" - „Regel"). Die Spieler mit zusammenpassenden Wortzetteln müssen sich finden.
VARIANTE: Sprichwörter-Teile; Liedertext-Teile; zusammengehörende Gegenstände (z.B. Hammer – Nagel oder Zigarette – Aschenbecher – Streichholz, oder Messer – Gabel – Löffel).

Stichwörter
Gruppierung: Alle im Raum verteilt – Spieltempo: ruhig – Dauer: unter 10 Min. – wahrnehmen (allg.) – kombinieren, planen – kreativ sein, improvisieren – Warming up – Aufteilung in Untergruppen – Sprach-, Schreib-, Diskussionsspiel

WORTSCHÖPFUNGEN
Neue Wörter erfinden, malen, spielen

Material: –
Empfohlenes Mindestalter: 8 Jahre

Wir erfinden neue Wörter: Regenlöffel, Autoblume, Waldschlauch, Ringstuhl, Frauenkiste. Wer will, darf sie auch gleich zeichnen oder sonstwie darstellen: Erfindermesse spielen. Geschichten mit diesen Wörtern erfinden, spielen. Gut als Vorübung geeignet, um eine große Spielaktion „Leben in Atlantis" zu spielen.
Anmerkung: Spiel kann gut Teil eines Kreativitätstrainings sein.

Stichwörter
Gruppierung: Paare – Spieltempo: ruhig – Spieltempo: lebhaft – Dauer: ca. 10-30 Min. – ohne große Vorbereitung spielbar – produktorientiert – Vorführung üblich oder möglich – kreativ sein, improvisieren – Phantasie entwickeln – darstellen (allg.) – medial darst.: malen, singen, bauen – Kulturtechniken: Lesen, Schreiben – Darstellendes Spiel, Theaterspiel – Sprach-, Schreib-, Diskussionsspiel

WÖRTER BILDEN
Sich mit einzelnen Buchstaben-Blättern zu Wörtern zusammenstellen

Material: gr. Buchstabenblätter oder -kartons
Empfohlenes Mindestalter: 10 Jahre

Jeder Spieler erhält ein Buchstabenblatt (DIN A4 Blatt mit groß aufgemaltem Buchstaben). Alle sollen Wörter bilden, indem sich die Spieler mit passenden Buchstaben nebeneinander stellen. Für eine Gruppenaufteilung kann der Spielleiter vorher eine bestimmte Buchstabenzahl für die Wörter genannt haben: „Bildet 6 Wörter – jedes hat 5 Buchstaben!"
VARIANTE: Wörter in Kreuzworträtselart verbinden.

Stichwörter
Gruppierung: Alle im Raum verteilt – Spieltempo: ruhig – Dauer: unter 10 Min. – kombinieren, planen – konzentrieren – kreativ sein, improvisieren – spontan handeln – Kulturtechniken: Lesen, Schreiben – Warming up – Aufteilung in Untergruppen – Kooperation üben – Sprach-, Schreib-, Diskussionsspiel

WÖRTER PANTOMIMISCH SPIELEN

Eine Gruppe stellt die Buchstaben eines Wortes als Pantomime gemeinsam dar, andere raten

Material: –
Empfohlenes Mindestalter: 8 Jahre

Halbgruppen. Jede Gruppe denkt sich ein Wort mit 6-8 Buchstaben aus. Für jeden Buchstaben soll ein Begriff (mit diesem Anfangsbuchstaben) pantomimisch gemeinsam (!) dargestellt werden. Dann spielen die Gruppen ihre 8 Begriffe vor, die jeweils zuschauende Gruppe bringt die Anfangsbuchstaben der geratenen Begriffe in die richtige Reihenfolge und errät so das 8-Buchstaben-Wort.

Stichwörter
Gruppierung: Halbgruppen – Spieltempo: lebhaft – Dauer: ca. 10-30 Min. – wahrnehmen (allg.) – raten, erforschen – kombinieren, planen – Phantasie entwickeln – pantomimisch darstellen – Kooperation üben – Unterhaltung, geselliges Treffen – pantomimisches Spiel

WÖRTERQUIZ

Längstes Wort aus Buchstaben bilden.

Material: Zeitung, Stoppuhr
Empfohlenes Mindestalter: 10 Jahre

2-3 Spieler oder Teams können mitspielen. Ein Spielleiter sucht (z.B. aus der Zeitung) ein langes Wort heraus. Die Spieler sollen aus den Buchstaben ein möglichst langes Wort bilden. Evtl. mit Zeitmessung.

Stichwörter
Gruppierung: Spielleitung und Kleingruppe – Spieltempo: lebhaft – Dauer: ca. 10-30 Min. – besonders spannend – einfach, leicht – ohne große Vorbereitung spielbar – Vorführung üblich oder möglich – denken (allg.) – konzentrieren – kreativ sein, improvisieren – Kulturtechniken: Lesen, Schreiben – Aktivierung bei Lustlosigkeit – Wettkampf, Durchsetzung – Unterhaltung, geselliges Treffen – Wissen erweitern – Ratespiel, Quiz – Sprach-, Schreib-, Diskussionsspiel

WÖRTERSCHLANGE

Kette zusammengesetzter Hauptwörter bilden

Material: –
Empfohlenes Mindestalter: 10 Jahre

Die Teilnehmer sitzen im Kreis. Der erste nennt ein Wort, der zweite hängt ein passendes Wort an. Der dritte Spieler bildet mit dem zweiten Teil und einem neuen Wort wieder einen sinnvollen Begriff. Wer steckenbleibt, gibt u.U. ein Pfand: z.B. Sommer – Sommerzeit – Zeitlupe – Lupengriff – Griffarbe – Farbschachtel – Schachtelrand – Randfigur.....
VARIANTE: Letzter muß mit erstem Buchstaben übereinstimmen.
Anmerkung: Spiel kann gut Teil eines Kreativitätstrainings sein.
Siehe auch Spiel PANTOMIMISCHE WÖRTERKETTE.

Stichwörter

Gruppierung: Kreis – Spieltempo: ruhig – Dauer: ca. 10-30 Min. – einfach, leicht – eher ernst – Selbstläufer, keine Anleitung – ohne große Vorbereitung spielbar – kombinieren, planen – konzentrieren – Kulturtechniken: Lesen, Schreiben – Unterhaltung, Geselliges Treffen – Sprach-, Schreib-, Diskussionsspiel

WUNDERGARTEN

Kooperationsspiel zum Anlegen eines Gartens

Material: Brettspiel (Hildegard und Eberhard Klippstein. Verlag Herder, Freiburg)
Empfohlenes Mindestalter: 4 Jahre. Für 2-4 Spieler

Jeder Spieler bepflanzt einen Garten. Aber es muß geschafft sein, bevor sich die Gewitterwolke zusammengezogen hat. Ein einfaches schönes Kooperationsspiel für jüngere Kinder.

Stichwörter

Gruppierung: Kleingruppe mit ca. 4 Personen – Brett-, Kartenspiel

WUNSCHZETTEL – WÜNSCHE AN DAS NEUE JAHR

Wünsche aus einer Liste auswählen; raten, wer was gewüscht hat

Material: Liste mit Wünschen, Papierwand
Empfohlenes Mindestalter: 10 Jahre

Jeder bekommt eine Liste mit albernen, ernsten, realistischen und völlig utopischen Wünschen. Nun schreibt jeder auf einen Zettel einen dieser Wünsche und (evtl.) einen zweiten selbst ausgedachten Wunsch dazu. Der Spielleiter liest jeden Zettel vor und heftet ihn an ein Plakat. Alle geben Tips ab, von wem der Wunschzettel wohl sein könnte. Diese Namen werden dahinter geschrieben. Zum Schluß wird alles aufgeklärt.
Anmerkung: Besonders günstig zu spielen vor dem Jahreswechsel, vor Gruppen-Jubileen, vor Fahrten (soll dann auf der Fahrt realisiert werden). Siehe auch Spiel DU HAST DREI WÜNSCHE FREI.

Stichwörter
Gruppierung: Kreis – Spieltempo: ruhig – Dauer: ca. 10-30 Min. – besonders spannend – raten, erforschen – beurteilen, einschätzen – kreativ sein, improvisieren – Interesse aneinander – Selbsterfahrung – Zukunft – Sonstige Spielform – gruppendynamisches Experiment

WÜNSCHE MALEN

Anderen gute Wünsche aufs Blatt malen

Material: große Papierbögen, Wachsmalkreide
Empfohlenes Mindestalter: 14 Jahre

Jeder Teilnehmer erhält ein großes Blatt Papier, versehen mit seinem Namen. Jeder malt jedem Teilnehmer darauf ein Symbol für etwas, das er ihm wünscht. Anschließend drückt jeder Teilnehmer seine Empfindungen darüber aus. Danach erläutern die anderen ihre Symbole.
Anmerkung: Siehe auch Spiel SEHNSUCHT

Stichwörter
Gruppierung: Kreis – Spieltempo: ruhig – Dauer: ca. 30-120 Min. – wahrnehmen (allg.) – erinnern – beurteilen, einschätzen – konzentrieren – Phantasie entwickeln – medial darst.: malen, singen, bauen – empathisch handeln – kennenlernen (allg.) – Interesse aneinander – Beziehungen – Biografie – Selbsterfahrung – Malspiel – gruppendynamisches Experiment

WÜNSCHE NENNEN – DU HAST DREI WÜNSCHE FREI

Auf einer Wunschliste drei Wünsche ankreuzen

Material: Vorbereitete Liste mit Wünschen, evtl. Klebepunkte
Empfohlenes Mindestalter: 12 Jahre

Verteilt wird eine Liste mit Wünschen, von denen sich jeder drei aussuchen kann, die einem eine gute Fee vielleicht erfüllt. Die Liste sollte für alle aus einem realen Bereich (Beruf, Schule, private Situation) sein. Über die Wünsche, die am meisten genannt werden, sollte gemeinsam gesprochen werden: Warum sind das die beliebtesten Veränderungswünsche? Wie realistisch ist ihre Verwirklichung, was sind die größten Hindernisse?

Stichwörter
Gruppierung: Kreis – Arbeitsplatz, Beruf – Familie – Spieltempo: ruhig – Dauer: ca. 10-30 Min. – beurteilen, einschätzen – Interesse aneinander – spielerischer Meinungsaustausch – multithematisch – Beziehungen – Schule – Zukunft – Methode für die Gruppenarbeit – Sprach-, Schreib-, Diskussionsspiel

Z

ZEHN SCHRITTE

Mit Positionen im Raum sich Sympathien bewußtmachen

Material: –
Empfohlenes Mindestalter: 12 Jahre

Stellt euch irgendwo im Raum hin, wo ihr euch wohl fühlt. Ihr habt insgesamt zehn Schritte zur Verfügung, versucht euch mit denen zusammenzustellen, die ihr jetzt gerne in eurer Nähe haben wollt. Alle gehen gleichzeitig los: Ihr habt 2 Schritte. Dann schaut euch um. Jetzt habt ihr 5 Schritte. – Nun 2 Schritte. Sprecht anschließend über das Beziehungsmuster in eurer Gruppe. Die Schritte langsam nacheinander machen, eventuell erst zwei, dann drei, dann vier.
Das Spiel benötigt eine ungestörte, ernste Gruppensituation. – Nur in einer gruppendynamisch unkomplizierten Situation anwenden (d.h. beispielsweise nicht bei Außenseitern in der Gruppe – es sei denn, man möchte das Problem mittels dieses Spiels besprechbar machen).

Stichwörter Gruppierung: Alle im Raum verteilt – Spieltempo: ruhig – Dauer: unter 10 Min. – wahrnehmen (allg.) – beurteilen, einschätzen – medial darst.: malen, singen, bauen – empathisch handeln – Interesse aneinander – Auswertung – Aggression, Konflikt – Beziehungen – Selbsterfahrung – Interaktionsspiel – gruppendynamisches Experiment

ZELT IM WIND
Alle setzen sich unterm Fallschirm/Schwungtuch auf den Tuchrand

Material: Fallschirm oder Riesenschwungtuch (möglichst rund)
Empfohlenes Mindestalter: 6 Jahre

Alle kriechen (z.B. mit dem Spiel KROKODIL IM NIL) unter den Fallschirm und setzen sich innen so auf den Schirmrand, daß sie sich mit dem Rücken gegen das Tuch lehnen können. Ist der Fallschirm dann straff gespannt, kann sich die ganze Gruppe leicht hin- und herwiegen. Angenehmes Spiel z.B. zum Abschluß mehrerer Fallschirmspiele.

Stichwörter
Gruppierung: Kreis – Spieltempo: ruhig – Dauer: unter 10 Min. – konzentrieren – Kooperation üben – Harmonisierung, Abschluß – Entspannung, Ruhe – Materialspiel, Werken

ZEUGE GESUCHT – FILM BESCHREIBEN
Fragen zu Details aus einem kurzen Videofilm oder kurz gezeigten Bild beantworten können

Material: Vorbereitete Videofilmausschnitte oder Bilder/Plakate und dazu entwickelte Fragen
Empfohlenes Mindestalter: 8 Jahre

Spielpaare sehen sich den Videofilmausschnitt (oder das Bild kurze Zeit) an und erhalten dann 3 – 5 Fragen zu Details aus dem Film, nach Farben, kleinen Einzelheiten, kurz sichtbaren Texten o.ä.. Die Filmausschnitten können auch von mehreren Spielpaaren gleichzeitig angesehen werden.
Anmerkung: Gut für Spielfeste, sogar hervorragend in Disko-Spielfesten mit Ausschnitten aus Video-Clips!

Stichwörter
Spielaktion, Spielfest – Ratespiel, Quiz – Unterhaltung, geselliges Treffen – Wettkampf, Durchsetzung – Gruppierung: Paare – Kim- (Wahrnehmungs-) spiel – multithematisch – Kooperation üben – präzise sprechen oder beschreiben – konzentrieren – erinnern – wahrnehmen (allg.) – Vorführung üblich oder möglich – anleitungsintensiv – eher ernst – besonders spannend – Dauer: ca. 10-30 Min. – Spieltempo: ruhig

ZIPP-ZAPP
Namen der Nachbarn aufsagen

Material: –
Empfohlenes Mindestalter: 5 Jahre

Einer steht in der Mitte, deutet auf jemand im Kreis und sagt ZIPP oder ZAPP oder ZIPP-ZAPP. Bei ZIPP muß der angesprochene Teilnehmer den Namen seines linken, bei ZAPP den Namen seines rechten Nachbarn sagen. Auf Händeklatschen Platzwechsel. VARIANTE: Bei mehreren ZIPP-ZAPPs mehrere Nachbarnamen sagen.

Stichwörter
Gruppierung: Kreis – Spieltempo: ruhig – Dauer: unter 10 Min. – erinnern – konzentrieren – Namen lernen – sonstige Spielform

ZIRKUSKUNSTSTÜCKCHEN MIT GERÄTEN
Kleine akrobatische Übungen auf Bewegungsgeräten

Material: Pedalo, Balancierscheibe, Skateboard o.ä.
Empfohlenes Mindestalter: 8 Jahre

Zu zweit und zu dritt sollen kleine akrobatische Kunststückchen auf Bewegungsgeräten geübt und (z.B. im Rahmen einer Kinderzirkus-Vorstellung) vorgeführt werden: Beispielsweise bewegt einer kniend das Elefantenpedalo, während ein zweiter darauf mit ausgebreiteten Armen steht.
Oder: Einer sitzt auf einer Balancierscheibe, und seine gestreckten Beine berühren nicht den Boden, ein zweiter steht zusätzlich noch auf der Scheibe.
Oder: Einer liegt bäuchlings ohne Bodenberührung auf der Balancierscheibe. An den Füßen wird er zu einer Kreisdrehung angeschoben. Für kleine Vorführungen ist auch das Spiel PAPIER JONGLIEREN geeignet.

Stichwörter
Gruppierung: Kleingruppe mit 3 Personen – Spieltempo: action – Dauer: ca. 10-30 Min. – schwierig – Vorführung üblich oder möglich – konzentrieren – geschickt verhalten – Körperkräfte trainieren – Kooperation üben – motorische Sensibilisierung – Bewegungsspiel – Spielaktion, Spielfest – Geschicklichkeitsspiel

ZWEI KREISE
Innenkreis drückt nach außen, Außenkreis nach innen

Material: –
Empfohlenes Mindestalter: 8 Jahre

2 gleichgroße, Kreise bilden (an den Händen anfassen oder Feuerwehr-Griff). Beide Kreise drücken gegeneinander: der innere nach außen und umgekehrt: Innerer Kreis soll zusammengedrückt werden bzw. äußerer Kreis soll gesprengt werden. Kreise tauschen.
Anmerkung: Beim Aufteilen in 2 Halbgruppen aufpassen, daß die Kräftigen ungefähr gleich verteilt sind. Gut einsetzbar auch bei Spannungen und Aggressionen in der Gruppe. Siehe auch Spiel BALLON UND SANDSÄCKE.

Stichwörter
Gruppierung: Halbgruppen – Spieltempo: action – Dauer: unter 10 Min. – eher ernst – ohne große Vorbereitung spielbar – konzentrieren – Körperkräfte trainieren – Körperkontakt – Wettkampf, Durchsetzung – Aggression, Konflikt – Bewegungsspiel – Interaktionsspiel – gruppendynamisches Experiment

ZWILLINGSFUSSBALL
Luftballon muß von Paar (mit zusammengebundenen Beinen) geschossen werden

Material: Luftballons mind. soviel wie Paare, Halstücher, ein Stuhl als Tor.
Empfohlenes Mindestalter: 6 Jahre

Je zwei Spieler stehen nebeneinander und bekommen ihre zueinander stehenden Beine mit einem Halstuch in Wadenhöhe zusammengebunden. Sie haben nun die Aufgabe, einen Luftballon in ein Tor zu schießen. Der Luftballon muß unter dem Stuhl, durch die Stuhlbeine geschossen werden. Zwischen zwei Stuhlbeine kann Tesakreppband gespannt werden, so daß der Luftballon am Band kleben bleiben muß. Wo bereits ein Ballon am Band klebt, ist das Tor besetzt!
VARIANTE: Parcour zu zweit: den Luftballon unter Stühle, über schräge Fläche hinauf usw. schießen. Er darf nur mit dem zusammengebundenen Beinpaar geschossen werden.

Stichwörter
Gruppierung: Paare – Spieltempo: action – Dauer: unter 10 Min. – konzentrieren – empathisch handeln – geschickt verhalten – Aktivierung bei Lustlosigkeit – Körperkontakt – Kooperation üben – motorische Sensibilisierung – Unterhaltung, geselliges Treffen – Bewegungsspiel – Geschicklichkeitsspiel

Spiele-Register

Für viele Spielformen, die in der Praxis oft gesucht werden, finden Sie auf den folgenden Seiten eine alphabetische Aufstellung aller Spiele dieses Taschenbuchs.
Eine Kurzbeschreibung in einem Satz soll einen groben Eindruck vom Spielablauf vermitteln. Die ausführliche Beschreibung finden Sie im Innenteil des Buches unter dem jeweiligen Spielnamen.

Alle **Aufteilungsspiele** zum Bilden von Kleingruppen
Alle **Auswertungsspiele** (mit vielen Diskussionsspielen)
Alle **Bewegungs-**, **Sport-** und **Actionspiele**
Alle schnellen Einstiegs- und **Warming up-Spiele**
Alle **Interaktionsspiele** (Gruppenpädagogik; Spiele zum Sozialen Lernen)
Alle Spiele für **Kindergruppen** im **Vorschulalter**
Alle **Spiele mit Alltagsmaterial**, auch alle Bau- und Bastelspiele
Alle **Ratespiele**
Alle Spieleformen und -aufgaben für **Spielaktionen und Feste**
Alle Spiele, die etwas mit **Sprache und Sprechen** zu tun haben
Alle Spiele, womit **verschiedenste Themen bearbeitet** werden können
Alle **Ulk- und Blödelspiele**
Alle **Wahrnehmungsspiele** („Kimspiele“)

Alle Aufteilungsspiele zum Bilden von Kleingruppen

ABZÄHLVERS
Technik zur zufälligen Auswahl einer Person

ALLE IN EINE REIHE
Gruppe stellt sich nach diversen Kriterien auf

ATOME-MOLEKÜLE
In bestimmter Gruppengröße zusammenfinden

ATOME MIT VERSTECKEN
In bestimmter Gruppengröße verstecken

BÜROKLAMMERN SUCHEN
Blind Büroklammern am Partner suchen

DAUMEN BIEGEN
Zufällige Aufteilung durch Daumen blind nach oben/unten biegen

FÄDEN ZIEHEN
Paare bilden durch Fäden aus Knäuel ziehen

FAMILIE MEIER
Sich trotz viel Geschrei sortieren

FARBEN ZUFÄLLIG VERTEILEN
Sich nach verteilten Farben sortieren

GLEICHE MERKMALE FINDEN
Alle mit gleichen Merkmalen müssen sich finden

GLEICHE TIERE FINDEN
Spieler mit gleichen Anweisungen sollen sich finden

GRUPPENTREFF
Kennenlerngespräche bei zwei sich nicht kennenden Gruppen

HANDFLÄCHEN ZEIGEN
Gruppe in Halbgruppen durch Hände hinstrecken teilen

IN ECKEN RENNEN
Zum Aufteilen rennen alle von der Mitte in Raumecken

PAAR-MEMORY
Paarweise Materialien im Raum finden

PERSONENRATEN
Auf den Rücken geklebte Personennamen erraten

PUZZLE ZUSAMMENSETZEN
Auseinandergeschnittene Zettel wie Puzzle zur Gruppenaufteilung zusammensetzen

SCHUBLADENSPIEL
Raumecken sind als Unterbegriffe definiert, jeder geht in die Ecke, in die er gehört

STANDOGRAMM
Meinung wird in Kreismitte genannt, jeder geht je nach Zustimmung dicht heran

TAXIFAHRT
Einige Spieler sind Taxis, andere hängen sich dran

WÖRTER BILDEN
Sich mit einzelnen Buchstaben-Blättern zu Wörtern zusammenstellen

WORT-PAARE
Zettel mit Wort-Paaren zum Zusammenstellen von Gruppen

Alle Auswertungsspiele (mit vielen Diskussionsspielen)

AMPELSPIEL
Meinungsbekundung mit farbigen Kärtchen

ANONYMEN BRIEF ABSCHICKEN
Jeder klebt aus Zeitungstexten Aussagen über den Kurs zusammen

ANSICHTSKARTEN
Skizzen von Mitspielern zum Kennenlernen

AUSWERTUNGS-PIKTOGRAMME
Verschiedene Bildzeichen auf einen Zeitplan verteilen

AUSWERTUNGSZIELSCHEIBE
Arbeitsabschnitte bewerten durch Punkte auf Zielscheibe

BEKANNTSCHAFTSANZEIGE
Heiratsanzeige für Mitspieler erfinden

BRIEFE AN SICH SELBST
Jeder schreibt sich einen Auswertungsbrief, der Wochen später an ihn verschickt wird

DER MENSCH
Auf große Pappfigur Bemerkungen schreiben

ELEFANTEN-MENSCH
Sich symbolisch einem passenden Elefantentyp zuordnen

FAHRRADSPIEL
Jeder wird symbolisch als Fahrradteil eingeordnet

FAMILIENMITGLIEDER WÄHLEN
Sich eine Familie zusammenstellen

GEPÄCK MITNEHMEN
Wünsche sich gegenseitig in gemalte Koffer schreiben

GESICHTER AUSWERTUNG
Mit aufgemalten Mimiken seine generelle Stimmung ausdrücken

GRUPPENBAUSTELLE
Die Beziehungsstruktur der Gruppe mit Bausteinen nachbauen

GRUPPENBILDER MALEN
Papier wandert im Kreis herum, jeder fügt einen Strich hinzu

GRUPPENLEITER – GRUPPENMITGLIED GESUCHT
Inserat aufsetzen mit Leiter/Mitglied-Beschreibung

HERZEN UND BLITZE
Feedback zu Sympathie/Antipathie mit Symbolen

ICH BIN DER PRINZ
Ein Märchen erfinden mit sich selbst als Hauptrolle

ICH GEBE DIR – ICH MÖCHTE VON DIR
Sagen oder malen, was man vom anderen möchte

ICH SCHENKE DIR EIN WORT
Ein Begriff für jeden anderen als „Geschenk" auf Zettel schreiben

LANDSCHAFT – KÜCHENGERÄT
Mit welchem Möbel, Klima, Getränk o. ä. kann man die zu ratende Person charakterisieren?

LEBENSLINIE
Eine malerische oder grafische Darstellung wichtiger Lebensereignisse erstellen und besprechen

MALDISKUSSION
Statt Sprechen: Malen. z. B. Auswertung

MEINUNGSSPEKTRUM
Einstellung mit Kärtchen zu Meinungen sagen und Gruppenmehrheiten erraten

MIMÜRFEL-SYMPATHIE
Mit Mimik-Piktogrammen Meinungen kundtun

NATUR-FEEDBACK
Jeder bringt für einige Naturmaterial als symbolisches Feedback oder Geschenk mit

PFEIFENREINIGERBILDER
Gruppe formt Pfeifenputzer zu symbolischen Abbildungen des Teams

SOZIOGRAMM MIT WETTERSYMBOLEN
Jeder malt zu jedem seine Beziehung mit einem Wettersymbol oder Verkehrszeichen auf

STADTTHEATER
Mitspieler und sich mit einer Rolle (im Stadttheater) charakterisieren

STANDOGRAMM
Meinung wird in Kreismitte genannt, jeder geht je nach Zustimmung dicht heran

STANDPUNKT
Meinungen auf Zettel an die Wand, Prioritäten bepunkten

STATUENSPIEL
Einer baut 1 – 4 Spieler zu einem thematischen Denkmal auf

STECKBRIEF
Jemand aus der Gruppe mit geschlossenen Augen steckbriefartig beschreiben

STÖRSTELLEN – GEWINN – KONSEQUENZEN
Auf einem Blatt Störungen, den vermuteten Gewinn des rechten Nachbarn und eigene Konsequenzen notieren

TELEGRAMM
Auswertungsbemerkungen in Telegramm-Form

UMFRAGESPIEL
Einzelmeinungen zu Behauptungen fällen

VIELE BEKÄMPFEN WENIGE
Große Gruppe mit kleinen Instrumenten soll ihren Rhythmus durch Kooperation gegen andere durchsetzen

WANDZEITUNG ZUM ABSCHIED
Wichtiges aufmalen

WER SPRICHT VIEL, WER WENIG
Gruppe teilt sich mit Selbsteinschätzung in Viel- und Wenigredner

WETTERKARTE
Für jeden Veranstaltungsabschnitt malt jeder ein Wettersymbol

ZEHN SCHRITTE
Mit Positionen im Raum sich Sympathien bewußtmachen

Alle Bewegungs-, Sport- und Actionspiele

ACHTERBAHN
Als ganze Gruppe eine ununterbrochene Acht laufen

ALLE BEWEGEN SICH WIE
Kleine Stegreifrollen übernehmen

ALLE IN EINE REIHE
Gruppe stellt sich nach Kriterien auf

ATOME-MOLEKÜLE
In bestimmter Gruppengröße zusammenfinden

ATOME MIT VERSTECKEN
In angesagter Gruppengröße verstecken

AUFSTAND ZU ZWEIT
Rücken an Rücken, hinsetzen, aufstehen

BALLON UND SANDSÄCKE
Innenkreis und Außenkreis bilden Korb und Sandsäcke eines Ballons

BEGRÜSSUNGSRITUALE
Sich in einer Rolle bei Musikstop begrüßen (Roboter, feine Dame, ...)

BIERDECKELJAGD
Alle laufen im Kreis über Bierdeckel, einer muß einen freien Bierdeckel erwischen

BITS RENNEN DURCH DEN COMPUTER
Schnell auf gedachten Rechenkästchen durch den Raum rennen

BLECHBÜCHSEN-LAUFEN
Auf Blech- oder Plastikdosen über Hindernis-Parcour laufen

BLIND DURCH DEN KREIS LAUFEN
Blind diagonal durch den Kreis laufen und Gegenüber erkennen

BLUME UND SONNE
Einer kauert sich als Knospe zusammen, der andere entfaltet ihn langsam

DEN AFFEN MACHEN
Körpertraining: Darstellung von Affen

DRACHENSCHWANZ JAGEN
Der Erste von Gruppe A soll Letzten von B fangen

DREI LEUTE MIT DREI FÜSSEN
Drei sollen mit maximal 3 Füßen laufen

DREIECK FANGEN
Vierter versucht einen aus einem Dreieck zu berühren

DURCHDRÜCKEN
Rücken an Rücken kräftig nach hinten drücken

DURCHS LABYRINTH HERBEIRUFEN
Partner leiten sich trotz Geschrei von allen durchs Labyrinth

EBBE UND FLUT
Spielleiter erzählt sofort mitzuspielende Geschichte

EINSEITIGER TAUSENDFÜSSLER
Als Kette vorwärtsbewegen

EISENBAHNFAHRT
Als Eisenbahn-Kette fortbewegen

EISSCHOLLE
Papier schrumpft und alle müssen immer enger zusammenstehn

EISSCHOLLEN-TRANSPORT
Gruppe bewegt sich fort, indem zwei Decken immer wieder von hinten nach vorne gelegt werden

ERDBALLSPIEL
Mehrere Spielvorschläge für den Erdball/Riesenluftballon

FAMILIE MEIER
Sich trotz viel Geschrei sortieren

FLUGZEUG, 1. KLASSE
Jemand mit Decke durch den Raum tragen

FUCHS UND EICHHÖRNCHEN
Bälle wandern im Kreis, einer muß anderen berühren

FUCHS UND HASE
Abschlagspiel; durch Einhängen bei einem Paar kann man sich schützen

GLEICHE TIERE FINDEN
Spieler mit gleichen Anweisungen sollen sich finden

HAHNENKAMPF
Im Wettkampf sich gegenseitig wegdrücken

HANDTUCHBALL
Ball mit Handtuch schleudern

HILFE, DIE KATZE
Ganze Gruppe kann beim Katz- und Maus-Spiel helfen

ICH BIN VERZAUBERT
Durch Zaubererberührung erstarren und. mit Durch-die-Beine-Krabbeln erlösen

ICH SITZE IM GRÜNEN
Alle bewegen sich im Stuhlkreis herum und rufen dann Namen

IN ECKEN RENNEN
Zum Aufteilen rennen alle von der Mitte in Raumecken

INFO-ACTION-SPIEL
Im Wechsel Fragen beantworten und Bewegungsaufgaben machen: Anweisungen werden aus Kästchen herausgezogen

KAMEL REITEN
Auf kniendem Partner „reiten"; zu mehreren in einer Reihe reiten

KATZ UND MAUS
Wenn 2 Mäuse sich umarmen, sind sie vor der abschlagenden Katze sicher

KATZ UND MAUS MIT FALLSCHIRM
Maus unterm Fallschirm, Katze darüber und soll Maus fangen

KNOTENSPIEL
Die ganze Gruppe steht händehaltend im Kreis, ver- und entknotet sich

KÖNIGINNENBALL
Einer wirft nacheinander Ball einem aus der Riege zu

KONTAKTAUFNAHME
Konzentriertes Umhergehen, Schauen, Begrüßen

KROKODIL IM NIL
Unterm Fallschirm gezogen werden nach Krokodilbiß

LEUTE EINSAMMELN IM HULA-HUP-REIFEN
Wer im Reifen steckt, legt den Reifen noch um andere Personen und sammelt so Personen ein

LUFTBALLON-ERDUMKREISUNG
Luftballons von Bein zu Bein weitergeben

LUFTBALLON-GEGENSTÄNDE TAUSCHEN
Luftballons sind Ggenstände, diese tauschen

MÄUSE UND EMMENTALER KÄSE
Halbgruppe stellt sich dicht zusammen, die anderen füllen mit sich selbst die Lücken

MEIN RECHTER PLATZ IST LEER
Man wünscht sich jemand auf den freien Platz neben sich

MITBRINGSEL
Zum Namensagen eine Bewegung machen, alle Vorgenannten wiederholen

NACHTS SIND ALLE KATZEN GRAU
Katze und Maus sind blind im Kreis und ihnen wird durch akustische Signale geholfen

NAMENSBÄLLCHEN
Namen rufen, der muß Ball fangen

NAMENSLUFTBALLONS
Name auf Ballon, durcheinanderwerfen, wieder hinbringen

NAMENSRHYTHMUS
Dem Nachbarn zum eigenen Namen passenden Rhythmus auf Rücken klatschen

OCHS AM BERG
Wenn sich Sprecher umdreht, darf keiner mehr beim Laufen erwischt werden

OZEANWELLE
Alle setzen sich im Kreis nach rechts oder links, einer muß freien Stuhl erwischen

PEDALO
Spielgeräte erproben

PFERDERENNEN
Wildes Pferderennen wird in eng sitzender Gruppe mit Händen nachgemacht

PFÜTZENSPRINGEN
Seilspringen über Seil des Partners

PLÄTZE TAUSCHEN
Spieler mit gleichem Merkmal tauschen die Plätze

PLATTENSEE
Bei Musikstop müssen ausgelegte Tücher oder Fliesen berührt werden

PLATZ DA
Halbgruppen versuchen gegenüberliegende Wand zu erreichen und die Gegner zugleich daran zu hindern

PLATZTAUSCHEN MIT BEGEGNUNG

PYRAMIDE
Sich zu einer hohen Pyramide auftürmen

REDENSARTEN WÖRTLICH DARSTELLEN

REISE NACH GRUPPENHAUF
Gruppe muß auf immer weniger Stühle klettern

REISE NACH REMSCHEID
Leute mit Farbkärtchen bilden bei Musikstop Hocker, andere setzen sich drauf

REISSVERSCHLUSS
Sitzenden Mannschaften wird Ball unter Beine durchgerollt

ROBOTER-SPIEL
Ein Techniker lenkt seinen „Roboter"; 1 Ingenieur lenkt 2 Roboter

ROHRPOST
Spiele mit Kriechtunnel

ROLLBAHN
Mit Füßen über liegende Besenstiele rollend vorwärts kommen

SACK DRESCHEN
Mit Knotentuch jemand treffen, ohne selbst getroffen zu werden

SÄNFTE

SCHATZ HÜTEN
Einer hütet Tuch, darf alle, die er erreicht abschlagen, die sofort erstarren

SCHORNSTEINSPIEL
Zu viert einen Schornstein bilden, Luftballons hochschaffen

SCHWEBENDER GLOBUS
Ball oder Ballon mit zwei parallelen Schnüren transportieren

SCHWARZ UND WEISS
Fangspiel von Mittellinie aus

SEILFAHRSTUHL
Sprungseile spinnenartig verknoten, einer setzt sich auf das Zentrum

SEIL-RENNEN
Auf einem Seil-Parcour versucht einer jemanden abzuschlagen

SLALOM
Blind führt entlang einer markierten Slalomstrecke

SOFT-FLYER-SPIELE
Verschiedene Spielmöglichkeiten mit Schaumstoff-Wurfscheiben

SPOTS IN MOVEMENT
Nach Musik tanzen, kleine Aufgabe bei Musikstop

TASCHENTUCHWERFEN
Beide werfen Tücher gleichzeitig hoch, Tuch des Partners fangen

TAXIFAHRT
Einige Spieler sind Taxis, andere hängen sich ran

TEDDY BÄR
Alle machen kleine Bewegungen zu einem Spruch

TENNISBALL IM KREIS
Bälle im Kreis wandern lassen

TENNIS-BOULES
2 Bälle im Kreis sollen so mit anderen Bällen geworfen werden, daß sich beide berühren

TUCHKRABBELN
Unter oder über großem Schwungtuch kriechen

TÜCHERTANGRAM
Bei Musikstop mit kleinen Tüchern zusammen große Figur legen

TUNNELBALL
Bälle werden durch gegrätschte Beine rückwärts hindurchgespielt

UNTERM FALLSCHIRM DURCHLAUFEN

VERFOLGUNGSJAGD
Beim Gehen jemand verfolgen, bei Musikstop ihn erwischen

WALZWERK
Über die anderen rüberrollen oder einen durch Rollen weitertransportieren

WASCHSTRASSE
Alle spielen eine Autowaschanlage, einzelne gehen langsam hindurch

WOLKENBETT
Einer legt sich über die Rücken von etwa 3 Knienden

ZWEI KREISE
Innenkreis drückt nach außen, Außenkreis nach innen

ZWILLINGSFUSSBALL
Luftballon muß von Paar (mit 2 zusammengebundenen Beinen) geschossen werden

Alle schnellen Einstieg- und Warming up-Spiele

ACHTERBAHN
Als ganze Gruppe eine ununterbrochene Acht laufen

ALLE BEWEGEN SICH WIE
Kleine Stegreifrollen übernehmen

AN DEN HAAREN ERKENNEN
Blind durch Haare fühlen jemand erkennen

ATOME MIT VERSTECKEN
In bestimmter Gruppengröße verstecken

AUFSTAND ZU ZWEIT
Rücken an Rücken, hinsetzen, aufstehen

AUFTAUEN – VERSTEINERN
Mit einzelnen Körperteilen tanzen

BAUM IM WIND
Sich vorstellen, wie ein Baum zu stehen, dann „im Wind“ schwanken

BEGRÜSSUNGSRITUALE
Sich in einer Rolle bei Musikstop begrüßen (Roboter, feine Dame, ...)

BITS RENNEN DURCH DEN COMPUTER
Schnell auf gedachten Rechenkästchen durch den Raum rennen

DER IMAGINÄRE TONKLUMPEN
Zu entsprechender Musik sollten sich alle durch den Raum bewegen und dabei kräftig kneten

DISKO AUF DEM PLANET PLUTO
Partnertanz mit vorgestellten Raumänderungen und Bodenbeschaffenheiten, auf die beim Tanzen zu reagieren ist

EBBE UND FLUT
Spielleiter erzählt sofort mitzuspielende Geschichte

FADENTANZ
Paartanz mit Fäden zwischen Partnern

FÄDEN ZIEHEN
Paare bilden durch Fäden aus Knäuel ziehen

FAMILIE MEIER
Sich trotz viel Geschrei sortieren

FARBEN ZUFÄLLIG VERTEILEN
Sich nach verteilten Farben sortieren

FITNESS-TRAMPOLIN-SPIELE
Hüpfspiele auf mehreren kleinen Fitneß-Trampolinen

FLUGZEUG, TOURISTENKLASSE
Jeder rennt mit ausgebreiteten Armen als Flugzeug durch den Raum

FOLLOW THE LEADER
Ale machen einem die Bewegungen nach

FUCHS UND HASE
Abschlagspiel; durch Einhängen bei einem Paar kann man sich schützen

GLEICHE MERKMALE FINDEN
Alle mit gleichen Merkmalen müssen sich finden

GLEICHE TIERE FINDEN
Spieler mit gleicher Anweisung sollen sich finden

GLEICHES ERTASTEN
Blind werden kleine Sachen getauscht, bei Musikstop Gleiches erfühlen: dadurch Gruppenbildung

HÄNDE SCHÜTTELN UND MEHR
Bei Musikstop Partner Hand schütteln und kleine Bewegungen ausführen

HAUS-BAUM-HUND
Zusammen malen zwei blind ein kleines Bild

HEIMATFILM
Ein Standfoto wird Stück für Stück mit allen aufgebaut

ICH SITZE IM GRÜNEN
Alle bewegen sich im Stuhlkreis herum und rufen dann Namen

KROKODILSPIEL
Namen hintereinander aufsagen

LIEDER-MAT(S)CH
Verschiedene Lieder werden zur gleichen Zeit in Gruppen gesungen

LUFTBALLONTANZ
Mit Luftballons allein, zu zweit und als Karawane tanzen

MEIN RECHTES PLATZ-MONSTER
Man soll sich zum freien Stuhl als Tier, Monster o. ä. bewegen

NAME UND BEWEGUNG
Zum Namen eine (passende) Bewegung machen, Gruppe wiederholt

NAMENSLUFTBALLONS
Name auf Ballon, durcheinanderwerfen, wieder hinbringen

NAMENSRHYTHMUS
Dem Nachbarn zum eigenen Namen passenden Rhythmus auf den Rücken klatschen

NELLIE THE ELEFANT
Kinderlied tanzen und spielen

OZEANWELLE
Alle setzen sich im Kreis nach rechts oder links, einer muß freien Stuhl erwischen

PFERDERENNEN
Pferderennen wird in eng sitzender Gruppe nachgemacht

PLÄTZE TAUSCHEN
Spieler mit gleichem Merkmal tauschen Plätze

PLATTENSEE
Bei Musikstop müssen ausgelegte Tücher oder Fliesen berührt werden

PLATZTAUSCHEN MIT BEGEGNUNG

PUZZLE ZUSAMMENSETZEN
Auseinandergeschnittene Zettel wie Puzzle zur Gruppenaufteilung zusammensetzen

QUARK
Rücken an Rücken, durch die gespreizten Beine hindurch begrüßen sich beide mit „Quark"

REISE NACH GRUPPENHAUF
Gruppe muß auf immer weniger Stühle klettern

REISE NACH REMSCHEID
Leute mit Farbkärtchen bilden bei Musikstop Hocker, andere setzen sich drauf

SCHATTENTANZ
Präzise dem Partner hinterhertanzen

SCHMINKTANZ
Kurzes Schminken bei Musikstop

SEIL-RENNEN
Auf einem Seil-Parcour versucht einer, jemanden abzuschlagen

SELBSTPORTRAIT
Blatt Papier aufs Gesicht, eigene Konturen nachmalen

SESSEL BAUEN
Einer modelliert aus dem anderen einen Sessel

SOFT-FLYER-SPIELE
Verschiedene Spielmöglichkeiten mit Schaumstoff-Wurfscheiben

SPORT-SPOTS
Tanzen oder Gehen nach Musik, bei Musikstops kleine sportliche Aufgaben für Kleingruppen

SPOTS IN MOVEMENT
Nach Musik tanzen, kleine Aufgaben bei Musikstop

TANZHALTUNGEN WECHSELN
Paar denkt sich bei Musikstop neue Berührungsformen aus

TAUSENDFÜSSLERTANZ
Als Kette verbunden tanzen

TEDDY BÄR
Alle machen kleine Bewegungen zu einem Spruch

TIERE ERWACHEN
Jeder stellt ein Tier beim Aufwachen dar

ÜBER STOCK UND STEIN
Verschiedenen Boden vorstellen und entsprechend gehen

UNTERSCHRIFTEN SAMMELN
Sich möglichst schnell viele Unterschriften aus der Gruppe holen

VERFOLGUNGSJAGD
Beim Gehen jemanden verfolgen, bei Musikstop ihn erwischen

VIER FLÄCHEN
Auf vier Flächen verschiedenartig tanzen oder darstellen

WALDSPAZIERGANG
Bäume, Vögel, Ameisen u. ä. in einem kleinen Bewegungsspiel spielen

WER HAT DIE MEISTEN KNÖPFE?
Alle in der Gruppe genau beobachten beim Herumgehen

WIND UND WETTER
Spieler spielen simultan vom Spielleiter angesagtes Wetter

WO STEHE ICH?
Alle gehen durch den Raum, schließen die Augen und sollen sich den Raum vorstellen können

WÖRTER BILDEN
Sich mit einzelnen Buchstaben-Blättern zu Wörtern zusammenstellen

WORT-PAARE
Zettel mit Wort-Paaren zum Zusammenstellen von Gruppen

Alle Interaktionsspiele (Gruppenpädagogik, soziales Lernen)

AUFSTEHEN LASSEN
Partner wie Marionette an Fäden hochziehen

B BESCHREIBT BLINDEM C WIE A SITZT

BALL-MASSAGE
Partner rollt 2 oder mehr Softbälle (oder anderes Material) auf Liegendem

BERÜHMTE LEUTE
Halbgruppen; jeder denkt sich eine Person, die er mag, die Gruppe rät

BEZIEHUNGSSITZOGRAMM
Alle setzen sich je nach Beziehung zu einer Person nah oder fern hin

BLIND GEOMETRISCHE FIGUREN BILDEN
Ganze Gruppe faßt sich an den Händen, schließt die Augen, bildet einen Kreis, Dreieck usw.

BLINDE SCHLANGE
Der Erste führt sehend eine Schlange Blinder über Hindernisse

BODY-CHECK
Allen mitteilen, was man an Äußerlichkeiten mag und was nicht

BÜROKLAMMERN SUCHEN
Blind Büroklammern am Partner suchen

BURGSPIEL
Einer ist verschlossen („zu“), der andere versucht ihn zu „öffnen“

DECKE LIFTEN
Decke anheben, auf der jemand liegt

DENKMALKOPIE
B ertastet blind die Haltung von A und kopiert sie

DIE BURG EROBERN
Gruppe bildet eine Burg und läßt andere nur bei bestimmter Berührung hinein

EIGENSCHAFTEN ZUWÜRFELN
Mit Würfel Eigenschaften zuweisen

ELTERN RATEN IHRE KINDER
Autoren von Produktionen erraten

FAHRRADSPIEL
Jeder wird symbolisch als Fahrradteil eingeordnet

FAMILIENMITGLIEDER WÄHLEN
Sich aus Mitspielern eine Familie zusammenstellen

GEFÜHLSFRAGEBOGEN
Bestimmten Fragebogen ausfüllen und gegenseitig erklären

GEGEN EINE MAUER LAUFEN
Blind auf eine Wand zulaufen, vor der man von einem Gruppenmitglied abgefangen wird

GENUSSKARUSSELL
Jeder von einer Gruppe tut den anderen etwas Gutes

GESICHTER STUDIEREN
Gesicht des Spielpartners genau beschreiben

GOOFIE, DAS FREUNDLICHE MONSTER
Blindspiel, bei dem sich alle finden

GRUPPE BLIND SORTIEREN
Mit geschlossenen Augen die Gruppe nach bestimmten Merkmalen sortieren

GRUPPENLEITER – GRUPPENMITGLIED GESUCHT
Inserat aufsetzen mit Leiter/Mitglied-Beschreibung

HÄNDE AUFLEGEN
Zwei „Blinden“ legen den anderen Hände auf den Körper

HÄNDESPRACHE
Blind Hände fühlen und mit ihnen „sprechen“

HAGUH
Versuchen, jemanden zum Lachen zu bringen

HALLO
Jungen versuchen Mädchen kennenzulernen und umgekehrt

HANS IM GLÜCK
Kleine Geschenke in der Stadt eintauschen

HAUS-BAUM-HUND
Zusammen malen zwei blind ein kleines Bild

HERZEN UND BLITZE
Feedback zu Sympathie/Antipathie mit Symbolen

HÖLLENMASCHINE
Zwei suchen Ausschaltknopf bei ganzer Gruppe

ICH BIN IN DEINEN HÄNDEN
Jeder legt seinen Kopf in die Hände des Partners

ICH GEBE DIR – ICH MÖCHTE VON DIR
Sagen oder malen, was man vom anderen möchte

ICH SCHENKE DIR EIN WORT
Ein Begriff für jeden anderen als „Geschenk" auf Zettel schreiben

JURTENKREIS
Geschickte Handhaltung im Großgruppenkreis

KONTAKTAUFNAHME
Konzentriertes Umhergehen, Schauen, Begrüßen

KOOP-TIERPUZZLE
Kooperation, Gruppenrollen, Leistungsverhalten im Experiment bewußtmachen

KREISKRABBELN
Alle krabbeln blind diagonal durch den Kreis

KREISMASSAGE

LANDSCHAFT – KÜCHENGERÄT
Mit welchem Möbel, Klima, Getränk o. ä. kann man die zu ratende Person charakterisieren?

LAUTKETTE
Geräusche im Kreis weitergeben

MASCHINE – MASCHINIST
Einer macht Maschinengeräusche, der andere sucht Abstellknopf

MIMÜRFEL-SYMPATHIE
Mit Mimik-Piktogrammen Meinungen kundtun

MUMIEN AUFWECKEN
Jemanden massieren, der in Decke gewickelt ist

NATUR-FEEDBACK
Jeder bringt für einige Naturmaterial als symbolisches Feedback oder Geschenk mit

PFEIFENREINIGERBILDER
Gruppe formt Pfeifenputzer zu symbolischen Abbildungen des Teams

POSITIONSSPIEL
Feedback mit Münzen zu Rollen in der Gruppe

ROMEO UND JULIA
Zu zweit Denkmal, anderes Paar erfühlt Stellung, dann kopieren

SOFA
Einer liegt auf dem Bauch, der andere auf dessen Rücken und wird geschaukelt

SOZIOGRAMM MIT WETTERSYMBOLEN
Jeder malt zu jedem seine Beziehung mit einem Wettersymbol oder Verkehrszeichen auf

SPIEL MIR DAS LIED VOM TOD
Zwei „Streithähne" gehen langsam und sich anblickend aufeinander zu

STADTTHEATER
Mitspieler und sich mit einer Rolle (im Stadttheater) charakterisieren

STIMMT DAS HOROSKOP?
Jeder gibt an, zu wieviel Prozent er die Vorhersagen wahrscheinlich findet

TIERMATRIX
Sich und die anderen als Tiere charakterisieren

VAMPIR
Im abgedunkelten Raum „beißen" Vampire die anderen

VERTRAUENSKREIS
Jemandem in einem Kreis von stehenden hin- und herschwanken lassen

WETTER-MASSAGE
Gruppe massiert einen in verschiedener Weise und symbolisiert dabei Regen, Sturm usw

WIND IM WALD
Jemand geht durch ein Labyrinth, und wird bei einem Hindernis angepustet

ZEHN SCHRITTE
Mit Positionen im Raum sich Sympathien bewußtmachen

ZWEI KREISE
Innenkreis drückt nach außen, Außenkreis nach innen

Alle Spiele für Kindergruppen im Vorschulalter

ABZÄHLVERS
Technik zur zufälligen Auswahl einer Person

ACHTERBAHN
Als ganze Gruppe eine ununterbrochene Acht laufen

ALLE BEWEGEN SICH WIE
Kleine Stegreifrollen übernehmen

ALLE IN EINE REIHE
Gruppe stellt sich nach diversen Kriterien auf

AUFTAUEN – VERSTEINERN
Mit einzelnen Körperteilen tanzen

BÄUME IM WIND
Meditative paarweise Darstellung von Bäumen zu Entspannungsmusik

BALLTRANSPORT
Hindernislaufen mit Ball auf Löffel (wie EIERLAUFEN)

BIERDECKEL-DENKMAL
Aus vielen Bierdeckeln Denkmal zu einem Thema bauen

BILDER RATEN
Aus Bild-Teilen auf die ganze Abbildung schließen

BLINDER MIT SCHLÜSSELBUND
Alle müssen blind ein ab und an klapperndes Schlüsselbund suchen

DOSEN-SPIEL
In Dosen stecken Symbole für Spielaufgaben

EISENBAHNFAHRT
Als Eisenbahn-Kette fortbewegen

FADENTANZ
Paartanz mit einem oder zwei Fäden zwischen Partnern

FARBEN ZUFÄLLIG VERTEILEN
Sich nach verteilten Farben sortieren

GESCHICHTEN SPIELEN
Improvisierte kleine Szenen spielen

GLEICHE TIERE FINDEN
Spieler mit gleichen Anweisungen sollen sich finden

ICH HEISSE... UND DU?
Ein Ball oder Soft-Flyer wird zu anderer Person geworfen, die dann ihren Namen nennt

INSTRUMENTE RATEN
Gegenstände oder Musikinstrumente durch ihren Klang erraten

LÖFFELBAGGER
Einen kleinen Sandberg mit Löffeln abtragen

MASKENBALL MIT PAPIERTÜTEN

MEIN RECHTER PLATZ IST LEER
Man wünscht sich jemand auf den freien Platz neben sich

MITBRINGSEL
Zum Namensagen eine Bewegung machen, alle Vorgenannten wiederholen

MITSPIEL-GESCHICHTEN
Gleich mitspielen, während Geschichte verlesen wird

NAME UND BEWEGUNG
Zum Namen eine (passende) Bewegung machen, Gruppe wiederholt

NATURMATERIAL ERFÜHLEN
Naturmaterial holen, ertasten und Eigenschaften nennen

OCHS AM BERG
Wenn sich der Sprecher umdreht, darf keiner mehr beim Laufen erwischt werden

PAAR-MEMORY
Paarweise Materialien im Raum finden

PERSONENRATEN
Auf den Rücken geklebte Personennamen erraten

PLÄTZE TAUSCHEN
Spieler mit gleichem Merkmal tauschen

PUPPEN BAUEN AUS STRÜMPFEN

PUZZLE ZUSAMMENSETZEN
Auseinandergeschnittene Zettel wie Puzzle zur Gruppenaufteilung zusammensetzen

ROHRPOST
Spiele im Kriechtunnel

ROLLENSPIEL
Konflikte zwischen Menschen im Spiel darstellen

SCHATTENSPIEL
Spiel mit Schattenfiguren und Tischbühne der als Menschenschattenspiel

SEIL-LAUFEN
Blind über ausgelegtes Seil gehen

SIMULTAN-ROLLENSPIEL
Alle spielen große Situation zusammen, z. B. Kaufhaus

SPAZIERGANG MIT KÖRPERGERÄUSCHEN
Zu einer Geschichte werden die Geräusche mit dem Körper erzeugt und von allen mitgemacht

SPOTS IN MOVEMENT
Nach Musik tanzen, kleine Aufgabe bei Musikstop

STREICHHOLZSCHACHTEL-GESCHENKSPIEL
In Streichholzschachteln sind Symbole für Spielaufgaben, Geschenke oder Weissagungen

TASTWAND
Jede Gruppe gestaltet für die andere eine Wand zum Ertasten

TEDDY BÄR
Alle machen kleine Bewegungen zu einem Spruch

THEMATISCHE SPIELAKTION
Wie plane ich eine große Spielaktion?

VOGELHOCHZEIT
Das Vogelhochzeit-Lied in einer Spielaktion aufführen

WER HAT DIE MEISTEN KNÖPFE?
Alle in der Gruppe genau beobachten beim Herumgehen

WETTERKARTE DARSTELLEN
Fernseh-Wetterkarte als pantomimische Szene spielen

WIEGE
Die ganze Gruppe wiegt jemand in einem festen Tuch

Alle Spiele mit Alltagsmaterial, auch alle Bau- und Bastelspiele

ATLANTIS
Ein Phantasieland in einem Reisespiel vorstellen

BALLTRANSPORT
Hindernislaufen mit Ball auf Löffel (wie EIERLAUFEN)

BIERDECKEL-DENKMAL
Aus vielen Bierdeckeln Denkmal zu einem Thema bauen

BLICK ZURÜCK AUS DER ZUKUNFT
Größeres Spielprogramm, um Lebensperspektiven zu bearbeiten

COLLAGE RATEN
Jeder macht über sich Collagen, andere raten die Autoren

COLLAGE ÜBER MICH
Collage zu persönlichen Themen fertigen, dann Poster umhängen und in Markt-Situation anderen zeigen

DEN ZOLLSTOCK GERADEBIEGEN
Auf Gelenken eines gebogenen Zollstocks liegen Gegenstände

DER MENSCH
Auf große Pappfigur Bemerkungen schreiben

EIERLAUFEN MIT SOFTBÄLLEN

ERDBALLSPIELE
Mehrere Spielvorschläge für den Erdball/Riesenluftballon

FUSSPILZ-SPIEL MIT SEKTKORKEN
Sektkorkenkappen mit nackten Zehen weiterreichen

GRUPPENBAUSTELLE
Die Beziehungsstruktur der Gruppe mit Bausteinen nachbauen

KÖRPERUMRISS-COLLAGE
Körperumrisse bemalen und beschriften

LÖFFELBAGGER
Einen kleinen Sandberg mit Löffeln abtragen

LÖFFEL-BOULE
Wie das Original-Boule, nur mit anderen Alltagsgegenständen

MASKENBALL MIT PAPIERTÜTEN

MIT LÖFFEL BELEGEN
Person mit Material (Löffel, Bierdeckel, ...) belegen, die sich damit fortbewegen soll

MIT TÜCHERN JONGLIEREN

NATURKLÄNGE
Musik mit Naturmaterialien erzeugen

PFEIFENPUTZER-GESCHICHTE
Pfeifenputzerfiguren formen und dazu Fortsetzungsgeschichte erzählen

PFEIFENPUTZERRINGE WANDERN
Kette aus Pfeifenputzerringen weitergeben

PLASTIKFOLIE VERSCHWEISSEN
Große Luftsäcke/-figuren bauen

PUZZLE ZUSAMMENSETZEN
Auseinandergeschnittene Zettel wie Puzzle zur Gruppenaufteilung zusammensetzen

ROHRPOST
Spiele mit Kriechtunnel

SCHWEBENDER GLOBUS
Ball oder Ballone mit zwei parallelen Schnüren transportieren

SEGELBOOT
Mit großem Tuch gegen den Wind rennen

SEKTKORKENDECKEL-PUSTEN
Sektkorkendeckel an Tischkante entlangpusten.

SEKTKORKENDECKEL-PUSTE-SLALOM
Sektkorkendeckel eine Slalomstrecke entlangpusten.

STOLPERSTEINE
Erfahrungsaustausch über persönliche Hindernisse und soziale Behinderungen

STREIHHÖLZER-TRANSPORT
Mit Strohhalmen Streichhölzer ansaugen und transportieren

STREICHHOLZNEST
Auf Flaschenhals ein Streichholznest auflegen

WALDKUNST
Eine Spielaktion mit „Waldmaterial"

WIEGE
Die ganze Gruppe wiegt jemanden in einem festen Tuch

ZELT IM WIND
Alle setzen sich unterm Fallschirm/ Schwungtuch auf den Tuchrand

Alle Ratespiele

BERUFE RATEN
Person oder Beruf raten

BEWEGUNGSIMPULS
Jemand probiert Bewegungen aus, Gruppe teilt durch Summen mit, ob es die zu erratende Bewegung ist

BILDER RATEN
Aus Bild-Teilen auf die ganze Abbildung schließen

GEMEINSAMKEITEN VON BEGRIFFEN
Was könne zwei völlig verschiedene Sachen gemeinsam haben?

GRUPPE SCHÄTZEN
Kleingruppen raten Daten der Gesamtgruppe

HAUSRUNDGANG MIT SPIELAUFGABEN

HOROSKOP ZUTREFFEND?
Aussagen zum Wesen jedes Spielers sollen als zutreffend oder nicht zutreffend erkannt werden

KINDERFOTOS ERZÄHLEN
Kinderfotos in der Gruppe zuordnen, dann von Kindheit erzählen

KULTURSTÜCKCHEN
Jeder wählt Bild oder Text aus, stellt vor und begründet

LÜGEN-PORTRAIT
Partner mit 3 wahren und 1 erfundenen Information vorstellen

MUSIK RATEN
Mit falscher Geschwindigkeit gespielte Schallplatten erraten

PERSONENRATEN
Auf den Rücken geklebte Personennamen erraten

RECHENAUFGABE
Bestimmte Zahl aus persönlichen Daten errechnen

SINNLICHE WAHRNEHMUNG
Gruppen stellen gegenseitig Kim-Aufgaben

STADT – LAND – FLUSS
Begriffe nach dem ABC finden

VERSTECKTE EIGENSCHAFTEN
Eigenschaftswörter mit Alltagstätigkeiten darstellen

VERTRETERSPIEL
Sache ohne zu nennen anpreisen

WER FRAGT GEWINNT
Wörter durch Einkreisen erraten

WÖRTERQUIZ
Längstes Wort aus Buchstaben bilden

Alle Spielformen und -aufgaben für Spielaktionen und Feste

AN DER LAUFENDEN SCHNUR
Weg für Spielaktion

ATLANTIS
Ein Phantasieland in einem Reisespiel vorstellen

BIERDECKEL-DENKMAL
Aus vielen Bierdeckeln ein Denkmal zu einem Thema bauen

BLINDES ZETTELABSCHNEIDEN
2 dirigieren „Blinden“, Gruppenaufgabenzettel abschneiden

DOSEN-SPIEL
In Dosen stecken Symbole für Spielaufgaben

EISENBAHNFAHRT
Als Eisenbahn-Kette fortbewegen

FAKIRPRÜFUNG
Mehrere kleine Kim-Spielstationen, wo jeder durchgeschleust wird

FUMMELKISTE
Von zwei Seiten her, in einem Karton, Gegenstände ertasten

GEISTERBALL-SPIELAKTION
Spielaktion mit verschiedenen Geister-Typen

LEUTE EINSAMMELN IM HULA-HUP-REIFEN
Wer im Reifen steckt, legt den Reifen um andere und sammelt sie ein

MÄRCHENMIXER
Ungewöhnliche Märchenkombinationen als Sketche spielen

MASKENBALL MIT PAPIERTÜTEN
Kartoffeleinkaufstüten aus Papier bemalen, bekleben und als Kopfmaske zurechtschneiden

MENSCHENMUSTER LEGEN
Große Anzahl von Personen zu Mustern oder Wörtern legen

ORIENTIERUNGSRALLYE
Beispiele für Erkundungsspielkette und Aufgaben für Suchrallyes

PEDALO
Spielgeräte erproben

PLASTIKFOLIE VERSCHWEISSEN
Große Luftsäcke/-figuren bauen

RALLYE – GEGENSEITIG GEMACHT
Zwei Gruppen planen jeweils für die andere eine Orientierungsrallye

RECHENAUFGABE
Bestimmte Zahl aus persönlichen Daten errechnen

RIESEN UND ZWERGE
Gruppen spielen vom Spielleiter erzählte Geschichte sofort mit

ROHRPOST
Spiele mit Kriechtunnel

SCHMINK-AKTION
Schminken zu abgesprochenem Thema, für bestimmte Rollen

SCHWEBENDER GLOBUS
Ball oder Ballon mit zwei parallelen Schnüren transportieren

SINNLICHE WAHRNEHMUNG
Gruppen stellen sich gegenseitig Kim-Aufgaben

SOFT-FLYER-SPIELE
Verschiedene Spielmöglichkeiten mit Schaumstoff-Wurfscheiben

SPIELFEST PLANEN
Wie strukturiere ich ein großes Spielfest?

SPIELGESCHICHTE
Organisationsform für mehrere Spiele

SPIELSTADT
Eine ganze Stadt wird als (evtl. mehrtägige) Spielaktion nachgespielt

THEMATISCHE SPIELAKTION
Wie plane ich eine große Spielaktion?

VOGELHOCHZEIT
Das Vogelhochzeit-Lied in einer Spielaktion aufführen

Alle Spiele, die etwas mit Sprache und Sprechen zu tun haben

ANONYMEN BRIEF ABSCHICKEN
Jeder klebt aus Zeitungstexten Aussagen über den Kurs zusammen

B BESCHREIBT BLINDEM C WIE A SITZT

BEKANNTSCHAFTSANZEIGE
Heiratsanzeige für Mitspieler erfinden

BRIEF AN SICH SELBST
Jeder schreibt sich einen Auswertungsbrief, der Wochen später an ihn verschickt wird

COMIC ERFINDEN
Vorgegebene Comicbilder neu aneinanderreihen

DER BUNTE FADEN
Geschichte in Fortsetzung reihum erzählen

DICHTERLESUNG
Gedicht mit Informationen von sich vortragen

DINGSDA-SPIEL
Einen Begriff beschreiben, ohne ihn zu nennen: raten

DR. SOMMER
Beratungsbriefe auf Jugendprobleme verfassen

DU BRAUCHST
Absurde Argumente erfinden

GEFÜHLS-SCRABBLE
Kreuzworträtselartig Wörter zu bestimmten Erlebnissen zusammenfügen

GEHEIMBOTSCHAFT
Text trotz lauter Zwischenrufe übermitteln

ICH BIN DER PRINZ
Ein Märchen erfinden mit sich selbst als Hauptrolle

INFO-ACTION-SPIEL
Im Wechsel Fragen beantworten und Bewegungsaufgaben machen: Anweisungen werden auf Kästchen herausgezogen

KAFFEEKRÄNZCHEN-STAMMTISCH
In der Rolle ihrer Eltern unterhalten sich die Spieler über sich selbst

KENNENLERNINTERVIEW
Nach einem Partnerinterview stellt jeder seinen Partner in lustig gestalteten Texten vor

KONFLIKT-KETTENREAKTION
Lösungen für vorbereitete Konflikte finden

LIEBLINGSWÖRTER
Lieblingswörter herausfinden

NAMEN VERKEHRT
Eigenen Namen von rückwärts aussprechen, und erkennen lassen

NAMEN-KREUZWORTRÄTSEL
Kreuzworträtselartig die Namen und Herkunftsorte aufschreiben

NONSENSDEBATTE
Ein Gespräch über ein unsinniges Thema führen

PANTOMIMISCHE WÖRTERKETTE
Pantomimische Wörterkette:
Neues Wort mit Endbuchstaben des vorher Dargestellten

PRO- UND CONTRA-SPIEL
Kontroverses Thema mit Pro- und Contra-Anwälten diskutieren

SÄTZE MIT BUCHSTABEN-SCHILDERN BILDEN
Jeder hat ein Schild mit einem Buchstaben umhängen, zu Wörtern zusammenstellen

SCHREIBGESCHICHTE
Geschichte abschnittweise schreiben, dann Zettel weitergeben

SEXWÖRTERBUCH
Neue Wörter bzw. Laut-Kombinationen für sexuelle Begriffe erfinden und anwenden

STILLE POST
Satz von Spieler zu Spieler weiterflüstern

STREICHHOLZ-KOMMUNIKATIONSSPIEL
Streichholzfiguren nach Beschreibung legen

TAGEBUCH IN DIE ZUKUNFT
10 Ereignisse für die nächsten 10 Jahre ausdenken

TELEFONPAARE
Paare spielen ein Telefongespräch, dann kommen die Leitungen durcheinander ...

TELEGRAMM
Auswertungsbemerkungen in Telegramm-Form

VERTRETERSPIEL
Sache ohne zu nennen anpreisen

VIERZEILER
Kleine Gedichte mit durcheinandergewürfelten Begriffen machen

WER SPRICHT VIEL, WER WENIG
Gruppe teilt sich mit Selbsteinschätzung in Viel- und Wenigredner

WETTER- UND BAUERNREGELN ERFINDEN
Ein richtiges Regenwetterspiel

WÖRTER BILDEN
Sich mit einzelnen Buchstaben-Blättern zu Wörtern zusammenstellen

WÖRTERQUIZ
Längstes Wort aus Buchstaben bilden

WÖRTERSCHLANGE
Kette zusammengesetzter Hauptwörter bilden

WORT-PAARE
Zettel mit Wort-Paaren zum Zusammen

WORTSCHÖPFUNGEN
Neue Wörter erfinden, malen, spielen

WÜNSCHE NENNEN
Aus einer Wunschliste drei ankreuzen

Alle Spiele, mit denen die verschiedensten Themen bearbeitet werden können

60 SEKUNDEN FÜR EIN ERLEBNIS
Von einem Erlebnis in einer Minute berichten mit Sprache, Zeichnung, Musik oder Bastelei

ABC-ROLLENSPIEL
Alle spielen gleichzeitig Konflikt in drei Abschnitten durch

AMPEL-SPIEL
Meinungsbekundung mit farbigen Kärtchen

ANONYMEN BRIEF ABSCHICKEN
Jeder klebt aus Zeitungstexten Aussagen über den Kurs zusammen

BERÜHMTE LEUTE
Halbgruppen; jeder denkt sich Person, die er mag, Gruppe rät

BILDER DER LIEBE
Illustriertenbilder mit Liebespaaren in Sympathie-Reihenfolge bringen

BILDMEDITATION
Paare notieren Einfälle zum gleichen Bild, dann vergleichen

BLICK ZURÜCK AUS DER ZUKUNFT
Größeres Spielprogramm, um Lebensperspektiven zu bearbeiten

COLLAGE RATEN
Jeder macht über sich Collage, andere raten die Autoren

COMIC ERFINDEN
Vorgegebene Comicbilder neu aneinanderreihen und texten

DAS KANN ICH UNTERSCHREIBEN
Jeder auf einem Zettel mit Behauptungen die Unterschriften von anderen, die der Behauptung zustimmen können

DER MENSCH
Auf große Pappfigur Bemerkungen schreiben

DICHTERLESUNG
Gedicht mit Informationen von sich vortragen

DOSEN-SPIEL
In Dosen stecken Symbole für Spielaufgaben

DR. SOMMER
Beratungsbriefe auf Jugendprobleme verfassen

ELTERN RATEN IHRE KINDER
Autoren von Produktionen erraten

FORTSETZUNG FOLGT
Szene spontan weiterspielen

FOTO-ASSOZIATION
Jeder notiert spontane Einfälle zu einem Foto, tauscht dann mit dem Partner und vergleicht Einfälle

GEFÜHLS-SCRABBLE
Kreuzworträtselartig Wörter zu bestimmten Erlebnissen zusammenfügen

GERNHABEN-VERTEILUNGS-KUCHEN
Rangfolge in Tortendiagramm bringen

GESCHICHTEN WEITERSPIELEN
Fortsetzung einer vorgelesenen Geschichte spontan spielen

GESTEN LEIHEN
Jeder Spieler hat beim Spielen einer Szene jemanden hinter sich, der die Gesten macht

GRUPPENBILDER MALEN
Papier wandert im Kreis herum, jeder fügt einen Strich hinzu

HAUSRUNDGANG MIT SPIELAUFGABEN

INFO-ACTION-SPIEL
Im Wechsel Fragen beantworten und Bewegungsaufgaben machen: Anweisungen werden aus Kästchen herausgezogen

IRRE KOMBINATION
Eigenschaften zweier nicht zusammengehöriger Sachen kombinieren

KÖRPERUMRISS-COLLAGE
Körperumrisse bemalen und beschriften

KONFLIKT-KETTENREAKTION
Lösungen für vorbereite Konflikte finden

LEBENSZIEL-ROULETTE
Ein Glücksrad, Roulette o. ä. (mit Zielen oder Wünschen versehen) wird gedreht, Gruppe gibt dem Dreher Feedback

LOTTOGEWINN
Wer setzt seine Wünsche bei weniger Geld als Wunsch-Summe durch?

MEINUNGSSPEKTRUM
Einstellung mit Kärtchen zu Meinungen sagen und Gruppenmehrheiten erraten

MIMÜRFEL-SYMPATHIE
Mit Mimik-Piktogrammen Meinungen kundtun

MITSPIEL-GESCHICHTEN
Gleich mitspielen, während Geschichte verlesen wird

NEGATIVES BRAINSTORMING

ORIENTIERUNGSRALLYE

PERSONENERFINDUNG
Personenbeschreibung zu Fotos erfinden, Personen in Szene bringen

PERSONENRATEN
Auf den Rücken geklebte Personennamen erraten

PFEIFENPUTZER-GESCHICHTE
Pfeifenputzerfiguren formen und dazu Fortsetzungsgeschichte erzählen

PRAXIS-SPIEL
Meinungen zu Behauptungen über Berufsalltag austauschen

PRO- UND CONTRA-SPIEL
Kontroverses Thema mit Pro- und Contra-Anwälten diskutieren

RALLYE-GEGENSEITIG GEMACHT
Zwei Gruppen planen jeweils für die andere eine Orientierungsrallye

REIZWORT-METHODE
Durch zufällige Reizwörter Ideen assoziieren

ROLLENSPIEL
Konflikte zwischen Menschen im Spiel darstellen

SCHATTENSPIEL
Spiel mit Schattenfiguren und Tischbühne oder als Menschenschattenspiel

SCHAUFENSTERDEKORATION
Halbgruppe gestaltet mit den anderen als Puppen ein Schaufenster

SCHMINK-AKTION
Schminken zu abgesprochenem Thema, für bestimmte Rollen

SCHUBLADENSPIEL
Raumecken sind als Unterbegriffe definiert, jeder geht in die Ecke, in die er gehört

SIMULTAN-ROLLENSPIEL
Alle spielen große Situation zusammen, z. B. Kaufhaus

SPIELFEST PLANEN
Wie strukturiere ich ein großes Spielfest?

SPIELFEST-SPIELE
Mehrere Spielvorschläge für ein ganzes Spielfest

SPIELGESCHICHTE
Organisationsform für mehrere Spiele

STANDOGRAMM
Meinung wird in Kreismitte genannt, jeder geht je nach Zustimmung dicht heran

STANDPUNKT
Meinungen auf Zettel an die Wand, Prioritäten bepunkten

SZENEN EINES ZELTLAGERS
Fälle aus einem Zeltlager diskutieren

TAGEBUCH IN DIE ZUKUNFT
10 Ereignisse für die nächsten 10 Jahre ausdenken

THEMATISCHE SPIELAKTION
Wie plane ich eine große Spielaktion?

TYPEN DARSTELLEN
Die Gruppe denkt sich passende Typen aus und erprobt die Typisierungen

ÜBERRASCHUNGSSITUATIONEN
Wie reagierst du, wenn ...?

UMFRAGESPIEL
Methode für die Gruppenarbeit

VERRÜCKTE KLEINE SZENEN
Kurz beschriebene witzige Szenen in Kleingruppen spielen

WAS FEHLT DEM JUNGEN MANN?
Paare denken darüber nach, was einem jungen Mann (auf einem Foto) fehlt

WELCHE GESCHICHTE ERZÄHLEN DIE BILDER?
Begegnungen spielen, raten

WERBEKAMPAGNE
Kleingruppen entwerfen Werbespot für bestimmtes Thema

WERBUNG RATEN
Werbefotos aus Illustrierten nachstellen und damit verulken

WÜNSCHE NENNEN
Aus einer Wunschliste drei ankreuzen

Alle Ulk- und Blödelspiele

BLINDES ZETTEL ABSCHNEIDEN
2 dirigieren „Blinden", Gruppenaufgabenzettel abzuschneiden

DER MOND IST RUND
Systemspiel, jeder soll es genau nachmachen

DINGSDA-SPIEL
Einen Begriff beschreiben, ohne ihn zu nennen; raten

EICHHÖRNCHEN UND PAPAGEI
Albernes Kreisspiel mit ständiger Wiederholung von Fragen

EISLOCH, PINGUIN UND FISCHE
Systemspiel, bei dem die Würfelaugen gedeutet werden müssen

ERFINDUNGEN UND KONSTRUKTIONEN
Gruppe denkt sich viele originelle Nutzen für Gegenstand

GEKREUZT ODER PARALLEL?
Systemspiel, bei dem alle eine bestimmte Kombination raten sollen

GEMEINSAMKEITEN VON BEGRIFFEN
Was können zwei völlig verschiedene Sachen gemeinsam haben?

ICH FAHRE NACH AFRIKA UND NEHME MIT
Systemratespiel: Herausfinden, daß die Begriffe den gleichen Anfangsbuchstaben wie Vornamen haben

IRRENHAUS
Systemratespiel: Fragen stellen, geantwortet wird immer auf die Frage an den Vorhergehenden

KLEIDERKETTE
Aus persönlichen Gegenständen lange Kette machen – zwei konkurrierende Mannschaften

OTTO
Systemspiel: alle Wörter mit Doppelkonsonanten sind akzeptiert

REISE NACH ALASKA
Systemspiel, bei dem die Gruppe das Auswahlkriterium für das mitnehmbare Reisegepäck raten muß

SEKTKORKENDECKEL EINSAMMELN
Möglichst viele Sektkorken auf Sektkorkendeckel drücken

STREICHHÖLZER-TRANSPORT
Mit Strohhalmen Streichhölzer ansaugen und transportieren

TIER-SKAT
Werden gleiche Karten aufgedeckt, Tierlaut vom Partner machen

WAHRSAGERZELT
Wahrsagen mit Brimborium drumherum

Alle Wahrnehmungsspiele („Kimspiele“)

AN DEN HAAREN ERKENNEN
Blind durch Haare fühlen jemand erkennen

BILDMEDITATION
Paare notieren Einfälle zum gleichen Bild, dann vergleichen

BLEIBAND-FIGUREN LEGEN
Figuren oder Buchstaben mit Band legen und ertasten

BLINDER MIT SCHLÜSSELBUND
Alle müssen blind ein ab und an klapperndes Schlüsselbund suchen

DAS CHRISTO-SPIEL
Sachen unter großem Tuch verstecken, dann raten

DEN FEHLER FINDEN
Fehlermuseum herstellen

ERFINDUNGEN UND KONSTRUKTIONEN
Gruppe denkt sich viele originelle Nutzen für Gegenstand

FADENSPIEL
Blind an Schnur entlang durch die Natur

FAKIRPRÜFUNG
Mehrere kleine Kim-Spielstationen, wo jeder durchgeschleust wird

FUMMELKISTE
Von zwei Seiten her in einem Karton Gegenstände ertasten

GEGENSTÄNDE FÜHLEN

GEGENSTÄNDE RATEN
Einem „blinden“ Partner wird ein Gegenstand beschrieben, der denkt sich einen möglichen Nutzen aus

GERÄUSCHKULISSE
Gruppenweise Geräusche von bestimmten Ort machen, raten

GERÜCHE MALEN
Verschiedene Geruchsstoffe riechen, Geruch in Bild umsetzen

GROSSER KREIS – KLEINER KREIS
Blind im Kreis langsam Arme über die Schultern legen

HÄNDE ERRATEN
Erraten, wem die gezeigte Hand gehört

HEIRATSINSTITUT
Aus Männer- und Frauenbildern Ehepaare zusammenstellen

HÖR-PANTOMIME
Einer macht eine Pantomime, Partner macht die Geräusche dazu

HÖRSPIEL
Geschichte nur mit Geräuschen darstellen, Handlung erraten lassen

ICH SEHE WAS, WAS IHR NICHT SEHT
Etwas raten lassen, was im Raum ist und eine bestimmte Farbe hat oder mit bestimmten Buchstaben beginnt

INSTRUMENTE RATEN
Gegenstände oder Musikinstrumente durch ihren Klang erraten

JEDE MÜNZE HAT ZWEI SEITEN
Widersprüche bei sich selbst auf zwei Bierdeckelseiten notieren

KLEIDUNG VERÄNDERN
Kleinigkeiten an der Kleidung verändern und raten lassen

KÖPFE ERTASTEN
Körperteile von anderen aus der Gruppe raten durch Abtasten

LÖFFEL-GESCHICHTE
Geschichte wird erzählt, Material wird bei Stichwort ergriffen, wer nichts erwischt, erzählt weiter

NATURFÜLLUNG
Naturgegenstände sammeln und hinterm Rücken weitergeben, raten

NUMMERNSPIEL
Jeder hat eine Nummer, einer in der Kreismitte nennt zwei, die unbemerkt Plätze tauschen

PAARE-MEMORY
Paarweise Materialien im Raum finden

PERSÖNLICHE SACHEN WIEDERERKENNEN

RING WANDERT
Ring oder Münze wird von Faust zu Faust weitergegeben, in Kreismitte Stehender muß erkennen, wo Ring ist

SCHUHE BLIND ANZIEHEN
Dem Partner mit geschlossenen Augen seine Schuhe wieder anziehen

SINNLICHE WAHRNEHMUNG
Gruppe stellen gegenseitig Kim-Aufgaben

SPIONE IN DER NACHT
Zwei Spieler versuchen blind konkurrierende Leute zu erfühlen

STADTSPIEL
Mit Entdeckeraufgaben durch eine Stadt ziehen

STECKBRIEF
Jemand aus der Gruppe mit geschlossenen Augen steckbriefartig beschreiben

STILLE POST GEMALT
Einem etwas auf den Rücken malen, der muß es einem weiteren auf den Rücken malen usw.

SYMPATHIE
Fotos in Sympathie-Rangfolgen bringen, Rangfolge vermuten lassen

TASTWAND
Jede Gruppe gestaltet für die andere eine Wand zum Ertasten

UNTERM FALLSCHIRM VERSTECKT
Gruppenhälfte unter großem Tuch, die anderen ertasten durch Tuch hindurch den Partner

VERTAUSCHTE VISITENKARTEN
Zwei Spieler ordnen vertauschte Namenskärtchen dem Spieler wieder richtig zu

WER FEHLT DENN DA?
Paar rät blind, wer rausgegangen ist

WER HAT DIE MEISTEN KNÖPFE?
Alle in der Gruppe, beim Herumgehen genau beobachten

WO STEHE ICH?
Alle gehen durch den Raum, schließen die Augen und sollen sich den Raum vorstellen können